思想觀念的帶動者

文化現象的觀察者

本土經驗的整理者

生命故事的關懷者

Master

對於人類心理現象的描述與詮釋
有著源遠流長的古典主張，有著速簡華麗的現代議題
構築一座探究心靈活動的殿堂
我們在文字與閱讀中，尋找那奠基的源頭

Le Génie Féminin

弒母

TOME II
Melanie Klein
梅蘭妮・克萊恩的

痛苦、瘋狂與創造

Julia Kristeva
茱莉亞・克莉斯蒂娃——著
許薰月——譯 葉偉忠——校閱

堅韌、強大的女人，有某種東西潛藏著，
——該如何形容呢？——不是技巧，而是巧妙：
有些東西在暗地裡運作。先是拉力，
旋即扭轉，像一道暗流：帶有危險。
這女士，她頭髮淡灰，坦率直接，
雙眼大而明亮、滿富想像。

——維吉尼亞·吳爾芙

靈魂啊，你不如以消耗肉體為生……
如此一來，你將吞噬吞噬人們的死神，
當死神死去，便不再有死亡。

——威廉·莎士比亞
十四行詩，第 146 首

目錄

譯者序／許薰月 …… 009
推薦序一　天才見天才的大隊接力：克莉斯蒂娃的《弒母》／張亦絢 …… 012
推薦序二　文明的話語能留得住幾許精神碎片的吶喊／蔡榮裕 …… 016
緒論　精神分析的世紀 …… 019

第一章　猶太家庭，歐陸經歷：一場憂鬱及種種後續 …… 032

1. 莉布莎　033
2. 猶太人與天主教徒　037
3. 桑多爾．費倫齊　041
4. 卡爾．亞伯拉罕　046
5. 倫敦　049

第二章　分析自己的孩子：從醜聞到遊戲的技術 …… 054

1.（兒童的）無意識知識對抗（父母的）啟蒙　058
2. 與艾力希／弗立茲一起編故事　061
3. 漢斯與（或許是）梅莉塔　068
4. 遊戲？詮釋　071
5. 白話、負向移情、幻想解凝　075

第三章　他者、連結，其優先性與內部性：嬰兒與客體一同誕生 …… 084

1. 自戀與客體　084

2. 裡／外　090
3.「偏執－類分裂心理位置」：分裂與投射性認同　096
4. 憂鬱心理位置：整體客體、精神空間、修復　106

第四章　焦慮或欲望？太初即死亡驅力……………………………117

1. 被死神吸收的愛神：施虐吞噬與肛門攻擊　117
2. 憂傷組構了我們的心靈　126
3. 嫉羨的力量押注在感恩上　129
4. 小蛋糕；小～克萊恩．蛋糕～女士；克萊恩女士…　132

第五章　最初暴虐的超我……………………………………………137

1. 從最早的伊底帕斯階段起　137
2. 女孩與男孩皆無法倖免　140
3. 迫害性理想化與「具體性」　142
4. 理查案例：以善良去對抗希特勒－愚比王　145
5. 如何不孤寂？　153

第六章　母親崇拜或弒母禮讚？雙親 ……………………………157

1. 永遠重新開始的乳房　157
2. 初級女性階段　162
3. 女性的性……　166
4. ……以及男性的性　173
5. 結合或「交合」雙親　175
6. 奧瑞斯提亞　180

第七章　幼幻想，一種具現化隱喻 ······ 186

1. 前於表象的代表　186
2. 焦慮與語言之間的「前敘事外殼」　194
3. 古老概念吸引著女性？　201

第八章　內在性與象徵法等級 ······ 209

1. 從等式到象徵：迪克案例　209
2. 克萊恩觀點下的負性　223
3. 後克萊恩學派的古老與初級　234
4. 文化昇華：藝術與文學　245

第九章　從外語情結到人際網絡：忠與不忠 ······ 253

1. 不立文本的創始人　253
2. 母親與女兒　265
3. 女士們的戰爭與和平　271

第十章　克萊恩學說的政治版圖 ······ 279

1. 從論戰到獨立　279
2. 拉岡的嫉羨與感恩　295
3. 左派與女性主義者　302
部母親與思想深處　315

附錄一
附錄二　法中
附錄三　法文概 ······ 323
······ 339
······ 351

附錄一　姓名與作品索引……323
附錄二　法中概念索引……339
附錄三　法文概念索引……351

譯者序

自從克萊恩發現母親乳房是嬰兒的第一個部份客體，愛戀與敵意不再需要一位完整之人，幻想的考古往前延伸到伊底帕斯之前的史前時代。可以說，克萊恩開創了精神分析的新版圖：母親。此後，無論是溫尼考特、比昂抑或當代法國學派，都持續在這一古老領域中找尋人類心靈的祕密。

儘管克萊恩主張，生、死驅力從生命初始就一同存在，但在她的構思中，死亡驅力顯然才是發動者。它引發了自體將衝動一分為二、好與壞，隨之而來的是這些衝動的投射，而原始客體也分為好與壞。這一最初的分裂，讓壞的部分、攻擊性，遠離了自我好的部分。好客體得以被保護，這讓嬰兒感到安全、不受威脅。在不斷投射與內攝的來回之間，嬰兒創造了內部世界。

分裂，這一偏執－類分裂位置的運作，讓嬰兒永遠只能在好壞之間二選一。所有令他感到失望、無法滿足的，都會被體驗為壞母親。於是，（好）母親的不在，對嬰兒來說，就是壞母親的攻擊。但這也意謂著，總有一個母親在場。在原始分裂機制下，嬰兒因此無法經驗到「客體缺席」，進而無法走向修復的憂鬱位置。

然而，不僅是缺席的問題。克萊恩曾描述過一種特殊的客體：「在極度焦慮下，這些極危險的客體與其他駭人形象，以一種不同於超我形成的方式被分裂開來，並被驅逐進無意識的更深處……不斷遭到自我所排斥。」克莉斯蒂娃顯然受到這一想法啟發，從而提出在生命最初，母親與嬰兒之間是相互吸引和排斥的兩極，此時尚無客體、亦無主體，存在的只有因賤斥作用而形成的卑賤體。

在克莉斯蒂娃看來，克萊恩理論中最具獨創性的，無疑正是這一偏執－類分裂位置。在治療室中，精神分析師克莉斯蒂娃傾聽著個案身上那些暴力的、殺戮的、碎片化的片段，試圖探索心靈深處某個尚未被勘察過的精神病性區域。同樣在場的還有符號學家克莉斯蒂娃，她凝視著，看象徵體系如何誕生在主體身上，語言又是如何自我符變、自我賦義、自我更新、自我生成。

> 「他向分析師介紹自己，但彷彿母親上身，20歲的身體裡住著那個母親的她。他／她割傷手腕了，他／她那時從頂樓跳下去了，他／她是家裡的害群之馬……」

談話間的一個緊張時刻，克莉斯蒂娃突然聽見：他，用細微的聲音說了一個英文暱稱來稱呼自己。她當即決定：改用英文與他交談。這是重生的時刻。他開始談論起那些他想擺脫的不適、想寫作的主題……。英文這門外語，讓他與害群之馬保持距離。在這個語言的遊戲空間中，他與克莉斯蒂娃一起逃離母語／母親。外語，是希望的語言，讓他得以重新與另一個母親交流和思考，反駁她、攻擊她、然後修復她。一次又一次，象徵地弒母而後創造。

在觀察了幼兒的語言習得、精神病患者的言說疾患以及其他臨床個案身上的話語現象後，克莉斯蒂娃提出了一個大膽假設：「當個案用不同的語言說話，他們的無意識就會不同。」這是否意謂著確實有一個母語的無意識？母語，暗示著第二語言的存在甚至取得主導。如今，許多人實際上都說著「外語」。如果真有一個我們早已遠離的「母語」世界，那麼被驅逐進、被保存在母語無意識最深處的，又是什麼？

如同克莉斯蒂娃，克萊恩本身也是多語言者。她示範了如何運用孩子的母語、自己的母語，從不同語言交錯的口誤中，自由聯想與詮釋。母語，永遠關於母親。克萊恩自己也是母親，在生命末尾的兩篇未完成文章中，她描繪了這條母親之路的兩種結局：弒母罪疚，與／或憂鬱修復。或者，如果平行對比於克莉斯蒂娃的構想：向內吞噬母親，與向外重新創造個體內在性。

最後，謝謝心靈工坊責任編輯饒美君、總編輯徐嘉俊一路以來的協助。非常謝謝我翻譯之路的啟蒙導師葉偉忠博士，他針對原文的論述邏輯、風格、隱喻、與精神分析的關聯等、中文表達是否貼切，反覆校閱，從未滿意，讓我得以對鮮為人知的翻譯臨床一窺堂奧。還要謝謝張亦絢老師、俞翔元醫師與蔡榮裕醫師，在閱讀之後，為我指出各種理論、用詞、文句上的疏漏與問題，並提供寶貴建議，讓這本書的專業性和可讀性大增。也很謝謝劉紀蕙老師百忙之中的提點。以及，謝朝唐的堅定支持。最後，我要感謝我的個案，是他們讓我在翻譯遇到困難時有可以回去的地方。總之，本書的完成，要感謝許多人的鼓勵與協助，然而，翻譯永無止盡，匆促之間如有任何誤譯闕漏，自當由我負責，期盼各方讀者不吝指正。

許薰月
2023 年・馬恩河畔

推薦序一

天才見天才的大隊接力：克莉斯蒂娃的《弒母》

張亦絢（作家、文學評論者）

嚴謹、獨到、清晰，既一針見血又善解人意——不意外，這就是茱莉亞·克莉斯蒂娃（1941-），一個自發的接棒者。「女性的天才」系列，這個寫於約20年前的三部曲，至今才有中譯，還是讓我為遲到而有小驚嚇。然而，我也曾忽視它們，以為比諸書名明示理論性格的其他作品，這或是克氏的餘興？關注女性天才是好事，但我對傳記不熱心——也曾有讓我驚艷者——比如褚威格寫法國瑪麗皇后（Marie Antoinette）；米娜貝爾出版還出版過他的《與魔鬼作鬥爭：克萊斯特、荷爾德林與尼采》、《三作家》、《三大師》，全較更負盛名的作品令我獲益更多。另有賴香吟與朱宥勳也交出典範作品——現在，這個深愛書單，我會再加上《弒母：梅蘭妮·克萊恩的痛苦、瘋狂與創造》（以下簡稱《弒母》）。

對傳記的惡感，來自經驗——傳記難，很多作者不知寫別人，也會暴露自己的弱點：太尊敬不真實，太蠻橫如食屍；不加評斷很無趣，臧否過剩令人煩。這類缺點全沒有，克莉斯蒂娃導覽克萊恩（1882-1960），是思考的高潮迭起，情感的不離不棄——如同書中這段文字：「……一種觸及傷口的適切關懷顯現，它懂得不帶討好地陪伴傷口，走向一層新的皮膚、敏銳的皮膚。」

無畏地邁入「克萊恩遭斥之謎」

我讀書時的老師們都讀大量精神分析，我們多少「見賢思齊」。我基於興趣，讀了比較多費倫奇（克萊恩的第一個分析師）——但記憶最深的，是電影史老師（一個魁武的男人）若有所思地對我們道：「我是克萊恩派的。」克萊恩派？很重要嗎？根據我的「嗅覺」，克萊恩最被某些知識份子醜化——但別人吵架，與我何干？我的轉捩點是在讀過《兒童分析的故事》後——我「立刻視自己為克萊恩的知己」：克萊恩當然會被誤解！可是她才是對的。我覺得自己「完全知道克萊恩在做什麼」——克莉斯蒂娃之所以令人拍案，就在於她並不封閉地正面闡述，反而逐步深入這個「克萊恩遭斥之謎」，這本書才會汁水淋漓地好看。裡面甚至談到推理小說……。

我至少可以舉出書中，作者完全不否認，但透過調整角度，重構的「克萊恩遭嫌、招恨三大過」：太粗野、將「幼幻想（極重要的概念）中的母親」置於真實父母之前、主攻「內在性」是否表示棄「外在性」不顧——這裡克莉斯蒂娃不再只以博學者的方式論述思想史，她也是以精神分析的專業在翻轉詮釋。熟知精神分析世界史者，其參考價值，毋須贅言。對於接觸時日尚淺者，或許還是稍有難度，但絕無炫學所構成的障礙——這是可收事半功倍之效的進階讀物。

不衝不撞，但非不嗆

克莉斯蒂娃一向被認為較不「衝撞」。甚至有人以「拉岡的乖女兒」揶揄她。但我曾跟朋友開玩笑地報告：乖女兒正在抄父權的家。她的方法較像滴水穿石。在最精彩的第十章中，像女性主義者做過非常多次地，她也對女性貢獻的被佔用，而後除名抹煞一事，做出醒目劃記。在她對拉岡最辛辣的評論中，說他對克萊恩「……帶著敬意，彷彿像是超越了嫉羨，但尚未抵達感恩……。」——她罕見嗆聲，但在持平的自我要求中，她的輕嘲力仍不同凡響。我看過她上電視，她看起來有點嘻嘻哈哈——但她與克萊恩同樣都是離開原生家國打天下的新移民人生，吃過的苦未必較少。

那麼，這是克莉斯蒂娃個人的抵達（感恩[1]）嗎？

克莉斯蒂娃的選擇，克萊恩的回歸

答案沒那麼個人。保衛天才女的思想遺產，向啟發（為數眾多的女性）多方的先驅致敬——《弒母》的意義遠超過感人——「回歸克萊恩」有更嚴肅的原因，它牽涉到精神分析被發明出來的目的：幫助深陷痛苦者重返現實、對毀滅與破壞性做出假設、根據假

1　「感恩」是克萊恩理論的核心概念，翻譯成「感恩」沒錯，但考慮所有脈絡，最好能從「不受制於嫉羨的自由」來認識「感恩」，而非從道德或禮俗教化常談的「心懷感激」或「報答」理解。

設而來對社會的改良——它徹底是政治的。克萊恩的理論不完美，但其無可取代的部分提供了不同於佛洛伊德與拉岡的取徑。書中也不忽略克萊恩在實務中取得支持的過程，以及同性、同行、不同輩牽引出的複雜嫉羨／感恩課題。

神經醫學的近年發展，令不少病症被重新認識：其與神經系統的關係，更甚心理。有人因此主張精神分析無效，甚會延誤治療——但仍有人指出，雖不適用於急性發作，精神分析對防治復發仍有幫助。在使用自閉、思覺失調等詞彙時，《弒母》不若今日知識更新後所具備的細緻與層次——我們必須考慮成書年代的因素——這也是在推薦同時，我想闔先敘明之處。

推薦序二

文明的話語能留得住幾許精神碎片的吶喊

蔡榮裕（台灣心理治療個案管理學會理事長）

首先，恭喜許薰月翻譯和葉偉忠校閱，合作完成這本有思想厚度的書。茱莉亞．克莉斯蒂娃（Julia Kristeva）把克萊恩當做天才，也把她當做一般人有著人性原始的成份。畢竟在有縱深的人性心智裡，添加思想的厚度和深度，才是最有誠意的溫度。克莉斯蒂娃很會說故事，透過談論克萊恩，她以文字展現的人物多彩繪畫同時開展一群人和精神分析之間，在人生舞台上迂迴屈折的愛恨關係。

我想說的是，克莉斯蒂娃也是個天才，她如小說般的筆觸，在文字角落安置著厚實的哲學心思和精神分析，有時像斜陽照在「總之，在這個被昇華天堂所照亮的克萊恩式煉獄中，所有一切都反轉變成它的反面。昇華總帶著更好發展的契機，尤其在分析的協助下。而，哪怕只有一點點，也得益於那令人滿意的母性照顧。」有時是冷冷的風吹在「修復固然是要，但絕非是詩情畫意的，因為修復帶有絕望的色彩」（皆出自第三章）。

克莉斯蒂娃推演克萊恩和她周遭發生的事件，尤其是克萊恩和安娜．佛洛伊德 1940 年代在英國發生的精神分析論戰。她描述人物有時很生動直接，像雕刻刀出手方方正正的斧痕，例如「安娜的競爭性極強，甚至算『獨裁』」，至於「論戰，必然是帶有這些偏執－類分裂退行的痕跡，而克萊恩的人格特質也無疑地強化了，一個既迷人又迫害的乳房的依瑪構（imago）。」（皆出自第十章）

何以那些歐洲大陸的人會聚集在島國的英國，演出了那場重要的精神分析「論戰」呢？那時候 1940 年，第二次大戰期間，倫敦不時被納粹飛機轟炸。複雜原因裡的簡單起火點有可能「早在第二次世界大戰之前，這些歧異就已經結晶成形，而裂縫就從英國分析學會內部劃開。克萊恩與梅莉塔母女兩人之間激烈的爭吵，加上葛羅夫的煽動，使討論變得更加火爆。」（出自第十章）大家也許好奇，何以是「煽動」，而不是以「促進論辯」來描繪呢？在本書裡，克莉斯蒂娃提供了不少線軸，值得大家再仔細閱讀。

我先從文本裡取用幾個說法，做為當年事件的顯明背景。「但目前，克萊恩擔心的是維也納人的到來，她害怕他們的因循守舊：『一切都不會再如從前。這是一場災難』。而維也納人這邊，由於流亡而感到脆弱，他們被一種『我們在維也納會做得更好』的感覺所折磨。加上葛羅夫與梅莉塔的煽風點火，一切都準備就緒，衝突將變得更為徹底。」（出自第十章）

「另一方面，新移民的湧入以及戰爭的局勢，使得執業分析師面臨缺乏客戶、甚至失業的問題。誰有資格執行教導分析？新學員如何接受培訓？某些團體難道沒有濫用特權來剝削其他團體嗎？一如既往，象徵的『權力』同時也就是經濟的權力。在理論的利害得失背後，一場社會鬥爭已然展開，目標是主導精神分析領域。」（出自第十章）

這些引文大致可以讓讀者了解，當年的論戰可說是相當尖銳的對峙，涉及生存時很原始人性的戰爭，但有著文明的型式、以文章見解來論戰。

如果要講精神分析技藝的重大突破，也許就在這裡：「佛洛伊德從移情愛的基礎發明了精神分析，但卻從未將其徹底理論化；克萊恩則分析兒童個案對分析師（母親的替代者，即克萊恩）的母性移情，她開始去傾聽呈現在遊戲中的幻想，以及反移情（由其學生強調了這一概念）在分析師身上所誘發的幻想。相對於佛洛伊德利用夢與語言，克萊恩則用遊戲中的幻想來開展。這不僅是因為她的個案年齡尚小，還無法充分掌握語言或受困於語言障礙，才導致這種技術。」（出自緒論）對於精神分析的詮釋技術，克莉斯蒂娃有不少精彩的討論，已超過克萊恩當年的想法了，它們散置在不同章節裡有細緻扼要的說明。

當我們以「情結」這比喻來思索的話，一般討論裡很容易傾向以為就是把結打開，不再糾結，然後就不會有盲點；而打開情結的方式是靠著分析師的詮釋，來意識化某些情結。其實這只是工作假設，臨床的實情上並不是如此單純。患者生命更早年的創傷，有著如比昂（Bion）說的精神碎片（mental debris），這些精神碎片的積聚是破碎的「部分客體」，理論上還不到構成人和人，或完整自己和他人之間的情結的時候。能夠借由語言來詮釋他們的遭遇和經驗嗎？然後破碎的他們就會整合起來嗎？

至於談論這些精神碎片的論點，除了說明技術的想像外，也有著如果以「部分客體」，而不是「完整客體」概念的「克萊恩」，來介紹克萊恩這個人時會有怎樣的呈現呢？我尚無答案，只是好奇而已，同時我也想像，若以克萊恩的學生比昂的概念來重寫這本書，會不會也是一本值得細讀的書呢？

11

緒論
精神分析的世紀

人是如此必然瘋狂，以至不瘋狂，也是另一種瘋狂之下的瘋狂。
——帕斯卡

1925 年：「她有點瘋瘋的，不過如此。但不用懷疑，她的腦袋裝滿非常、非常有趣的東西。而且她的性格很迷人」。艾莉克絲·史崔奇（Alix Strachey）向她丈夫詹姆斯·史崔奇（James Strachey）如此描述梅蘭妮·克萊恩（Melanie Klein）；詹姆斯·史崔奇後來成為著名的佛洛伊德全集英文標準版譯者與編輯，也是倫敦知名團體布魯姆斯伯里（Bloomsbury）[1]組織發起人之一。在柏林，兩名女士白天分別與卡爾·亞伯拉罕（Karl Abraham）進行個人分析，晚上則經常一起去某程度算是「左翼」的酒吧跳舞。

1957 年：三十年來，克萊恩為自己鑄造了兒童精神分析的創始人的國際聲譽，在此之外，她也是繼佛洛伊德之後的精神病精神分析（尤其專為成人）革新者。她在《嫉羨和感恩》一書中寫道：

我的臨床經驗告訴我，對嬰兒來說，餵養的乳房代表

12

1　參閱：佩里·梅塞爾、沃爾特·肯德里克，《布盧斯柏里團體—佛洛伊德：史崔奇夫婦（詹姆斯與艾莉克絲）通信集，1924-1925》（Perry Meisel & Walter Kendrick. (1985/1990). *Bloomsbury/Freud. James et Alix Strachey, Correspondance*, 1924-1925 [Bloomsbury/Freud: The Letters of James and Alix Strachey, 1924-1925] (p. 320). PUF.）

著擁有一切乳兒所欲求的東西；乳房是乳汁與愛汲取不盡的泉源，然而乳房卻為了滿足自己而有所保留：因此，乳房是第一個被孩子嫉羨的客體。而這種嫉羨感只會讓孩子的恨意與怨憤更加劇烈，因而干擾了他與母親的關係。過度的嫉羨形式，顯現出偏執與類分裂元素特別強烈；可以把這樣的孩子視為生病的。……（嫉羨隨後會影響）多種形式，在這些形式中，嫉羨不僅附著於乳房之上，它還被移置到接受父親陰莖的母親身上、被移置到子宮裡懷有孩子、生下並餵養他們的母親身上……。

這類攻擊尤其針對創造性。如史賓賽（Spenser）在《仙后》中所描述，嫉羨是一頭大口吞噬的狼……。這一神學觀點或許來自於聖奧古斯丁（saint Augustin），他把生命描述為一股創造性力量，對立於嫉羨這另一股破壞性力量。由此觀點，我們因而可詮釋《哥林多前書》寫的：『愛是不嫉羨』。」[2]

從那時起，梅蘭妮．克萊恩成為一名重要人物，具有不容忽視的價值，就像她以天才方式所實踐的精神分析一樣。

無意識的發現，無論它被視為早已滲入生活慣習的偉大冒險，或晦澀的誤解，甚或被某些人猛烈詆毀，值此第三個千年之初，它依舊像是個謎。在精神分析出現一個世紀之後[3]，我們仍無法評估

13

2 梅蘭妮．克萊恩，〈嫉羨和感恩〉，《嫉羨和感恩》，心靈工坊，頁 236、260（Melanie Klein. (1957/1975). Envy and Gratitude. In *Envy and Gratitude and Other Works 1946-1963*. Hogarth Press.）

3 「精神分析」一詞首次出現在 1896 年佛洛伊德用法語發表的文章〈遺傳和神經症的

佛洛伊德（1856-1939）與其弟子所發起的哥白尼革命。精神分析既繼承了宗教與哲學及十九世紀末的醫學與精神醫學，卻又將它們解構與更新，並提出一種觀點，即人類**心靈**，憑靠著**身體**與語言，不僅是可認識的，而且還是我們重生的特權空間，儘管那仍是痛苦的場域，受制於破壞、甚至是死亡。

帶著探索未知之所獨有的激情，這一發現的先驅者們圍繞著它，窮盡一生之力，鑄就了一種新型知識。這種新型知識，透過考慮支撐兩名言說者間連結的想像來擴大，以憑此向古典的理性論挑戰。儘管許多人對此懷疑，且至今仍是如此懷疑（從海德格〔Heidegger〕到納博科夫〔Nabokov〕，這裡僅列舉最反對的人物），但本世紀最富創造力的男人與女人（從維吉尼亞·吳爾芙〔Virginia Woolf〕到喬治·巴代伊〔Georges Bataille），從安德烈·布勒東〔André Breton〕到尚 - 保羅·沙特〔Jean-Paul Sartre），從羅曼·羅蘭〔Romain Rolland〕到古斯塔夫·馬勒〔Gustave Mahler），從安德烈·紀德〔André Gide〕到埃米爾·本維尼斯特〔Émile Benveniste），從查理·卓別林〔Charlie Chaplin〕到亞佛烈德·希區考克〔Alfred Hitchcock）與伍迪·艾倫〔Woody Allen〕），他們都透過閱讀佛洛伊德、或躺在精神分析躺椅上，來理解或體驗這種關於認識自己的新知識，這既是新自由的態勢，也是文明的轉捩。 14

病因〉（L'hérédité et l'étiologie des névroses）（1896a）當中。然而，一般卻認為佛洛伊德（繼 1885 年與約瑟夫·布洛伊爾〔Joseph Breuer〕一起出版《歇斯底里研究》之後）於 1990 年出版的《夢的解析》才是「精神分析」一詞最早出現的時期，參閱：佛洛伊德，〈遺傳和神經症的病因〉（Sigmund Freud. (1896a). L'hérédité et l'étiologie des névroses. **See**: *GW*, I, 407-422; *SE*, III, 141-156; *OCF.P*, III, 105-120.）

精神分析運動一開始，就上演著同僚鬩牆與制度方面的撕裂，且橫跨整個百年歷史，那並非如毀謗者所暗諷便可單單歸因於治療者容易被他們所治療的瘋狂滲透，亦非為了對抗著文明禮節，驅力的與言語的強烈往往被拿來當作真理之故。而是，以更戲劇化的方式，如同在顯微鏡底下被放大，精神分析運動的內部衝突，揭示了一切人類文化內在所固有的殘酷——不踩到不可能的邊界，就不會有創新。

確實，佛洛伊德及其「同謀」，將心靈疾病當作理解及試圖解放人類心靈的康莊大道。此前，許多作家與道德論者，特別是法國人，透過揭露人類心靈深處的瘋狂，他們早已用自己的方式開闢出了這條路。這些佛洛伊德的先驅者，難道沒有人從病理學的觀點，站在一貫傾向排除瘋狂的傳統醫學與精神醫學的對立面，率先去開啟對於「過度」的省思？的確，當拉羅什福柯（La Rochefoucauld）寫道：「生活不帶瘋狂的人，智慧畢竟有限」，「瘋狂」之於文明，還剩下什麼？或者，認識地獄的韓波（Rimbaud）宣稱：「不幸是我的上帝。我躺臥在淤泥裡。我在罪惡的空氣中把自己晾乾。我捉弄瘋狂」。瘋狂，不該忽視、也不該錮鎖，而是要去說、去寫、去思考：望而生畏的邊界，激發無限的創造性。

這一明顯的悖論始終都是對精神分析誤解及阻抗的核心：病理學怎麼可能說出真理？透過處理心靈疾病、透過分析不適，精神分析發現的邏輯同樣也可作為正常人的經驗依據，並可明確指出這些邏輯變為固著症狀的條件。無意識理論模糊了「正常」與「病理」的界線，並在不放棄治癒的前提下，作為一趟通往私密暗夜盡頭的旅程，它主要是為自己、但也提供給每個人。一些沿用自精神醫學的詞彙在此導致誤解：如果說精神分析以瘋狂為出發點，它並沒有將此擴延到每個人，以試圖說服我們所有人都是瘋子；相反地，精神分析把瘋狂看作是悄悄深植內心的模型或結構，它們是過度、是僵局，但也是創新的承載者。

精神的生命力根植於**性**，這是阿基米德的觀點，它使得佛洛伊德的精神分析得以重鑄正常與病理的界線，之後再發動一場對本世紀自豪的形上學最為激進的摧毀。性，同時是**能量**及意義、生物學及與他者的交流，在佛洛伊德看來，性並非像一般人批評的那樣，把人類的本質生物化，而是相反；從一開始，性就把動物性納入文化之中。如果說人類能夠象徵與昇華，這是因為他被賦予了一種性的本質，其中，密不可分地交融著過去形上學所二分的身體與精神、本能與語言體系。確實，欲望從一開始就是能量與意向，正因為觀察到性的種種狀況，精神分析師才得以定位出性的二元共存的種種失敗，而失敗正是不適的來源。自文藝復興、啟蒙運動一直到十九世紀的美好年代，必須要有這些聖經遺產與整個歐洲文化的自由主義發展，才促使一名來自維也納的猶太人以性的除罪疚化作為知識的對象，以及更重要的，作為精神生活的中心。來自各方的自由思想者，沒有錯過在這場顛覆中找到共鳴的機會。然而，佛洛伊德發現的影響更為深遠：並非縱慾、也非煽動，他認為，從性的這個軸承點啟動，「人的本質」明確化為一種欲望，其中能量與能指密不可分，以致它既刻下了對我們設限的命運、又刻下了讓我們解放的獨特性：位於遺傳與主觀的、沉重與優雅的十字路口的欲望。

16

心靈，繼承自古代的靈魂，自此變為「精神裝置」，其「拓撲學」縱有變動（無意識／前意識／意識，接著是本它[4]／自我／

4　〔譯註〕*das Es*（the id / le ça），直譯相當於英文的「the it」（它），是佛洛伊德借自 Georg Groddeck 的語彙。在 1923b 的一處腳註，佛洛伊德曾用尼采式的語言這麼超我），然而不論如何，欲望的種種經濟活動與形象貫穿其中，而那欲望，始終是心身雙面的。這種雙面的欲望，在移情過程中、在主體向大他者－分析師述說的言談（discours）中被破譯，這即是佛洛伊德的賭注。這場滿懷樂觀的賭注（儘管未能免於最清醒的幻滅），將**耳朵**確立為主要器官，並將**文本分析**視為漫長征途中一種不可或缺的猶太－基督教法典。

17

佛洛伊德認為，性所交織的肉體／精神的異質性，要能在言談中被聽見，必得破開被意識控制的表面，並掘出另一道邏輯的破口。如此一來，**能思主體**（sujet pensant）的整個結構——亦即繼承自形上學歷史、並被笛卡爾（Descartes）的我思（cogito）所確定的結構，就此受到撼搖。**佛洛伊德的無意識**變成朝向分析式傾聽

解釋：「那些在我們本性當中，非屬個人又天生必然的東西。」考慮以上，中文常見的譯詞「本我」或「原我」，都未能傳達出原文中「非屬個人」的這一意涵。

國際精神分析協會於 2022 年出版的《精神分析引論講座新篇》簡體中文翻譯，則將這詞改譯為「伊底」。這最早是高覺敷於 1936 年將英譯本翻為中文時所採的譯詞，一般認為其出處是《詩經·小雅·小旻》：「我視謀猶，伊于胡底。」「伊底」明顯是對英譯所用的拉丁文「id」的音譯。姑且不論其字義是否貼切，一個無法迴避的問題是：既然要音譯，為何不音譯佛洛伊德所使用的德文原文 *Es* ？

綜上，譯者較同意《精神分析辭彙》所採的譯詞：「它」。然而，一個明顯的問題是，由於中文並不存在定冠詞「das/the/le」，無法像德 / 英 / 法文那樣藉由添加定冠詞，將中性代名詞「它」轉成名詞來使用。這將導致使用者在書寫時必須添加原文並不存在的引號「 」，以及在口說時無法直接區分審級的「它」與一般代名詞的「它／他／她」。基於實用上的必要，以及嘗試與舊譯詞「本我」持續對話，譯者提議將 *das Es* 改譯作「本它」。

最後，「它」是「蛇」的古字。許慎《說文解字》曾描述過一個場景：古人住處近草，多蛇，人與人碰面打招呼時常會問：「沒蛇（它）吧？」這一「它侵擾我家」的古老意象，確實很接近佛洛伊德在〈精神分析綱要〉中所描述的本它與自我的關係：「在正常情況下，自我抵禦本它，從而確保其邊界……然而在衝突狀態下，無意識本它的內容可能穿入自我當中，並直達意識……」

敞開的「另一場景」，可以通過意識進入，但無法還原為意識。無意識不屬於非理性主義，因為，它遠非永不可化約的混沌，相反地，它有一個結構，即使與意識的結構不同。心理祕密繞過家庭羞恥和社會道德而發揮影響，在我不知情的情況下、在意想不到的深度中構成了我。而在我終於成功觸及無意識時，無意識把我從抑制中解放出來，恢復了我的自由。無意識並不歸我管，但我雖不必為它負責，我卻得回應它……此即，重新思考它、重新創造它。

從此，無意識的性為兩種性別之間的傳統差異提供了新的視角，這伴隨並刺激了兩性關係的現代轉變，並可說是精神分析革命帶來的一大揭示。在傾聽**女性歇斯底里**時，佛洛伊德錘鍊他的傾聽之耳，才捕捉到無意識的邏輯。一系列的女性「人物」或「案例」將自己交託給他，奠定了精神分析的基礎：安娜・O（Anna O.）、埃米・馮・N（Emmy von N.）、露西・R（Lucy R.）、卡塔琳娜（Katharina）、伊麗莎白・馮・R（Elisabeth von R.），當然不能忘記最著名的朵拉（Dora），及更多還算知名的人。然而，佛洛伊德非但沒將這一症狀學侷限於女性，而是在發現男性歇斯底里時引發一場軒然大波：這是他質疑傳統男／女劃分的方式。精神分析先透過認可生物構成的任一性別皆具備精神的雙性性慾，而後以揭露每一個體都有其性的獨特來作結。因此，雖然多數分析學派都接受，奠基在異性性慾之上的家庭是保證兒童主體個體化的唯一途徑，但實際上，精神分析探索也承認所有性認同底下都潛藏著性的多形態現象，以此作為主體解放的倫理基礎。

18

這種知識背景有利於女性取得入門資格並實踐精神分析，相較於當代其他多少也反映社會與政治動盪的學科，精神分析更能展現女性的才能。儘管在男性環境中，她們之中很多遭遇過阻抗與敵意，還得承受傳統僵化的醫學階級制的束縛，但眾多女性仍參與了精神分析革命，她們的貢獻很快就獲得認可：露・安德烈亞斯 - 莎樂美（Lou Andreas-Salomé）、莎賓娜・史碧爾埃（Sabina Spielrein）、卡倫・荷妮（Karen Horney）、海倫娜・朵伊契（Helene Deutsch）、安娜・佛洛伊德（Anna Freud）、瓊安・黎偉業（Joan Rivière）、蘇珊・伊薩克斯（Susan Isaacs）、寶拉・海曼（Paula Heimann）、珍妮・蘭普 - 德葛路特（Jeanne Lampl-De Groot）、瑪麗・波拿巴（Marie Bonaparte），以及最重要的梅蘭妮・克萊恩。這些不過是佛洛伊德同時代的幾個例子。

克萊恩從被門徒愛戴到教條主義般狂熱，後又被詆毀者羞辱，
19
其中一些人更毫不遲疑地否認她分析師的資格，但梅蘭妮・克萊恩（1882-1960）很快地就被確立為精神分析最具原創性的創新者，包括男性與女性在內。她確實知道如何在沒有違背佛洛伊德思想的基本原則下，推進無意識理論、重新定向臨床實踐（而不是像一些分歧者那樣全然背離，如卡爾・榮格〔Carl Jung〕）。她的臨床與理論作品，更像是一套強大的實踐直覺之發展，而不是一部符合標準規格的文本；在經歷了艱辛的論戰之後，她的工作造就了今日當代精神分析引以為傲的豐碩成果，特別是在英國。

如果沒有克萊恩的創新，可能很難想像由威爾弗雷德・比昂（W. R. Bion）、唐納德・溫尼考特（D. W. Winnicott）與芙朗西絲・塔斯汀（Frances Tustin）這些名字所代表的精神病、兒童與自閉症的臨床工作。我們即將介紹的這位女性，在生活中她是不快樂的妻子、憂鬱的母親；她先是與桑多爾・費倫齊（Sandor Ferenczi）進行過一段精神分析，然後在卡爾・亞伯拉罕（Karl Abraham）那完成她的分析。她不是醫師也從未取得任何資格文憑。1919 年，

在分析自己孩子的基礎上，她構思了第一個幼兒精神分析的研究，1922 年，在她四十歲時成為了一名精神分析師。1926 年，她搬到倫敦定居，迅速聲名遠播，並於 1932 年出版《兒童精神分析》時達到巔峰。與佛洛伊德的意見分歧、與安娜．佛洛伊德的爭論，都沒有撼動她的決心與影響力，這些爭執在 1941 年至 1944 年英國精神分析學會的論戰中達到了高峰。另一方面，克萊恩直接或間接的影響力，在她去世後持續在世界各地增長，特別是在英國與拉丁美洲，但也包括法國臨床的精神分析師、社會學家與女性主義者。

20

我們知道，她與佛洛伊德思想的主要分歧，從未以斷裂的形式出現，而是作為一種完備無意識理論的方式被引入。佛洛伊德的無意識是由欲望與潛抑所構成；克萊恩則側重新生兒的精神**痛苦**（douleur）、**分裂**（clivage）、以及某種程度受到阻礙的早期**昇華**（sublimation）能力。佛洛伊德的驅力有來源與目標，但缺乏對象；克萊恩的新生兒驅力從一開始就被導向**客體**（乳房、母親）：**他者**總是已經在那裡了，客體與自我的早期連結、以及同樣早期的超我之間所上演的戲碼，一種極端早期的伊底帕斯，伴隨著耶羅米．波希（Jérôme Bosch）畫作裡的恐怖與雄偉而開展。佛洛伊德所認為的主體精神生活是以父親功能與閹割檢驗為核心；克萊恩並未忽視這個前提，她以佛洛伊德理論中所缺少的母親功能來支撐它們，但也冒著三角關係被化約為二元關係的危險（儘管父母從一開始就以「交合對象」的初級形式存在於理論之中）。然而，享有如此特權的母親，並非如同反對者所聲稱的那樣，以一種被崇拜的身分自居。因為，克萊恩是第一個大膽思考**弒母**（matricide）的人，而弒母、嫉羨、感恩，這些正是我們思考能力的起源。佛洛伊德從移情愛的基礎發明了精神分析，但卻從未將其徹底理論化；克

21 萊恩則分析兒童個案對分析師（母親的替代者，即克萊恩）的母性移情，她開始去傾聽呈現在遊戲中的幻想，以及反移情（由其學生強調了這一概念）在分析師身上所誘發的幻想。相對於佛洛伊德利用夢與語言，克萊恩則用遊戲中的幻想來開展。這不僅是因為她的個案年齡尚小，還無法充分掌握語言或受困於語言障礙，才導致這種技術。調整更是因為克萊恩的**幻想**（fantasme）才是整個分析的核心，在個案與分析師兩邊都一樣。佛洛伊德的幻想，雖已由不同元素所組成，包括有意識與無意識的（因此也被定義為「混血」的），但克萊恩提出的幻想，則更具異質性：那是由驅力、感受、行動與字詞所組成的**幼幻想**（phantasme）[5]（克萊恩學派的拼寫方式），就像孩子把它玩出來、也像成年人在躺椅上所陳述的那樣，脫離了動作的言談；幼幻想是一種真正的肉身具現，一種肉體的隱喻。以馬塞爾・普魯斯特（Marcel Proust）的話來說，即是聖餐變體（transsubstantiation）。

---

5 〔譯註〕幻想是 phantasme 或 fantasme（英文：phantasy 或 fantasy）？一直存在爭議。最早是蘇珊・伊薩克斯（Susan Isaacs）於 1948 年建議，將 ph- 字首用於無意識幻想，將 f- 字首用於有意識幻想。然而，後來大多英國分析師都只採 ph- 字首的幻想，重要原因之一是臨床上很難徹底確定個案的幻想是全然有意識的。同樣無法區分的情況也發生在美國，只是美國分析師大多習慣採 f- 字首的幻想。

根據《精神分析辭彙》，佛洛伊德在提及「幻想」概念時，可能指有意識幻想或白日夢，也可能指無意識幻想或原初幻想，並未採不同詞彙去作出嚴格區分。基於這點，幻想一詞在法文中並不刻意區分，較常採「fantasme」，ph- 字首的幻想不常使用。

在本書中，作者亦大多使用 f- 字首的幻想，僅在談論克萊恩獨特的幻想概念時，才會採用 phantasme 一詞，特指在發生潛抑之前、在表象之前的精神活動。

基於以上，譯者將一般常用的 fantasme 譯作「幻想」，而將克萊恩意義底下的 phantasme 嘗試譯作「幼幻想」，乃因這一幻想的發生，時間上對應於嬰兒的最幼期，並且，幼、幻兩字如同 phantasme、fantasme，彼此之間具有強烈的型態相似性。

這種概念的複雜性，不只是在克萊恩的幻想意義上可以觀察到。我們將會看到，克萊恩的所有概念都是曖昧兩可的、雙重的，它們運作的邏輯，其迴圈式大於辯證式。那麼，這就是克萊恩作為理論家的弱點嗎？或者恰恰相反，分析式直覺的相關性，在對退行的捕捉中，甚至不需要運用「古老的」（archaïque）概念來使它作為重複或複製的行動，或甚至作為「物質／意義」的微妙結合，其堅持作為無意識的重要線索，在我們的思想與行為中？ 22

當克萊恩思想被僵化為一個學派時，此學派聲稱無意識能以極為簡化的方式來理解；詆毀她的人則說克萊恩自以為是無意識！然而，從她所發現的過程中，也從追隨她「案例」的煉金術與她概念的起始之處，克萊恩的當代讀者會驚艷地發現她的無意識與她個案的無意識是永久開放的：這種「合一」（其後繼者中最具原創性的比昂藉由（「與之合一」的諧音創造了這個字），是盡可能貼近痛苦，並將它象徵化的敏銳能力，從而得以穿越痛苦，並重新創造那我們稱之為生命的連續幻想。

克萊恩比任何人都清楚地聽見焦慮——表達愉悅的方式，她使精神分析成為一種照護思考能力的藝術。她對死亡驅力保持關注；當佛洛伊德在1920年〈超越享樂原則〉一文中將死亡驅力置於支配精神生活的地位時，克萊恩卻不僅將死亡驅力作為們無助感的主要原動力，更作為象徵創造者的能力來源。概括而言，佛洛伊德是說對愉悅的潛抑引發了焦慮與症狀。然而在什麼樣的條件下，煩擾我們的焦慮能變成象徵？這正是克萊恩對精神分析所重新提出的問題性，這也將她的作品置於人類與當代文化危機的中心（很肯定的是，在她不知道的情況下，她是勇敢的臨床分析師，而絕非「思想大師」）。

因為在這名成為分析學派創立者的女性，以及其自信的外表 23 下，潛藏著對焦慮特別敏銳的感受性：無論是別人的焦慮，還是她自己的。由於焦慮被思想所超越，因而被象徵的焦慮因而變得可忍受，且與焦慮共處也賦予了她獨到的見解與力量；不會在精神病前退縮，她比佛洛伊德更積極地治療精神病。早在1511年的文藝復興時期，伊拉斯謨（Érasme）就已透過《愚人頌》向人類揭示，自由必須從邊界－經驗中汲取力量。而從1900年《夢的解析》一書起，佛洛伊德也不斷告訴我們，夢是私人專屬的瘋狂。他並不反對瘋狂作為一種疾病，但他讓我們更加了解夢如何作為我們身上「令人不安的怪異」，並以仁慈與關懷來陪伴它。而克萊恩，她藉由在新生兒身上發現「偏執－類分裂」自我，或透過確認「憂鬱心理位置」對語言學習的必要性，擴大了我們對瘋狂的熟悉，並拓展了我們對她精湛技術的認識。

受到歐陸戲劇性歷史的鼓舞，其以納粹妄想達到頂峰，但克萊恩並沒有將注意力集中在這場毀損了二十世紀的瘋狂政治層面上。但如果說她因此保護了自己免受周圍社會的恐怖所波及，那麼，她對個體精神病的分析，無論是幼兒還是成人，都讓我們可以更加理解深層機制，後者影響著（伴隨經濟與黨派的無常變化）精神空間的破壞與精神生命的死亡，這威脅了現代社會。瘋狂將是本世紀最熱門的政治時事，而我們必須記住，精神分析與瘋狂是同時代的產 24 物。這不是因為精神分析帶著某種世俗化之後的虛無主義，也不是因為它同時引發了上帝之死、極權主義與「性解放」！而是因為：我們帶著些許風險與些許幸福所經歷的這場形上學解構中，精神分析把我們帶往人類精神的核心，在那裡我們發現了瘋狂，那既是精神的原動力、也是其僵局。對於去認識人類的存在（être）作為一種不適（mal-être），克萊恩的作品躋身重大貢獻之列；這展現在各個方面：思覺失調、精神病、憂鬱、躁狂、自閉、遲緩與抑制、災難性的焦慮、自我的碎裂化等。而倘若說她的作品並未給我們一把神奇鑰匙來避免不適，它也是幫助我們給予不適一個優化的支持、一個改變的機會，讓我們或許得以重生。

我們已經隱約看見，在特定命運與作品差異之外，梅蘭妮·克萊恩與漢娜·鄂蘭（Hannah Arendt）兩人各自的天才中也存在共同點：都對連結與客體感興趣，關注思想的破壞（對鄂蘭而言是一種「惡」，對克萊恩而言是一種「精神病」），還對線性推理感到反感。此外，存在處境方面她們也具有相似性：這兩位知識分子都來自非宗教化的猶太背景，她們都以批判及非常個人的方式掌握基督教哲學、啟蒙運動精神與現代知識，與同時代男女的存在相比，她們發展出一種行為的自由與特殊思想自由。鄂蘭與克萊恩兩人在她們原來的及專業的圈內都屬於異議份子，都遭受正統陣營敵意的 25
折磨，但她們卻能為了發展與 26
悍衛原創思想而頑強作戰；她們是不屈從的人，冒險思考就是她們的天才。

讓我們有耐心地追尋這些特殊性的生成與結晶，正是它們造就了梅蘭妮·克萊恩成為現代精神分析最大膽獨創的新奠基者。

圖一　年輕時的梅蘭妮·克萊恩

27

第一章

猶太家庭，歐陸經歷：一場憂鬱及種種後續

28

圖二　精神分析師

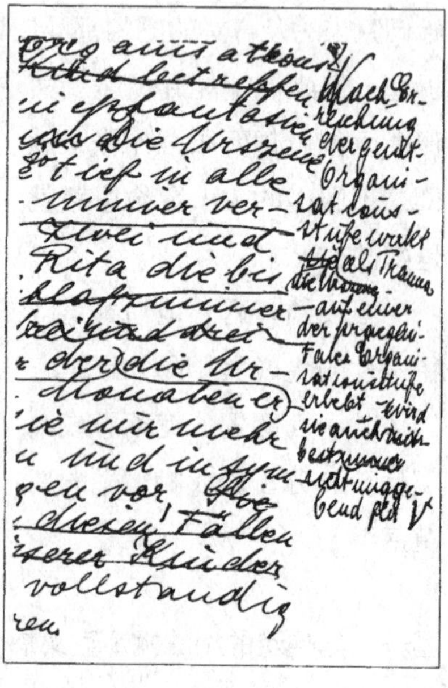

orgauisatkou
Kind betreffen
iephantasien
und die Urszene
tief in alle
immer ver-
zwei und
Rita die bis
Schlafzimmer
zwei und drei
der die Ur-
Monaten er-
ie mir mehr
u und in sym-
gen vor, Bei
diesen Fällen
serer Kinder
vollständig
ren.

Nach Er-
reichung
der genit-
Organi-
satious-
stufe wirkt
[illegible] Trauma
[illegible]
auf einer
der prägeni-
talen Organi-
satiousstufe
erlebt wird
[illegible]
bestimmend
[illegible]
bend [illegible]

圖三　梅蘭妮．克萊恩的手稿

1. 莉布莎

29

梅蘭妮・克萊恩的傳記[1]向我們揭露了一件毫不意外的事，這名「母親－客體」與弒母概念的發現者，童年被她母親莉布莎・朵伊契（Libussa Deutsch）強勢形象所支配。

莉布莎，聰明、有教養的美麗棕髮女性，來自斯洛伐克一個博學而寬容的猶太教士家庭。她彈奏鋼琴並精通法語，而就讀耶穌會學校的弟弟赫爾曼（Hermann），日後將成為一名富有的律師，並將在萊齊斯（Reizes）家族中扮演重要的角色。二十四歲時，莉布莎在維也納遇見墨里士・萊齊斯（Moriz Reizes），並與他結婚。他是波蘭的猶太人，來自加利西亞一個恪遵教規的正統猶太家庭，比她年長了二十四歲。墨里士是一名不起眼的全科醫師，在樸實的匈牙利小鎮朵伊契 - 克羅伊茨執業，這小鎮距離他們日後定居的維也納約莫 100 公里遠。由於文化、家境與年齡的差距（莉布莎的家庭比墨里士的家庭更富裕、更有教養，而且是由「母系模式」[2]所主導），這段不太匹配的聯姻，似乎甚至不像因相愛而結合的婚姻。

30

在她寫於 1953 年至 1959 年間的簡短《自傳》（未出版，由梅蘭妮・克萊恩信託基金持有[3]）中，分析師克萊恩賦予她自己人生

1　參閱：菲利斯・格羅斯科斯，《梅蘭妮・克萊恩的世界及其作品》（Phyllis Grosskurth. (1986/1989). *Melanie Klein, son monde et son œuvre* [Melanie Klein: Her World and Her Work]. PUF.）

2　同上（*Ibid.*, p. 18.）

3　同上（*Ibid.*, pp. 14 sq.）

一個大幅度修改、甚至是理想化的形象。她自稱深受母親朵伊契家族的學術氛圍所吸引，欣賞父親的獨立精神；他為了從事醫學研究而不惜反對哈西迪猶太教，並欽佩他精通十多種語言。然而，她提到她對父親妹妹的長袍感到「厭惡」，且毫不掩飾地對母親家族的斯洛伐克猶太人所使用的意第緒語投以「輕蔑」。

莉布莎與墨里士在移居維也納之前，已經有三個孩子：艾米麗（Emilie）、伊馬努爾（Emanuel）與席多妮（Sidonie），而梅蘭妮則於 1882 年在維也納出生。父親最偏愛的大女兒艾米麗將遭到小女兒梅蘭妮所妒忌；伊馬努爾是家裡的天才，梅蘭妮與他有緊密聯繫；席多妮最美麗，也最得母親寵愛，她八歲時死於肺結核，當時梅蘭妮才只有四歲：

31

> 「我記得當時有個感覺，自從席多妮離開後，我的母親更需要我了，我一部分的問題很可能源於我必須取代我的姐姐。」[4]

「美麗的猶太公主」，梅蘭妮童年時似乎得到許多的愛。在席多妮死後，舅舅與母親對她疼愛有加[5]。另一方面，她聲稱自己不理解她的父親，因為他已年邁，但無疑也是因為他平庸的社會地位。他在一家表演廳擔任會診醫師，他鄙視這份工作，他的妻子顯然也不滿意。由於經濟困難，迫使莉布莎必須經營一家商店，這對醫師的妻子來說相當不尋常。她在店裡販售植物和爬蟲類動物：

4　同上（*Ibid.*, p. 30.）

5　同上（*Ibid.*, p. 23.）

當我們在梅蘭妮・克萊恩的母體幻想中發現，裡面爬滿了可怕的陰莖及肛門的「壞客體」，我們將會想起這些動植物。這一切都沒造成抑制，相反地，這位女性英雄，說她「絕對不會害羞」[6]，並自稱「被野心吞噬」[7]：她計畫學醫（像她父親一樣），更出乎意料的是，她想專攻精神醫學，這對年輕女孩而言是個少見的願望，況且還是個猶太女孩！由真切的智識熱忱驅動下，她把哥哥當作「朋友」、「知己」以及「老師」並在他身邊茁壯成長，這讓哥哥深感自豪。

32

儘管梅蘭妮被同化、也從來沒有要成為猶太復國主義者，她與家人都仍深切覺得自己是猶太人，並說她早已敏銳地意識到自己處在天主教維也納社會的邊緣地位，在此地並不避諱迫害猶太少數民族。她的家庭遵行猶太禮儀，她回憶起逾越節與贖罪日的慶典，儘管她表明自己不可能去以色列生活。饒富深意的是，她從母親談話中特別記得，母親也許曾愛上一名大學生，在她孺慕的回憶中，大學生臨終前聲明：「我死前再重複一次，我不相信任何神」[8]。因此，像某些人試圖斷言精神分析取代了不復存在的神，而梅蘭妮像許多世俗猶太人那樣去「皈依」於祂，是沒有依據的。相反地，透過伴隨著意義的崩毀，一如它在精神分析經驗中所展現，梅蘭妮與其他人一起能夠去找出虛無主義與信仰的基礎、憂鬱與修復的基礎，以試圖一一解構。

在萊齊斯家族回響著的「強烈亂倫諧波」[9]，特別集聚在梅蘭

6　同上（*Ibid.*, p. 30.）

7　同上（*Ibid.*, p. 31.）

8　同上（*Ibid.*, p. 27.）

9　同上（*Ibid.*, p. 36.）

33 妮與伊馬努爾的關係中。因幼年時罹患猩紅熱而併發心臟病，伊馬努爾自知來日不多，他在嘗試習醫後便轉至文學院，投身於文學和旅行。他抱著病痛與負債仍遍走義大利，期間寫信給母親與妹妹，梅蘭妮的回信充滿愛意與性暗示。兄妹倆就是在這令人絕望的雙胞胎關係中，尋求一種遠超越友誼的激情，梅蘭妮的婚姻就是在這種關係之下展開的。

1899 年，她十七歲時，遇到了莉布莎遠房表親、也是伊馬努爾的好友亞瑟 - 史蒂文．克萊恩（Arthur Steven Klein），當時他二十一歲，正在著名的蘇黎世技術大學攻讀化學。莉布莎認為他是一個「好的婚姻對象」，甚至是「最有利的求婚者」，伊馬努爾對亞瑟表現出的熱情比梅蘭妮自己還多：她後來把她的婚姻歸因於他「激情的氣質」之下的推力、而不是歸因於愛情。

1900 年，父親墨里士．萊齊斯因肺炎而去世。他呈現出來的「衰老」或許是由於多年來罹患阿茲海默症所引起的退化。不久，1902 年 12 月 1 日，伊馬努爾在熱拿亞因心臟病病逝，除非他「不小心自殺了」[10]。

儘管梅蘭妮還陷在深深撼動她對哥哥的哀悼之中，她卻在二十一歲生日隔天，1903 年 3 月 31 日結婚了。從她後來寫的一篇
34 自傳體短篇小說（約莫 1913 年）推測，她對性似乎只有感覺到厭惡。對性的拒絕有可能連結到她對與哥哥伊馬努爾亂倫關係的背叛感。她讓小說女主角安娜說：「難道一定要這樣嗎？做母親就一定要從厭惡開始嗎？」[11]

10 同上（*Ibid*., p. 58.）
11 同上（*Ibid*., p. 61.）

亞瑟很快就出軌了，由於工作所需，他必須經常遠行，因此逐漸與梅蘭妮疏遠了。年輕的妻子先是將心力投入於出版她哥哥的作品，在她的自傳中，她對亞瑟幫忙取回伊馬努爾的手稿表達了感謝之情。儘管她認為這段婚姻「使她不幸」，而且伊馬努爾本人可能也會懷疑她與表親結婚是「做錯事了」，但她仍始終致力於維繫與克萊恩家族的關係。

2. 猶太人與天主教徒

克萊恩家族是已經被同化的猶太人：亞瑟的父親，雅各・克萊恩（Jacob Klein），參與猶太教聚會只是出於形式上的意義，他是當地銀行的主管，也是羅森堡市（位於匈牙利的小鎮，約有八千居民）的市長與參議員；亞瑟是在耶穌會受教育的，跟梅蘭妮的舅舅一樣。羅森堡是這對新婚夫妻尚未有孩子前定居之地；1904年，在一陣「厭惡與噁心」後，梅蘭妮生下她第一個孩子梅莉塔（Melitta），可惜，她並不是莉布莎所希望的男孩（！）；1907年漢斯（Hans）出生，1914年艾力希（Erich）出生。 35

這個新的克萊恩家庭，整個生活都完全掌握在莉布莎手上：專制、佔有慾強的母親莉布莎，在還沒搬去與這對年輕夫妻一起生活之前，就已透過信件給出大量建議，不僅要求他們提供經濟支援，甚至與他們一起去義大利旅行，她還批評自己女兒不成熟、神經衰弱，並對她強加監視，直到取代了「克萊恩夫人」的位置：「她想要在女兒的生活中佔有特殊地位，因此提出一種奇怪扭曲的方式，藉此讓梅蘭妮可以跟她溝通、而不讓亞瑟讀到信件。這很簡單，就把信件都只寄給「克萊恩夫人」就好了[12]！在此情況下，亞瑟本身變得「很難相處」，飽受「神經」與腸胃之苦。而梅蘭妮的不適很快就顯露無遺：「日益增加的不穩定」、「憂鬱性疲憊與虛弱」、「使人癱瘓的憂鬱」[13]。這種氛圍尤其是影響到小梅莉塔，她的祖母偏愛漢斯，並向她灌輸了她母親是一個「情感殘廢」的形象，最好是送她去療養或其他度假地方，以盡量遠離丈夫：「莉布莎希望梅蘭妮遠離。她試圖創造一些情境，讓丈夫與妻子盡可能少見面。……她一想到亞瑟可以與妻子訂定私人計畫時，就怒不可遏，便巧妙地勸阻他不要寫信給梅蘭妮。」[14]

36

梅蘭妮第一次嘗試逃離這個地獄，是藉由女性友誼。她與丈夫的妹妹若蘭．克萊恩 - 瓦戈（Jolan Klein-Vágó）互有好感，她欣賞若蘭的穩定與熱情敏銳，還有克拉拉．瓦戈（Klara Vágó），若蘭的丈夫久拉．瓦戈（Gyula Vágó）的妹妹。但同時，她對於姊姊艾米麗的情感豐沛與性自由（至少假設如此）感到強烈的妒忌。我們將會在這位精神分析師日後的理論中發現這份對女性的熱情，以及，在她與女性弟子、女性競爭者之間的專業衝突中也可以發現。

情感方面的紊亂，理所當然地，與精神方面的懷疑及宗教方面的危機相互交織。她欣賞的若蘭成為虔誠的羅馬天主教徒，跟瓦戈家族一樣。當時，梅蘭妮經常與克拉拉．瓦戈見面，據傳記作者說，她與她可能有過一段「戀情」，而她 1920 年時獻給克拉拉的一首柔情的詩就是證據。在梅蘭妮童年期間，作為猶太人的她曾受

12　同上（*Ibid.*, p. 72.）

13　同上（*Ibid.*, pp. 71-72.）

14　同上（*Ibid.*, p. 74.）

到天主教的影響，並坦承為此懷有罪疚感，然而人們不禁懷疑，她的罪疚感是不是後來才出現的？有些評論者喜歡去探究克萊恩理論中的某些重要元素與天主教概念之間的類比，像是原罪、聖母無玷受孕或贖罪。總之，在亞瑟的帶動而梅蘭妮也同意之下，克萊恩一家轉為基督信仰並加入一個獨神論教派，因該教派拒絕三位一體的教義，較容易被猶太人所接受。所有的孩子也都受洗成為教徒。

日後，在納粹迫害的威脅之下，艾力希．克萊恩（Erich Klein）流亡到英國，在這裡他成為艾力克．克立恩（Eric Clyne）。而這一切的艱難曲折，並沒有妨礙梅蘭妮．克萊恩仍舊重視她自己的猶太血統，她在自傳中寫道：

> 「我始終厭惡某些以自己猶太血統為恥的猶太人，不論他們的宗教原則如何，而每次觸及這問題，我總滿意地堅持自己的猶太血統，儘管我又必須聲明不具備猶太的傳統信仰。……誰知道呢！或許這帶給我力量，讓我在學術工作中永遠處在一個少數的位置，讓我不在意面對那些我有點輕視的多數，而在適當時候，我能以寬容來緩和我對他們的輕視？」[15]

1910 年，由於亞瑟工作的需求，克萊恩一家搬遷到布達佩斯。雖然，在 1912 年時，克萊恩夫妻的關係暫時好轉，但隨即在 1913 至 1914 年間，他們的關係持續地惡化，這剛好是艾力希出生及莉布莎去世的那段期間。梅蘭妮寫給母親的信，以及她在 1913

15　同上（*Ibid.*, pp. 116-117）；由作者克莉斯蒂娃所強調。

至1920年間所杜撰的虛構文字都可以作為見證，而這些文字也是她嘗試逃離憂鬱的第二種方法。在三十首詩、四篇故事與一些散文小品及短篇裡[16]，我們毫不費力就能讀出一種生活洋溢著性滿足的欲望。這些作品的風格，被表現主義的情慾詩歌影響，但也被亞瑟．史尼茲勒（Arthur Schnitzler）與詹姆士．喬伊斯（James Joyce）的「意識流」所影響：就像這一則女人在自殺未遂後、從昏迷中醒來的故事，主角的原型不是別人、正是伊馬努爾的前情人[17]！對亞瑟的敵意也顯露於這則故事中，且明顯地融入對莉布莎無意識的恨。然而，梅蘭妮迴避對母親有任何的攻擊性，就連自傳中也不提，並且始終堅持理想化的母親形象：

> 「母親與我的關係是我生命中最豐富的資源之一。我深愛她、欣賞她的美麗、她的智慧、她對知識深切的欲望，當然還有存在於每個女兒心中的一點點嫉羨。」[18]

亞瑟受到的美化顯然少了許多，梅蘭妮幾乎保留了母親與哥哥所有的信件，卻只保留了一封丈夫的信[19]。1919年，亞瑟去了瑞典並在當地生活至1937年，在那裡再婚、又離婚。1939年，他在瑞士離世[20]。克萊恩夫妻是在1923年離婚的，但梅蘭妮卻奇怪地給出1922年的日期：這可能是為了掩蓋她的私生活，也為了把焦點移置到今後點燃她生命熱情的其他事件？

16 同上（*Ibid.*, p. 93.）
17 同上（*Ibid.*, pp. 93-97.）
18 同上（*Ibid.*, p. 98.）
19 同上（*Ibid.*, p. 15.）
20 同上（*Ibid.*, p. 154.）

3. 桑多爾·費倫齊

1913 年，在布達佩斯，克萊恩開始與桑多爾·費倫齊（Sandor Ferenczi）進行個人分析，這是她第三次嘗試重生，且終於成功。1920 年，她鼓起勇氣離開布達佩斯及羅森堡，把梅莉塔與漢斯留下，僅帶著艾力希到柏林定居，她距離卡爾·亞伯拉罕（Karl Abraham）住處不遠，將與他繼續進行個人分析。

幾年後，亞伯拉罕的另一名病人，艾莉克絲·史崔奇，她書信中描述了一名轉變後的女人。有天晚上，克萊恩帶她參加由社會主義者舉辦的化妝舞會[21]。這來自相當勢利的英國布魯姆斯伯里團體的優雅女性不免感到困惑：克萊恩跳起舞來「像一頭大象」[22]，這是一名「非常露骨的埃及艷后」[23]，但「畢竟是討人喜歡的」[24]；另一個晚上，歌劇院上演《女人皆如此》時，整個演出期間克萊恩「用話語灌爆她」[25]！艾莉克絲寫道：「她對我來說，太單純、太自在」[26]，但她「仍然非常迷人」[27]。從她們的友誼之初，艾莉克絲就承認自己對克萊恩的能力與知識「確實印象深刻」[28]，且對她精神分析的創造力給予好評。

40

21　參閱：《布盧斯柏里團體—佛洛伊德：史崔奇夫婦（詹姆斯與艾莉克絲）通信集，1924-1925》（*op. cit.*, p. 219.）

22　同上（*Ibid.*）

23　同上（*Ibid.*, p. 220.）

24　同上（*Ibid.*, p. 221.）

25　同上（*Ibid.*, p. 337.）

26　同上（*Ibid.*, p. 240.）

27　同上（*Ibid.*, p. 337.）

28　同上（*Ibid.*, p. 205.）

就這樣，克萊恩從她的家庭解脫，她經常出入一所舞蹈學院，在那裡認識了一名《柏林日報》的記者，切茲克爾茲維．克洛澤爾（Chezkel Zvi Kloetzel）。他已婚，面貌神似伊馬努爾，因此她浪漫地愛上他，還祕密地給他取了一個名字……漢斯，如她的長子。從克萊恩的隨身日記與她非常躊躇且不斷塗改的信件中看來，她豐沛的激情與深深的憂鬱，交織而為這段感情的背景。情人並未看重這段戀曲，相當冷漠地只用一句話向情婦宣布分手[29]。傳記作者下了這樣的評論：「她是個有能力喪失理智的聰明女子」[30]。儘管如此，對克洛澤爾來說，克萊恩仍充滿了強烈的性吸引力，因為當她 1926 年遷居到倫敦後，他仍舊定期去倫敦與她相會。後來，克洛澤爾在英國找不到工作，便於 1933 年移居至巴勒斯坦，成為《耶路撒冷郵報》專欄作家。此後，克萊恩再也沒有見過他。他於 1952 年離世[31]。

41 我們簡要地回顧了梅蘭妮．克萊恩生命的第一部分，其決定性時刻是 1913 至 1914 年的婚姻危機，該危機以莉布莎的死亡作結。定居布達佩斯後，亞瑟恰巧與費倫齊的兄弟有工作方面的交往。患有嚴重憂鬱的梅蘭妮，加上母親離世導致病情加劇的情況下，她開始與費倫齊進行的個人分析很可能是從 1912 年開始，一直持續進行到 1919 年。1914 年，她讀到佛洛伊德於 1901 年撰寫的〈論夢〉[32]，在一種拓荒者自由與熱情的情境中，她逐漸開始學習當時

---

29 參閱：《梅蘭妮．克萊恩的世界及其作品》（*op. cit*., p. 197.）

30 同上（*Ibid*., p. 199.）

31 同上（*Ibid*., pp. 264, 507.）

32 參閱：佛洛伊德，〈論夢〉（Sigmund Freud. (1901a [1900]/1925). *Le rêve et son interprétation*. Gallimard. **See also**: *GW*, II-III, 645-700; *SE*, V, 629-686; *OCF.P*, V, 15-71.）

仍剛起步的精神分析。桑多爾・費倫齊（1873-1933）是匈牙利最傑出的精神分析師，一開始佛洛伊德將他視作「他的寶貝兒子」。據桑朵・拉多（Sándor Radó）的說法，在這群「地下墓穴中的第一批基督徒」當中，即佛洛伊德的第一批弟子裡，費倫齊是最具熱忱與才華的。1909 年，他與卡爾・榮格（Carl Jung）一起陪同精神分析創始人佛洛伊德前往美國，向新大陸傳授關於精神分析的新發現。恩斯特・鍾斯（Ernest Jones）（1879-1958）與蓋札・若海姆（Géza Roheim）（1891-1953）都曾與費倫齊進行個人分析。

費倫齊非常關注古老的與退行的狀態，他在傾聽與技術上表現出十足的創意，他提倡一種以介入式與引誘式的貼近，來與病人進行「主動」分析的技術，這招致佛洛伊德極為嚴厲的批評；費倫齊則轉而指責佛洛伊德從未對移情進行過分析。除了某些風格的元素之外，克萊恩還從費倫齊那裡借來一些他 1913 年發展的概念，像是「內攝階段」（以費倫齊的觀點，這是幼兒期全能的階段），以及「投射階段」（這是現實的階段）。不過，她以獨創方式採用了這些概念，並大幅度地修改了它們。在佛洛伊德致力於兒童分析的首篇文本〈一位五歲男孩恐懼症的分析：小漢斯〉（1909）[33] 問世之後，費倫齊也為這一精神分析的新分支帶來深入的研究進展，其成果呈現在〈小公雞人〉（1913）一文；他提出，神經症男孩阿帕德（Arpad）的恐懼症可能來自因手淫而被斥責的緣故。費倫齊的兩名被分析者，在法國工作的波蘭裔尤潔妮・索科尼卡（Eugénie

42

33　參閱：佛洛伊德，〈一位五歲男孩恐懼症的分析〔小漢斯〕〉（Sigmund Freud. (1909b [1908]/1954). Analyse d'une phobie chez un petit garçon de cinq ans (le petit Hans). In *Cinq psychanalyses* (pp. 93-198). PUF. **See also**: *GW*, VII, 243-377; *SE*, X, 1-150; *OCF.P*, IX, 1-130.）

Sokolnicka）與克萊恩都全力投身在兒童精神分析領域[34]。1919年6月26日費倫齊寫給佛洛伊德的信件當中，他就已經提及「克萊恩女士（她並非醫師），追隨了我多年之後，最近對於兒童分析展現出很好的觀察力」。費倫齊也提及克萊恩將成為安東・馮・弗赫德（Anton von Freund）的助理，富裕的釀酒商，資助了精神分析協會與佛洛伊德的國際精神分析出版社（*Verlag*）[35]。

43

在《自傳》中，克萊恩自己描述了早期在費倫齊引領之下，學習精神分析時最具有啟發的印象：

> 「在與費倫齊進行個人分析期間，他讓我注意到我在理解兒童方面所具備的真正天賦，以及我對這些兒童的興趣，他毫無保留地鼓勵我全心投入精神分析，尤其是兒童精神分析。
>
> 當然，那時我有三個自己的孩子……。我從不認為……教育……足以對一個人的性格提供全面的了解，而因此，我也不認為教育具有人們所希望教育必須擁有的影響力。我總有個感受，在背後必定有某些我無法掌握的東西。」[36]

34　尤潔妮・索科尼卡（Eugénie Sokolnicka）在1920年的《國際精神分析期刊》上發表一個來自明斯克的小男孩案例報告，與梅蘭妮・克萊恩在1919年7月提交給匈牙利精神分析學會的研究報告同一時期。參閱：茱莉亞・克莉斯蒂娃，〈女性精神分析：對精神分析理論的一些貢獻〉（Julia Kristeva. (1996). Psychanalyser au féminin. De quelques contributions à la théorie psychanalytique. *1896-1996: 100 Ans de Psychanalyse* [colloque, 25-26-27 juillet 1996]. Association internationale d'histoire de la psychanalyse, pp. 7 sq.）

35　參閱：《梅蘭妮・克萊恩的世界及其作品》（op. cit., p. 106.）

36　同上（Ibid., p. 104.）

1919 年，克萊恩在匈牙利精神分析協會提報了第一位兒童精神分析案例，1920 年將該案例以〈兒童的發展〉[37] 為題出版，她因而獲得分析會員資格，且無需被督導。她在該文中，以弗立茲之名發表了她對自己孩子艾力希的分析過程。自三歲起，克萊恩就開始觀察他（這在當時並不是特殊做法），而她另外兩名孩子大多時候是由莉布莎撫養長大。我們後續會再回來談論這一已被多方評論的兒童觀察相關的醜聞、弊病與優點，而克萊恩日後則對此保持緘默：「我第一位病人是一名五歲的男孩。在我最早發表的文章中，我稱他為『弗立茲』」[38]。

44

自這時期起，克萊恩的同事們觀察到，她所採取的精神分析方法與當時最著名的兒童精神分析師赫敏・馮・哈格 - 赫爾穆特（Hermine von Hug-Hellmuth）的方法並不相同，就像後來她與安娜・佛洛伊德的概念也大異其趣，當克萊恩將分析的經驗從教育及父母的影響中分離出來時。在此前一年，即 1918 年 9 月 28 日至 29 日，克萊恩在匈牙利科學學院舉辦的第五屆精神分析年會上見到佛洛伊德。自由的、輕鬆的及富有創造性的，此際是這學會短暫輝煌的繁榮期；十五歲的梅莉塔本人，被授權參與了當年的會議。

第一次世界大戰擾亂了歐洲與人類的命運。亞瑟被軍隊徵召，爾後帶著腿傷從前線返回。這對夫妻維持著表面的婚姻生活。奧匈

37　梅蘭妮・克萊恩，〈兒童的發展〉，《愛、罪疚與修復》，心靈工坊，頁 1-65（Melanie Klein. (1921/1975). The Development of a Child. In *Love, Guilt and Reparation and Other Works 1921-1945*. Hogarth Press.）

38　梅蘭妮・克萊恩，〈精神分析遊戲技術：其歷史與重要性〉，《嫉羨和感恩》，頁 159（Melanie Klein. (1955/1975). The Psycho-Analytic Play Technique: Its History and Significance. In *Envy and Gratitude and Other Works 1946-1963*. Hogarth Press.）

45 帝國的失敗及卡羅伊．米哈伊（Michael Karolyi）[39]政府的垮台，讓庫恩．貝拉（Béla Kun）得以在匈牙利建立起一個無產階級的專制政權。不同於史達林主義者宣稱精神分析是一門墮落的科學，貝拉．庫恩的同僚反而任命費倫齊擔任大學裡的精神分析教授！而當反革命爆發，接替匈牙利紅色恐怖的反猶太白色恐怖出現時，若海姆與費倫齊皆被免職並遭受死亡的威脅。亞瑟則因為不再能夠從事他原本的專業，便動身前往瑞典工作。而梅蘭妮．克萊恩則去了柏林，並與卡爾．亞伯拉罕相遇。

4. 卡爾．亞伯拉罕

卡爾．亞伯拉罕（1877-1925）是早期精神分析重要的人物之一。當時，人們想像他將會是佛洛伊德的繼任者，但其實佛洛伊德並不賞識他保守的性格。1910 年時，亞伯拉罕已經在柏林創立精神分析協會研究中心。他接替了費倫齊作為克萊恩的導師，她當時三十八歲，剛開始展露出長久被壓抑的豐富創造性。亞伯拉罕比佛洛伊德更積極發展前生殖階段的理論及死亡驅力的主題[40]，我們可以很輕易在克萊恩的職涯中看出亞伯拉罕對她的影響。因此，如果

---

39 〔譯註〕：Michael Karolyi 及 Béla Kun 為匈牙利人。匈牙利姓名順序為姓在前、名在後，但此處作者採法文姓名寫法，名在前、姓在後。

40 卡爾．亞伯拉罕，《全集（一）：夢與神話》、《全集（二）：力比多的發展》（Karl Abraham. (1965). *Œuvres complètes, Tome I (1907-1914): Rêve et Mythe* (Ilse Barande, Trans.). Payot ; Karl Abraham. (1966). *Œuvres complètes, Tome II (1913-1925): Développement de la libido* (Ilse Barande, Trans.). Payot.）

說克萊恩跟費倫齊借來了神經症的抽搐是手淫替代物這一想法（明確指出「它所立基的客體關係」是不可或缺的），從亞伯拉罕這裡，她則參照了肛門性格研究中所定向的肛門－施虐關係。從此刻開始，在小麗莎（這可能是她自己的女兒梅莉塔，但無從考證）的案例中，她觀察到的，正是分析師重演了初級客體的角色，於是她開始分析移情與同性戀關係。 46

她的孩子們是「小白鼠」嗎？艾力希被喬裝為弗立茲，漢斯是菲利克斯，而梅莉塔則是麗莎？跟著亞伯拉罕分析，克萊恩持續磨練自己闡述「案例」的能力，她的表達比以前更清晰，同時也精進遊戲技巧的精細度。1922 年，她成為柏林精神分析協會的準會員，並於 1923 年成為正式會員。

1922 年，第七屆精神分析年會在柏林舉辦，克萊恩發表了一篇論文，而這是佛洛伊德最後一次參加的大會。克萊恩提報的時候，佛洛伊德雖然可能不在場，但他應該有聽到一些對於克萊恩報告內容的迴響，然而他肯定不會對她改寫伊底帕斯給予肯定，更不會對她提出乳兒早期的肛門固著作為抑制的病因學的觀點表示贊同。但無論如何，正是以佛洛伊德 1920 年的〈超越享樂原則〉作為基礎及正當性的依據，克萊恩才能夠修改佛洛伊德先前的理論：她比其他任何分析師都還要快地接受嬰兒身上存在死亡驅力的假設，並以此來回應嬰兒對於被湮滅的恐懼；佛洛伊德的觀點正好相反，他認為，乳兒對死亡一無所知。但是，她補充說明，藉由從心理學層面而非生物學層面來考慮驅力，死亡驅力只有在它與客體的關係中才會變得明顯。亞伯拉罕的著作鼓勵她朝此方向前進[41]，克 47

41　參閱：卡爾・亞伯拉罕，〈力比多簡史：心理疾患的觀點〉（Karl Abraham.

萊恩在《自傳》中對他表達了深切的敬意的敬意：

「亞伯拉罕發現了最早的肛門階段……，這距離構思出內在對象概念已經相當接近。他對於幼幻想與口唇驅力方面的工作遠比佛洛伊德更為深入。儘管，這仍遠低於我自己的貢獻……。我會說，亞伯拉罕代表了我個人的工作與佛洛伊德的工作之間的橋樑。我和亞伯拉罕進行的個人分析，由於他病重，於 1925 年夏天結束，他在同年的聖誕節離世；這對我來說極其憂傷，同時也是我難以跨越的一段時期的開端。」[42]

克萊恩的大膽與革新很快就面臨各種反對的聲浪，最早是亞伯拉罕仍在世的時候。1924 年的薩爾斯堡年會上，克萊恩開始對伊底帕斯情結推定的時間點提出質疑，並強調是母親而非父親，影響了神經症的組織；她同時提出性是以口唇性質來表現的，現場參與者提出強烈的反對意見。她堅持按照同樣的原則，來為艾爾娜（Erna）進行分析；在〈六歲女孩的強迫式精神官能症〉[43] 這篇文章中，克萊恩提及了口唇與肛門－施虐的天生強烈傾向、早期伊底

(1924/1966). Une courte histoire de la libido, envisagée à la lumière des troubles mentaux (1924). In *Œuvres complètes, op. cit., t.* 2, pp. 255-297）。亞伯拉罕在這裡建立了強迫型神經症與躁鬱型精神病之間的類似性，這可能是對在肛門階段（糞便）中「失去客體」的重現，以及「驅逐客體」這種無意識中的等同物。

42 參閱：《梅蘭妮・克萊恩的世界及其作品》（*op. cit.*, p. 149.）

43 參閱：梅蘭妮・克萊恩，〈六歲女孩的強迫式精神官能症〉，《兒童精神分析》，心靈工坊，頁 40-66（Melanie Klein. (1932/1975). An Obsessional Neurosis in a Six-Year-Old Girl. In *The Psycho-Analysis of Children*. Hogarth Press.）

帕斯、一樣早期且暴虐的超我、同性性慾。在亞伯拉罕協助之下，克萊恩聯繫了在柏林經營幼兒園的精神分析師，妮莉・沃爾夫海姆（Nelly Wollfheim），而在這裡認識了小艾爾娜。沃爾夫海姆尚未與克萊恩變得疏離之前，約有兩年的時間擔任克萊恩的秘書，她是第一位對克萊恩的才華與自信感到印象深刻卻又震撼的人：難道她沒有把自己的吞噬、甚至將施虐的性格投射到她病人身上嗎？然而，她的個人特質卻又是在多疑與充滿敵意的環境中幫助她突破並屹立不搖的最佳盟友？

亞伯拉罕去世之後，詆毀克萊恩的人便公開表態：在柏林，克萊恩的波蘭血統被歧視，還有人強調她沒有受過大學教育；更有人諷刺地說：一個女人自稱為大師，居然還是個兒童精神分析師！而赫敏・馮・哈格 - 赫爾穆特被她外甥暗殺這一事件，而這外甥曾是她的病人，更強化了人們對兒童精神分析的反對。奧托・蘭克（Otto Rank）關於《出生創傷》（1924 年出版）的論點，主張與子宮分離是焦慮的原型，似乎接近克萊恩的立場，根據這一立場，罪疚感並不單純發生於晚期伊底帕斯三角關係，而是在口唇階段、與乳房的矛盾關係當中就已經表現出來：最忠誠的佛洛伊德學派信仰者認為，這裡出現了危險的歧見。

49

5. 倫敦

另一方面，卻是相反的待遇。詹姆斯・史崔奇透過妻子的信對克萊恩感到好奇，並將克萊恩的優點告知恩斯特・鍾斯（1879-

1958），於是鍾斯邀請克萊恩在 1925 年 7 月舉行一系列共六場講座，以英語來談論兒童精神分析。擔任講座翻譯的艾莉克絲．史崔奇認為克萊恩「在臨床方面是可信的，但理論思考方面則相對薄弱」。簡單說，在這趟旅程之前，英吉利海峽對岸對克萊恩的理論幾乎一無所知。更別說她那糟糕的口音了（雖然艾莉克絲已幫她上過課），還有她那些醜陋的帽子：「對了，梅蘭妮給我看了她為了倫敦的講座而新買的帽子，她希望讓聽眾印象深刻，天哪，那無法不深刻啊！這是個龐大、笨重、鮮黃色的玩意，鑲著一圈寬邊和一叢灌木⋯⋯。戴上這帽子，她就變成一朵開過頭的茶玫瑰，中間還長了一顆紅心（她的臉），那些精神分析師們應該會嚇到發抖吧」[44]。

然而，她的表現掃除了憂慮並超過了期望：克萊恩女士，穿戴樸素，她提出的兒童分析經驗：多麼適合英國的主題！通過遊戲方式！多麼感性和經驗性的技術！鍾斯在 1925 年 7 月 17 日寫給佛洛伊德的信件中說，克萊恩帶給大家的印象「非比尋常地深刻；她的個性與她的工作贏得了我們至高的敬意」。當時，英國精神分析學會只有 27 名會員，但人們對克萊恩的講座太感興趣了，因而把會議地點更改到卡琳．史蒂芬（Karin Stephen）與阿德里安．史蒂芬（Adrian Stephen）（維吉尼亞．吳爾芙〔Virginia Woolf〕的弟弟）家中的客廳，戈登廣場 50 號。就這樣，在布魯姆斯伯里團體的贊助支持之下，克萊恩成功地進入了倫敦的精神分析圈子。鍾斯隨即邀請她在英國多留一年，分析他的孩子。柏林、布達佩斯、維也

44　參閱：艾莉克絲在 1925 年 6 月 12 日寫給詹姆斯的信件，《布盧斯柏里團體—佛洛伊德：史崔奇夫婦（詹姆斯與艾莉克絲）通信集，1924-1925》（*op. cit.*, p. 320.）。

納，永別了！倫敦萬歲！

克萊恩將在倫敦過著上流的遊牧生活，經常更換住所。1926年，倫敦精神分析診所才剛剛舉行了開幕式，日期選在佛洛伊德的生日，5月6日。年輕英國精神分析學會是活躍的、自由的，幾近放肆地充實自己以進一步創新，充滿著古老的民主作風與某些奇葩（何不就說猶太人）的前衛傾向。學會創立於1913年，創始人暨理事長是恩斯特．鍾斯，他是一名來自中產階級的威爾斯人。鍾斯在醫學院成績傑出，他熱衷於佛洛伊德最早期的作品，為了閱讀，他毫不猶豫地去學習德語。後來，他被指控對年幼病人使用不雅的言詞，而逃隱到多倫多，之後才再回到倫敦，投身於國際精神分析與英國精神分析。鍾斯被佛洛伊德評價為「好人」，因為在那段佛洛伊德與榮格關係破裂的艱辛日子裡，就算他不是唯一，也是極為少數之一的好人。這名複雜且處世圓滑的人，後來成為佛洛伊德傳記的作者。他性格懦弱，卻仍支持克萊恩的創新，但也不是沒有在佛洛伊德與安娜．佛洛伊德面前退縮，可說是兩邊都不得罪、騎牆派的做法。佛洛伊德與他的關係類似一種「套著皮頭的花式劍」[45]，但仍然是他讓克萊恩安居在倫敦，以便於讓她能把精神分析知識傳授給鍾斯女士與他們的兩名孩子，默文（Mervyn）及格溫妮絲（Gwenith），後者於1928年不幸離世。

克萊恩的聲譽迅速傳開，當費倫齊在1927年訪問倫敦時，還寫信給佛洛伊德表達他的錯愕：他發現克萊恩對英國團體具有「主導性的影響」。從這時起，克萊恩的生活與她作品的命運全面交融：與安娜的衝突、與女兒梅莉塔的斷裂、她的弟子的忠誠與不

45　參閱：《梅蘭妮．克萊恩的世界及其作品》（*op. cit.*, p. 206.）

忠，一直到二次大戰期間與英國分析學會的論戰，這所有一切都交織於克萊恩作品及其衝突感的精神。本世紀的歷史同樣如此。猶太裔的精神分析師遷移到英國或美國，並將精神分析散播到國際：對克萊恩而言，這一切都可以在她細微精密且毫不鬆懈的工作中找到端倪，而她的工作也修正了佛洛伊德的**談話治療**（talking cure）。她為她的工作拼盡全力，一如她用濃厚德國口音的英語所說，「工作（*vurk*）」，是「我的另一個孩子」[46]。於是，從現在起，我們要循著她的臨床與她的理論來理解她，直到 1960 年 9 月 22 日她因病痛、貧血與老化而在倫敦逝世，享年七十八歲。

52

或許是感覺到自己的生命將盡，她試圖恢復猶太信仰，她請了一名拉比前來，然而，面對隨之而來的複雜性，她放棄回到猶太信仰，她認為這只是情感上一個微弱的心願而已。這位開朗的祖母很疼愛艾力克與茱蒂（Judy）的孩子，黛安娜（Diana）、哈澤爾（Hazel），尤其是邁克爾（Michael）[47]，她自 1940 年代起就沒有再為幼兒進行分析，但仍持續進行成人的教導分析與督導工作。她喜愛在音樂會與劇院度過她的夜晚。她在科研會議上停不下來的大笑，帶給同事們極大的歡樂。儘管一些人直到最後都很畏懼她的嚴肅與苛刻，然而另一些人又把她理想化，形容她是他們所見過令人「最肅然起敬」的女性。[48]。在她的火化葬禮上，她新結識的密友

46　同上（*Ibid*., p. 368.）

47　邁克爾・克立恩（Michael Clyne）曾接受瑪莉詠・米爾納（Marion Milner）的個人分析，後來成為傑出的科學家；他為自己的女兒取名為梅蘭妮。梅蘭妮・克立恩（Melanie Clyne）是梅蘭妮・克萊恩的曾孫女。

48　參閱：理查・沃爾海姆，梅蘭妮・克萊恩，《旁觀者》（Richard Wollheim, Melanie Klein, *The Spectator*, 1960.9.30., p469）曾被引用至：珍妮特・榭爾絲，《母性精神分析》（Janet Sayers. (1990/1995). *Les Mères de la psychanalyse* [Mothers of Psychoanalysis]

蘿莎琳・圖雷克（Rosalynd Tureck）素樸地演奏了巴哈的 d 小調奏鳴曲的行板。

目前，我們先記住一幅她忠誠的釋義者漢娜・西格爾所傳遞的她的形象，即行走中的克萊恩：「她的肩膀與頭部的重心微微落在前方，同時她以極小的步伐向前移動，像是處在一種高度警覺的狀 53 態中。她的頭再往前略傾一些。我現在認為她這種行走的方式……是為了專業用途，她在等候室與治療室中使用了這樣的方式。這就是她想要與人相識的方式。我認為她在治療之外並不是這樣的，她在外面站得挺直，沒有這種專注的姿態。」[49]

克萊恩傾身向前朝我們走來，她尚未真正抵達。

圖四　生命後期　54

(p. 282). PUF.）；見中譯本《母性精神分析》，心靈工坊。

49　1982 年 7 月 17 日，塔維斯托克中心舉辦的「梅蘭妮・克萊恩百年紀念會」。引自《梅蘭妮・克萊恩的世界及其作品》（*op. cit.*, p. 472.）

55

第二章

分析自己的孩子：從醜聞到遊戲的技術

57

遠在佛洛伊德之前，威廉．華茲華斯（William Wordsworth）（1770-1850）就寫道「成人是由孩子長成的」[1]。受到《聖嬰耶穌》與聖奧古斯丁《懺悔錄》的影響，兩種童年模式爭奪著英國人想像力的主導地位[2]：第一種，是1793年約翰．洛克（John Locke）所著的《教育漫話》、與1762年尚-雅克．盧梭（Jean-Jacques Rousseau）的《愛彌兒：論教育》，或稱幼兒天真的純淨神話；第二種，則是加爾文主義的神啟信念[3]，即兒童天生就具有從原罪繼承下來的倒錯本性，這使得通常是殘酷而嚴厲的教育方式有

58

了正當性，如鞭打、剝奪、威脅。

學者與小說家都將兒童置於社會連結與藝術魔力的中心。例如，十九世紀時，作家查爾斯．金斯萊（Charles Kingsley）在《安

---

1 參閱：朱麗葉．米切爾，〈緒論〉，《梅蘭妮．克萊恩選集》（Juliet Mitchell. (1986). Introduction. In *The Selected Melanie Klein*. Penguin.）

2 參閱：勞倫斯．史東，《1500-1800年間的英國家庭、性與婚姻》（Lawrence Stone. (1977). *The Family, Sex and Marriage in England, 1500-1800*. Weidenfeld and Nicolson.）

3 「新生兒充滿罪惡的污點與污染，這是透過我們的性，從我們最早的父母那裡繼承來的」。參閱：理查．阿萊斯特里，《人的全責》（Richard Allestree. (1658). *The Whole Duty of Man* (p. 20). London.）

東洛克》裡，以驚人的方式呈現出清教徒的論點。小說中描述了一名深信她的孩子具有惡魔本性的母親，在教育方面花費許多功夫，直到讓孩子「皈依」基督教價值觀——她用飢餓與定期鞭打的方式，來教導孩子調節他激動的情緒。這種僵硬的觀點，被十九世紀的慈善家拿來作為對平民階層的孩子進行道德教化的殘酷性基礎。1857 年，托馬斯・休斯（Thomas Hughes）撰寫了一本成功資產階級的經典著作《湯姆的學校生活》，書中講述了校長托馬斯・阿諾德博士對拉格比公學的改革，並描繪了一名害羞的小男孩蛻變為「學校的帶頭大哥（the bad）」，熟習「**健碩基督教**（muscular Christianity）」的美德。

同一時期，還有許多教育模式鼓吹一種建立在人人平等的基礎上共同生活：托馬斯・摩爾（Thomas More）的烏托邦，革命期間關於迪格（Digger）運動的嘗試，歐文（Owen）的實驗，以及在二十世紀時，亞歷山大・尼爾（A. S. Neill）所創建的「夏山學校（Summerhill）」實驗。十八世紀以來，關於男孩與女孩的教育書籍繁多，其中最重要的教育家有凱瑟琳・麥考利（Catherine Macaulay）（1790）、瑪麗・沃斯頓克拉夫特（Mary Wollstonecraft）（1792）、瑪麗亞・埃奇沃斯（Maria Edgeworth）（1798）及漢娜・摩爾（Hannah More）（1799）。

十九世紀英國的社會寫實小說中，童年成了反映世界苦難的淚幕：這種預示著浪漫主義者的視角，將孩子神聖化，並使孩子變為成人的祖先，無論是好是壞。狄更斯（Dickens）描寫他自己悲慘的童年。路易斯・卡羅（Lewis Caroll）在《愛麗絲夢遊仙境》創造了一個神話式的童年，由詩意的白日夢與秘密的驅力編織而成。而虛構的英雄彼得・潘（Peter Pan），他的雕像真真實實地矗立在倫

59

敦，這則非常流行的神話，頌揚了被禁止的、又令人懷念的童年。而直到近代，威廉．高汀（William Golding）在 1954 年發表的《蒼蠅王》中，以諧擬方式，把孩子們殘酷邪惡行為的爆發、與他們在《五人幫》系列中具吸引力的創新性作一對比，主角們創造出一個充滿智慧與詼諧趣味的平行社會。兒童似乎是英國人想像中最典型的欲望對象，如果戀童癖這個詞還帶有一點清教徒的純真，那麼我們可以將此稱為戀童癖。

從更實際的層面來看，為了解釋二戰後兒童精神分析與兒童心理學在英國的發展（從鮑比到溫尼考特），朱麗葉．米切爾（Juliet Mitchell）[4] 指出，一方面，抗戰的總動員賦予了女性與兒童以獨立性，進而推動了解放的進展，但這一進展直到 1960 年代才被落實；另一方面，回歸於和平，至少在某個時期內，導致英國家庭單位困在一種心理退縮狀態。實際上，這兩個矛盾的傾向有助於把焦點聚集在兒童身上[5]。

---

4 參閱：朱麗葉．米切爾，《精神分析與女性主義》（Juliet Mitchell. (1974/1975). *Psychanalyse et féminisme* [Psycho-analysis and Feminism] (p. 228). Des Femmes.）

5 關於兒童的位置與表象，參閱：斯蒂芬．庫倫，《社會中的兒童：一個自由主義的批判》（Stephen Cullen. (1991). *Children in Society, a Libertarian Critique*. Freedom Press.）；休伊．坎寧安，《西元 1500 年以來西方社會中的兒童與童年》（Hugh Cunningham. (1995). *Children and Childhood in Western Society since 1500*. Longman.）；哈里．亨德里克，《1880-1990 年間的兒童、童年與英國社會》（Harry Hendrick. (1997). *Children, Childhood and English Society, 1880-1990*. Cambridge Univ. Press.）；馬爾科姆．希爾，《兒童與社會》（Malcolm Hill. (1997). *Children and Society*. Longman.）；埃格勒．貝齊、多明尼克．朱立亞，《西方童年的歷史（一）：〈從古代至 17 世紀〉；（二）：〈從 18 世紀至今日〉》（Egle Bechi et Dominique Julia. (1998). *Histoire de l'enfance en Occident, t. 1: De l'Antiquité au XVIIe siècle; t. 2: Du XVIIIe siècle à nos jours*. Seuil.）；弗朗索瓦．巴黑 - 杜寇克，《維多利亞時代的愛》（François Barret-Ducrocq. (1989). *L'Amour sous Victoria*. Plon.）、弗朗索瓦．巴黑 - 杜寇克，《19 世紀

不知不覺中，英國是否已經為佛洛伊德、或尤其是為兒童的精神分析鋪設好一條道路，引領我們重新發現自己身上的童年，以面對存在的痛苦？等待全球化的行銷市場與消費策略把兒童－客戶置於被技術掌控的人類中心時，實際上卻是被送回最初滿足的需求當中……

這是否意味是必然、而非任一偶然，讓克萊恩注定要在英國展現她的長才，而不是在其他地方？無論如何，她宣告英國是她的「第二家鄉」[6]，身邊親近的人也說她定居倫敦之後就變得「活力四射」[7]。確實，儘管本章要探討的文本都來自她的歐陸時期——在布達佩斯和柏林，然而，正是到了倫敦後，克萊恩才賦予這些文本更深刻的意義，注入了可共享的理論與臨床發展，亦即真正的命運。1932 年，在她傾力為佛洛伊德對小漢斯[8]的研究中開創的兒童精神分析基礎的同時，在稍晚她將與安娜．佛洛伊德站在對立面激烈辯論之前，她出版了《兒童精神分析》[9]文集。在該書中，她闡

61

倫敦的貧困、慈善與道德。神聖的暴力》（François Barret-Ducrocq. (1991). *Pauvreté, charité et morale à Londres au XIXe siècle. Une sainte violence*. PUF.）。感謝這領域一些書籍的指引。

6　克萊恩個人的《自傳》（*Autobiographie*）（未出版，由梅蘭妮．克萊恩信託基金會持有），曾被引用至：珍妮特．榭爾絲，《母性精神分析》（*op. cit*., p. 282.）

7　這是卡倫．荷妮（Karen Horney）的女兒的見證，她童年時接受了克萊恩的分析，後來成為瑪麗安．荷妮 - 埃卡德（Marianne Horney Eckhardt）博士。參閱：《梅蘭妮．克萊恩的世界及其作品》（op. cit., p. 144.）

8　參閱：佛洛伊德，〈一位五歲男孩恐懼症的分析〔小漢斯〕〉（Sigmund Freud. (1909b [1908]/1954). Analyse d'une phobie chez un petit garçon de cinq ans (le petit Hans). In *Cinq psychanalyses* (pp. 93-198). PUF. **See also**: *GW*, VII, 243-377; *SE*, X, 1-150; *OCF.P*, IX, 1-130.）

9　梅蘭妮．克萊恩，《兒童精神分析》（Melanie Klein. (1932). *Die Psychoanalysis des Kindes [The Psycho-Analysis of Children]*. Internationale Psychoanalystischer Verlag.）

述了二十個分析治療案例：四名年齡從兩歲九個月到四歲三個月的兒童（伊底帕斯期）；五名五歲至六歲的兒童（後伊底帕斯期）；五名七歲至九歲的兒童（潛伏期）；四名十二歲至十四歲的兒童（青春期），以及兩名以古典治療方法進行的成人[10]。

62

1.（兒童的）無意識知識對抗（父母的）啟蒙

從 1921 年的第一篇論文〈兒童的發展〉[11] 開始，克萊恩就採取一個**轉折**、**顛覆**的立場，這無疑在佛洛伊德思想中已經存在，但她更為細緻地深入鑽研。從一開始她就表明，教育所強加的潛抑會壓制幼兒期的性、並引起思想的抑制。她建議讓精神分析參與所有兒童的教育，從年幼時就開始，甚至包括那些表面上沒有任何行為或思考問題的孩童。這種教育的前提顯然是受到啟蒙運動的啟發，克萊恩不忘強調這點。她提醒我們，父母的權威往往仰賴上帝的權威，而上帝的存在是難以證明的，父母之間免不了的宗教分歧、讓邏輯倍加複雜難懂，這一態勢導致這孩子思緒混亂，甚至是智能障礙。幸運的是，敏銳的精神分析師克萊恩（因奇妙的巧合，她住得離弗立茲父母不遠，以便能夠像是他的母親那樣看著這孩子，她本身還是個無神論者！）敢於把對上帝存在的形上學的好奇、與兒童

10 參閱：芙蘿倫絲・貝廣 - 吉納，〈兒童分析技術的演變〉（Florence Bégoin-Guignard. (1985). L'évolution de la technique en analyse d'enfants. In *Melanie Klein aujourd'hui. Hommage à l'occasion du centenaire de sa naissance* (p. 55). Césura Lyon.）

11 〈兒童的發展〉，《愛、罪疚與修復》，頁 1-65。

感受並壓制的性好奇連結起來。於是，她消除了孩子的困惑，透過免除父母意識形態的紛爭，她減輕父母的權威並使他們孩子的思想得以發展。目前為止，都還是古典佛洛伊德的範疇。 63

小弗立茲（記住他現實中是克萊恩的兒子艾力希），開口說話的時間很晚，表達困難、陷入重複之中；總之，就四歲的孩子而言，他看來很「慢」，甚至「遲緩」[12]。這時，他的母親在分析師協助下（或者反過來，是分析師在母親協助下？），提供給他一些關於聖誕老人不存在、以及出生起源的說明。弗立茲開始提問、質疑世界、對糞便與尿液產生興趣，並發展出現實感。他偶爾會停滯、甚至退行，當母親或分析師不勝負荷而暫停詮釋時。但最終，他克服了幼兒期思想全能的信念，愈來愈清楚表達自己的欲望，最後顯示出完全令人滿意的智力。

然而，不需等到克萊恩在她作品第二部分針對某種樂觀的、「十八世紀」兒童的精神生活觀點加以修改之前[13]，從報告的第4頁起，她便提出詮釋具有破壞上帝的和父母本身的權威、解放孩子思想的有益效果，詮釋不能與教育、**性啟蒙**或**啟蒙**的簡單效果相混淆。因為弗立茲遭受的潛抑遠比道德性教育強迫之下而引發的次級潛抑更深刻：確實，「弗立茲的苦痛、他的拒絕接受（但他對真理的欲望與之對抗）是讓他不斷地重複的眾多原因中的決定性要素」[14]。減少宗教或道德權威是不夠的，況且，在弗立茲家中， 64

12　〔英譯註〕〈兒童的發展〉，《愛、罪疚與修復》，頁2。

13　這項初步研究的第一部分〈性啟蒙及權威感減弱對兒童智力發展的影響〉是1919年在布達佩斯發展的；第二部分〈兒童對啟蒙的組抗〉則是於1921年發表於柏林精神分析學會，集結為〈兒童的發展〉，《愛、罪疚與修復》，頁1-65。

14　〈兒童的發展〉，《愛、罪疚與修復》，頁4。

權威所佔據的份量並不真的太過沉重（如我們所見，這多虧了他父母之間的歧異）。的確，弗立茲的抑制並非外部教育壓力之下的產物，而是根植於已經存在的心靈世界；抑制，是無意識知識的表達，它一方面是被欲望的力量、另一方面是被潛抑與亂倫禁令的力量所結構而成。總之，存在著一種「天生的潛抑傾向」[15]；但克萊恩已經勾勒出一種分裂，在弗立茲「強烈的性好奇」與他兇猛的「潛抑」之間。由此可知，對弗立茲而言，性與一種無法克服的厭惡聯繫在一起。敏銳的父母從未對這孩子的性遊戲有所制止或威脅，但他卻仍然阻抗所有與性有關的說明，「他只是拒絕接受這些說明」[16]。

65

> 「對原始的性事實採取拒絕與否認……，而使潛抑透過解離付諸執行。」[17]

自此所樹立起來的假設，成為了克萊恩的確信。兒童的無意識使我們面對另一種知識，一種特屬於**幻想**（fantasme）的謎的知識，它牴觸「性的說明」，也不想在學習與適應現實的意義上去理解真實世界。換言之，這是一種抵制**理解**（connaissance）的**知識**（savoir）。這一無意識知識以種系發生論被建構、且是與生俱有的，它是關於「部分由伊底帕斯情結發展出的閹割情結」[18]；它黏附於亂倫禁令的謎，在這層意義上，充滿著欲望與禁令。

---

15 同上，頁 27。

16 同上，頁 33。

17 同上，頁 26。

18 同上，頁 59。

分析師克萊恩確信，面對弗立茲的無意識，在她面前是**原初潛抑**（refoulement originaire）本身！從現在起，將不僅要遵行這無意識知識（它相對於已說明原則原則），還要陪伴它、協助它以讓它得以被表達，唯有如此，它才有可能被修通。無論如何，給自己機會通過一個漫長過程去了解存在，這不再是一種（像父母期望的）適應，而是一種在幻想與現實之間的協商。這將是克萊恩的精神分析路線。她第一篇文章中就已經制定了這些參數：過多的驅力、無意識禁令的力量、分裂、讓位給現實中從未明確完成的認識而緩慢衰退的幻想，以及，自我的想像本質從一開始就面對內化的、強烈欲望的、嚴令禁止的客體⋯⋯。據稱，天才跨出第一步就會被認出。克萊恩就是如此。

66

2. 與艾力希／弗立茲一起編故事

這種母性－分析的洞察力（這是真的，且克萊恩也承認自己被安東・馮・弗赫德（Anton von Freund）的建議所鼓舞，他建議她不僅要詮釋意識層面的言下之意，也要詮釋深層無意識的材料），引導克萊恩推進她的詮釋。她超越了意識與教育的層面，甚至超越了多年後安娜・佛洛伊德還想堅持遵循的佛洛伊德無意識層面。她敢於直接詮釋幻想，幸運的是，這些詮釋深深地觸動了孩子。為何這種真理的效果出現得如此快速？這是因為兒童的防禦或潛抑比成人來得少，也是因為當兒童敢於聽見欲望與潛抑間的斷裂——這種「苦痛」時，他就能接收這些詮釋話語：

67 「……他很高興地聽著一個故事，內容是丈夫許下了願望，妻子的鼻子上就長出了一根香腸。此後，他自然而然地就開始說起話來，而且從這時起，他也開始說一些或長或短的幻想故事……。以下是這些幻想的摘錄：

兩頭母牛走在一起，隨即一頭跳到另一頭的背上並騎著牠，隨後另一頭又跳上另一頭的角上，緊緊地抱住牠的角。還有一頭小牛也跳到母牛的頭上，並牢牢地抓著韁繩……。一天早上，他向母親道早安，母親輕撫他之後，他便對母親說：『我要爬上你；你是一座山，我要翻越你。』……他開始興致勃勃地詢問一些問題……。與此同時，他開始遊戲。」[19]

那麼，母親－分析師要做什麼？她編故事、她遊戲、她講述。她陪伴性的好奇、也陪伴閹割或死亡的恐懼，這些都編織了孩子的幻想，而且，當弗立茲沉默時，她毫不猶豫地提供一些小故事。她把自己投射到弗立茲的分裂當中；她與他一起生活、在他位置上、欲望／潛抑間的張力；她非常確定提供給他的語言和故事都是屬於他自己的。

有人會說，這是暗示啊！但克萊恩想的似乎是：我們來玩遊戲吧。不把「性的說明」意義強加在孩子身上，她的話語讓孩子們的幻想像獨角戲那樣被說出來，寓言在既是同謀、又是保持距離的遊戲交流中被交還給成人。於是，弗立茲聽他母親與／或分析師談論 68 女性肚子裡生長的種子所吸引，他著迷於……胃。但究竟是肚子、

19 同上，頁 36-39。

還是胃？是胎兒／孩子、還是食物／糞便？母親－分析師傾聽、接收以及播種；她聯想著，而艾力希／弗立茲也與她一起。的確，孩子必須要有一個胃，能夠消化所有克萊恩灌輸給他的東西。漫長的冒險等待著他們倆：

> 「有時他會說他的『卡奇（便便）』是不想出來的頑皮小孩……。我問他：『那麼，這些卡奇是在胃裡面長大的小孩嗎？』當我看到他對這個話題有興趣時，我繼續說：『因為卡奇是用食物做的；真正的小孩不是用食物做的。』他：『我知道，小孩是用牛奶做的。』『噢，不是的，小孩是用爸爸做出來的一個東西和媽媽身體裡的蛋做出來的。』（現在他變得非常專注，並要我解釋）。……他原本對胃極大的興趣明顯降低了。」[20]

我們從這裡看到，克萊恩式的兒童並不像盧梭所說的那樣天真無邪，也不像佛洛伊德說的那樣「僅僅只是」多形態的倒錯（如果我們可以這麼說的話）。如果說他是恐懼症患者，他怕的是強烈的刺激及沉重的禁令，並暴力地成為施虐狂來保護自己。或更確切地，如果說在佛洛伊德理論中，性刺激與性好奇確實是構成神經症基礎的這種多形態的倒錯，那麼在克萊恩理論中，它們則是危險地開啟了一個通向無意識深淵的入口、一個初級無意識，原初潛抑的可能性就位於其中，以及與之相關的語言與思想的能力或無能。漢娜・西格爾簡練而優雅的表述：「佛洛伊德讓我們學到成人中的兒

69

20　同上，頁 40-42。

童，而克萊恩則讓我們學到兒童中的嬰兒」[21]，仍嫌不完整。從一開始，克萊恩就在傾聽原初潛抑，一如它在兒童身上被聽見、在精神病患者身上落腳、在邊緣狀態的個案身上引起注意。這樣一來，克萊恩的突破不僅打亂了一些兒童精神分析的教育學與標準化的目標，像是 1930 和 1940 年代所主張的那樣。其突破也不僅是在權威被去除（尤其是父親的權威）的家庭中，以顛覆的方式來呼籲性解放、最終解除抑制，像是 1968 的年代、以及女性主義中我們所相信的那樣。克萊恩的突破更是在於：從最早期踏入臨床實踐開始，克萊恩的創新就是作為一種思考能力的精神分析被提出的，這一創新在日後將被比昂、溫尼考特、以及之後所有試圖治療幼兒期精神病與自閉症的分析師們所理解和發展。

那些通過開闢全新的精神探索領域、並為精神分析注入新觀點的著名分析師們，都是藉由把他們自己的祕密與激情轉變成認識論目標而達成的。從最早期的著作中，克萊恩的祕密（激情）、目標就已清晰地顯現：這是關於一種傾聽（及實現）**會思考的欲望**的問題。那麼，這是憂心孩子成長發展的母親克萊恩揭露了自己？或者，這是踩在亂倫刺激與憂鬱窒息邊界上的莉布莎的女兒，追獵著自己母親對於曾是小女孩梅蘭妮的一種古老掌控？

70

> 「現實感在其發展過程中必須投入，並與天生的潛抑傾向進行**抗爭**，在個體身上，一如在人類歷史上一樣，科學〔但也包括語言體系、思想〕的過程只能在**痛苦**中獲

21 強納森．米勒、漢娜．西格爾，〈克萊恩的分析：與漢娜．西格爾對談〉，《心智狀態》（Jonathna Miller & Hanna Segal. (1983). Kleinian Analysis: Dialogue with Hanna Segal. In *States of Mind* (p. 254). BBC.）

得[22]。……在所述案例中，我認為，孩子的抑制與神經症的特徵甚至在他開始說話之前就已經被確立了。」[23]

在某些條件下，人類家庭（以及，可能對家庭有所幫助的精神分析）能夠將可思考物種內在所固有的這些「鬥爭」與「痛苦」，代謝為思想與文化的一種成功的發展。這裡的重點將在於如何詳細闡明種種連結，也就是克萊恩日後提出的「客體關係」各種變化；這些變化連結讓欲望產生意義，帶著苦痛並超越苦痛，而不是固著於抑制當中。克萊恩的主要座標，早已透過弗立茲的分析建立起來，即欲望——昇華——象徵化。

艾力克·克立恩還記得，他在1919年的羅森堡、1920年於柏林時，在他上床睡覺前，母親會花一小時的時間來分析他。母親克萊恩的這種連結究竟是有利於、或反之有損於分析師克萊恩的傾聽？她的追隨者與她的反對者針對這一問題不斷爭論，但只能得到一個曖昧兩可的答案：毫無疑問，有利也有損。作為母親，克萊恩是她兒子無意識的欲望客體，正如同兒子也是她的欲望客體，而這種親近性（被否認或過度投資？）幫助了克萊恩去捕捉艾力希對父母雙方性好奇的微細跡象。與此同時，作為一名她試圖成為、且在很大程度上獲得成功的精神分析師，她也是對這欲望善加抑制的操作者，或至少是對欲望的昇華否定化的操作者：藉由詮釋角度，她引導艾力希／弗立茲走向象徵化。從一開始，克萊恩就注意到她自己本身兼具雙重功能的這件事，但她卻沒有發現她使這兩名相關人

71

22　〈兒童的發展〉，《愛、罪疚與修復》，頁27；由作者克莉斯蒂娃所強調。

23　同上，頁59。

物陷入了困難或僵局：

> 「艾力希的亂倫欲望已經被帶到意識層面；從此，在日常生生活中他對母親熱切的依附明顯流露⋯⋯。他與父親的關係非常良好，儘管（或者說，因為），他已意識到自己對父親的攻擊欲望⋯⋯。脫離母親的過程有部分已經開始，或者至少⋯⋯已經朝著這個方向開始去嘗試了。」[24]

難道不就是這種母親／分析師的混合，可以用來解釋為何「完全沒有提及到父親角色」嗎？彷彿克萊恩已經料想到日後讓她陷入困境的回答，她（有點太過簡單？）說：「當時艾力希並沒有直接問我任何跟父親有關的問題」。她進一步說：

72

> 「他並沒有對任何關於誕生，以及一般性行為中父親擔任的角色提出直接的問題。但在那時，我已經認為這些問題在無意識中困擾著他。」[25]

很顯然地，母親不可能同時擔任欲望客體，以及被假定為了解無意識主體這兩種角色。另一方面，為了辯護克萊恩，也該提醒一下這點：事實上克萊恩從未建議過這種方式，她甚至還試圖忘記自己曾經擔任過這樣的雙重角色[26]。她同時也注意到，要將家庭場域

24 同上，頁 61。

25 同上，頁 3、34。

26 〈精神分析遊戲技術：其歷史與重要性〉，《嫉羨和感恩》，頁 159；另參閱：本書

與分析場域兩者分開之必要。

> 「我最終得出一個結論，即不應該在孩子的家中為他進行精神分析。」[27]

不過，克萊恩用「母性照護」無意識[28]的強烈傾向將不會消失，甚至還延續到她後來最清晰、最超然的臨床實踐中。這傾向表現一種野心，更勝過克萊恩本人，並要捕捉原初潛抑與無意識，進而將它們具體化並固定在指定的「心理位置」中，甚至是透過簡化、刻板以及帶有暗示的詮釋。要到溫尼考特提出另一種更加平靜、富有遊戲性質的母性能力，克萊恩在精神分析領域所播下的「種子」（以克萊恩與弗立茲／艾力希的語言來說）才擺脫母親控制的教條主義，進而發展為對分析師個人身上「足夠好的母親」的承認，並成為創造「過渡空間」的邀請——其空間既在母親與嬰兒之間，也在分析師與病人之間[29]。

73

p. 43-44。

27 〈精神分析遊戲技術：其歷史與重要性〉，《嫉羨和感恩》，頁 161。

28 這一表達來自：尚 - 柏騰・彭大歷斯，〈知識與幻想之間：兒童問題〉，《夢與痛苦之間》（J.-B. Pontalis. (1977). Entre le savoir et le fantasme, 1. L'enfant-question. In *Entre le rêve et la douleur* (p. 128). Gallimard.）

29 克萊恩承認自己不是一名「天生的母親」，她認為溫尼考特「雖然沒有孩子，但卻具有十分強大的母性認同」。參閱：《梅蘭妮・克萊恩的世界及其作品》（*op. cit*., p. 307.）

3. 漢斯與（或許是）梅莉塔

克萊恩的長子，漢斯，也沒有逃過這名分析師母親的警覺。他以菲利克斯的名字出現在1925年的〈論抽搐的心理成因〉[30]一文中。漢斯／菲利克斯在三歲時可能做過包皮擴張手術；他在十一歲時所做的鼻腔檢查，重新喚起了其三歲時的創傷，並增強了他的手淫傾向。手淫尤其會被父親制止，他從戰場返家後，對兒子管教非常嚴格。從菲利克斯的抽搐症狀中，分析師看出生殖器刺激與手淫的移置。她解析了菲利克斯三種無法遏制的運動（頸部的壓迫感、強迫性地向後甩頭由側邊轉圈，以及下壓下巴而對胸部強力的壓擠），克萊恩把這些症狀連結到孩子母親的回憶（實際上克萊恩就是母親）。菲利克斯六歲之前與父母睡在同個房間，並想參與父母的性愛嬉戲：他的運動或抽搐，模仿了母親假定的被動性與父親對她的主動插入。分析師解讀出這是「孩子對母親的肛門固著」，以及「被潛抑的同性性慾」[31]。這些詮釋看似過度簡化，但這並不是單純套用佛洛伊德的觀點，即歇斯底里症狀象徵著身體某個部位（例如，根據佛洛伊德在〈歇斯底里研究〉中的看法，安娜·O癱瘓的手臂就是她所渴求或希望擁有的勃起陰莖的等同物）。而在這裡，克萊恩開始發展客體關係理論，她將症狀建立在孩子與他欲望客體的特殊連結之上，即母親與父親：

74

30 梅蘭妮·克萊恩，〈論抽搐的心理成因〉，《愛、罪疚與修復》，頁131-157（Melanie Klein. (1925/1975). A Contribution to the Psychogenesis of Tics (1925). In *Love, Guilt and Reparation and Other Works 1921-1945*. Hogarth Press.）

31 同上，頁133-134。

「經驗讓我確信，只要分析沒有成功地揭露抽搐所立基的**客體關係**，任何治療行為對抽搐都是無效的。在抽搐的底部，我發現存在著針對**客體**的生殖器、口唇與肛門施虐的傾向。」[32]

75

至於梅莉塔，人們猜想她是以一種不太光彩的方式出場的，首先作為匿名案例，後來則以麗莎的名字出現[33]。和菲利克斯的故事並行，克萊恩提報了另外一名兒童個案，他有一個姐姐，「在一個我熟悉的家庭中」，她以理想的方式描述這個家庭（必然如此，因為這正是她自己的家！）：「兩個孩子性格都很好，他們在充滿智慧與愛的家庭中長大」[34]。可惜的是，儘管這名十五歲的青少女遺傳到高稟賦的智力，但隨著成長卻逐漸衰退（這篇文章第一部分標註的時間是 1919 年，此時梅莉塔正好十五歲）。她很膚淺，沒有表現出任何好奇。英文文本這樣寫：「這個孩子從來沒有詢問任何關於性的啟蒙」[35]，以**啟蒙**（enlightenment）一詞來玩味，這尤其可以意謂：她不是個聰明人、也不具有「啟蒙精神」。可憐的梅莉

32　同上，頁 150；由作者克莉斯蒂娃所強調。

33　〈兒童的發展〉，《愛、罪疚與修復》，頁 55-56；梅蘭妮・克萊恩，〈學校在兒童原慾發展中的角色〉，《愛、罪疚與修復》，頁 117 及後（Melanie Klein. (1923/1975). The Role of the School in the Libidinal Development of the Child. In *Love, Guilt and Reparation and Other Works 1921-1945*. Hogarth Press.）；另參閱：《梅蘭妮・克萊恩的世界及其作品》（op. cit., p. 153.）

34　〈兒童的發展〉，《愛、罪疚與修復》，頁 55 下方註釋。

35　英文原文：*The Child never asked for sexual enlightenment at all*。參閱：〈兒童的發展〉，《愛、罪疚與修復》，頁 56 下方註釋；另參閱：《梅蘭妮・克萊恩的世界及其作品》（*op. cit.*, p. 153.）

塔！簡言之，她「目前為止只能表現出……一般智力水準。」[36]

76 或許，自1920年代起，母女之間的戰爭就已開始醞釀，但直到1933年才正式爆發。掀起衝突之前，這名母親就以如此負面的方式描繪她的女兒，儘管她在這場悲劇中表現得平靜自若，但人們難道沒有覺察到母親的嫉羨或報復？麗莎／梅莉塔的名字被奇怪地以數字和字母來代表，而不像其他人都是直接使用名字。例如，克萊恩放大了字母「a」，將它聯繫至名字以「a」開頭的父親亞瑟（Arthur）的形象：

> 「不過，她想著，『a』或許畢竟過於嚴肅與莊重，他應該要有一點點至少像是『i』那樣活蹦亂跳。『a』是被閹割但不被打敗的父親，而『i』是陰莖。」[37]

克萊恩在這名資質愚鈍的女孩身上診斷出「交媾施虐的想法」[38]，與阻礙數學理解能力的閹割情結。麗莎／梅莉塔的父親情結能浮現天日難道不該歸功於她的分析師愛德華．葛羅夫（Edward Glover）[39]嗎？因其分析彷彿嘗試讓「被閹割卻沒有被打敗」的父親重獲地位，以面對侵入、專制的母親。

然而，透過母親－分析師像是要硬套在她孩子身上的僵化圖式，這些圖式反映了她自己對罪疚的防禦，甚至是母親對她孩子的

77

36 〈兒童的發展〉，《愛、罪疚與修復》，頁56；另參閱：《梅蘭妮．克萊恩的世界及其作品》（*op. cit.*, p. 153.）

37 〈學校在兒童原慾發展中的角色〉，《愛、罪疚與修復》，頁81。

38 〔英譯註〕〈學校在兒童原慾發展中的角色〉，《愛、罪疚與修復》，頁88。

39 參閱：本書第九章第2節，p. 327 sq.

恨；克萊恩深入**洞察**的種種貼切觀點，總是給我們不斷的驚喜。尤其她的洞察立即找到能夠進一步肯定的重要證明，同時也緩和了總是具威脅的教條式緊張局勢：這個證明不是別的，正是**遊戲技術的發明**。

對艾力希／弗立茲的遊戲給予關注的同時，母親自己也參與到孩子們的幻想中，彷彿她一邊「玩遊戲」的同時一邊又揭開了無意識的意義，這一切將她引領上這條路。不過，克萊恩是和其他兒童、即與同事們的孩子遊戲時，尤其那時她是在柏林於亞伯拉罕的指導下制定了遊戲的技術。

4. 遊戲？詮釋

莉塔七歲，她厭恨學校，對畫畫沒有任何興趣；但有一天，她把一小張紙全部塗黑、然後撕碎扔掉，同時嘴裡嘟噥著：「死掉的女人」。這正是小女孩由於夜晚驚嚇而前來治療的原因。克萊恩理解到這名「死掉的女人」，具威脅性且要被殺死的女人，既是分析師、也是莉塔的母親：移情變為詮釋時必須參照的客體。她立即察覺到，對這種「沒有言辭的語言體系」，我們看來是莉塔的幻想，紙、繪畫與水是必要的：玩，將是一條通往無意識的皇家大道，如同佛洛伊德所認為的夢。克萊恩立刻起身到隔壁房間拿了一些她孩子的玩具過來，莉塔拿起分析師給她的小汽車、小火車和小人偶，並用它們來呈現各式各樣的災難。克萊恩把這看作是莉塔與一名男同學之間性活動場景的上演。莉塔最初有些侷促，但隨即放鬆下

78

來：遊戲的技巧正在啟動中。

> 「我想簡短說明，為何這些玩具在遊戲的分析技術中如此具有效用。體積小、數量多、各式各樣的玩具，為千變萬化的遊戲留下了自由的空間，而玩具的簡單特性，更允許孩子發揮無窮大的使用用途。因而，這類玩具完全能夠用來讓孩子表達他們豐富多樣且充滿細節的種種幼兒期幻想及經驗。各種『遊樂主題』被呈現在一個緊密的鄰近關係和框架之中，一如隨之而生的情感，我們既可直接觀察到、也可從遊戲內容本身去推論出來；於是，心靈過程運作中的起承轉合與動態，以及孩童的經驗與幻想的時序，一點一滴我們都不會錯過，這是由於空間上的毗鄰性經常取代了時間上的毗鄰性。」[40]

後來，她重整這些理念時，更釐清說明，重要的是玩具的尺寸要小、「不能是機械的」、構造要像遊戲室本身的設備一樣簡單，且「人物的物件，只能在顏色和尺寸上有差異，不能指向任何特定的職業類別」，才能在遊戲中浮現特定內容時，被孩子所使用[41]。

79 另一方面，克萊恩相當注意遊戲中的攻擊性表達，也對受損物件格外重視，她設定了一個限制，禁止對分析師進行任何身體攻

---

40 梅蘭妮・克萊恩，〈早期分析技巧〉，《兒童精神分析》，頁 37（Melanie Klein. (1932/1975). The Technique of Early Analysis. In *The Psycho-Analysis of Children*. Hogarth Press.）

41 〈精神分析遊戲技術：其歷史與重要性〉，《嫉羨和感恩》，頁 163-164。

擊[42]。

然而，遊戲並非一種被玩具所象徵欲望或恨的「客體」的抽象演出。克萊恩的遊戲是置身在身體與在世界中：只要是流動、點燃、打碎、擦去、弄髒、清理、破壞與建構……，遊戲就存在。因此，克萊恩才會需要一種有別於以節制為準則的躺椅環境：

> 「此外，遊戲室裡還必須有一些可做象徵運用的物件，其中最重要的是洗手檯與自來水……」[43]

三歲九個月的彼得，是一名非常難纏的孩子，受抑制而無法遊戲、對母親太過於依附，而且沒有一點兒男孩子氣。從第一次的遊戲治療開始，他讓車子、馬匹對撞：

> 「我問他，這些車子在做什麼？他回答說：『這樣子不好』，便停下動作。但很快又重新開始。」[44]

在另一次治療中：　80

> 「『就是這樣兩台車（機器）互撞進去。』……我繼續詮釋：『你覺得你的爸爸和媽媽也把他們的車（機器）互相撞進去，是因為這樣你的弟弟福立斯才會被生出

42　同上，頁165-166。

43　〈早期分析技巧〉，《兒童精神分析》，頁38。

44　同上，頁19。

來。』」[45]

三歲三個月的楚德非常神經質，緊黏著母親。第一次遊戲晤談時，她堅持要叫人把放在花瓶中的花拿出來。

「我立即將這番話詮釋為，她要廢除父親陰莖的欲望。」[46]

克萊恩觀察這些孩子對物件進行破壞：就無意識而言，這難道不正是代表對父親生殖器的破壞[47]？她毫不閃避立即詮釋**負向移情**（transfert négatif）[48]，一旦最早的焦慮及阻抗的跡象出現。因此，負向移情的詮釋建構出另一項克萊恩為精神分析帶來的創新：她非但不忽視，反而是更加關注，以致於某些人甚至指責她刻意挑起病人的負向移情。其實，她捕捉的是病人的攻擊性，即被阻滯的死亡驅力，因為正是透過對驅力解除抑制，她希望能解放思想。佛洛伊德在〈超越享樂原則〉之後所提出的文本，尤其是 1925 年〈否定〉裡的觀點，在克萊恩這裡找到了實際應用的實例，或者應該說是找到了原創的發展[49]。

81

隨著克萊恩擴展兒童的分析實踐，遊戲被證實具備了進入無意

45 同上，頁 19-20。

46 同上，頁 25。

47 同上，頁 22-23。

48 同上，頁 30-31。

49 儘管希薇亞．佩恩（Sylvia Payne）聲稱，克萊恩來到倫敦之前，他們就已經開始對移情進行分析了，但英國分析師們似乎仍特別被這種克萊恩的創新所吸引。參閱：《梅蘭妮．克萊恩的世界及其作品》（*op. cit.*, p. 440.）

識的功能，與成人的自由聯想或夢的分析一樣；甚至更多，因為前語言無意識或跨語言無意識——鄰近原初潛抑的深層無意識——在遊戲中表達得更強勁。克萊恩適切地援引蒙田（Montaigne）《隨筆集》中一段話來作為男孩理查案例記敘的題銘：「真的必須注意到孩子的遊戲不是遊戲，必須將遊戲視作他們最嚴肅的活動」[50]。

5. 白話、負向移情、幻想解凝

然而，要進行分析，光是把自己投射到遊戲中孩子的位置上，以母性－分析式的滲透來捕捉他的無意識，是不夠的，因為，

> 「詮釋的**用語**至關重要；必須依據孩子具體的思想模式與表達方式來選擇。我們還記得彼得指著盪鞦韆說：『看，它被撞到裡面了！』如此，他毫無困難地理解我的回應：『爸爸和媽媽的東西就是這樣撞進去的。』」[51]

82

我們發現，完全憑藉經驗的克萊恩對語言的「能指」擁有敏銳的感觸，她不會冒進地詮釋，除非她能審慎遵守孩子的特有語言，

50　蒙田，《隨筆集》（Montaigne. (n.d.). livre I, chap. XXIII. In Essais.），參閱：梅蘭妮・克萊恩，《兒童分析的故事》，心靈工坊（Melanie Klein. (1975). *Narrative of a Child Analysis*. Hogarth Press.）

51　〈早期分析技巧〉，《兒童精神分析》，頁 36。

儘管我們常認為那些詮釋很粗糙：

> 「無論孩子的年齡大小，在分析過程中，只有當他能從他所掌握的語言體系資源中獲益時，我們才能說這是治療的成功。」[52]

她為此提出的例子極具意義[53]：一名五歲的男孩，他完全潛抑了自己的幻想，但仍會在遊戲中表達出來，卻沒有「意識到這點」。某一天，在扮演買家與賣家的遊戲當中，分析師要這位男孩為她取名字。「他跟我說，我應該叫做『庫奇．庫克（Cookey-Caker）先生』，而且在賣引擎，對他而言，引擎代表了新的陰莖」。克萊恩解讀「Cookey-Caker」意指「做蛋糕」，並傳達出以口唇與肛門的方式來生孩子的幻想。這名男孩給自己取名為「踢可（Kicker）先生」，並且要讓庫奇．庫克先生「去某個地方」：

83

> 「他很快就意識到，庫奇．庫克先生已經被他的腳踢死了，並理解到他對父親的攻擊性。」[54]

此處，明顯不是佛洛伊德那種依靠孩子的父親來分析小漢斯的技術。不同於克萊恩的果敢探索，佛洛伊德顯得過於謹慎，他只說

---

52 同上，頁 39。

53 梅蘭妮．克萊恩，〈早期分析中詞語的重要〉《嫉羨和感恩》，頁 400-401（Melanie Klein. (1927/1975). The Importance of Words in Early Analysis. In *Envy and Gratitude and Other Works 1946-196*3. Hogarth Press.）

54 同上，頁 400。

小漢斯是嫉妒，因為他想擁有和父親一樣的鬍子！不，絕不可能說小漢斯渴望擁有和父親一樣的陰莖！克萊恩堅決反對這種說法。她在庫奇．庫克先生相挺之下，無所懼地進行詮釋。日後，我們會在雅克．拉岡（Jacques Lacan）那裡聽到，能指會自行為它的詮釋勇氣開出一條路。然而無論如何，都要傾聽能指（聲音）（cookey-caker、kicker；有趣的是，分析師自己卻沒有注意到孩子對代表克萊恩女士的 k 的堅持，也沒有注意到她被認同於男性）、都要從詞過渡到物、都要述說幻想。她只簡單地指出：

> 「『cookey-caker』一詞是座橋樑，它通往孩子持續逃避的現實，直到透過遊戲的幻想表達出來。當孩子藉由自己的語言而認出客體的現實時，無論如何都算是進展。」[55]

克萊恩的遊戲技術、以及她詮釋的特殊風格，兩者是不能分開來看的，透過這一特殊風格而**發揮作用**的幻想，成為**兩個人共同講述**的幻想，逐步走向了對現實的承認。如果說，真是小莉塔[56]發明了遊戲技術，就也不能忽略弗立茲、彼得、菲利克斯、楚德、艾爾娜及其他案例的參與（正如同佛洛伊德的病人安娜．O 發明了**談話治療**一樣的情況），克萊恩的**詮釋**是這套技術整體的組成成分，甚至是克萊恩作品當中的精髓。　84

現在，我們再次返回弗立茲／艾力希的案例，欣賞這一技術風

55　同上，頁 400-401。

56　在《愛、罪疚與修復》曾提及；後來於《嫉羨和感恩》一書有更詳盡的評論。參閱：〈精神分析遊戲技術：其歷史與重要性〉，《嫉羨和感恩》，頁 160 及後。

格。

在導入正式定義的遊戲之前，克萊恩伴隨孩子一起在他幻想當中，不論是以重複語言的形式，或是以抑制或強迫行為的形式來呈現他的幻想，而這是透過兩種做法而辦到的。一方面，她使用白話，用「我叫貓是貓」[57]的方式來命名這些幻想：

> 「在分析中，我們想要進入兒童的無意識（這必然是要透過自我與語言來完成），必得避免迂迴的說法，並使用簡單清晰的語言。」[58]

85 另一方面，詮釋的邏輯建立在幻想內部凝縮的認同之上；這關係到要釐清及標示出種種認同的糾結，以明確指出兒童在遊戲當中確切的認同位置。例如，弗立茲停止他對胃部固著的時機點，是在某次分析治療中，當他重複表達說「我的胃好冷」[59]時，他把這個正在討論的身體器官描述為一個有人進入並準備要摧毀的房間；母親－分析師問他：

> 「『你說的這個人是誰？他是怎麼進到房間裡的？』他回答說：『一根小棍子從雞雞穿過去進入到肚子和胃裡

57 梅蘭妮．克萊恩引用佛洛伊德在〈一個歇斯底里案例分析的片段〔朵拉〕〉的表述：「我叫貓是貓」（J'appelle un chat un chat，原文即是法文），見〈早期分析技巧〉，《兒童精神分析》，頁 36 下方註釋 1。參閱：佛洛伊德，〈一個歇斯底里案例分析的片段〔朵拉〕〉（Sigmund Freud. (1905e [1901]). Fragment d'une analyse d'hystérie [Dora]. **See**: *GW*, V, 208; *SE*, VII, 48; *OCF.P*, VI, 228.）

58 〈早期分析技巧〉，《兒童精神分析》，頁 36 下方註釋 2。

59 〔英譯註〕〈兒童的發展〉，《愛、罪疚與修復》，頁 40。

面。』在這個例子中，他對我的詮釋沒有太多阻抗。我告訴他說，他想像自己在媽媽的位置上，他希望爸爸對媽媽做的事情，也可以同樣對他做。但他擔心（他也想像媽媽感受到一樣的害怕）如果這根棍子，也就是爸爸的雞雞進入到他的雞雞裡，他會很痛，還有他肚子裡面和胃裡面所有的東西都會被毀壞。」[60]

這種詮釋類型意味著兒童有能力理解分析師所使用的直接語言的語義價值，以及象徵價值，而象徵在於翻譯出交疊的認同運動：在此，依據交媾的肛門－施虐表象，弗立茲認同於一名「被破壞的」母親與「髒媽媽」[61]，並也害怕成為那名母親，這代表了他精神中的同性戀構成元素。克萊恩的詮釋也假設了，基於兒童的意識與無意識之間較容易溝通，當分析的話語揭露深層且令人不快的真理的同時，必然也將帶來緩解的效果。不過，她也有可能因此低估了兒童的前意識與防禦的風險： 86

「……他很高興地問我，他覺得『恐怖』的東西，在我對他解釋之後，是否可能變得不討厭，就像迄今為止的其他事情一樣？他還說，他不再害怕那些解釋過的事，縱使他想著它們。」[62]

這種詮釋風格從分析她自己孩子啟始，接著再逐步發展，並隨

60　〈兒童的發展〉，《愛、罪疚與修復》，頁 50-51。

61　〔英譯註〕〈兒童的發展〉，《愛、罪疚與修復》，頁 51。

62　同上，頁 51-52。

著遊戲技術的建置而更加堅實。例如，被夜驚與動物恐懼症折磨的莉塔，表現出對母親矛盾雙重的情感：她緊緊黏附著母親，卻在遊戲中被抑制而不能玩。小女孩展現出與憂鬱症交替出現的強迫型神經症的所有特徵。在第一次治療時，她害怕單獨與分析師待在治療室裡面，而想要去外面的花園。陪同前來的母親與阿姨擔心治療是否已經要失敗了，但克萊恩接受這個遊戲，因為，改變空間也是遊戲的一部分：

87

> 「當我們到了外面，我詮釋她的**負向移情**（這再次違背了一般的作法）。從她說的一點點事情、以及我們在戶外時她**沒那麼驚恐**的狀態中，我推論出她特別害怕的是當她單獨和我待在房裡，我可能會對她做出某些事情。我詮釋這點後，也提到她的夜驚，並把她懷疑我是充滿敵意的陌生人、以及害怕一名**壞女人**會在她夜晚獨自一人時攻擊她這兩件事情連結起來。這個詮釋過後幾分鐘，我提議我們回到房間，她欣然地同意了……。這一案例增強了我發展中的信念，即對兒童進行精神分析的前提是，要去理解並且要詮釋他們透過遊戲所表達的幻想、感受、焦慮與體驗，或者，如果遊戲活動受到抑制時，理解及詮釋這種抑制的原因。」[63]

克萊恩同時運用了三樣工具：遊戲空間作為受制於初級過程（移置與凝縮）的夢的場景、兒童的語言體系，當然還有，兒童情

63 〈精神分析遊戲技術：其歷史與重要性〉，《嫉羨和感恩》，頁 161；由作者克莉斯蒂娃所強調。

感的**多樣化符號學**（sémiologie diversifiée），這是她從感官與情感行為中，或從非語言姿勢中解析出來的。分析師握有一整套的信號來引導她對負向移情進行詮釋；負向移情本身是按序列制定的，最常見的是以因果關係為基礎，使其能夠通往無意識核心：克萊恩女士等於壞母親、等於不讓我睡覺並像女巫般威脅我的媽媽、等於因為我欲望母親及／或我嫉妒她和爸爸一起睡覺，及／或我想要摧毀她／他們。克萊恩的表達及其連貫性確實帶有語義與邏輯的粗暴。但是，去指責說她的詮釋完全是「象徵的」、又她是在毫無前意識連結下就從驅力的性象徵法來詮釋、忽略了語言的能指且不重視兒童的情況，這樣可能對她不太公平[64]。 88

一如克萊恩這位分析師生猛的、直接的性化言談，她從治療初期就對負向移情的詮釋（這種分析徹底將克萊恩與安娜．佛洛伊德、與佛洛伊德本人的技術區隔開來），具有自始（ab initio）即與病人建立真實關係的優勢，無論與兒童或成人。佛洛伊德與安娜認為，必須倚賴病人的自我與分析師的自我之間所形成的連結，才能夠開始進行深度詮釋工作，相反地，克萊恩則認為，正是對無意識真理的直接攫取，才開啟了這種移情關係，才有可能更進一步工作。

克萊恩的這種立場，和兒童進行分析還說得過去，但對其他年齡層與其他精神結構病人來說，此立場則招來了更多反對意見。像是潛伏期階段的特殊問題，有可能使克萊恩的技術無法適用：孩子的遊戲已經消失、而成人的自由聯想還沒有到位。深度的詮釋及負向移情的詮釋，難道不會激起或加劇焦慮感與煩躁感？儘管如此， 89

64　參閱：本書第四章第 4 節，pp. 154 sq.；第八章第 1 節，p. 265。

在這裡，克萊恩的案例再度證明，潛伏期兒童的冷漠、從移情中退縮、以及在精神與話語的單調裡的防禦性禁錮，卻反而可以藉由對父母交媾、手淫或伊底帕斯競爭的詮釋來穿越。簡言之，這些詮釋表面的粗暴，可能觸及到被揭露的無意識真理；分析師已評估過病人有能力接收此真理，而病人會感謝分析師對他的信任。而事實上，被分析的病人很快地就會透過建立或加強他對分析師的移情，來認證這種方法的適切性。

分析師對其病人難道沒有病人過於順從的危險？誘惑、侵入的危險？以及或多或少的操縱性暗示？這樣的詮釋是在「應對」原初無意識，或者其實是在「掌控」它？古老的分析師－母親，難道不會太過沉溺於幻想，認為自己有能力捕捉到原初？我們對克萊恩學說的懷疑是合理的，而日後關於移情的次要影響、及關於反移情的工作成果，都有助於今天的我們能夠防範這樣的問題。話雖如此，克萊恩直接錨定在遊戲中且考量多重論據的詮釋技術（口語之外增補的符號學符碼、凝縮於行動的或實質化幻想的多義認同、對分析師的正向與負向移情），對於探勘無意識的深層富有非凡的成果[65]。

亞伯拉罕在 1924 年於德國烏茲堡所舉辦的精神分析年會上宣告：「精神分析的未來是透過對遊戲的分析」[66]，顯然是正確的。

---

65 參閱：奧拉西奧．埃切戈延，〈梅蘭妮．克萊恩與詮釋的理論〉，《精神分析技術的基礎》（Ricardo Horacio Etchegoyen. (1991). Melanie Klein and the Theory of Interprétation. In *The Fundamentals of Psychoanalytic Technic* (pp. 402-416). Hogarth Press.）

66 〔英譯註〕梅蘭妮•克萊恩，〈初版序〉，《兒童精神分析》，頁 xii（Melanie Klein. (1932/1975). Preface to the First Edition. In *The Psycho-Analysis of Children*. Hogarth Press.）

兒童能運用多元符號學符碼的遊戲，而成人也能；心理劇的創造性、自由聯想中的能指（聲音）遊戲等等也能受到運用。無意中，克萊恩擬定了分析療法在佛洛伊德之後將要探索的全新路線。然而，也不是沒有留下懸而未決的問題，從根本上來說是所有精神分析詮釋的問題，而克萊恩早已具備勇氣去激化它：我是否能說出我認為我所知道的病人無意識中發生的一切？能聞到一切的、甚至能聞到真理的「鼻子」，其實並非一切：因為在幻想與意義的遊戲中，沒有什麼是一切。有時我們會感覺到，對克萊恩而言，那得以在具體性中被發現的精神空間，竟矛盾地變得透明、失去了三度空間的立體性特徵，特別是當她用突兀的詮釋來擾動它時。想像的**嗅覺**需要大量的**觸感**（tact），才能與無意識相遇，不停地，並使無意識恢復活性。

91

第三章

他者、連結，其優先性與內部性：嬰兒與客體一同誕生

93

1. 自戀與客體

「若假設在客體關係之前存在一個長達數月的階段，這便意謂著（除了附於乳兒自己身體上的力比多之外），動勢、幻想、焦慮與防禦，若不是從未存在於嬰兒身上，就是從未與客體發生關聯，意即，它們在真空（in vacuo）中運作。對年幼的兒童進行分析讓我領悟到，沒有任何本能需要、沒有任何焦慮情境，沒有任何心靈過程**不牽涉到客體，外在或內在的客體；換言之，客體關係位於情緒生活的核心**。不僅如此，愛與恨、幻想、焦慮與防禦也是從一開始就發揮作用，**自始**就牢牢地與對象關係連結在一起。這一洞察讓我得以用全新眼光來看待許多現象。」[1]

1　梅蘭妮．克萊恩，〈移情的根源〉，《嫉羨和感恩》，頁 69（Melanie Klein.

克萊恩這份聲明，雖然遲來卻堅定，其明確表達出，她與佛洛伊德理論之間根本爭論中的關鍵問題。確實，儘管佛洛伊德在這個主題上有所進展，亦即他假設在幼兒身上有一種「無客體」狀態，稱「初級自戀」；克萊恩則主張，客體關係從一出生就存在[2]。儘管壁壘分明，但這兩種理論立場之間的分歧，遠比表面所見更為複雜。 94

在 1914 年〈自戀導論〉中[3]，佛洛伊德初步描繪了自戀概念，他談到在生命之初，嬰兒有一種相當無序的驅力自體滿足狀態，稱作「自體情慾」。在一種「新的精神行動」出現之前，整個自我會被當作愛戀客體，他將此稱為「自戀」。此前幾年間，佛洛伊德已在同性性慾與精神病的脈絡下討論過自戀：1910 年的〈李奧納多・達文西〉、1911 年的〈史瑞伯〉，以及構思於 1910-1914 期間並於 1918 年出版的〈狼人〉等著作中[4]，他都提出過由認同引發了 95

(1952/1975). The Origins of Transference. In *Envy and Gratitude and Other Works 1946-1963*. Hogarth Press.）；由作者克莉斯蒂娃所強調。

2　在與海德格的柏拉圖式唯我論辯論中，漢娜・鄂蘭所堅持的在世存有（l'être-au-monde），是一種居間存在（un inter-esse），一種根據亞里斯多德的思想、希臘城邦連結中的向他人顯現者（un apparaître-aux-autres），我們將會透過這一脈絡，來重新看待克萊恩理論中的對象已在（déjà-là de l'objet）；參閱：茱莉亞・克莉斯蒂娃，《女性的天才（一）：漢娜・鄂蘭》（Julia Kristeva. (1999). Le Génie féminin, t. 1: Hannah Arendt (pp. 22, 33, 187, 222, 297, 370). Fayard.）

3　參閱：佛洛伊德，〈自戀導論〉（Sigmund Freud. (1914c [1913-1914]/1969). Pour introduire le narcissisme. In La vie sexuelle (pp. 81-105). PUF. See also: GW, X, 137-170; SE, XIV, 67-102; OCF.P, XII, 213-245.）

4　參閱：佛洛伊德，〈達文西的一段童年回憶〉（Sigmund Freud. (1910c/1977). *Un souvenir d'enfance de Léonard de Vinci*. Gallimard. See also: GW, VIII, 128-211; SE, XI, 57-138; OCF.P, X, 79-164.）；佛洛伊德，〈關於一自傳式撰述的妄想症（妄想性癡呆症）病例之精神分析評註〔史瑞伯〕〉（Sigmund Freud. (1911c [1910]/1954). Remarques psychanalytiques sur l'autobiographie d'un cas de paranoïa: Dementia paranoides (le Président

自戀行動的想法。達文西壓抑住他對母親的愛，把自己放在母親的位置上：他認同於母親，因而轉向與自己相似的愛戀客體，所以如果他選擇愛上年輕男孩，這是因為他愛男孩正如他的母親愛他一般。透過選擇自戀一途，他保有了他對母親的愛。藉由一種不同但類似的方式，狼人在一個帶有肛門施虐意涵的原初場景中，交替地認同於他的雙親；不僅如此，他對保姆南雅（Nanya）的認同，更強化了他對父親採取被動的女性立場：如此，他被壓抑的同性性慾源自於自戀認同。史瑞伯法官與達文西及狼人一樣，由於強烈投資於肛門性、女性的被動化、以及某程度對宗教的狂熱興趣，他從客體那裡撤回力比多，並將它置放在自己的自我當中。佛洛伊德提到，正如移情神經症使他得以建立精神裝置所特有的驅力動力學，96 **早發性癡呆**（思覺失調症之舊名）與妄想症則向他揭顯了自我的精神分析之祕密。至此，自戀成為自我需求的一部分，並保護著自我。

從 1916 年的〈哀悼與憂鬱〉起，理論重心移至對於所失去客體的認同，及其在哀悼或憂鬱的自我中矛盾雙重的內在化（愛與恨）。而 1920 年的〈超越享樂原則〉則使用一種新的驅力二元性，即「生命驅力」與「死亡驅力」之對立，來取代「自我驅力」與「性驅力」之對立；最終，1923 年的〈自我與本它〉則為精神裝置勾劃出了一種全新的結構化，這將成為克萊恩概念的起點[5]。

Schreber). In *Cinq psychanalyses* (pp. 263-324). PUF. **See also**: *GW*, VIII, 240-320; *SE*, XII, 1-82; *OCF.P*, X, 225-304.）；佛洛伊德，〈由孩童期精神官能症病史談起〔狼人〕〉（Sigmund Freud. (1918b [1914]/1954). Extrait de l'histoire d'une névrose infantile（l'Homme aux loups). In Cinq psychanalyses (pp. 325-420). PUF. **See also**: *GW*, XII, 29-157; *SE*, XVII, 1-124; *OCF.P*, XIII, 1-118.）

5 漢娜．西格爾與大衛．貝爾討論了這些概念的發展，參閱：〈佛洛伊德與克萊恩著從佛洛伊德提出「第二拓撲學」（本它、自我、超我）開始，原先被定義為從客體上撤回認同、並將之投資於自我的那一自戀，現在成為「次級自戀」。另一方面，「初級自戀」一詞將指稱一種無客體狀態，其特徵是完全缺乏與他人關係、自我與本它尚未分化。與這種無客體的自戀狀態最為接近的，很可能是子宮內的生活與睡眠的體驗。

97

許多評論者[6]已經指出佛洛伊德這一概念的不精確與不足之處。的確，當自戀早已是一種關係的內在化，我們還能談論一種真正的無客體狀態嗎？如果說無客體狀態存在（而這仍有待證實），「初級自戀」的名稱就是不恰當的，因為它從一開始指的就是一種關係的回返。最後，我們難以理解「如何從一封閉於自身的單子，過渡到逐步去認可客體的存在」[7]。一些晚近研究，特別是安德烈．格林（André Green）他所關注克萊恩的作品中，便細化這一概念並區分出「生之自戀」與「死之自戀」，他辨析自戀並非一種狀態，而是一種結構[8]。

作中的自戀理論〉，《佛洛伊德的「自戀導論」》（Hanna Segal & David Bell. (1991). Theory of narcissism in Freud and Klein. In J. Sandler, S. Persone, & P. Fonagy (Eds.), *Freud's « On Narcissism: An Introduction »* (pp. 149-174). Yale Univ. Press.）；見中譯本《佛洛伊德的「論自戀：一篇導論」》，五南，頁 177-208。

6　特別參閱：尚．拉普朗虛、尚 - 柏騰．彭大歷斯，《精神分析辭彙》（Jean Laplanche et J.-B. Pontalis. (1967). *Vocabulaire de la psychanalyse* (p. 263). PUF.）；見中譯本《精神分析辭彙》，行人，頁 281-285。

7　同上。

8　「那麼，自我的自戀將會如佛洛伊德所言，是從客體那裡竊取而來的次級自戀，這意味著主體一分為二，接替自體情慾，彷彿是自給自足的情境。從這一觀點，初級自戀是對「一」的欲望，渴望於自足及不朽的整體，其中自體生殖是條件，既是死亡又是對死亡的否定」。參閱：安德烈．格林，《生之自戀，死之自戀》（André Green. (1983). *Narcissisme de vie, narcissisme de mort* (p. 132). Minuit.）

上述的簡短說明將使我們更好理解克萊恩賦予客體關係的地位，特別是對「內在客體」這概念的重視。克萊恩的對象概念將受到一些重要的修正：若要**客體**得以與**自我**明確區別，並取得客體的意義強度，唯有藉由「憂鬱心理位置」。再者，在克萊恩的臨床與理論中，自戀並未真的消失，而改以「自戀狀態」的樣貌出現，即力比多從外部客體撤回，轉而退縮至內在化客體。

總之，與兒童心理學相關的其他理論，在這個主題上也都相互矛盾。然而近年來，嬰兒從出生起就能建立某種客體關係的假設逐漸被認可，這或許證實了克萊恩的進展。

一方面，對皮亞傑（Piaget）來說，「最初的世界（根據作者，這是兒童的第三階段：五至十個月之間）是一個沒有客體的世界，只由不停移動、不固定的『圖像』所組成，在出現後隨即完全消失，或者從不回返，或者是以變化過或類似的形式再次出現」[9]。儘管與同一個體建立聯繫，但位置與狀態一旦改變，在認知層面上就沒有永久模式可以讓人假定一個最初「客體」的存在（只有到了皮亞傑所說的第四階段，也就是九至十個月大之間，才會獲得這一最初客體）。另一方面，亨利・瓦隆（Henri Wallon）藉由觀察嬰兒面對鏡像時的歡欣，以及對於母親臉部表情的模仿，而假設嬰兒從出生起就是一種徹底的主觀至上論[10]。而近期，卡彭

---

9 參閱：尚・皮亞傑、芭貝爾・英海爾德，《兒童心理學》（Jean Piaget & Bôrbel Inhelder. (1966). La Psychologie de l'enfant (p. 15). PUF.），曾被引用至：尚 - 米歇爾・佩托，《梅蘭妮・克萊恩（二）：自我與好對象。1932-1960》（Jean-Michel Petot. (1982). *Melanie Klein Tome 2: Le Moi et le bon objet, 1932-1960* (pp. 121-122). Dunod.）

10 參閱：亨利・瓦隆，《兒童性格的起源：人格感受的前奏》（Henri Wallon. (1934/1993). *Les Origines du caractère chez l'enfant: Les préludes du sentiment de personnalité*. Boivin/PUF.）；尚 - 米歇爾・佩托，《梅蘭妮・克萊恩（二）：自我與

特（G.-C. Carpenter）則認為，兩週大的乳兒能夠將母親身體的各個部分綜合成一個統一而整體的視覺影像，並與聽覺元素相連[11]。認知學派的研究大力支持這些立場[12]。而在精神分析師當中，米歇爾．巴林（Michael Balint）則接受有初級客體關係的存在[13]。

克萊恩從她自己獨特的精神分析觀點出發，並在多年來持續修改她的闡述後，她因此假設了一個極端早期「客體」的早期存在（existence précoce），接著，克萊恩則相當謹慎地將其改稱為「在場」（présence）。她起自 1919 至 1921 年間，並於 1932 年集結出版的理論作品已開闢了上述這條道路，但主要還是在 1934 年，發現了「憂鬱心理位置」後，她才鞏固了兒童的客體概念。然而，儘管在先前著作中已對偏執心理位置作過定位，但在 1946 年，隨同「投射性認同」概念一同提出的「偏執－類分裂心理位置」，現在整個放到憂鬱心理位置之前，這將大幅地修改了她的理論。尚 - 米歇爾．佩托（Jean-Michel Petot）的兩部作品[14]詳述了這一理論演變，在此我們不再重述。我們將僅就克萊恩種種概念的本質要素進

100

好對象。1932-1960》（*op. cit.*, p. 277.）

11　參閱：卡彭特，《母親的臉與新生兒》（G.-C. Carpenter. (1975). Mother's face and the new born. In R. Lewin (Ed.), *Child Alive*. Temple Smith.），曾被引用至：尚 - 米歇爾．佩托，《梅蘭妮．克萊恩（二）：自我與好對象。1932-1960》（*op. cit.*, p. 269.）

12　參閱：本書 p. 236 註釋 1。

13　參閱：米歇爾．巴林，〈自我發展的早期階段：初級客體愛〉，《初級的愛與精神分析技術》（Michael Balint. (1937/1965). Les premiers stades du développement du moi. Amour d'objet primaire (1937). In Amour primaire et technique psychanalytique [Primary Love and Psychoanalytic Technique]. 1972 年法譯出版. Payot.）

14　參閱：尚 - 米歇爾．佩托，《梅蘭妮．克萊恩（一）：最早的發現與最早的系統。1919-1932》（Jean-Michel Petot. (1979). *Melanie Klein Tome 1: Premières découvertes et premier système, 1919-1932*. Dunod.）、《梅蘭妮．克萊恩（二）：自我與好客體。1932-1960》（op. cit.）

行勾勒，這些概念來自於她整個生涯，以及，從她集大成的作品出發，特別是 1952 年的幾篇經典文本，呈現出她學說最終的一貫性[15]。

2. 裡／外

克萊恩觀察到，從生命一開始，兒童就被焦慮佔據，並受到破壞驅力的折磨，使他處於離析的危險之中。在這裡，我們看出「死亡驅力」這一佛洛伊德的概念以更深化的方式重新啟用。

然而，根據佛洛伊德，無意識與嬰兒兩者都對死亡一無所知。克萊恩開始思索亞伯拉罕的見解，即兒童的攻擊性只出現在口唇－施虐階段，從而接受了「前矛盾雙重性的口唇階段」。不過，在她的理論最終版本裡，她假設死亡本能從出生那一刻起就已經存在：

「從一開始，破壞驅力就轉身對抗客體，它首先表現為在口唇－施虐攻擊的幼幻想中對抗母親的乳房，很快地，這些攻擊發展成以施虐的各種手段對抗母親身體的侵襲。迫害恐懼來自於嬰兒的口唇－施虐驅力，它的目標是將侵佔母親身體中的『好』內容，以及肛門－施虐驅力，它的目標則是把自己的排泄物放進母親裡面（包括進入母

101

15 參閱：梅蘭妮·克萊恩、寶拉·海曼、蘇珊·伊薩克斯、瓊安·黎偉業，《精神分析的發展》（Melanie Klein, Paula Heimann, Susan Isaacs, & Joan Rivière. (1952/1966). *Développements de la psychanalyse* [Developments in Psycho-Analysis]. PUF.）

親身體以便從內部控制她的欲望），這兩種迫害恐懼對妄想症和思覺失調症的發展有極大的影響。」[16]

以及：

「我經常表達的觀點是，客體關係在生命初始就已經存在，第一個客體就是母親的乳房，對嬰兒來說，這個乳房會分裂為（提供滿足的）『好』乳房與（令人挫折的）『壞』乳房。這樣的分裂導致了愛與恨的分離。接著，我進一步指出，和第一個客體的關係牽涉到客體的內攝與投射，因此，從一開始，客體關係就由內攝與投射之間、客體與內在和外在情境之間的相互作用所形成。這些過程參與了自我與超我的建構，並且為嬰兒滿六個月之後將要覺醒的伊底帕斯情結奠定基礎。」[17]

儘管克萊恩使用「客體」與「自我」等術語，但仔細閱讀文本就會發現，在這個生命開始的早期階段，她僅限於在建立一個**裡與外、內部與外部**之間的區別。早期自我是十分脆弱的，脆弱到在原初焦慮－死亡驅力的推力下、被客體（母親）拋棄而感覺難以忍受的推力下，把自己交付給這些連續不斷的來來－回回、投射－內攝。為了保護自己不成為這個初級破壞性的唯一目標，還有，為了

102

16　梅蘭妮．克萊恩，〈對某些類分裂機制的評論〉，《嫉羨和感恩》，頁 2（Melanie Klein. (1946/1975). Notes on Some Schizoid Mechanisms. In *Envy and Gratitude and Other Works 1946-1963*. Hogarth Press.）；由作者克莉斯蒂娃所強調。

17　同上，由作者克莉斯蒂娃所強調。

取消分離，自我通過將破壞性導向外面，以減輕其部分的壓力。這樣一來，自我瞄準那個稱之為準客體的乳房，所謂「準客體」是因為脆弱的自我從沒真正與之分離，如「主體」能與「客體」分離那樣；自我是不斷地將準客體吃進裡面、再驅逐到外，一邊建構－掏空自己的同時，也一邊建構－掏空他者。兒童對母親的幻想全能掌控了這個動力。

彷彿是為了暗示乳房作為初級「客體」的不穩定性，克萊恩在她的理論加了重要的一筆：兒童很早就知覺到乳房不僅作為哺乳的「部分客體」，也作為母親身體的其他部分（聲音、臉、手、懷裡），整個身體的「在場」[18]。母親的抱持（holding）與照料（handling）給孩子留下一種「身體親密性」的印象，而這種至少可說是「不穩定」他者的整體性（或該說，容器[19]），只不過是與自我逐步分化的過程。自我難道不是融合在一個「乳房與母親其他部份、或其他面向之間」界定不明的關係中嗎？[20]

103

況且，初級乳房這個準客體，確確實實地整個存在於外面，幼

18 梅蘭妮・克萊恩，〈關於嬰兒情緒生活的一些理論性結論〉，《嫉羨和感恩》，頁81-83（Melanie Klein. (1952/1975). Some Theoretical Conclusions Regarding the Emotional Life of the Infant. In *Envy and Gratitude and Other Works 1946-1963*. Hogarth Press.）

19 這是根據威爾弗雷德・比昂（W. R. Bion）的術語，他區分了內容（投射的東西）與容器（包含的對象），這種動態與「思考思想的裝置」形成有關。參閱：《從經驗中學習》（W. R. Bion. (1962/1979). *Aux sources de l'expérience* [Learning from Experience] (p. 110). PUF.）；見中譯本《從經驗中學習》，五南，頁135。分析師的思想在移情／反移情中作為「容器」這一觀點的發展，參閱：《關注與詮釋》（W. R. Bion. (1970/1974). *L'Attention et l'interprétation* [Attention and Interpretation]. Payot.）。另參閱：1994年5月12-15日於里斯本所舉辦的第五十四屆法語精神分析年會，以〈反移情工作與容器的功能〉為主題的論文（W. R. Bion. (1994). Travail de contre-transfert et fonction contenante. *Revue Française de Psychanalyse, 58*.）

20 〈嫉羨和感恩〉，《嫉羨和感恩》，頁232。

兒期自我從生命初始就把它定位為外部性，但它卻仍是在裡面的建構，一種內部形象，因為正是於脆弱自我中，在建構／解構裡外之間的邊界時，準客體（或者說，在建構過程中的客體）得以形成。因此，唯有當這個準客體是一個被全能幻想所建構而成的內在客體時，克萊恩的偏執－類分裂心理位置的早期客體才能自始就成立。

然而，這個內部性確切而言並不是純粹驅力的、也不是純粹鏡面反射的。這不僅只是被投射及被內攝（愛或恨，欲望或破壞）的驅力，也是嬰兒本身的碎塊（他的器官：嘴、肛門等，以及他身體的產出物）：克萊恩在此與佛洛伊德意見並不相同。再者，雖然內在客體屬於想像，並帶著早期自我中所存在的幻想，內在客體仍由實體的和感覺器官的元素所建構：乳房的好或壞的「碎片」被放在自我中，或從自我中被驅逐到母親的乳房中；營養性物質，如乳汁，或排泄性物質，如尿液和糞便，皆被投射及被內攝。克萊恩式的內在客體是表象的、感覺的與實體的集合體：簡言之，是一個高度異質之眾多內在客體的多元體。這與拉岡的**想像界**有非常大的差異，拉岡認為自戀是藉助於對象的中介而實現的，但由於主體被鏡中的影像所愛戀迷惑，客體具有一種主導地位：在鏡中，主體把自己視作他者，由已經置於第三方－陽具標誌下母親的他異性（altérité）所支持。在拉岡的體系中，鏡像變異更足以強調在自我與客體的建構中，視覺功能的角色，並且更重要地，是把二元關係置入由父親象徵功能所主導的三角之中，然而鏡像變異卻欠缺了**異質性**[21]，而異質性反而是克萊恩的內在客體與幻想的特徵。由影

104

21　關於驅力／感覺的異質性，參閱：茱莉亞．克莉斯蒂娃，〈異質〉，《詩歌語言的革命》（Julia Kristeva. (1974). L'Hétérogène. In *La Révolution du langage poétique* (pp. 151 sq.). Seuil.）；另參閱：安德烈．格林，〈語言學能指的異質性〉，《有生命的話語》

像－感官－實體組成的富饒，也就是理論上的「不純粹」被臨床實踐的豐富成果所補償：因為根據克萊恩的看法，想要理解童年、邊緣狀態或精神病當中的幻想特殊性，內在客體的複雜性被證明是不可或缺的。

總之，這個早期世界是依據裡面／外面、好／壞等「區辨」過程所形構而成，且具有自我／超我建構的性質，甚至可能是由後者的建構而規劃了前者的區辨[22]。帶著死亡驅力壓力下的早期自我脆弱性，並在探討其運作的特定模式之前，讓我們先提出二元特徵的能力：這能力似乎在克萊恩的理論中奠定了一種早期**符號學**（semiosis），作為日後獲得象徵的先天先決條件[23]。

105

我們要來看看，在莉塔的分析中，克萊恩是如何將**內在客體**（l'objet interne）的建構定位在焦慮、破壞驅力與罪疚的動力中，同時揭露了投射與內攝機制：

> 「……在莉塔一至兩歲期間，就已讓人察覺她在每次做錯事之後的懊悔，無論錯事多麼微不足道，並察覺她被責備之後的過分敏感……。她擔心父親不悅，以致於她將自己認同於故事書裡的熊。她在遊戲中的抑制，也源自於她的罪疚感。這情況已經出現在她兩歲三個月時，當她玩洋娃娃，毫無愉悅感，此外，她經常會說她不是母親。分析指出了她沒有資格當母親，因為洋娃娃特別

（André Green. (1973). L'hétérogénéité du signifiant linguistique. In *Le discours vivant* (p. 326 sq.). PUF.）

22 我們會再回來討論這一問題；參閱：本書第五章。

23 參閱：本書第八章。

還代表了她的弟弟，那個她曾想從懷孕的媽媽那邊偷走的弟弟。禁令並非來自真實母親，而是來自內攝母親，後者以極其嚴酷與暴戾的方式對待莉塔。莉塔在兩歲時出現過一次強迫型症狀，是一個需要耗費大量時間的睡前儀式行為。這儀式主要是要把她緊緊地裹在毯子裡，她說，以免老鼠或「Butzen」從窗戶跑進來，一口咬掉她自己的「Butzen」。……某天，在分析過程中，她在洋娃娃的床邊放上一頭大象；大象可以阻止洋娃娃起床，否則洋娃娃將會跑進父母的房間，並對他們『做些什麼或拿走些什麼』。這頭大象擔任的正是被她內化父母的角色，她不斷感受到他們的禁令，自從她在一歲三個月到兩歲之間，她就想要取代父親身旁的母親，想要奪取母親懷著的孩子，想要傷害和閹割她的父母。自此，儀式行為的喻意變得更清晰了：她在床上被包裹起來，是為了避免她起床去對她的父母執行那些攻擊欲望。但是，由於她也預期會被父母用類似的方式懲罰她，她將自己包裹在毯子裡也是為了要自我防禦以對抗他們的攻擊。舉例來說，他們的攻擊可能會是來自於「Butzen」，即父親的陰莖，這個「Butzen」能夠損害她的生殖器官，也能夠切斷她自己的「Butzen」，作為對她那些閹割欲望的懲罰……。 106

同樣顯而易見的這種焦慮不僅與她的真實父母有關，且尤其是與她所內攝的極端嚴厲的父母有關。我們來到成人身上所謂的超我面前……。對幼兒的分析論證了，伊底帕斯的衝突從嬰兒六個月大時就已經確立，也論證了，嬰兒從這時起就開始修改其結構並建造他的超我。」[24]

107

3.「偏執－類分裂心理位置」：分裂與投射性認同

從上述這篇臨床文本，以及日後「偏執－類分裂心理位置」的系統化之前，克萊恩辨識出自我的「處理焦慮」[25]功能。她認為，是自我（儘管它還不成熟）投射及內攝了驅力，而不是佛洛伊德所說的有機體。莉塔的自我感覺到一股湮滅恐懼，它席捲而來，如同來自她的焦慮所依附之客體的迫害，不受控制且強大的客體。為了與它對抗，第一個防禦機制形成，即**分裂**（clivage）。客體被分裂為「好」與「壞」，這種劃分的原型是，令人滿意的「好乳房」與令人挫折的「壞乳房」。分裂伴隨著其他的運動或機制，如**投射**（projection）、**內攝**（introjection）、**理想化**（idéalisation）與**拒認**（déni），自我很早就能去執行這些機制。在此情境下，感受到的威脅來自於外在客體，這引導了克萊恩談論「偏執心理位置」，這一概念調整自費爾貝恩（W. R. D. Fairbairn）[26]的著作，她雖讚揚其

---

24 梅蘭妮・克萊恩，〈兒童分析的心理學基礎〉，《兒童精神分析》，頁 6-7（Melanie Klein. (1932/1975). The Psychological Foundations of Child Analysis. In *The Psycho-Analysis of Children*. Hogarth Press.）；由作者克莉斯蒂娃所強調。

25 就像梅蘭妮・克萊恩在〈對某些類分裂機制的評論〉一文中所提出的觀點，參閱《嫉羨和感恩》，頁 5-7。

26 參閱：費爾貝恩，《人格的精神分析研究》（W. R. D. Fairbairn. (1952/1998). *Études psychanalytiques de la personnalité* [Psycho-Analytic Studies of the Personality]. Monde

原創性，但仍須有所區別。費爾貝恩強調了從自我到客體的關係， 108
克萊恩則優先關注焦慮，以及，儘管承認攻擊性與恨從生命初始就存在，但她並沒有忘記，「好」乳房（在此，她命名為「理想化乳房」）對「偏執－類分裂心理位置」的自我來說早已存在，「壞」乳房並不是唯一被內在化的。

克萊恩的「心理位置」概念，既不是在先前早於她的精神分析師們意義上的「階段」，也不是在現代後語言學意義上的「結構」。她能夠說男性的、女性的、力比多的、口唇的與其他的「心理位置」，這一切是指一個精神場所的移動或交替，如此挑戰那些階段論信徒的嚴格時間順序。當這個概念在「偏執－類分裂心理位置」和「憂鬱心理位置」被凝聚起來時，它指定了一種情感生活的結構，即「一系列引起焦慮的情況與一系列堅定的防禦機制的經常／規律聯想」[27]，這一結構會在情感生活歷史上的某個時刻出現，並能在無意識中重複出現。

遲至 1946 年才發現、卻被克萊恩放在發展最前沿的「偏執－類分裂心理位置」，具有其特殊性，即在客體中針對性質已施行的分裂、也被運用在自我本身。分裂，切分為「好」與「壞」的暴 109
力，保護了客體，或至少有部分客體因此被接受，從而保護了自我。然而，透過斷裂而得證對於他者的「施虐」，並不能完全庇護自我本身，相反地，通過體內化的方式，自我處於一種「有可能跟著內化客體的碎片而被分裂的危險」[28]。此外，儘管這種內在的與

interne.）；見中譯本《人格的精神分析研究》，無境文化。

27 參閱：尚 - 米歇爾．佩托，《梅蘭妮．克萊恩（二）：自我與好客體。1932-1960》（*op. cit.*, p. 112.）

28 〔英譯註〕〈對某些類分裂機制的評論〉，《嫉羨和感恩》，頁 8。

外在的分裂性質是幻想的，但兒童仍將其感覺為「完全真實的」，這意味著他的感受、他的客體，以及隨後他的思想，皆能「彼此切分」[29]。

不過，在這個但丁式的宇宙中，事情沒這麼簡單。「好乳房」成為了自我的核心並保證了自我的穩固性，卻也渾身充滿了陷阱。這涉及分裂，亦即乳房的**理想化**使好的性質達到過份誇大的程度，以阻斷對迫害性「壞乳房」的恐懼。儘管，理想化是對迫害恐懼的相連結果，但理想化同樣是來自於驅力的欲望，憧憬著無限制的理想化。

現在，我們面對的是克萊恩所構思的幼兒期幻覺，其與佛洛伊德截然不同。佛洛伊德認為，當嬰兒體驗到足夠的滿足時，他就能夠去產生滿足的幻覺，也就是說，即便實際上缺乏滿足，嬰兒也能透過幻覺體驗到（亦即所謂的「欲望的幻覺式滿足」）。克萊恩則認為，如果說乳兒被偏執－類分裂心理位置所支配，那麼他就無法體驗缺席，以致於好客體的欠缺被他體驗為壞客體的攻擊[30]。於是，嬰兒繼續把客體分裂為好的與壞的，並且拒認挫折以及迫害。壞的存在因此被拒認了，隨之而來的是，精神現實同樣被掏空了，因為精神現實就是痛苦，也就是壞的。這種全能的、躁狂的拒認，釀成了幼兒期的幻覺滿足，對無意識來說，等同於痛苦情境的湮滅，同時也是關係的湮滅，以及承受痛苦的自我的湮滅。因此，拒認與全能，在發展的最佳狀態中發揮著與潛抑相當的作用，而在思覺失調症患者中，拒認與全能則成為迫害的、強烈的偏執源頭。

110

29 〔英譯註〕同上。

30 漢娜·西格爾，《梅蘭妮·克萊恩：思想的發展》（Hanna Segal. (1979/1982). *Melanie Klein: Développement d'une pensée* [Klein] (p. 110). PUF.）

所有的驅力，不論口唇、肛門或尿道的，都參與了這套邏輯運作，來傷害、控制並佔有客體。內在客體因此而蒙受的多重攻擊與損害，將「導致自我化為碎片的感覺」[31]，並可能引發思覺失調症患者的智力缺陷。或是，在投射過程的影響之下，多重攻擊與損害會給出一種暴力從外部侵入內部、被別人控制精神的印象，這種幻想隨後會達到妄想症（paranoïa）的程度。

一如既往，當克萊恩徹底翻新理論時，她透過召回佛洛伊德的權威性依據來向我們以及向她自己證明。她重讀了佛洛伊德分析的史瑞伯案例。她認為，該案例的分析觀點已與她自己的偏執－類分裂心理位置觀點近似。難道不是這樣嗎？史瑞伯描述他的醫生傅萊契（Flechsig）的靈魂先是分裂成愛的影像，再分裂成迫害的影像，最後劃分成 40 或 60 個部分，最後再由上帝透過把靈魂生命還原成僅有一或兩個形式來作為終結。佛洛伊德結論道，這劃分是上帝與傅萊契之間的劃分，兩者分別代表了患者的父親與兄弟。克萊恩接續發展並新增另一觀點，傅萊契的靈魂不僅是客體的分裂，也是「史瑞伯感覺到自我被分裂的投射」[32]：

> 「與分裂機制相關並涉及內在破壞和自我離析的種種焦慮與幼幻想，都被投射到外部的世界，並構成其破壞的妄想基礎。」[33]

佛洛伊德不也得出相同結論嗎？他指出，透過將自己描述為

31　〈對某些類分裂機制的評論〉，《嫉羨和感恩》，頁 7-8。

32　同上，頁 29。

33　同上，頁 30。

112 「神蹟顯現下的粗製濫造品」，並強調妄想症患者的「世界末日」是「內在災難的投射」，史瑞伯合理化了自己的內在碎裂感。克萊恩讚揚了佛洛伊德開創性的洞察力（她特別以斜體強調），他指出，除了作用於自我的力比多紊亂之外，相反的情況是，「**自我的異常變化也可能引發力比多過程的繼發或誘發性紊亂。事實上，這類過程很可能構成了精神病的顯著特徵**」[34]。與克萊恩觀點相距更近的是，佛洛伊德注意到這些疾患定位於「從自體情慾到客體之愛這個原始發展初期的某處」[35]。總之，佛洛伊德的這些闡釋，授予了克萊恩所開創的偏執－類分裂心理位置及投射性認同概念一種正當性，對理論家克萊恩而言，兩者都成為佛洛伊德學派的不可或缺的一部分。

克萊恩的這些新概念，闡明了她早先觀察到的類分裂與妄想症令人不安的防禦形式，甚至適用在非精神病患者身上：疏離的敵意，或者，明顯因欠缺焦慮而展現出的淡漠。當一名病患聲稱他聽得懂分析師的言談，但「這對他毫無意義」，克萊恩聽到的則是，這名病患的人格與情緒感受的每一個面向都是分裂的、是分隔遙遠
113 的。於是，她對病患詮釋說，這是他對分析師的攻擊性（在想起對母親有類似的攻擊性時）；病患以壓低嗓音作為回應，說這整個情境「不干」他的事。在克萊恩看來，總總跡象都顯示出他感覺到要

---

34 克萊恩引用佛洛伊德的〈關於一自傳式撰述的妄想症（妄想性癡呆症）病例之精神分析評註〔史瑞伯〕〉。粗體字由克萊恩所寫，見〈對某些類分裂機制的評論〉，《嫉羨和感恩》，頁 31。參閱：佛洛伊德，〈關於一自傳式撰述的妄想症（妄想性癡呆症）病例之精神分析評註〔史瑞伯〕〉（Sigmund Freud. (1911c [1910]). Remarques psychanalytiques sur un cas de paranoïa (Dementia paranoides) décrit sous forme autobiographique [le Président Schreber]. **See**: *GW*, VIII, 312; *SE*, XII, 75; *OCF.P*, X, 297.）

35 〈對某些類分裂機制的評論〉，《嫉羨和感恩》，頁 32。

失去分析師而害怕，但他並沒有讓罪疚或憂傷來表達，而是以分裂來防堵一切。儘管如此，分析師的詮釋已經改變了病患的情緒；他以「餓了」來作結，且在治療進行中告訴了治療師。食慾情感的出現，指出在力比多的推力之下，內攝已經啟動：病人開始充分地經歷到驅力的曖昧兩可，既是正性的又是負性的。分裂的合成正在進行，它減弱類分裂的現象，但也在第一時間增強了憂鬱與焦慮。

克萊恩的另一個案例，A 先生，則呈現出這種偏執－類分裂心理位置的主要機制；我們再次提醒，克萊恩較晚才會將它概念化，而此刻我們先做一番描述[36]。這名三十五歲的同性戀個案，受苦於陽痿及強迫型神經症，並伴有妄想型及慮病症的特徵；在分析進行中，他終於把自己對於女性的恐懼與某種幻想連結起來，在幻想中，他看見母親連續不斷地與父親交媾。他的能量在窺視他的父母中耗盡了，他的手淫連結到他父母相互摧毀的幻想場景。他恐懼父親的陰莖，這同時危害到他異性戀位置與同性戀位置。認同於母親，他體驗到她本質上都是壞的，並經由將分析師的話語比擬為有毒的排泄物，或經由想像是父親透過她的嘴而說出來的話來表達這份恐懼。在 A 先生身上，「有毒且駭人的母親的早期內攝」早已生成，那阻礙了好的母親依瑪構（imago）形成，以致於好的母親依瑪構無法成為對抗父親陰莖威脅的一個助力。毒害和迫害的主軸因而得以發展，導致了慮病症症候群：

114

36　梅蘭妮．克萊恩，〈早期焦慮情境對於男孩性發展的影響〉，《兒童精神分析》，頁 269-311，特別參見頁 291 及後（Melanie Klein. (1932/1975). The Effects of Early Anxiety-Situations on the Sexual Development of the Boy. In *The Psycho-Analysis of Children*. Hogarth Press.）

「男性的性能力疾患可歸因於恐懼母親的危險身體，但也可歸因於他害怕他的壞陰莖會毀壞女性、以及在性交進行中無法復原女性的完整性……。對這一案例的分析，清楚論證了女性身體是如何成為焦慮源，女體喪失了異性戀的吸引力，因為恨與焦慮移置到母親身上，而恨與焦慮最初是附著在父親陰莖上的。」[37]

我們認為，克萊恩理論這一部分的核心概念——**投射性認同**（identification projective），是把自己的某些部分投射到客體身上，以便佔據這個客體：母親的乳房、父親的陰莖它們都帶有攻擊的與分裂的暴力，而暴力將它們投射到自我之外以作為壞客體。

115

「投射性認同可以導致客體知覺為獲得了投射到他身上的自己部分的種種特徵（母親是壞的，一如嫉羨著母親的 A 先生自己也是壞的），但它也可以引導自己去認同了那個他投射出去的客體。」[38]

A 先生表現為「壞的」，也就是女性化的、患病的；也是同性戀者、慮病症患者。病理的投射性認同是「自己的最小化離析（désintégration）」的結果，「或是，自己的某些部分被投射到客體，又再離析」的結果，「最後結果是創造出『怪奇客體』

---

37 同上，頁 291。

38 漢娜·西格爾，《梅蘭妮·克萊恩作品的介紹》（Hanna Segal. (1964/1969). *Introduction à l'œuvre de Melanie Klein* [Introduction to the Work of Melanie Klein]. (p. 146). PUF.）

（objets bizarres）（據比昂的定義）」[39]。

我們由此理解，如果投射性認同的目標是擺脫自己不想要的部份，帶著威脅的部分，因為它被死亡驅力離析，以換取身份的性反轉，那麼，投射性認同就會去摧毀客體，去清空客體以便佔有這個客體。但是，如果投射性認同把脆弱自我的好的部份送回給他者，以保護這些好的部份得以安全，這樣一來，它就會導致客體的理想化，而過度理想化客體，又會反過來導致對自我的貶抑。在這兩種情況中，投射性認同支配了自戀結構，因為客體已被內化到了裡面、被剝奪了外面的自身品質；身份雖得以確保，但犧牲掉來自他者的支撐。在此意義上，克萊恩所提出的「自戀結構」是以這種客體回流到自身為基礎，這使自我變得貧瘠，讓自我不能愛、也不能移情，把自我簡化為「庇護內在客體的普通外殼」[40]。由此，自戀結構有別於「自戀狀態」，後者是指認同於內在理想客體的狀態，並可能讓人想起佛洛伊德的自體情慾。如果，最初的分裂是為了執行分化的第一步，那麼，投射性認同就是為了與外在世界聯繫的第一步[41]。若這階段作為防禦而失敗了，就可能是痛苦而不滿足的，但，若這階段固定地作為脆弱自我的投射，就會在精神病結構中常存下去。

116

投射性認同的多重價值構成了這概念的兩面用途。一方面，它描述了病理的狀態，尤其是躁鬱型精神病或軀體妄想。而另一方面，投射－內攝無休止的往來構成某種芙蘿倫絲·貝廣 - 吉納（Florence Bégoin-Guignard）所稱的「精神呼吸」（respiration

---

39　同上（*Ibid*., p. 147.）

40　漢娜·西格爾，《梅蘭妮·克萊恩：思想的發展》（*op. cit*., pp. 113-114.）

41　同上（*Ibid*., p. 114.）

psychique），能這麼說，是因為它的領域確實具有常態性，甚至具有普遍性[42]。正如這名作者所表明的，只有哀悼的、與成功的伊底帕斯認同的問題性，能夠逃離投射性認同的控制支配[43]。事實上，克萊恩對於乳兒的投射性認同的假設是無法論證的，除非，我們同意比昂，並接受所有精神生命的誕生都是得益於另一個精神生命的幫助作為對立條件，因為這一精神生命使用了投射性認同來「夢想」新生兒身上精神的存在。將此論點推到極致，我們可以說，總而言之，是母親的（與分析師的）投射性認同，證實了投射性認同作為精神刺激整體領域的常態性（或異常性）；儘管在另一面向，精神病症狀使其運作邏輯變得更加頑強，使之成為症狀的生成者。

那麼，母親是一名玩弄投射性認同、心境平和的類分裂的妄想症患者嗎？確實，不論是在整體的幻想運作，或次級象徵化的誕生，特別是語言體系的象徵化，還有分析的詮釋本身，都受到投射性認同的影響，畢竟，它就是詮釋過程本身的核心。總之無論如何，這是一個假設，就算是一個痛苦的假設，它也值得母親們與精神分析師們深思。

然而，回到投射性認同的初次發生，如克萊恩在偏執－類分裂心理位置所觀察到，它說服了我們（若有必要說服的話）在這個階段，關係及認同的不穩定性，或在這個模式中，精神的不穩定性。客體概念本身，在這被驅逐到外面、與被整合到裡面的碎片的來回流動中，失去更多的關聯。

---

42 芙蘿倫絲．貝廣－吉納，〈在精神病與詮釋當中的投射性認同〉（Florence Bégoin-Guignard. (1997). L'identification projective dans la psychose et dans l'interprétation. In *Épître à l'objet* (pp. 87-101). PUF.）

43 同上（*Ibid.*, p. 93.）

自此，面對身份的不確定（從自我到他者的古老連結的特性），與其談論自我與既有的客體，不如談論一個**卑賤體**（abjet）應該更為合宜。未來主體是在一種賤斥（abjection）的動態中構成的，其理想面貌令人著迷。而如果未來主體立即給自己一個他人的「在場」，既內化了他、又排除了他，這不是關於一個客體，而完完全全是一個卑賤體（a-bjet）：字首的「a」，我們以「被剝奪」之意來理解，它既否定了客體、也否定了正在成為的主體。客體與主體，真正只有在克萊恩定義的「憂鬱心理位置」中，才會結晶成形，或者，嚴格而言，在閹割考驗、伊底帕斯的完成、以及語言體系與思想創造性的獲得後才有可能。

根據克萊恩的觀點，將家庭主角分開的伊底帕斯三角結構被建構起來之前，有另一個同屬伊底帕斯結構的**三元**（trio），先暫時建立於主角身份的不確定之上（或可說：建立在他們無客體自戀的無意識上），而三元確實是在偏執－類分裂心理位置中運作。如同在「莫比烏斯環」的波浪中，其本質就是無界限的，未來主體不斷地讓自己被驅逐到「卑賤體（a-bjet）」（母親方向）、也被驅逐到「初級認同」，後者帶有「個人史前史父親」（愛人／愛的父親方向，前伊底帕斯父親），其同時具備雙親特徵。這種早期客體關係的自戀狀態，既使人著迷又令人賤斥的形象，我將其描述為**卑賤體**（abjet）與**賤斥**（abjection）[44]，除了病理學之外，還召喚了昇

119

44　〔譯註〕卑賤體（abjet）與賤斥（abjection）是作者克莉斯蒂娃所提出的概念。卑賤體（abjet）是一種既非主體也非客體、一種是令人作嘔又使人著迷的「某個東西」。作者有時會使用「a-bjet」的寫法，「a-」表示「排除、驅逐」，因而在此意義下，具有「被排除的東西」之意。

華的邊緣經驗：神聖的、神祕的以及現代藝術的風險[45]。克萊恩開啟了對古老客體一個如此理解的路徑，但條件是要把她的天才重新登記在父親象徵功能的考量當中，如同佛洛伊德意義底下的伊底帕斯，如同拉岡意義底下的父之名（Nom-du-père），而這在克萊恩這名女族長的理論中是欠缺的。

4. 憂鬱心理位置：整體客體、精神空間、修復

無論如何，根據克萊恩的理論，只有從「憂鬱心理位置」開始才能與客體建立足夠穩定及令人滿意的關係，亦即這關係將產生象徵化與語言體系，而這兩者將能為自我指認出客體。克萊恩在1934年提出「憂鬱心理位置」，之後在1940年、1948年和1952年的文本中支持這個概念並使之更加清晰[46]，儘管在兒童發展過程順

---

45 參閱：茱莉亞・克莉斯蒂娃，《恐怖的力量》（Julia Kristeva. (1980). *Pouvoirs de l'horreur. Essai sur l'abjection*. (pp. 9 sq.). Seuil.）、《愛的故事》（Julia Kristeva. (1983/1985). *Histoires d'amour*. (pp. 56-61). Gallimard.）

46 梅蘭妮・克萊恩，〈論躁鬱狀態的心理成因〉，《愛、罪疚與修復》，頁329-361（Melanie Klein. (1935/1975). A Contribution to the Psychogenesis of Manic-Depressive States. In *Love, Guilt and Reparation and Other Works 1921-1945*. Hogarth Press.）；梅蘭妮・克萊恩，〈哀悼及其與躁鬱狀態的關係〉，《愛、罪疚與修復》，頁431-463（Melanie Klein. (1940/1975). Mourning and its Relation to Manic-Depressive States. In *Love, Guilt and Reparation and Other Works 1921-1945*. Hogarth Press.）；梅蘭妮・克萊恩，〈關於焦慮與罪惡感的理論〉，《嫉羨和感恩》，頁33-56（Melanie Klein. (1948/1975). On the Theory of Anxiety and Guilt. In *Envy and Gratitude and Other Works 1946-1963*. Hogarth Press.）；〈關於嬰兒情緒生活的一些理論性結論〉，《嫉羨和感恩》，頁80-120。

序上，她將憂鬱心理位置放在「偏執－類分裂心理位置」的後面，而後者是遲至 1946 年才提出的。 120

「憂鬱心理位置」是克萊恩在一次令她崩潰的哀悼之後提出的理論創新，克萊恩作為精神生活的組織者，她所提出的理論它比佛洛伊德的伊底帕斯更加完善。1934 年 4 月，她的長子漢斯．克萊恩（Hans Klein）於一場山難中身亡。漢斯在祖父經營的造紙廠工作，他喜歡在匈牙利塔特拉斯的森林裡散步。有一天，他腳下的土石坍方，使他猛然摔落而身亡。母親受到極大的打擊，以致於無法前往布達佩斯參加葬禮，留在了倫敦。起初，有人覺得這是一場自殺，但漢斯的弟弟艾力克斷然否定這個假設，漢斯的妻子則肯定地說她丈夫已經克服了同性戀傾向及其焦慮。話雖如此，「漢斯留下的所有一切，仍處於備感困惑的黑暗中」[47]。第十三屆國際精神分析大會於同年 8 月 26 日至 31 日在琉森舉行，這位沉浸於哀傷之中的母親沒有參加葬禮，卻前去大會並提報了〈論躁鬱狀態的心理成因〉。隨後在 1935 年，她向英國精神分析學會提交這份報告。對兒子的哀悼與「憂鬱心理位置」概念的新創，這兩起事件無疑是有關聯的：這場研討會考慮了哀悼的精神工作，同時也協助其修通。

自此，我們了解克萊恩提出的「憂鬱心理位置」主要特點：和先前的精神分析理論相較，其最重要的新穎性在於：嬰兒從六個月開始就能體驗到整體客體的失去（整體客體是指母親本身，不再是乳房這個部分客體），這歸功於分裂的減少，而這種失去的經驗是將客體內攝的結果。 121

47　《梅蘭妮．克萊恩的世界及其作品》（*op. cit.*, p. 283.）

「確實，客體不能被當作整體客體來愛之前，客體的失去就不能被感受為**整體的失去**（comme une perte totale）。」[48]

這種心理變化之所以有可能，是由於生物神經學的成熟，而能提供給知覺較好的合成及記憶的發展：知覺出母親是統一或整體的存在之後，嬰兒就能想起母親提供給他的滿足，甚至在他欲求受挫的時刻也同樣能想起此滿足。與此同時，由於精神運動成熟、認知發展及學會走路，兒童可以預見到母親存在於他可知覺的領域之外，例如在隔壁房間，並能去找到母親（十到十二個月間）。於是，這涉及到對整體母親的定向，「既好又壞，既為一個整體卻又與他自己不相同」，與他、也與其他家庭成員都不同（先與父親相比，然後是兄弟姊妹）。認出母親作為整體，與自我的相關整合是一致的：自我也被體驗為整體的。無論在內部或在外部，好客體與壞客體在彼此區分過程中變得接近，它們也較少扭曲變形、投射減少、整合增強，自我與他者的分離變得更可容忍。

122

固然，克萊恩的這個發現是受到了亞伯拉罕的啟發。亞伯拉罕不僅區分了「部分客體」與「整體客體」，他將自 1923 年起就提出童年的「原初不快（Ur-Verstimmung）」，作為日後的憂鬱模式，並將這幼兒期原初憂鬱（Ur-Melancholie）歸併到口唇情慾[49]。克萊恩雖然是認真的門徒，但她更著重於創新：在亞伯拉罕的理論建構中，口唇階段與肛門階段屬於自戀階段，克萊恩則把客體關係

48 〈論躁鬱狀態的心理成因〉，《愛、罪疚與修復》，頁 331。斜體字為克萊恩所寫。
49 參閱：西格蒙特．佛洛伊德、卡爾．亞伯拉罕，《通信集》（Sigmund Freud & Karl Abraham. (1969). Correspondance, 1907-1926 (F. Cambon, Trans.) (pp. 344-345). Gallimard.）

標定在口唇－施虐階段就開始，並讓整體客體從矛盾雙重與憂鬱焦慮中出現，同時讓亞伯拉罕的「**初級憂鬱**（dépression primaire）」的「階段」或症狀作為組織整個精神生活的「核心位置」。

然而，在這位分析師身上往往有如此情況：精神上的收益必也會帶來不利。一個全新的無助感出現：孩子發現自己對母親這個人的依賴，以及對他者的妒忌；先前心理位置上的**偏執焦慮**，現在被新的憂鬱焦慮取代了。在偏執－類分裂心理位置，孩子擔憂被他所投射到外面的壞客體破壞；在憂鬱心理位置，他則感到一種矛盾雙重：

123

> 「這不僅是主體無法控制的恨的暴力會危害客體，愛的暴力同樣也會。因為在這個發展階段，愛一個客體與吞噬一個客體是無法切分的。當母親消失時，認為自己已經吃掉她、並破壞她（無論出自於愛或恨）的幼兒，為自己、為母親，也為了已經被他吸收而不再擁有的好母親而備感焦慮的折磨。」[50]

透過保留好客體的回憶，孩子感受到一種可比擬為哀悼的懷念；但既然這種愛是在口唇階段的吞噬之愛，強烈隱含施虐驅力，在失去好客體的感覺上，還加上了透過同化它而破壞了它的罪疚感：「以憂鬱為特徵的考驗」起源於「自己的破壞能力導致失去好客體的感覺」[51]。曾是偏執－類分裂心理位置獨有的**以牙還牙法則**

50　〈論躁鬱狀態的心理成因〉，《愛、罪疚與修復》，頁 334。

51　參閱：漢娜．西格爾，《梅蘭妮．克萊恩作品的介紹》（*op. cit.*, p. 84.）

124 的種種恐懼仍存在，但現在，這些恐懼又混入了新的**罪疚**感。兩種心理位置的侵佔與口唇優先性，說明了這個階段乳兒的營養疾患，以及在兒童與在成人身上的慮病症焦慮：妄想症患者擔憂著被他自己曾投射攻擊性的外部客體（食物）所毒害，而慮病的憂鬱症患者則對自己的器官感到害怕，這些器官代表內在的客體，須持續地監管、保護和照料[52]。

在憂鬱心理位置導入的新精神動力中，兒童發現了他自己的精神現實：他開始把外部現實與他自己的幻想及欲望區分開來；他對思想全能的信仰發生了變化，思想全能過去曾足以作為自己特徵（該說是**魔法**、而非嚴格意義上的**思想**）：在真實事物與其象徵之間的區別變得可能，這是語言能力獲得的前提[53]。如此，憂鬱心理位置看來是取得意念的必要條件，《追憶似水年華》的讀者早已知道克萊恩的這個假設在馬塞爾・普魯斯特身上找到了意料之外的同謀，因為他認為，「意念是憂傷的替代品」[54]。

125 同一時期，通過在自己內在深處建立好客體，幼兒期超我的制度有了改變。憂鬱症患者超我的嚴厲性極為可怕，但它與妄想－類分裂心理位置的嚴厲性仍有所差異。妄想－類分裂心理位置的壞客體攻擊之外，現在要加上「履行『好客體』的極嚴格訴求的迫切需要」[55]，然而，這些好客體仍處於不確定狀態，隨時會變回「壞的」。被「矛盾與無法達成的內部苛求」折磨著（所感受到的情境

---

52 參閱：漢娜・西格爾，《梅蘭妮・克萊恩：思想的發展》（op. cit., p. 73.）

53 參閱：本書第八章。

54 馬塞爾・普魯斯特，〈重現的時光〉，《追憶似水年華》（Marcel Proust. (1987). Le Temps retrouvé. In *A la Recherche du temps perdu* (p. 485). Gallimard, coll. « Bibliothèque de la Pléiade ».）

55 〔英譯註〕〈論躁鬱狀態的心理成因〉，《愛、罪疚與修復》，頁 336。

即是「良心不安」[56]），自我被「良心的悔恨」所侵擾：

> 「這些嚴峻的苛求有助於支撐自我去對抗其本身無法控制的恨與壞客體的攻擊性，但自我也認同一部分的壞客體。失去所愛對象的焦慮愈是強烈，自我就愈奮力挽救它們；修復的任務愈艱難，超我特有的苛求就愈嚴峻。」[57]

然而，父母的某些暴虐或畸形面向，過去曾建構出迫害的古老超我，從某個時間點後就被拋棄，以換取今後被愛的整體客體，儘管是以矛盾雙重性的方式來愛。因此，超我終止了作為罪疚感的唯一來源，它也變成愛的來源，成為自我潛在的同盟者。

這樣一來，年幼自我還有什麼樣的防禦可供支配，以保護自己來對抗這個作為憂鬱心理位置特徵的矛盾雙重，即愛與恨？不再是我們在偏執－類分裂心理位置所遭遇的分裂、理想化、驅逐與破壞，現在進駐的是**躁狂防禦**。然而，雖與前述的防禦有連貫性，躁狂防禦新帶入的，是以一種全能的方式來控制要失去的客體，且帶著優越及輕蔑的態勢。最初，躁狂防禦不是病態的，而是在發展中扮演正向的角色，以保護自我免於徹底絕望；躁狂防禦之所以並非病態的原因在於：憂鬱心理位置中有利於處理哀悼的**修復**機制也還在緩慢建置中。 126

躁狂運用在偏執－類分裂心理位置中已出現的相同邏輯：分

---

56 〔英譯註〕同上。

57 〈論躁鬱狀態的心理成因〉，《愛、罪疚與修復》，頁 337。

裂、理想化、投射性認同、拒認；唯一不同的是，現在這些邏輯是高度組織化的，自我是更加整合的，它們較不是指向迫害的客體，而是指向憂鬱焦慮與罪疚本身。透過確立自己的感覺，這些邏輯瞄準的是依賴感：所以，為了能夠應付矛盾雙重性的影響，自我分裂內部世界與外部世界，甚至否定內部世界本身及所有可能的關係（在拒認內部世界的機制，以及拒認它與外部世界連結的機制中，我們可以診斷出社會的「無序狀態」與崇拜「孤獨自我」，兩者的精神來源）。此時，全能感便入駐了，它聯繫於偏執－類分裂心理位置，並借力於否定機制的運作（否定機制是根據海倫・朵伊契的定義，再由克萊恩重新解釋）：第一個否定（négation）是針對焦慮本身以及產生出焦慮的精神現實[58]。躁狂症患者外表顯得淡漠，因為他的防禦本來就是指向他聲稱要取消的精神現實，如果說他本人正在進行分析中，那麼他的防禦會試圖癱瘓精神分析師，並攻擊分析本身。躁狂自我在內在客體或外在對象身上，同時施加了三重處置上：控制、優越與輕蔑。它因此否定了這些好客體對它而言的重要性，還貶損並壓低了這些好客體，它的疏離正是它對被取消他者的全能感的指標[59]。

127

然而，另一個新的情況正隨著憂鬱心理位置出現，這將有助於創造性：憂鬱的感覺動員了修復客體的欲望。由於自認為要對母親的失去負起責任，嬰兒也想像能夠用自己的愛與關懷，來消解他的攻擊所造成的損害。「憂鬱衝突是一種在乳兒的破壞性、與乳兒

58 同上，頁 347-349；關於海倫娜・朵伊契（Helene Deutsch）與梅蘭妮・克萊恩之間的爭議，參閱：本書 p. 200。

59 漢娜・西格爾，《梅蘭妮・克萊恩作品的介紹》（*op. cit.*, pp. 97-99.）

的愛及進行修復的驅力之間的恆久鬥爭」[60]。為了應付因感覺損害了外在與內在客體而造成的憂鬱苦痛，乳兒盡力去修復及修補好客體，為了這麼做，他增加了愛：「母親與母愛的重新出現……對這個過程而言是關鍵的……。如果母親沒有重新出現，或如果母愛是不足的，那麼孩子就會處於任憑憂鬱及迫害的恐懼所支配的處境中」[61]。 128

修復固然是要，但絕非是詩情畫意的，因為修復帶有絕望的色彩：

> 「這是一個碎片狀的『完美』客體；因此，重新建構的努力必須以製造出一個好又『完美』的客體為前提條件。如果完美的想法具有如此的強迫性，也是因為它回絕了離析的想法。」[62]

確實，昇華有一項艱辛的任務，為拯救「所愛客體已淪為的碎片」，用最高的「努力將碎片聚集在一起……。顯然，完美的欲望根植於離析的憂鬱恐懼裡」[63]。

現在，我們對於在憂鬱心理位置時乳兒進行精神工作的困難，以及，佛洛伊德在〈哀悼與憂鬱〉研究中無意間發掘到的哀悼工作的困難，有了更進一步的理解：亦即，為什麼接受所愛之人不再存在於現實裡是這麼困難的事情？克萊恩的回答清楚地指出，哀悼工

60　同上（*Ibid.*, p. 87.）

61　漢娜．西格爾，《梅蘭妮．克萊恩：思想的發展》（*op. cit.*, p. 76.）

62　〔英譯註〕〈論躁鬱狀態的心理成因〉，《愛、罪疚與修復》，頁 338。

63　〈論躁鬱狀態的心理成因〉，《愛、罪疚與修復》，頁 338-339。

129 作並非建立於真實的人身上，而是建立於內在客體之上，且哀悼工作意味著必須克服向妄想感覺的退行，還有向躁狂防禦的退行，唯有如此，才能夠恢復內部世界活生生的、可居住的樣貌[64]。那在於承受外在客體缺席，而不退縮至投射性認同。

我們現在了解，這種痛楚的考驗帶來了極為重要的益處：失去的痛苦、哀悼的苦痛，以及克服躁狂防禦的修復驅力，能達成內在和外在失去客體的重新建構（也就是，達成象徵化），而這正是創造性與昇華的基礎。如果真如佛洛伊德所說，昇華是一種成功放棄了驅力目標的結果，而帶有死亡驅力的殘存物，那麼，克萊恩補充道，這種放棄是透過哀悼過程而完成，並帶著生命驅力的殘存物。重點是在憂鬱心理位置的創造性向度：如果說自我能夠修復失去的客體，而不是使用躁狂防禦來反應，那麼自我就可投入包含著痛苦及所有哀悼歷程的創造性工作中，以孕育象徵的生成。「我相信，這個被同化吸收的客體，變成了一個自我內部的象徵。客體的每一方面、成長過程中必須被放棄的每一情境，都賦予了象徵形成的機會」[65]。

130 將「核心」角色給予了憂鬱心理位置[66]，這明顯地調節了克萊恩理論中伊底帕斯情結的構思。在她早期的作品，伊底帕斯情結一開始就出現，乃至於男孩和女孩都一樣，對乳房的原始連結同時也指向住在母親體內的幻想父親陰莖，當恨達到最高頂點時，伊底帕斯情結就會啟動。後來，隨著憂鬱心理位置的發現，克萊恩改變了看法。她從此主張伊底帕斯情結與憂鬱心理位置的建立同時開始，

64 漢娜·西格爾，《梅蘭妮·克萊恩：思想的發展》（*op. cit.*, pp. 75-77.）
65 漢娜·西格爾，《梅蘭妮·克萊恩作品的介紹》（*op. cit.*, p. 91.）
66 〈論躁鬱狀態的心理成因〉，《愛、罪疚與修復》，頁 361。

並認為伊底帕斯情結是其內在固有的部分。於是，從這時候開始，父母是分別被知覺到的，而不再是交合雙親；這一對雙親構成了整體好客體：孩子把他矛盾雙重的幻想指向他們，尤其是當他們交媾結合時。所以，導致孩子放棄他伊底帕斯欲望的，並不是對閹割、喪失性慾及死亡的恐懼（像佛洛伊德認為的那樣），而是早在生殖器階段之前，憂鬱心理位置自身特有的矛盾雙重性（對父母的愛，以及對始終存在的破壞攻擊性將損傷父母的恐懼）。如果孩子能夠透過修復而逃脫躁狂防禦，他就可以掌控他的伊底帕斯欲望，並使之轉變成創造性。這樣一來，採取修復的途徑最終便可完成哀悼的工作。而一旦哀悼工作失敗，就會陷入病態的躁狂－憂鬱狀態：

> 「躁鬱症患者和在哀悼工作中失敗的人，儘管他們的防禦機制相差甚遠，但共同之處在於他們在童年早期都無法建立起自己的『好』內在客體，也無法在他們的內部世界中感受到安全。」[67]

131

受到憂鬱心理位置的啟發，處理伊底帕斯的任務看來必須是要在自我的核心中，以穩定方式確立一個好乳房（好母親）、一個好父親和一對好的創造者。對於兩種性別、與兩個他者的內攝任務，得要在憂鬱工作所特有的苦痛中實現。**性別差異**（différence des sexes）被置放於憂鬱心理位置中的重要問題，儘管克萊恩並未強調這點，但孩子在兩名雙親角色之間所作的區別，預示著發展為異性

67　〈哀悼及其與躁鬱狀態的關係〉，《愛、罪疚與修復》，頁 462。

戀可能是憂鬱心理位置最理想的解決之道[68]。這項工作隱含的精神困難不容小覷，而這也解釋了其之所以會失敗，主要是由於「防禦群」的形成，防禦群雖保護了孩子免受憂鬱的苦痛，但付出的代價則是阻礙智力發展的偏執－類分裂的退行。

132 總之，在這個被昇華天堂所照亮的克萊恩式煉獄中，所有一切都反轉變成它的反面。昇華總帶著更好的發展契機，尤其在分析的協助下。而，哪怕只有一點點，也得益於那令人滿意的母性照顧。

68 參閱：本書第六章。

第四章

焦慮或欲望？太初即死亡驅力

133

1. 被死神吸收的愛神：施虐吞噬與肛門攻擊

135

精神生活，對佛洛伊德而言，在它無意識的基礎上，聚焦於欲望及對欲望的潛抑，而克萊恩所有的作品都圍繞著對焦慮的感受性。儘管如此，我們是否能斷言，她為了死亡驅力的利益而排開了力比多、為了討好死神而推走了愛神，就像一些人指責她的那樣？

古老自我雖然脆弱，仍欲望乳房；它渴望立即的、無限的及不可能的滿足；它過度欲望乳房的程度是多[1]到遭受**挫折**的那種。在克萊恩的理論中，這個挫折並非「欠缺」；欠缺只會重新點燃欲望，直到達成「滿足的幻覺」，讓我們失去佛洛伊德所主張的（幻想的）表象與（實在的）知覺之間的界限，或者，讓我們在拉岡所說的「客體小 a（objet petit a）」的轉喻、永遠開放的逃離之中流浪。受挫欲望的強度，在克萊恩的理論中，稱作**焦慮**，在區分為偏執－類分裂焦慮與憂鬱焦慮之前，這個焦慮是「自動的」[2]。此

136

1　參閱：安德烈・格林，〈夠了，太多了〉（André Green. (1985). Trop c'est trop. In *Melanie Klein aujourd'hui. op. cit.*, pp. 93-102.）

2　參閱：尚 - 米歇爾・佩托，《梅蘭妮・克萊恩（一）：最早的發現與最早的系統。

外，在漫長的自我整合過程之前，焦慮的暴力像是不能容忍欠缺似的，它緊緊抓住一個目標客體、偽對象或**卑賤體**（abjet）。因此，沒有任何的欠缺可以被欲望，而一切都造成傷害或受傷、都依據以牙還牙的法則遭受攻擊。

克萊恩對死亡驅力的強調常常導致一些批評者做出錯誤的詮釋：他們假定克萊恩對死亡逢迎、對生命的情慾力量予以拒絕。但恰恰相反，她在相對較晚的 1948 年針對佛洛伊德理論展開的明確爭論中，恢復了一個公允的觀點；在我們進一步探尋克萊恩的思想之前，值得在此簡要複述此觀點。

在回顧佛洛伊德 1926 年在〈抑制、症狀與焦慮〉裡提到「無意識裡，沒有任何東西可以助長生命湮滅的想法」[3] 之後，克萊恩直言道：

137

> 「我不贊同這樣的見解，因為從我分析中的觀察顯示，無意識裡有著對生命湮滅的恐懼。」[4]

我們確實讀到：克萊恩假設有了死亡驅力，「在精神最深處，對於死亡驅力的回應形式是**對生命湮滅的恐懼**。」[5]

在死亡驅力的壓迫下，精神表達出的是**對生命**感到憂慮。效力

1919-1932》（*op. cit.*, p. 89.）

3 參閱：佛洛伊德，〈抑制、症狀與焦慮〉（Sigmund Freud. (1926d [1925]/1978). *Inhibition, symptôme et angoisse* (p. 53). PUF. **See also**: *GW*, XIV, 160; *SE*, XX, 129; *OCF.P*, XVII, 246.），曾被引用至：梅蘭妮．克萊恩，〈關於焦慮與罪惡感的理論〉，《嫉羨和感恩》，頁 38。

4 〈關於焦慮與罪惡感的理論〉，《嫉羨和感恩》，頁 38。

5 同上，頁 38；由作者克莉斯蒂娃所強調。

於生命，心靈為自己具備回應生命湮滅的恐懼的方法，而它最深層的機制只是在對抗湮滅的防禦。死亡驅力立即且辯證地返回它生命保存的積極版本。

這一段落的旨趣並不只在於它反對佛洛伊德不願「考量死亡的恐懼」[6]，克萊恩寫道，而她，如我們已知，則「考量」了這個恐懼；她以堅實的精神病臨床經驗為基礎，特別是早發的幼兒期精神病。這段落的旨趣更在於：克萊恩是為了強調，才重拾佛洛伊德所關切的，他將對生命有助益的行動歸因於精神之論點，而她寫道：「死亡的恐懼（**或對生命感到憂慮**）」[7]（此句由我們所強調）。而正是這個「對生命感到憂慮」，其「起源於死亡驅力的內在過程」才是「焦慮的首要成因」。更明確地說，此處的恐懼，是對於客體（母親）的生命感到憂慮，更勝過對於自我的生命。此外，既然生命驅力與死亡驅力之間的鬥爭會持續整個生命，「這種焦慮的來源永不消褪」。於是我們便理解，克萊恩設想死亡驅力在其「內在工作」[8]中，緊密地與生命驅力混合，而非從生命驅力分離（désintriquée）。而驅力的分離（désintrication）將會呈現在精神病中，它將帶來其他同樣值得關心的問題。但這裡，與佛洛伊德的爭論中，我們是位於普遍的層面來設想一切的驅力性，甚至包括最正常的驅力都臣屬於這**因對生命感到憂慮而運作的死亡驅力**：簡言之，是為了愛神的利益，生命湮滅的焦慮才在精神的最深層採取行動。

138

絲毫無意成為生機論者，甚至還給人一種忽視情慾驅力與／或

6　〔英譯註〕同上，頁 38。

7　〔英譯註〕同上，頁 38。

8　〔英譯註〕同上，頁 38。

生命驅力印象的克萊恩，她的焦慮理論，正確地說，所大聲疾呼的正是對生命感到憂慮。在此是女性主體在發言？而她與關注於精神病的分析師站在同一戰線嗎？是那絕不畏懼考慮死亡的女性嗎？因為她憂慮的是她賦予的生命，並直視從生命初始就重壓在這個生命之上的湮滅危險？還是為了將危險防禦地更好？尤其她「對生命感到憂慮」的熟悉除了讓她看出這初始的負性、這存在的恐懼、這非存在之外，是如何得以（在某些生物的及環境的條件下）變成一種真正的負性工作，一種重生？[9]

139

儘管與漢娜．鄂蘭迥然不同，克萊恩與她同樣富有對生命的掛念，不過是透過聽診與陪伴那些危及生命之物[10]。鄂蘭所說的「新生」（Naissancielle），克萊恩展現於她精闢詮釋所見證的治療毅力。以及，在她理論中被提及並取得主導模式的死亡驅力，首先被視為一種施虐的渴望、一種嫉羨（日後她會這麼說），簡言之，是一種愛－恨的濃縮，一種極度強烈的欲望。

於是，在欲望——那變形為焦慮，並運作於口唇、肛門或生殖器之上的欲望——初次捕獲的對象中，愛神絕非消散無蹤。事實上，愛神「對生命感到憂慮」，並等待愉悅作為主導的時機重新出現；在克萊恩的理論裡，這種愉悅本質上是智力的愉悅。在移情中被詮釋的焦慮儘管經歷過嚴重發作的階段，但其成功地超越了分裂與潛抑，並透過抑制的解除，代謝為象徵化：去除抑制的力比多是具有思考的力比多，從焦慮解脫的欲望是一種象徵的能力。[11]

9　參閱：本書第八章第 2 節。

10　參閱：茱莉亞．克莉斯蒂娃，《女性的天才（一）：漢娜．鄂蘭》（*op. cit.*, pp. 25-29, 40-41, 61-71, 74-76, 85-87, 119-120, 333-335, etc.）

11　參閱：本書第八章。

我們知道佛洛伊德對於無意識情感的困窘：「對感受、感官、情感而言，某種無意識性質的可能性完全消失」[12]。至於焦慮，對精神分析創始人而言，它要不是一種精神裝置中刺激增加的跡象（即是現實神經症：其中一個「無惡意」的例子是處女的焦慮），就是一種力比多潛抑的影響（即是精神神經症）。 140 141

相反地，克萊恩則立即發現無意識的焦慮，特別是當傾聽她兩個兒子時，她以弗立茲與菲利克斯為名作為分析的案例[13]。儘管在克萊恩理論中並沒有一個真正可稱為情感的理論，但她直接考量焦慮的這種立場，成了當代後佛洛伊德理論情感構思之推進的

12　參閱：佛洛伊德，〈無意識〉（Sigmund Freud (1915e). L'inconscient. **See**: *GW*, X, 276; *SE*, XIV, 177; *OCF.P*, XIII, 216.）。具體而言，佛洛伊德認為，情感從來就不是無意識的，只有它的**表象**（sa représentation）會遭受潛抑。此外，在潛抑之後，無意識表象作為一種真實的形成，在無意識中持續存在，「然而，無意識情感在這個同樣的地方，不允許這個萌芽的可能有任何一點發展……。嚴格說來，……有所謂的無意識表象，因此沒有所謂的無意識情感」。這樣的差異源自這樣一個事實：表象是「記憶痕跡」或「投資」，「然而情感與感覺則對應於排泄反應的過程……，被知覺為感受」，參閱：佛洛伊德，〈無意識〉（Sigmund Freud. (1915e). L'inconscient. **See**: *GW*, X, 277; *SE*, XIV, 178; *OCF.P*, XIII, 217-218.）。

佛洛伊德在 1923 年〈自我與本它〉中再度談到這一爭論。他以一個模糊的術語「他物（autre-chose）」來指定情感，同時強調情感動勢變成了意識的**直接**（directe）路徑：「如果我們把這個變成意識的愉悅與不愉悅的東西稱為心靈過程中的**他物**（autre-chose），即不管是質或量上面都是另一種東西，那麼問題就變成是這樣一種他物是在原地變成意識，還是必須傳到知覺（Pc）系統才變成意識？……換言之，意識與前意識的區分對感受來說毫無意義；感受是沒有前意識的，感受若不是意識，就是無意識。**即使這些感受與詞表象相連，感受也不是靠表象成為意識的**（devenir-conscient），**而是直接就變成意識**」（粗體由作者克莉斯蒂娃強調），參閱：佛洛伊德，〈自我與本它〉（Sigmund Freud, 1923b [1922]). Le moi et le ça. **See**: *GW*, XIII, 249-250; *SE*, XIX, 22-23; *OCF.P*, XVI, 266-267.）

〔譯註：作者引用時，將文中的 Pc（知覺）誤植為 Pcs（前意識），已更正〕

13　參閱：本書第二章，p. 62 sq.

基礎[14]。於是，克萊恩特別在抑制之下定位出焦慮；這些抑制避免了症狀，但代價是思想扭曲或抽搐。既然欲望從一開始就是一種焦慮，為了打斷焦慮的發展，自我架起了精神屏障：預防、抑制、禁止，這令人聯想到某些恐懼症的防禦。閹割焦慮，如菲利克斯所展現，加入到這幅臨床圖像中，並補足克萊恩的主張，即欲望與焦慮共存。

142

然而，這尤其是古老自我的施虐在支撐著原初焦慮。從生命初始，強烈的口唇吞噬欲望就已轉向了主體，其雖帶著同樣的內容，但轉換了目標：不是我想要吞噬，而是我害怕被這個我投射了我的壞牙齒進去的壞乳房所毒害；這樣一種施虐幻想邏輯，對應於初級偏執－類分裂的焦慮。儘管克萊恩把這個焦慮歸屬在伊底帕斯的攻擊性當中（就像莉塔想從母親肚子裡偷走未出生的孩子，並與父親競爭），但生殖的驅力與口唇－施虐的、尿道－施虐的或肛門－施虐的驅力緊緊地疊加交錯。事實上，人們很容易辨認的口唇施虐、是克萊恩較晚期才發現的理論[15]，而相比之下，在 1924 年她對三歲三個月的女孩楚德的分析中，攻擊的肛門性就已經被注意到了：

---

14 關於情感的現代概念，參閱：安德烈·格林，《有生命的話語》（*op. cit.*）。儘管安德烈·格林指出克萊恩作品中缺乏一個情感的特定理論（p. 104），但他注意到，克萊恩影響了自佛洛伊德之後為精神分析闡述工作作出貢獻的人。格林強調情感像是一種「驅力的派生物」，也強調情感有一種「原始的」呈現，而沒有與表象有所聯繫；他強調與情感相應的對立內在知覺，還強調當物表象及詞表象無法與情感形成一個「可理解的情結」時，情感動勢的「心理化」就無法表達。然而，與克萊恩的觀點相反，克萊恩面對情感問題的困難時，就強調客體投資，而安德烈·格林則發展情感的能量與記憶痕跡，並探索情感的異質性（力量與意義）（pp. 306、313 sq.）。另參閱：本書 p. 104（原文頁碼）關於驅力／感覺的異質性註釋。

15 參閱：尚 - 米歇爾·佩托，《梅蘭妮·克萊恩（一）：最早的發現與最早的系統。1919-1932》（*op. cit.*, p. 193.）

> 「在分析早期，她要求我假裝在床上、假裝在睡覺。她說：然後她說她會來攻擊我，並且要來看我的屁股有沒有糞便（我發現糞便也代表孩子們），然後她會把它們拿出來。這些攻擊之後，她蹲在角落裡，玩著躺在床上、用枕頭蓋住自己的遊戲（這些枕頭是用來保護她的身體，且也被當成孩子）；同時，她真的弄溼了內褲並明確顯示出她非常害怕被我攻擊。」[16]

直到1924至1925年間對露絲及彼得分析時，克萊恩才注意到口唇－施虐驅力在施虐幻想當中，以及相應的焦慮當中所發揮的「基本作用」：

> 「我於是在幼兒分析裡，為亞伯拉罕的種種發現找到了完整的驗證。由於這些分析材料比莉塔和楚德的分析持續的時間更長，它們提供給我進一步的觀察範圍，讓我對於口唇焦慮與欲望在正常或不正常的精神發展中的基本作用，獲得更全面的洞察。」[17]

從這角度出發，克萊恩把她自己對彼得的觀察材料與新聞報導過的兩名罪犯的故事作一比較：其中一名罪犯與許多年輕人維持同性戀關係，之後將他們斬首並剁成碎塊，另外一名罪犯則殺死受害者並製作成香腸[18]。彼得曾有個幻想，在幻想中他與父親和弟弟

16　〈精神分析遊戲技術：其歷史與重要性〉，《嫉羨和感恩》，頁173。

17　同上，頁174。

18　梅蘭妮・克萊恩，〈正常兒童的犯罪傾向〉，《愛、罪疚與修復》，頁211-230

144 一起手淫，並藉由玩偶來重現這一情境，他把玩偶斬首後，把身體賣給肉店老闆，自己保留了那塊他覺得最好吃、最能刺激食慾的頭部；此外，在分析中，他還無數次肢解及吞噬小玩偶和小人像。從一開始，這種施虐就銘刻在伊底帕斯、在形成早期超我罪疚感的被懲罰欲望之中，克萊恩寫道：

> 「我們可以認為這是一條規則：每個被稱作『調皮搗蛋』的孩子都是受到被懲罰的欲望所驅使。對此我想引用尼采及他所命名的『蒼白的罪犯』；他非常了解那些受到罪疚感所驅使的罪犯。」[19]

如我們已經知道的，這一無意識的施虐透過將內在的、還有外在的客體分裂為好乳房／壞乳房來自我防禦。現在，我們更理解了這被克萊恩歸於最年幼自我的幻想，與佛洛伊德認為的欲望的幻覺式實現之間的區別[20]。這兩者區別中，現實的知覺都被一種受到無意識驅力的壓迫而扭曲變形的表象所取代。但是，在佛洛伊德的理論裡，欲望獲得了勝利，與挫折對立的力比多確立了近乎美好的願景，力比多用滿足的理想表象取代了滿足；在克萊恩的理論裡，欲望的破壞暴力獲得認可，就像〈超越享樂原則〉裡的佛洛伊德一145 樣，只不過是以一種更為激進的方式。一方面，這種最初的暴力就只能透過**幻想本身的雙重化**來遏止焦慮（而且是相當不完美的），

（Melanie Klein. (1927/1975). Criminal Tendencies in Normal Children. In *Love, Guilt and Reparation and Other Works 1921-1945*. Hogarth Press.）

19 同上，頁 225。

20 參閱：安德烈·格林，〈夠了，太多了〉（*op. cit.*, p. 95.）

並藉由創造出焦慮**客體的雙重化**，來把負性的印記烙刻於焦慮上：好／壞。另一方面，儘管克萊恩持續認可好乳房的幻想、儘管她堅持把這個幻想當作自我的核心（彷彿她事先防禦那些認為她理論中只有壞乳房的反對者），但是，死亡驅力的負性仍不斷重新出現來創造新的防禦，且總是部分地帶來益處、部分地帶來破壞。這樣一來，佛洛伊德概念中「欲望的幻覺式實現」所包含的享受的充實，在克萊恩的概念那裡被一種不間斷的負性工作所取代、被一種無止境的哀悼的昇華所取代；推動了精神功能的死亡驅力也妨礙了精神功能，永遠無法平緩下來。

克萊恩認為這種破壞驅力的強度是天生的，這一信念在她後來作品中會再度強調。儘管指出令人不滿的現實所導致的「焦慮與挫折狀態」會**強化**「口唇－施虐與食人的欲望」[21]，她卻仍然支持：

> 「因此，相對於力比多驅力，破壞驅力的力量才是構成**貪婪強度的體質上的基礎**。」[22]

146

前述評論使我們得出結論，分析師的精神中必須存在一種治療的悲觀主義：不然，分析療法如何可能與這如此強調、如此頻繁被克萊恩提起的「體質上的基礎」產生互動呢？分析師是否僅能在不改變愛／恨的基礎平衡下，藉由促進遺傳學來決定之先天固有的最佳實現？還是藉由在移情、詮釋與新環境的影響之下改變這個平衡

21　〈對某些類分裂機制的評論〉，《嫉羨和感恩》，頁 7。

22　〈關於嬰兒情緒生活的一些理論性結論〉，《嫉羨和感恩》，頁 81；由作者克莉斯蒂娃所強調。

本身[23]？這問題雖沒有答案，但克萊恩的工作並未對分析療法的適切性表露出任何的悲觀，即便她指出了分析療法的一切所有限制。克萊恩似乎矛盾地認為，好環境並不能修正建構基礎，即使在最好的母職療法（Maternage）框架中，這些體質上的基礎同樣會顯露出來[24]。不過，匱乏的環境、長期的剝奪則會使先天的攻擊性數量倍增。那麼，精神分析還保有一項似乎並非無法實現的任務：減少分裂，並協助自我在整合那些分裂部份中前進。

147

2. 憂傷組構了我們的心靈

在這破壞式宇宙的核心裡，克萊恩下了一個賭注：自我的演進（在正常的發展過程中），與分析療法（當它成功時）使破壞性焦慮與施虐幻想得以修通。**自我透過憂鬱的修通方式而深化**。對失去客體進行哀悼的能力透過**精神痛苦**（douleur psychique）取代了最初的施虐：懷舊與罪疚形成了死神復歸平靜的面孔。焦慮並未消失，仍一直存在克萊恩的理論中，但它改變了體系：不再是分裂或分割，也不再是破壞或碎片化；焦慮被當作對他者的憂傷及被當作對傷害他者的愛的罪疚來容忍。前三個月的施虐與被迫害焦慮被有能力內攝好客體的強化自我（即第六個月起「憂鬱心理位置」的自我）所繼承。如果這個自我擁有愛的先天能力，那麼就更容易達成：

23　參閱：尚 - 米歇爾．佩托，《梅蘭妮．克萊恩（二）：自我與好客體。1932-1960》（*op. cit.*, p. 257.）

24　〈嫉羨和感恩〉，《嫉羨和感恩》，頁 233-234。

「感恩的感覺是愛的能力之重要衍生物……。感恩源自於幼年時期的態度與情緒，當時母親仍代表著唯一且僅有的客體……。不過，締造感恩的內在因素（首要的是愛的能力）似乎是天生的。」[25]

148

自然地，從憂鬱心理位置獲得的精神收穫相當可觀：施虐變為憂傷、懷舊減緩了破壞性，憂鬱症的黑太陽[26]深化了自我，自我是修通－潛抑－修復－創造，而不再分裂與拒認。

隨著克萊恩理論中的死亡驅力蛻變為「心理化」，我們不得不發現精神分析之母充滿了莎士比亞色彩。莎士比亞十四行詩第 146 首難道不是已向我們暗示了「死亡之死」？換言之，若靈魂有能力在自身內部消融來自外面的死亡，「殺死死亡」其昇華性的超越，只有在「不幸的靈魂」內部生命之中才能實現。[27]

克萊恩對精神功能做出的莎士比亞視野（靈魂以吞噬人類之死為食而成長），完全可以反映在她的分析技術當中。對分析師而言，這是關於（超越欲望，但又跟隨欲望的）傾聽帶有**攻擊焦慮**的精神**苦痛**（souffrance）。另一方面，也關於「在最大的潛在焦慮之處介入」[28]：在每一次治療中最貼近地傾聽個案所提供的焦

149

25　同上，頁 242。

26　〔譯註〕這是作者克莉絲蒂娃的著作《黑太陽》（*Soleil noir. Dépression et mélancolie*, 1987）。

27　參閱：威廉．莎士比亞，十四行詩，第 146 首。「靈魂啊，你不如以消耗肉體為生……／如此一來，你將吞噬吞噬人們的死神，／當死神死去，便不再有死亡。」

28　參閱：芙蘿倫絲．貝廣 - 吉納，〈兒童分析技術的演變〉（Florence Bégoin-Guignard. (1985). L’évolution de la technique en analyse d’enfants. In *Melanie Klein aujourd’hui. op. cit.*, p. 57.）

慮及攻擊性材料，以便直接且頻繁地詮釋這些材料。在這一觀點下，如果說我們擔心分析師對兒童的精神侵佔會使他的焦慮急速加劇，那麼，我們可以像芙蘿倫絲・貝廣－吉納（Florence Bégoin-Guignard）那樣，以一種相反的態度來回應，為兒童的分析療程拉長間距，以給予兒童更好的「尊重」，並維持著「不介入」的態度。這將是一種「邀請，以強化兒童的傾向；這些傾向是指去對全能內在對象做大量的投射性認同，然後用它來侵入分析師的精神，以及全面控制他精神的思想活動」[29]。於是，分裂的強化及「假我（faux-selfs）」的構成就顯現了。有解藥嗎？分析師被送回到他自己前生殖期的衝突、被送回到他食人的或其他的攻擊性、被送回到他經歷「憂鬱心理位置」的可能性：這種種都是反移情為他自己的施虐及痛苦所設下的陷阱。而這種陷阱在傾聽兒童時，會比傾聽成人時，更多且更頑強，因為幼兒期防禦比成人期更強有力、且較不固著，它公然地喚起分析師身上的孩子。

150　最起碼我們可以說，克萊恩並沒有迴避這個召喚。她在四十歲時開始從事分析工作；1952 年，她的弟子在《國際精神分析雜誌》為她出版一期特刊以慶祝她的七十歲生日；1955 年，特刊裡的文章加上其他論文以及兩篇克萊恩自己的文章，以《精神分析的新方向》為題集結出版（倫敦，塔維斯托克）。當時人們認為她已經完成了全部論述，但突然間，在 1957 年，這位「精神分析之母」出版了《嫉羨和感恩》[30]。她更早期的著作中已經強調過原始攻擊的驅力，尤其是圍繞著偏執－類分裂心理位置，而今重拾，她

29　同上（*Ibid*., p. 63.）

30　梅蘭妮・克萊恩，《嫉羨和感恩》（Melanie Klein. (1975). *Envy and Gratitude and Other Works 1946-1963*. Hogarth Press.）

則以對乳房嫉羨的形式再度強調。這是一種基督教徒原罪的回歸嗎？在基督教徒原罪的回歸中，聖保羅、聖奧古斯丁與莎士比亞都被提及；奧賽羅與彌爾頓、喬叟或史賓賽並列，他們皆在**傳統中**為克萊恩提出的關於攻擊性及其闡述的臨床觀察奠定基礎，並在此歸結為一個新的二元視野：嫉羨與感恩。

3. 嫉羨的力量押注在感恩上

妒忌（jalousie）連結到的是對象的愛，嫉羨（envie）則位於更先前且更古老的階段：妒忌被重新找到的愛所撫慰，而嫉羨則從未有過；妒忌是三角的，嫉羨則是二元的。

> 「藉由妒忌來對嫉羨進行修通，也構成一種對嫉羨的重要防禦。與削弱第一個好客體的初級嫉羨相比，妒忌顯得更容易被接受，且引起較少的罪疚感。」[31]

151

立基於原本的貪婪，嫉羨傾向於完全佔有其客體，而不擔心可能造成的破壞：嫉羨想把客體所有的好東西據為己有，而如果說這被證明是不可能的，嫉羨便會毫不猶豫地摧毀客體，以排除嫉羨感的起源。儘管嫉羨同樣源自原始的愛與崇拜，但嫉羨與貪婪仍有區別：嫉羨中，愛神份量較輕，而淹沒嫉羨的是死亡驅力。

31　〈嫉羨和感恩〉，《嫉羨和感恩》，頁 256。

佛洛伊德的讀者已經熟知他對嫉羨的構思，其首先且首要是來自於女性的「陰莖嫉羨」，這與閹割情結相關，是抑制、性冷感與負面治療反應的來源。而在克萊恩看來，早在陰莖嫉羨之前，支配精神的是口唇嫉羨、乳房嫉羨：

> 「我在此僅從口唇起源的角度來考慮女性的陰莖嫉羨。在口唇欲望的主導下，陰莖與母親乳房之間可以確立為一種等同（亞伯拉罕）：臨床經驗表明，對陰莖的嫉羨可以併入對母親乳房的嫉羨之中。如果我們從這個影響開始分析女性的陰莖嫉羨，那就可以觀察到：它起源於與母親的原始關係中、對母親乳房的根本嫉羨中，以及伴隨這種嫉羨的破壞感覺中。」[32]

152

嫉羨推動同時也阻礙了精神的發展：它給予精神一個有益對象，不過是要把它據為己有，直到掏空它或摧毀它。在這最後一段重要的理論發展中，克萊恩重新調節了她所看重的主題：愛與恨的初級客體。乳房是對子宮懷舊的殘餘，而懷舊則是出生創傷的結果；乳房被幻想為一個無竭盡的乳房：乳房被理想化的結果則是同時加劇了對乳房的恨，因為真實客體永遠不會與精神客體相符。除了這樣一種根本情境還要加上剝奪：乳房被撤走、乳汁沒有了、照顧並不總是令人感到滿意等等。過度挫折但也有太多縱容（溫尼考特日後提出的「足夠好的母親」難道不也是「足夠壞的母親」嗎？），都增長了這種天生的嫉羨：

32　同上，頁 257。另參閱：本書第六章。

> 「乳兒欲望著母親的乳房是汲取不盡與無處不在的。……而且看來這不只是關於對食物的欲望；孩子也想從破壞性驅力與迫害性焦慮中解脫出來。在對成人的分析過程中，我們發現人們希望擁有一個全能母親，如此才有能力保護主體免受來自外部與內部的所有苦痛與所有的壞。」[33]

153

然而（在這裡，好乳房鮮明地重新出現），如果說挫折之後接續的是滿足，孩子就比較能夠承擔焦慮。那麼，母親就**涵容**了種種破壞性焦慮，如同一個容器對象，支撐孩子自我的整合。總之，容器所促發的享受與感恩，抵銷了破壞驅力，也減低了嫉羨與貪婪。克萊恩在這裡引入與母親之間享受的連結是她過去從未如此明確地強調過的，這一連結回溯至前語言階段，作為感恩的基礎，而此後修復、昇華及慷慨的能力都將從感恩中產生。但是被死亡驅力所穿越的宇宙中並非如此簡單，克萊恩沒有忘記感恩本身可以被罪疚所「促動」，在此情況下，必須區分感恩與「真正的」感恩：

> 「所有這些都被兒童以一種比語言表達更為原始的方式所感受。當這些前語言的情緒與幻想在移情情境中被重新經歷時，是以**感覺中**的回憶形式顯現……，並被重新建構並言語化，這有賴於分析師的協助。同樣地，為了重新建構及描述其他屬於發展最早期階段的現象時，我們也

154

33　同上，頁240。

必須藉助於語言。」[34]

4. 小蛋糕；小～克萊恩・蛋糕～女士；克萊恩女士…

克萊恩在這方面給出的一個臨床案例清晰地表明：原始的嫉羨如何無意識地傳遞到成年人身上、如何阻礙了其感恩、愛以及享受的能力，尤其更指出：即便如此，這名成年女性仍企圖要完成的分析工作。這名病人講述她的夢境：她苦苦等不到服務生前來，於是決定自己去排隊；排在她前面的女人點了幾個「小蛋糕」（此時，病人出現口誤，她用法語說 petits frou，而不是正確的 petits fours）；然後，繼這女人之後，排在後面的病人也跟著這樣點。在隨後的自由聯想中，病人說：點蛋糕的女人跟分析師很相似，她剛剛說出口的 petits frou 就像是 kleine Frou，這讓她連結到**克萊恩女士**（Frau Klein）[35]。克萊恩詮釋說：這名病人錯過了好幾次療程。她以肩膀疼痛為由，表示需要有人來幫她取暖、照顧她，但沒有任何人前來。這個夢重新表達出她缺席治療時對治療師的指控，並且連結起她不幸的童年及不滿足的母乳餵養經驗。夢中的「兩個或三個**小蛋糕**（kleine Frou）」，就像兩個乳房，透過認同與投射把**克**

34 同上，頁 232 下方註釋。

35 〔譯註〕病人口誤的聯想鏈滑動：**petits fours**（法語：小・蛋糕）→口誤為 **petits frou**（法語：小・frou）→聯想到 *kleine Frou*（德語：小・Frou）→發音近似 *Klein Frau*（德語：克萊恩・女士）→正確語序 *Frau Klein*（德語：克萊恩女士）。

萊恩女士（Frau Klein）連結到病人的貪婪：這些蛋糕既是代表了母親與分析師令人挫折的乳房，也代表了病人自己的乳房，她最終還是接受了自己去排隊等候來餵養自己的結果。

155

> 「因此，除了經歷的挫折，還要加上對母親乳房的嫉羨，這種嫉羨挑起了對母親深深的忿恨，母親被認為是吝嗇和自私的；她寧可把持著愛與食物，卻不肯慷慨地給予她的孩子。在分析情境中，病人懷疑我把她缺席的時間拿來當做自己的消遣時間，或是拿來給我比較偏愛的其他病人。在她夢裡，她站在一整排排隊人潮的後面，顯然是暗示前面那些人是更受分析師喜愛的競爭者。
>
> 對這個夢的分析在病人的情緒情境中造成了驚人的變化。與過去的療程相比，她感到被更富有生命力的喜悅與感恩的感覺所充盈……。她終於了解，她對某些人是如此的嫉羨及妒忌，但直到那刻之前，她還無法在與分析師的關係中辨識出這些感受：要承認自己是嫉羨並破壞分析師及其工作的成果，對她而言實在太過沉重了。」[36]

所以，克萊恩是在接近她作品的最後、在她詮釋了嫉羨暴力作為死亡驅力的最鮮明版本之後，她擴大了對愛的能力的思考。她提醒我們佛洛伊德在〈抑制、症狀與焦慮〉中沒有賦予無意識自我任何想像死亡的能力（「在無意識中，沒有任何東西可提供內容給生

36　〈嫉羨和感恩〉，《嫉羨和感恩》，頁 265-266。

命破壞的概念」[37]），她強調了自己與大師在想法上的分歧：

156 「內部死亡本能所引發的湮滅威脅，代表的是原始的焦慮，我的這一觀點與佛洛伊德不同；而自我，服務於生命本能時（或許這生命本能還是由自我所建立的），某程度將威脅轉向外部。相比之下，佛洛伊德認為這是有機體對抗死亡本能的基本防禦，而我則認為這個過程是自我最初始的活動。」[38]

由此可知，自我才是恨的操作者，而不是有機體；又自我同時也是愛、嫉羨及感恩的操作者。自我以分裂的方式，抵抗了破壞性，從而也抵禦了嫉羨，**直到它有能力體驗到愛**：愛的能力更透過憂鬱心理位置來強化，特別是當這個憂鬱位置開始啟動伊底帕斯情結的修復時。我們於是明白，嫉羨與感恩這兩股力量之間的爭鬥將貫穿整個精神生命，且互有勝敗。克萊恩讚賞了之前許多思想家，他們都譴責嫉羨是最惡劣的罪孽，因為嫉羨反對生命本身：《哥林多前書》說「愛是不嫉羨」；聖奧古斯丁描述生命是創造性力量，其與嫉羨的破壞性力量相互對抗；在彌爾頓的《失樂園》中，嫉羨意味著創造性的破壞；喬叟譴責嫉羨如「最惡劣的罪，因為其他所有罪只不過是牴觸單項美德，而嫉羨則是牴觸一切的美德及一切的善」（對克萊恩而言，「一切的美德」及「一切的善」與原始對象 157 有關，而它的受損將使主體的信心受到動搖）。克萊恩對嫉羨／感

---

37 〔英譯註〕同上，為頁 246 下方的註釋。

38 同上，頁 246。

恩的二元探索，暫時可以對這享受與昇華的力量衷心致敬作一個總結：

> 「童年期間所經歷的幸福，以及對好客體的愛（豐富了人格），構成了享受與昇華能力的基礎：它們的成果直到成年後都能感受得到。當歌德寫道：『能將生命終點重新歸於生命起始的人，是最幸運的人』。我想要把這一『起始』詮釋為與母親第一個滿意關係，在一生中，這關係可緩和恨與焦慮，並持續賦予成年主體慰藉與支持。已成功建立過安全好客體的孩子，就有能力為成年後的匱乏與失去找到補償的方式。這一切對嫉羨的人來說似乎始終難以企求，因為他將永遠不會感到滿足，其嫉羨感也將不斷增強。」[39]

我們要切記不能被這些說法欺騙，因為這樣一種短暫的寧靜並沒有讓人們從此就走入和樂，而克萊恩仍繼續蒐尋著焦慮與破壞性。是否由於在尋求分析協助的受苦之人身上，焦慮與破壞性展現得更加強烈？或是由於在兩股驅力中，死亡驅力更加執拗頑強？在一開始或許就已存在好客體——以及它所激發的愛，如我們剛剛在歌德與克萊恩的文字中讀到的。然而，如果我們先分析這所謂的開始，就會像克萊恩即使帶點戒心，但仍不停地分析各種開始，然後我們就很有可能發現很多的嫉羨、不知感恩、施虐與痛苦。確實是如此：　158

39　同上，頁 262-263。

「過度的嫉羨妨礙了口唇的滿足，並刺激、強化了生殖器的傾向及欲望。因此，兒童過早地求助於生殖器的滿足，這讓口唇關係變得生殖器化，而同時，口唇的焦慮及怨憤也強烈地滲透到生殖器傾向中⋯⋯。對某些兒童來說，遁逃到生殖性也是一種防禦，用以防止恨及毀損那個令他們感覺到矛盾雙重情感的第一個客體。」[40]

再怎麼說，對於嫉羨的多面性，再多的警惕都不夠！克萊恩一邊對它們進行分析、一邊將其理論化，無疑地，她繼續她自己的分析，並修通她對負面治療反應的反移情。她不就在她未完成的《自傳》（1959）當中寫道：

「當時我突然結束與亞伯拉罕的分析，許多事情都還沒有被分析出來；我持續挖掘關於我個人焦慮與防禦成因的諸多疑問。正如我說過的，儘管懷疑主義一直是我分析生活重要的組成部分，但我仍從未絕望；這一點即便在今天也仍未改變。」

159 藉迪迪耶·翁齊厄（Didier Anzieu）引述的這段話作出結論：所有理論都面臨未完成的命運，探索人類新生兒早熟的理論更是如此，一如克萊恩所做；而她論著作品中的新穎性，則如「對精神分析做出的承諾：不斷更新的青春」[41]。

40 同上，頁 251-252。
41 參閱：迪迪耶·翁齊厄，〈梅蘭妮·克萊恩的青年時期〉（Didier Anzieu. (1985). Jeunesse de Melanie Klein. In *Melanie Klein aujourd'hui. op. cit.*, p. 35.）

161

第五章
最初暴虐的超我

163

1. 從最早的伊底帕斯階段起

在克萊恩的精神理論中，口唇施虐與暴虐超我兩者並行。從她臨床經驗的一開始，克萊恩就在〈伊底帕斯衝突的早期階段與超我的形成〉一文中發展了早期起源的理論，這篇文章呼應了她1928年的研究（〈伊底帕斯衝突的早期階段〉），收錄在1932年的《兒童精神分析》[1]。後來，她採取全新視野及更堅定的論點，並重返同樣的主題，於1945年撰寫〈從早期焦慮討論伊底帕斯情結〉，收錄在《愛、罪疚與修復》[2]一書中。

164

從出生起就很劇烈的施虐階段，（藉由乳房）指向了容納父親陰莖在內的**母親身體內部**。克萊恩在1946年將這階段命名為「偏執－類分裂心理位置」。之後，尚・貝廣（Jean Bégoin）將在這一

1　梅蘭妮・克萊恩，〈伊底帕斯衝突的早期階段與超我的形成〉，《兒童精神分析》，頁141-167（Melanie Klein. (1932/1975). Early Stages of the Oedipus Conflict and of Super-Ego Formation. In *The Psycho-Analysis of Children*. Hogarth Press.）

2　梅蘭妮・克萊恩，〈從早期焦慮討論伊底帕斯情結〉，《愛、罪疚與修復》，頁465-524（Melanie Klein. (1945/1975). The Oedipus Complex in the Light of Early Anxieties. In *Love, Guilt and Reparation and Other Works 1921-1945*. Hogarth Press.）

心理位置中提出**精神空間**（l'espace psychique）的原型[3]。

所概述的這兩個精神運動，它們可能是超我的基礎：一方面是受內化的這個體內化對象（母親乳房加上父親陰莖），它保護了自我免受本它的攻擊，並形成超我的核心；另一方面是在肛門－施虐階段驅逐這個核心。底下為依據克萊恩的觀察所解讀的這個過程之三個階段：

1. 「……伊底帕斯衝突與超我形成的最早階段，大致從六個月起至三歲。」
2. 「……依我之見，伊底帕斯衝突與超我的形成，開始於前生殖的驅力與內攝對象在口唇－施虐階段佔主導地位之時；因此，是最早的客體投資與最早的認同，建構了原始超我……。自我將破壞本能轉向外部世界後，亦即轉向於世界這客體，自我就只能等著對本它產生敵意。自然而然，在自我看來，內化客體就顯得像是本它的凶殘敵人，但種系發展的因素似乎也是這如此早期、如此強烈的焦慮的起源……。原始部眾父親建構了外部力量，迫使人們抑制這些本能[4]……。在施虐的影響下所建構的超我，無論多麼暴戾，它仍保護自我來對抗破壞本能，因此，從這原始階段起，對本能

165

3　「位於母親身體內部的空間、孩子將自己投射在這個空間的這種概念，仍是一種基本概念，這是精神空間概念發展的基礎」。參閱：尚・貝廣，〈克萊恩與後克萊恩理論中的超我〉（Jean Bégoin. (1995). Le Surmoi dans la théorie kleinienne et postkleinienne. In N. Amar, G. Le Gouès, & G. Pragier (Eds.), *Surmoi II. Les développements post-freudiens, monographie de la Revue française de psychanalyse* (p. 60). PUF.）

4　參閱：佛洛伊德，〈圖騰與禁忌〉（Sigmund Freud. (1912-13a). Totem et tabou. **See**: *GW*, IX, 1-196; *SE*, XIII, 1-162; *OCF.P*, XI, 189-385.），克萊恩也曾引用上述這段引文。

的抑制正是源自於超我。」

3.「……兒童所驅逐的是他認為對自己帶有敵意、並將其與排泄物類同的客體。依我之見，這也是恐怖超我，它在口唇－施虐階段被內攝，而於此時（肛門－施虐階段）被驅逐。因此，這種排放是被恐懼籠罩的自我用來對抗超我的防禦方式：自我把內化進去的對象驅逐出去，並且將他們投射到外部世界。」[5]

於是，從劇烈的施虐開始，投射性認同的大量使用引起了與分裂結合的迫害性焦慮，而這些最早的內攝使毀滅的超我建構了如同羅馬神話中吞噬自己孩子的薩圖恩（Saturne）。依序被發現的「憂鬱心理位置」與「偏執－類分裂心理位置」，及這兩個位置的此起彼落與交互重疊（在比昂之後，人們稱「S-P-D（PS-D）」），隨著伊底帕斯衝突的進展，超我發生了變化。口唇挫折一下子就被投射到父母身上，孩子幻想父母給彼此「共享的性愉悅」[6]，但卻拒絕給他。從第六個月起，伴隨憂鬱心理位置的出現，開啟了真正的伊底帕斯階段，也開啟了從部分客體到整體客體的過程：由於斷奶，失去母親（或死亡母親）的幻想啟動了罪疚感，迫害性超我轉變為「良心的悔恨」，因無法保護「好客體」免受內化迫害者的侵害而陷入哀悼中。從這時起，客體關係本身將建立在從自我到超我、從自我到本它，或者從超我到自我的關係模式之上。 166

她與佛洛伊德的理論差異不僅明顯，還被標舉出來。在第二拓

5　〈伊底帕斯衝突的早期階段與超我的形成〉，《兒童精神分析》，頁 141, 154-159。

6　〔英譯註〕同上，頁 149。

撲學（**本它／自我／超我**〔ça/moi/surmoi〕）中，佛洛伊德的超我並沒有真的與自我理想及理想自我區分開來，超我經常被放在理想化層面上來思考[7]，而克萊恩的超我則是被放在偏執－類分裂心理位置中特有的恐怖層面上來思考，儘管日後超我還會再次演變。佛洛伊德並未充分推論出他自己的死亡驅力理論成果，相反地，克萊恩則積極地推進。而且，佛洛伊德的超我很晚才出現，因為超我是由伊底帕斯情結所引起，確切地說，是由解決亂倫的陽具階段（克萊恩偏好說生殖階段）所引起，它標誌著對亂倫欲望的放棄。所以，在克萊恩理論中，超我是更加年輕又更加凶惡：如我們所見，始終都是伊底帕斯在發揮作用，只不過在克萊恩的伊底帕斯意義上，它本身是早期的，並始於口唇－施虐。

2. 女孩與男孩皆無法倖免

167

對母親與父親雙重的投射性認同，由早期生殖器欲望——滲透到口唇、尿道、肛門欲望中——所推動，這在克萊恩看來，生命頭幾個月裡，這些力比多階段是相互重疊覆蓋的。在她 1945 年寫的〈從早期焦慮討論伊底帕斯情結〉[8]一文中，克萊恩透過追蹤伊底帕斯情結在後來被稱作「類分裂－偏執－憂鬱心理位置

---

7 參閱：佛洛伊德，〈自我與本它〉（Sigmund Freud. (1923b [1922]/1951). Le Moi et le Ça. In Essais de psychanalyse (pp. 163-218). Payot. **See also**: *GW*, XIII, 237-289; *SE*, XIX, 1-66; *OCF.P*, XVI, 255-301.）

8 〈從早期焦慮討論伊底帕斯情結〉，《愛、罪疚與修復》，頁 465-524。

（S-P-D）」中的起伏變化，釐清了在超我建構中的兩種性別角色：

> 「我認為，兩種性別的小孩都會對他們的母親與父親感受到生殖器的欲望，他們對陰道與陰莖都具備無意識的知識。正是基於上述論點，我認為，佛洛伊德的第一個術語「生殖階段」比他後來使用的「陽具階段」更為適合。……
>
> 第一個內化對象，即母親的乳房，形成超我的基礎。就像與母親乳房的關係先於與父親陰莖的關係，並對它造成深刻的影響一樣，這種與內化母親的關係在許多方面都影響著整個超我的發展。超我的一些最重要的特徵，包括愛與保護方面、或破壞與吞噬方面，都源自超我的早期母性成份。」[9]

佛洛伊德把超我的建立連結到閹割情結；他認為女性幾乎天生就不具備閹割情結[10]。相反地，僅從克萊恩把超我導回迫害性乳房 168

9　同上，頁 520-521。

10　佛洛伊德認為，女孩身上「已完成的閹割」與男孩身上「要被閹割的威脅」支配著伊底帕斯情結兩種全然不同的命運。對男孩而言，閹割情結讓伊底帕斯「炸成碎片」，同時男孩透過放棄力比多投資讓閹割情結有助於建立堅固的男性超我，這一超我才是伊底帕斯情結真正的繼承者。反之，女孩並沒有遭受閹割「威脅」（既然她的閹割已經「完成」），她是透過已經閹割本身而被帶入伊底帕斯當中，藉由這一承擔男人的愛戀對象的女性位置，她明確地發現了閹割，而她只能慢慢地放棄伊底帕斯情結，也或許不能。如此一來，「女性超我永遠不會像我們要求男人的那樣，如此無情、如此普遍、如此地從情感的源頭獨立出來」。參閱：佛洛伊德，〈兩性解剖學差異之若干精神結果〉（Sigmund Freud. (1925j/1969). Quelques

的內在化這件事來看，她把這樣的超我也大量賦予了小女孩：不比男孩的超我少，而是有所不同。確實，真正的性的二元使極端早期的超我具有結構，支配著兩種性別的早期伊底帕斯的差異。

確切而言，男孩的陽具階段屈從於來自父親的閹割威脅，在「個人史前史對父親的初級認同」過程中，男孩已經認同於父親。169 反之，女孩的焦慮根植於對失去母愛的恐懼，及對母親死亡的恐懼有關[11]。在《嫉羨和感恩》[12]中，克萊恩將重拾這些觀點。

3. 迫害性理想化與「具體性」

在這一背景下，理想化本身就具有一種迫害性意義。有別於「好」客體，「理想化」客體是作為防禦出現的，用來對抗一種脆弱的年幼自我無法真正內化好客體的無能：

> 「某些無法擁有好客體的人，必須透過理想化客體來面對這種無能（源於過度的嫉羨）。這個最早的理想化是薄弱的，因為對好客體的嫉羨必然擴展到其理想化形式……。貪婪在此扮演了重要角色，因為想要永遠佔據最

conséquences psychiques de la différence anatomique entre les sexes. In *La vie sexuelle* (p. 131). PUF. **See also**: *GW*, XIV, 29; *SE*, XIX, 257; *OCF.P*, XVII, 201.）

11 〈從早期焦慮討論伊底帕斯情結〉，《愛、罪疚與修復》，頁 519 及後。

12 〈嫉羨和感恩〉，《嫉羨和感恩》，頁 255 及後；我們在本書第六章將再回來討論這一問題。

好的東西的這種需求，抑制了選擇與辨識的能力。」[13]

既然理想化主要來自迫害焦慮、而非來自愛的能力，且理想化又源自一種「天生的感覺」[14]，相信存在著「極好的」[15]母親乳房，這個被理想化的對象只能是矛盾雙重的[16]。一方面，它部分地阻擋迫害焦慮，但另一方面，既然它包含了未分裂的強大暴虐元素，它本身就是迫害者。「理想乳房是吞噬性乳房的補充物」；但「被賦予強大愛的能力的孩子」比較不需要過度理想化，這種理想化表明了「迫害是主要的驅力力量」[17]。 170

唯有對憂鬱心理位置進行良好的修通——永遠的進行式，從未能絕對超越——才能成功地整合分裂的部分、調節迫害者與理想，以便形成「好的」部分，並緩和超我的暴虐。當自體（self）（克萊恩愈來愈常使用這個詞來替代自我（moi〔*ego*〕），用以指稱對立於外在對象的精神整體）的性身份變得清晰，兒童內攝了性功能到生殖器層面，最終與其父母分離。於是，在這最佳發展階段結束時，唐納．梅爾策（Donald Meltzer）所命名的「理想超我」將可能隨之形成[18]。

另一方面，精神病結構則無休止地背負克萊恩的這個迫害性超

13　同上，頁 249。

14　〔英譯註〕同上，頁 249。

15　〔英譯註〕同上，頁 249。

16　參閱：尚．貝廣，〈克萊恩與後克萊恩理論中的超我〉（*op. cit.*, p. 65.）。作者明確指出，乳房「永遠是雙面的」。

17　〈嫉羨和感恩〉，《嫉羨和感恩》，頁 248-249。

18　參閱：唐納．梅爾策，〈理想超我的形成〉（Donald Meltzer. (1973/1977). La genèse du surmoi-idéal. In *Les Structures sexuelles de la vie psychique* [Sexual States of Mind]. Payot.）

我的重擔；這些結構如此需要超我，以用來抗衡由初級破壞性與最早期客體關係的失敗所引起的絕望。因為精神病殘暴超我的這種理想化的（在某段時間中也是保護的）暴君，就算被證明是對生命與精神生活的全面取消而絕望之防禦，也還是精神空間發展的阻礙：精神病人格的生物面倖存，是以精神面生活的抑制或妄想性的扭曲為代價的。

171

心靈空間至少某部分被「具體性」所寄生，在這意義上，內在客體與超我形同外在客體，這等於拒認了內在現實、也拒認了內外之間的連結。作為表象（représentation）的精神空間，被體驗為一種肉身具現、一種被具體經歷過、包裹在容器中的客體內容，阻擋了象徵化[19]。克萊恩經常引用彌爾頓《失樂園》的一段話在此變得更具意義：「你，最無情的監獄，變成了／你自己的苦牢！」除了象徵化（精神病主體能夠部分地具有象徵化能力），另一種「具體的」現實也隨之出現，在此現實中，詞即是物，物即是詞。與克萊恩關係密切的弟子，如瓊安·黎偉業（Joan Rivière）與蘇珊·伊薩克斯（Susan Isaacs）已經啟動這個問題性，後克萊恩學派則將繼續發展[20]。不過，克萊恩本人已經處理過這個問題性，尤其是在迪克[21]與理查這兩名案例中，克萊恩依靠人格健康的部分（具備連結分裂

172

19 參閱：克莉歐帕特·阿塔納西奧－波貝斯可，〈梅蘭妮·克萊恩與後克萊恩學派對於精神功能理解的貢獻〉（Cléopâtre Athanassiou-Popesco. (1999). L'apport de Melanie Klein et des auteurs post-kleiniens à la compréhension du fonctionnement psychique. In J. Chambier, R. Perron, & V. Souffir (Eds.), *Psychoses I. Théories et histoires des idées, monographie de la Revue française de psychanalyse* (pp. 88, 90 sq.). PUF.）。作者明確指出，「生命，因此被監禁在為了追求自我保護而建立起的防禦機制本身」。

20 參閱：本書第八章。

21 參閱：本書第八章第 1 節，p. 257 sq.

部分的能力）並在移情中詮釋迫害性焦慮，以便將它們轉化為憂鬱性焦慮，並將象徵化擴展到整個精神空間。從這個角度來看，理查案例顯現出：找出超我的嚴厲性，以及，在移情中透過共同言語化，做出可以辨認並軟化這種嚴厲性的詮釋，是治療精神病何其重要的技術。

4. 理查案例：以善良去對抗希特勒－愚比王

克萊恩在 1941 年完成了她與理查（當時十歲）的臨床分析工作。當時，她與安娜・佛洛伊德的論戰全面展開，如同當時的二次世界大戰，理查的故事因而帶有戰爭的印記[22]。個案研究的標題為《兒童分析的敘事》，表明了這是關於分析的敘事（可惜法文將之譯為《兒童的分析》，使我們失去這一重要細節）。敘事，一種最出色的想像行動，在這裡成為了克萊恩工作的滋養土壤。不論是理查講述的話語、克萊恩敘述的詮釋或透過評論來闡明上述種種，整個分析都是基於敘事，完全不屬於知識體系。克萊恩展現了對記敘的崇拜，她對科萊特（Colette）為拉威爾（Ravel）撰寫的歌劇劇本《小孩與魔法》、對朱利安・格林（Julien Green）的小說《如果我

173

22　參閱：梅蘭妮・克萊恩，《兒童分析的故事》。這些內容似乎都是在每次治療後所寫的詳細臨床記錄，以便在當時的論戰中精確地回應對克萊恩的許多攻擊。在 1958 年至 1960 年期間，克萊恩為這些筆記增添理論的註解，隨後在 1961 年，由梅蘭妮・克萊恩基金會出版。埃利奧特・賈克（Elliott Jaques）除了協助克萊恩重新修訂其風格，還有修訂她的筆記與理論註解的內容，他在英文版序言中回憶道，克萊恩在醫院過世前幾天，仍在為這本書的索引校樣。

是你》都表現出濃厚興趣，不僅如此，她也對神話感興趣，她將運用埃斯庫羅斯（Eschyle）的《奧瑞斯提亞》三部劇[23]來研究精神分析的問題。這種真相的想像式版本，以某種意想不到的方式將克萊恩與我們在漢娜．鄂蘭那裡已經觀察到的對講述生活的讚美連繫起來[24]。

理查是處於潛伏期年紀的男孩，患有人格障礙：不真誠、偽善、虛假的吸引力。他還呈現出抑制：由於他被懼曠症與幽閉恐懼症的焦慮所侵襲，他無法再去學校。他對其他的孩子感到害怕，儘管他的恐懼在治療初期就已顯現，但還不至於太過度。克萊恩的詮釋將焦慮帶至表面，而這時，暴虐超我就會爆發。正如會談時將展現出來的那樣，這是一個真正的施虐迫害，遠遠超出他清教徒且嚴厲的父母的僵化形象。這個「妄想客體」具體地居住在理查身上，將以廚師貝西（Bessie）的身份出現，她是一位說德語的下毒女人；這一客體也將以當代最知名的迫害者希特勒（Hitler）的身份出現，讓孩子著迷也讓孩子驚懼，這名小病人有時也會認同於他。

174

在治療的第 9 週時（共為期 16 週），他先是出現了躁狂，然後是崩潰。當理查渴望又害怕父親的到來時，克萊恩向孩子詮釋說，他渴望父親的陰莖：這一詮釋立即帶來暴力的材料，圍繞著「怪獸，牠的肉很好吃」[25]，以及玩弄著一支黃色鉛筆，理查一邊不停地把鉛筆插入他的孔洞裡（嘴巴、耳朵、鼻子），並不停地啃咬這支鉛筆，一邊講述一個關於老鼠潛入父母房間的故事。在下一

---

23 參閱：本書第六章第 6 節。

24 參閱：茱莉亞．克莉斯蒂娃，〈生活是一種敘事〉（Julia Kristeva. (1999). La vie est un récit. In *Le Génie féminin, t. 1: Hannah Arendt. op. cit.*, pp. 24-167.）

25 〈第四十七次晤談〉，《兒童分析的故事》，頁 268。

次治療時，理查講述了一個非常卡夫卡式的審判之夢（如梅爾策適切的見解）：理查被帶到一個法庭，但沒有對他提出任何具體的控訴： 175

> 「他站在法官席前面。他並不清楚自己被指控了什麼；法官出現了，他看來和善且什麼也沒說。理查走進電影院，這似乎也是法庭的一部分。緊接著，法庭內所有的建築物都倒塌了。理查變成了巨人，他用他巨大的黑鞋踢了幾腳快要坍塌的牆壁，這使得牆壁很快地重新豎立。理查重建了所有毀壞的建築物。」[26]

克萊恩讓理查了解到，法官就是他的父親：有時很溫柔，但當理查想要竊取他的陰莖或母親的乳房時，又會變得很嚇人。理查不是曾被指控偷採玫瑰花嗎？關於毀壞法庭建築物的指責，代表了他想要攻擊父母、然後再修復他們的欲望。如果說理查變成巨人，那是因為他把巨人母親與邪惡的怪獸父親包含在他身體裡面；我們還可以補充道，他內攝了巨人超我，除了感覺是希特勒之外，還有思想全能的感覺，以及變得比希特勒更強以便足以與他對戰的可能性。黑色的希特勒鞋子意味著他反覆地製造廢墟，也意味著他最終重建起這些建築，就像他摧毀了他的父母，然後希望修復他們一樣。

隔天，理查聯想起在夢裡使他焦慮萬分卻無法解釋的罪疚：他被指控打破了玻璃窗，就像他在遊戲室裡真正做過的那樣，但這件 176

---

26 〈第四十八次晤談〉，《兒童分析的故事》，頁 277。

壞事也與他認同希特勒及德國炸彈有關；炸彈摧毀了他家的溫室，並嚇壞了貝西，這位下毒的廚師。

克萊恩的筆記指出，她對理查的詮釋工作建立在理查身上的過度分裂與過度理想化之上。她提出，理查攻擊父親的陰莖（在想像中去迫害母親身體內部的父親陰莖），也攻擊母親本身，並傷害了她。在理查故事中代表父親的史密斯先生確實轉變得太快了，他是一個時好時壞的人物；與此同時，孩子把父親與母親分開，把其中一個理想化，而把另一個變成壞客體，反之亦然。同樣地，在他的自體內部，理查還進行分裂與理想化，使得他壞的部份「希特勒」攻擊並入侵他好的部份。從她與這名小病人的細緻工作，克萊恩提出綜合性結論：

> 「與外部的敵人對抗……引發了對這些敵人的偏執焦慮，而他試圖用躁狂防禦來抵消的焦慮。然而，隨著分析師、母親或父親的好／壞合成的增加，他認為好的部分與他認為壞的部分之間的擺盪減少了。這樣的客體外化機制與客體合成機制，帶來了更好的自我整合及更大的能力，以讓主體區分客體與自身各個部份。然而，合成與整合的進步在緩解病人的焦慮時，同時也喚醒了他的焦慮。這正是飛機的圖畫（第四十六次會談）所表現出來的，理查同時作為英國飛機和德國飛機出現在圖畫裡；這意味著他對無意識中破壞驅力與愛的驅力共存，有了更深刻的體悟。」[27]

177

27 〈第四十八次晤談註記 2〉，《兒童分析的故事》，頁 281-282。

克萊恩逐漸從使用「自我（moi〔ego〕）」，轉變成使用「自體〔self〕」，日後她會以己身來指稱「整個人格，其不僅包含自我，也包含佛洛伊德用本它（ça〔id〕）一詞來指稱的所有驅力生活」[28]。對其他也使用「自我〔ego〕」或「自體〔self〕」的追隨者而言，克萊恩的己身並不是一種精神審級。自我這類的精神審級是在幼兒精神裝置發展過程中，逐步獲得與完善的，然而克萊恩的自體則是在生命最初就一整個被給予；它在審級分裂之前便已存在。自體，代表主體的整體完整性，在克萊恩的意義上，這必須理解為根本的異質性，既是感覺也是驅力，可以具有本它或自我的組成部分、身體的影像與混雜的客體，以及無法化約的具體性。理查的分析印證了克萊恩所認為的這樣一種既混合又統一的自體概念。相較於弗立茲、漢斯、楚德、莉塔、彼得、迪克等個案，理查案例中顯現的更是精神裝置動態、然又混雜的統一體；以下歸功於分析師克萊恩：在超我及其客體之間的危機中，反覆形成又摧毀的主體（sujet）（儘管我們知道在克萊恩時代，主體一詞尚未在精神分析領域被使用）。

「超我的具體性」在理查身上扮演外在的與迫害的客體，使他無法採用躁狂激動之外的方式思考。他的話語化為浮躁的喋喋不休。當克萊恩把詮釋提供給這位小病人，他的思想與話語開始發生變化。理查詢問克萊恩女士是否在他們共同的工作之中找到愉悅，彷彿他嘗試要去理解分析活動的意義，以及分析可能帶來的精神真理如何能夠使他產生一種不同於先前迫害性刺激的滿足： 178

28　梅蘭妮・克萊恩，〈我們成人的世界及其嬰孩期的根源〉，《嫉羨和感恩》，頁319（Melanie Klein. (1959/1975). Our Adult World and its Roots in Infancy. In *Envy and Gratitude and Other Works 1946-1963*. Hogarth Press.）

「理查沉浸在他的思考中；一陣沉默後，他表示他想要知道精神分析究竟是什麼。他想要觸及它的『核心』。」[29]

克萊恩的另一個詮釋建立在理查誘惑（他自己這麼認為！）母親與克萊恩女士之後的勝利感之上（他與母親一起睡覺，在每週日見他的分析師），正如同他想像他可以用鉛筆殺掉希特勒一樣！克萊恩發展了她的詮釋，她說，一邊是英國人，另一邊是德國、日本和義大利人，兩邊之間的海戰「不僅在外部進行，也在理查的內部繼續進行」[30]；她又說，孩子允許自己殺死母親，當孩子認為母親屈從於他的誘惑，她就貶低了自己，像是母親證明了她已經忘記了允許／不允許、好／壞之間的界線；她還說，孩子認為分析師自己在引誘他並同意他去欲望他的母親與分析師。如梅爾策所指出的，躁狂狀態只有當詮釋觸及到本質時才會消解，也就是理查「對於對象的輕蔑以及對於自己向克萊恩女士產生移情的輕蔑，讓克萊恩的手提包與手錶是他可以躲在後面的大石頭，從那邊攻擊大家」[31]。

179

詮釋了讓理查著迷的種種敵對，以及將它們重新導入孩子的內部空間，使超我變得溫和並有助於跨越分裂。從同一個運動中，隨著對已失去的整體客體（母親、分析師）的愛而出現的憂鬱感可以獲得強化，直到得以掌控躁狂激動，最終讓超我的組成成份含帶著

29 〈第四十八次晤談〉，《兒童分析的故事》，頁 276。

30 〔英譯註〕〈第四十六次晤談〉，《兒童分析的故事》，頁 226。

31 唐納・梅爾策，《精神分析的克萊恩學派發展：佛洛伊德、克萊恩、比昂》（Donald Meltzer. (1978/1994). *Le Développement kleinien de la psychanalyse, Freud-Klein-Bion (conférences de 1972 et 1973)* [The Kleinian development] (p. 289). Bayard.）

仁慈與感恩。的確，克萊恩女士在分析的這個時刻承擔了正在進化中的超我功能，她承受了分析最後幾週的這些變化：她身上是否包含了壞爸爸－希特勒？或剛好相反，她與孩子們、好丈夫或她內部的好陰莖在一起是否感到快樂？理查在療程的第 13 週思考著這些問題。隨著在克萊恩女士身上修通的信任，他對內在好母親與好父親的信任也隨之增強。 180

「我已經向孩子解釋，他自己（自體）的一部分，若他感知為好的並與好對象結盟，便能對抗他自己破壞的、連結到壞客體的部分。然而，他的自我尚未足夠強大到可以迎擊這急迫的災難。對此，我會結論說，理查放在我手提包（此物件代表我）後面的火車頭，象徵著他的破壞驅力，這是他本身無法控制的，而他打算讓分析師來控制，也就是讓好對象來控制。這一好對象也同樣被視為能起到緩和作用的超我，因此是有益的超我」[32]。

理查重新發現、重新創造的善意，拓展了他的精神空間，使他有能力運用象徵來處理現在與過去的衝突。他讓自己愈來愈少被超我的入侵所「拆毀」，而超我之所以更加暴虐，是因為它被「具現化」、被「具體化」為真實而非虛構的迫害者形象：廚師貝西、希特勒、母親、父親，以及治療初期的分析師本人。法庭不再有理由繼續縈繞在他的夢裡，同時理查也不再有理由把自己打扮成穿著巨大黑鞋的怪誕巨人。精神分析的（確切來說，是精神分析師的）

32　〈第九十二次晤談註記〉，《兒童分析的故事》，頁 568，III。

「核心」，正在戰勝由超我城牆所建構的「城堡」，而這正是理查之前為了要呈現「法庭」而畫的城堡。

181 的確，看來克萊恩式詮釋上的直白、乃至殘酷，似乎在理查的精神空間中產生了一種和解作用。或許因為治療者本身從未脫離這份善意，這份善意在她身上結合了傾聽時的精確與對理解那些難以理解之事的不懈追求，將病人與她作為臨床治療者的推理思考聯結起來。克萊恩的一名忠實弟子，詹姆斯．伽米爾（James Gammil）為此作證：「她堅決要求，不僅有必要知道每一名孩子所使用的專有詞彙，還必須知道他的存在與表達本身的個人風格，才能使詮釋盡可能地被理解與被使用……。此外，她認為僅讓病人感覺到被了解是不夠的，最好要讓病人理解是什麼使這種理解成為可能」[33]。

理解，然後去理解用來理解的方式與原因是克萊恩所探尋的非理論（或後設語言）的堆疊。重要的是認知的超我與驅力邏輯的合作；確實，後者是分析師的邏輯，但也可能被表現為病人本身苦痛的邏輯，倘若他有機會擁有一名陪他走得夠遠的分析師，像克萊恩那樣。

事實上（「理查案例」比其他案例更能證明，或許也是因為182 每日詳盡的筆記與細節讓我們得以重建這點），如果說克萊恩總是讓我們覺得詮釋都過於簡略、簡單的粗暴，那是因為她揭露出欲望本身是兇殘的愚昧。當無法成功地修通它的過度施虐時，焦慮的欲望使它們轉向至完全分裂的、可逆轉的內攝客體之上，而內攝客體則為我們鍛造出一個表面雄偉具保護性的超我，但實際上，卻是

33 詹姆斯．伽米爾，《以梅蘭妮．克萊恩為基礎》（James Gammil. (1998). *A partir de Melanie Klein*. Césura.）

愚蠢具毀滅性的超我。從此，法庭無緣無故地安頓在我們身上，並具體地入駐在我們體內：這是一系列令人疲憊的毒害者媽媽－貝西與轟炸機爸爸－希特勒。但是，理查的希特勒只不過是一個愚比王（Ubu）；而孩子受苦的險惡審判則是內部施虐－受虐逆轉的狂歡嘉年華。愚比王的作者阿爾弗雷德．雅里（Alfred Jarry）對這樣的事嬉笑以待[34]，但克萊恩則不。原因很單純（很嚴肅？很母性？），克萊恩有勇氣揭露這樣的愚蠢。而且，對她而言，愚比王不在外面。愚比王根本就在裡面：愚比王，就是我們；愚比王，就是你們。這般的證明，誰能不生氣？誰能不怪她？

5. 如何不孤寂？

我們的內部世界除了凶殘的愚昧之外，也可能是根本的孤獨。就算超我並非要獨自承攬造成孤獨的責任，克萊恩在她最後一篇文章〈論孤寂感〉[35]結尾中，仍表明「超我愈嚴厲，孤獨就將愈強

183

34　阿爾弗雷德．雅里，《全集》（Alfred Jarry. (1972/1987). *Œuvres complètes, vol. 1; vol. 2*. Gallimard, coll. « Bibliothèque de la Pléiade ».）

35　〈論孤寂感〉是在1963年克萊恩逝世後才出版的論文，參閱：梅蘭妮．克萊恩，〈論孤獨的感受〉，《嫉羨和感恩》，頁383-399（Melanie Klein. (1963/1975). On the Sense of Loneliness. In *Envy and Gratitude and Other Works 1946-1963*. Hogarth Press.）。這似乎是針對1957年溫尼考特演講的主題〈獨處能力〉的回應（D. W. Winnicott. (1969). La capacité d'être seul [The Capacity to Be Alone]. In *De la pédiatrie à la psychanalyse* (pp. 205-213). Payot.）。溫尼考特把成熟自我，也就是後伊底帕斯期的獨處能力，與原始的獨處能力做出區分，後者所獨有的特徵為嬰兒是「由母親提供自我的支持」。因此，嬰兒的早期自我成功地達到一種自我關連性（*ego-relatedness*），這並

烈」[36]。然而，她不是把孤立的事實，而是把孤寂的內在感受——無論是在朋友陪伴下或處於愛中——歸因於兩個基本要素，這與我們在此描述的早期與暴虐的超我並非毫無關係。

與母親最早的前語言關係，如果令人滿意，就會在母親的無意識與孩子的無意識之間建立一種極完整、極滿足的接觸，使懷舊能深深烙印在精神裡。不訴諸於話語，這種接觸創造了一種被完整理解的感受，以致於使孩子產生曾遭受不可挽回的失去的憂鬱印象。無論此後精神發展的環境多順利，焦慮仍很快出現。自第三個月起的偏執－類分裂焦慮，與隨後的憂鬱焦慮，摧殘了自我並支撐以一個要求重返到絕對交流的超我，「奠定最為完整的生活經驗」[37]。緩解這些焦慮的自我整合逐步在憂鬱心理位置當中進行，然而卻永遠無法完成，而且，正是在這裡，出現了孤獨感的第二個來源：

184

> 「由於全面整合不可能實現，我們永遠無法完全了解與接受自身的情緒、自身的幻想與自身的焦慮：這正是導致孤獨的重要原因。」[38]

藉由重新聚合自我的分裂與不被理解的部份、從而找回完全理

非自戀，而是由克萊恩理論中「內攝母親」所啟發而得出的某種更原始的「內在環境」。在此，我們看見克萊恩與溫尼考特兩人之間在理論方面來回構思的正面例子，展現了兩名分析師的原創性與彼此互惠的影響。相較之下，溫尼考特考慮的是狂喜動態中的獨處能力，而克萊恩所思考的則是即使在日後獲得了平靜，也從未能將自己從荒涼的基調中分離出來的內在孤獨。

36 〔英譯註〕〈論孤獨的感受〉，《嫉羨和感恩》，頁 398。

37 〈論孤獨的感受〉，《嫉羨和感恩》，頁 384。

38 同上，頁 385。

解的這份希望，於是透過擁有一個雙胞胎的幻想來表達，如比昂所提出的那樣。這種希望也可採用值得絕對信賴的理想化內在客體的形式。反之，當自我的各部分整合還無法達成時，就會有未整合或被排除的感覺，人們便說服自己：「不存在任何人，無論群體或個人，能使我有所歸屬」[39]。或者，人們可以藉由逃往內在客體，來保護自己不過度依賴外在對象：在一些成人身上，其結果是拒絕所有朋友之間的社交活動。

懷舊、寧靜與秋天的基調，充盈在克萊恩這最後一篇文本中，它綜覽了孤立的偏執－類分裂與躁狂－憂鬱症狀，最後收結到人們普遍的經歷上。孤獨的戲劇性體驗作為該文的結論，彎折為一種無所不在的孤寂感，這幾乎像是我們作為被分離、被拒於天堂之外的生命狀態的一種清醒知識，而天堂其實是地獄，但我們的超我不停地理想化這天堂，以便更好地說服我們：對於不可能的事物是我們欠他的。 185

從偏執－類分裂孤獨、躁狂－憂鬱孤獨，到現在仍帶有這些過去病態痕跡的日常孤獨感，早期且暴虐的超我已經變得溫和，並蛻變為「好的」超我。這個好的超我始終要求破壞驅力不存在。它引發憂鬱焦慮與偏執焦慮，讓我們以為分裂的部份沒有交流，也不可能統一。但是它起碼讓整合過程本身啟動，這至少使我們認識到讓我們享受與痛苦的原因。感到孤寂最終變為「整合的需要，以及在整合過程中伴隨的痛苦」的表達，這兩者都來自於「一生中保持活躍的內部泉源」[40]。

39　〔英譯註〕同上，頁 386。

40　同上，頁 399。

總之，毫不屈從的克萊恩結論道，孤獨固然是我們無法避免的命運，但最終這也是一個機會。承認這一點並不會讓我們更快樂，186 但肯定會更平靜，因為這更真實也或許更包容，但我們並未因此而不再孤寂。即便孤寂，我們仍然可以分享我們對於孤獨的分析知識。嚴苛的超我鬆手、交棒給自我理想——對此克萊恩並未著墨太多，但在該文本最後幾頁，自我理想浮現於「好乳房」的重現及其內化裡：

「好乳房的內化是整合的基礎，正如我屢次強調的，這是能減緩孤獨感的最重要因素之一」[41]。

41 同上，頁398。

187

第六章

母親崇拜或弒母禮讚？雙親

189

1. 永遠重新開始的乳房

克萊恩的世界，人們已說得過多，該世界是由母親所主導。這古老的形象以其全能的特質進行威脅與恐嚇。她是否真如此險惡，以致於必須遺棄她並殺害她？她不可能轉變嗎？但能轉變成什麼？對母親的必然遺棄是否建構了一條朝向父親的通道，像佛洛伊德與拉岡所設想的那樣？或者，對母親的遺棄才是與終於修復的、給予滿足的、獲得滿足的母親重新聚首的開端？必然是！因為對克萊恩而言，不曾存在過沒有女巫的搖籃，也不曾存在過沒有嫉羨的嬰兒。唯有分析師（最好是女人，或至少是接受身上具女性特質的男人）或許能夠使我們身上始終存在的乳兒相信：遇見值得感恩的仙女並非沒有機會。

對克萊恩工作的這些概括式看法，並非全然錯誤。佛洛伊德理論中，母親所佔的地位相對不重要，這使得克萊恩在內的一些後繼者反而過度論及母親。但如果太過強調被創始人忽視的母親，我們就有可能冒著遺忘父親的危險。確實，在克萊恩理論中，父親的位置是什麼？最早提問的人之一是克萊恩的女兒，梅莉塔・史密德伯 190

格；她將以粗暴的方式提出這問題[1]。其他詆毀克萊恩的人也隨之跟進。然而，在分析師克萊恩的思想中，事情似乎更為複雜。

著名的乳房從來就不孤單：陰莖總是幻想與乳房結合在一起。從最早在《兒童的精神分析》中已經一再強調；而這一信念將在《嫉羨和感恩》裡更明確地表述。如果說嫉羨在一有乳房時就產生，那麼它也會損害與乳房結合的陰莖；因此，

> 「與母親最早的排他關係的種種變化……，當關係太快被干擾，與父親的競爭就會過早出現。陰莖幻想，存於母親身體內部或乳房裡，會把父親轉變為具敵意的侵入者。」[2]

換言之（我們先前已強調過這點），從基於對艾力希／弗立茲，與對漢斯／菲利克斯分析的臨床經驗開始，克萊恩就假定存在191 一個古老伊底帕斯，其會隨著最早期的夜驚而呈顯出來。夜驚驗證了潛抑，然而，潛抑只能發生在伊底帕斯衝突中！所以說，儘管伊底帕斯是在第六個月、隨著憂鬱心理位置出現才真正開始，但是與父親的競爭早在原伊底帕斯（protoŒdipe）時就出現了。這種早發似乎反駁了佛洛伊德所主張的伊底帕斯（約三至五歲），但卻仍能與他整體的理論相符，尤其，符合於從原始部眾父親被謀殺並同化後，在種系發生上所建構的伊底帕斯競爭主題，克萊恩則直接從這一論點衍伸推論。那麼，陰莖是**早就**（déjà）在乳房裡了，或者是

1 參閱：本書第九章第 2 節，p. 326 sq.；第十章，p. 349 sq.

2 〈嫉羨和感恩〉，《嫉羨和感恩》，頁 254。

之後（après）才出現？

克萊恩在 1924 年薩爾斯堡大會上的發言中，闡明了她的立場：父親的陰莖本身（而不是與母親內部混淆的陰莖）是一個被覬覦的客體，它只不過是**接續**了母親的乳房，而這是她分析莉塔所做出的結論。早期伊底帕斯的驅力混合了口唇與陰道：兒童希望交媾就像是口唇行為，嘴巴和陰道都同樣可接受，這促使口唇力比多朝向生殖器的移置[3]。

然而，是當愛與恨逐漸地被整合起來時，也是當自我可以讓母親失去，並在幻想中重新找到作為一名整體客體的母親時，即憂鬱心理位置的出現後，克萊恩所謂的「與第二個客體，即與父親的關係」[4]才得以顯露輪廓，並將「周圍的其他人」（兄弟或姊妹）與父親並列並存。這種次要性並不光彩，但對理論的解釋卻是有效的。從最初階段開始，伊底帕斯的衝突就引領克萊恩去假定：在孩童幻想中父母雙方的存在是作為「交合雙親」[5]的依瑪構。她在〈嫉羨和感恩〉中重拾這一觀點，並加以闡明：

192

「母親或母親乳房包含著父親陰莖的幻想、或父親包含母親的幻想，在伊底帕斯衝突的最初階段所參與的元素

3　梅蘭妮・克萊恩，〈伊底帕斯衝突的早期階段〉，《愛、罪疚與修復》，頁 238-239（Melanie Klein. (1928/1975). Early Stages of the Oedipus Conflict. In *Love, Guilt and Reparation and Other Works 1921-1945*. Hogarth Press.），曾被引用至：尚 - 米歇爾・佩托，《梅蘭妮・克萊恩（一）：最早的發現與最早的系統。1919-1932》（*op. cit.*, p. 166.）

4　〈嫉羨和感恩〉，《嫉羨和感恩》，頁 254。

5　〈伊底帕斯衝突的早期階段與超我的形成〉，《兒童精神分析》，頁 141-167；〈關於嬰兒情緒生活的一些理論性結論〉，《嫉羨和感恩》，頁 80-120。

中具有重要性：這些幻想使交合雙親形象得以建立。嫉羨的強度與伊底帕斯妒忌的強度，影響到交合雙親形象所引起的效應；這一形象應要使孩子可以區分**父母雙方**，並使孩子與雙方個別建立好關係。孩子猜疑著父母在性方面彼此滿足對方；交合雙親形象的幻想（也有其他來源）被強化了。」[6]

相反地，過度的焦慮會使孩子無法區分出與父親及與母親的關係，這可能是精神混淆的源頭。

當妒忌感出現時，男孩對原本的對象（母親－乳房）的妒忌感，遠少於他的競爭對手。男孩把他的恨移到父親身上，他嫉羨父親擁有母親：在此我們認出古典伊底帕斯的妒忌。反之，對女孩而言，「母親成為主要的競爭者」[7]。女性對父親的陰莖嫉羨，是佛洛伊德的思想主軸[8]，對克萊恩而言則居於次要，她只考慮了其可能強化女孩同性戀的那一面：「這本質上涉及了某種逃避機制，它不能與第二個對象建立穩定關係」[9]。如果對母親的嫉羨與恨是強烈而穩定的，它們會移轉到與父親的連結上；或者，它們會分裂，致使其中一位父母只有被厭惡、另一位則只有被喜愛。至於女孩與母親的競爭，克萊恩反對佛洛伊德，她主張其基礎並不是對於父親的愛，卻始終是對母親的嫉羨，這僅因為母親「同時擁有父親與陰

193

---

6 〈嫉羨和感恩〉，《嫉羨和感恩》，頁 254-255。

7 〔英譯註〕同上，頁 255。

8 參閱：本書第四章第 3 節，p. 151。

9 〔英譯註〕〈嫉羨和感恩〉，《嫉羨和感恩》，頁 257。

莖」[10]。父親，或該說被簡化後的他，只是母親的佔有物。在她所有作品中、直到《嫉羨和感恩》最後一篇文章，我們持續讀到這個確論。此外，別有深意的是，克萊恩使用了**附肢**（appendage）一詞來表述（法文翻譯為「依賴（dépendance）」，但為何不翻譯為「附屬／闌尾（appendice）」[11]呢？）：

194

> 「父親（或他的陰莖）已經變成了母親的附肢，正是基於這一理由，女兒打算把父親從母親那裡奪走。自此之後，她在每段男性關係中獲得的勝利，都將具有戰勝**另一個**（autre）女人的意義。甚至，在缺乏任何真實競爭者的情況下，這種競爭也存在，因為此時競爭是針對她所愛男人的母親，舉例來說，正如婆媳間經常出現的關係難題……。
>
> 當對母親的嫉羨與恨不再如此強烈時，……對第二個客體，即對父親和他的陰莖的理想化才會變得有可能。」[12]。

儘管最後這個父親可被理想化的假設很薄弱，但女人對母親的恨卻始終持久不絕，女人甚至會用對父親的愛來作為掩飾。在這樣的背景下，女性友誼與同性性慾似乎像是對好客體的追求，好客體

10　〔英譯註〕同上。

11　我們在《兒童精神分析》看到的翻譯用詞確實是「闌尾」：小女孩將她最初對母親的恐懼移置到「父親陰莖所代表的可恨母親的**闌尾**上」（p. 212）；粗體是作者克莉斯蒂娃所強調。

12　〈嫉羨和感恩〉，《嫉羨和感恩》，頁 257-258；由作者克莉斯蒂娃所強調。

最終足以取代被嫉羨的原始客體。

始終都是對乳房的嫉羨根本地構成了其他的女性病理學的基礎：

> 「某種程度明顯的性冷感，往往是對陰莖不穩定態度的結果，因為性冷感主要是基於對原本的客體的逃避。」[13]

195 對此，我們翻譯如下：如果說，女人會逃避陰莖，正是因為她已逃避了乳房；她將不能享有性高潮且將性冷感，因為要享有性高潮首先是要能從包含著陰莖的乳房上享受到愉悅。

另一方面，對男人而言，男人的同性戀使他對女人產生罪疚感，這種罪疚感根源於因憎恨而過早拋棄母親，並「背叛母親而與父親陰莖、乃至與父親本人結盟」的感覺。這種「對所愛女人的背叛」會干擾男性友誼，而罪疚會激起逃避女人的反應[14]，並可導向同性性慾。

2. 初級女性階段

儘管乳房被賦予一個核心的角色，在克萊恩早期幻想理論中，

---

13 同上，頁 258。

14 同上，頁 258-259。

核心角色也包括乳房中的陰莖。更重要的，經由承認口唇驅力混合在生殖的驅力中，幻想動力將引誘自我渴望交媾，進行像是吸吮包含陰莖在內的乳房的口唇行為，然後在乳房形象中吸吮陰莖本身。這種態度對兩種性別來說都一樣，支配著男人與女人的初級女性階段，而這絕非克萊恩創新理論中無關緊要的部份[15]。

乳房的初級嫉羨被口唇的、或接受陰莖的嫉羨所接替，賦予了男孩對女性性質與／或母性性質的嫉羨。漢娜・西格爾對此評論如下： 196

「對小女孩而言，朝向陰莖最早的口唇運動是異性戀運動，它為生殖的情境，以及把陰莖體內化到陰道的欲望闢出一條通道。但同時，這也助長了她的同性戀傾向，因為在這個發展階段，口唇欲望與體內化及認同有關，而且，被陰莖餵養的欲望，伴隨著想擁有她自己的陰莖的欲望。

對小男孩而言，朝向父親陰莖的運動代表著一種遠離母親乳房的可能，基本上是朝向被動的同性性慾的運動，但同時，父親陰莖的體內化幫助他認同於父親，並強化了異性性慾。」[16]

在觀察與反移情的強度上，克萊恩更為直接，她寫道：

15　多米尼克・阿努，《梅蘭妮・克萊恩》（Dominique J. Arnoux (1997). *Melanie Klein* (p. 62). PUF.）

16　漢娜・西格爾，《梅蘭妮・克萊恩作品的介紹》（*op. cit.*, p. 130.）

「這兩性共通的階段，其特徵為吸吮的口唇固著在父親陰莖上。我認為此時是真正同性性慾的起源，這與〈達文西的一段童年回憶〉（1910）的結論相符。

在男孩的幻想中，母親把父親的陰莖併入體內，或該說，是許多的陰莖；處於與父親及父親陰莖的真實關係中的男孩，另外平行地也與母親內部的父親陰莖建立起了一個想像關係，而且，他想要藉由傷害母親，來奪取他相信存在於母親內部的陰莖……。

197

男孩唯有在已擁有正常生活、且已超越原始女性階段的前提下，才能確切地抵達異性戀的位置。他經常會……透過誇大他轉接到智性層面的陽具驕傲，來補償他出自女性階段的恨意、焦慮、嫉羨與自卑感……。唯有通過昇華他本能生活中的女性元素，並透過跨越他對母親的嫉羨、恨意與焦慮，男孩才能在生殖器至上時期成功地鞏固他異性戀的位置……。

來自主體內部的破壞、攻擊與虛構的搏鬥所引起的焦慮情境，與類似的幻想過程但位於母親內部的焦慮情境彼此相互混淆，並且為男女兩性都構成了最古老的危險情境。閹割焦慮只不過是攸關身體本身的焦慮的其一面向，其雖然無疑是重要至極的；在男孩身上，閹割焦慮優先於所有其他的恐懼，且最終將成為一個主導的主題，而這正是因為他對自己身體內部感到焦慮，且這是造成他的陽痿最深層根源的原因之一。」[17]

17 〈早期焦慮情境對於男孩性發展的影響〉，《兒童精神分析》，頁 269-270, 279-

在當代的精神分析師當中，克萊恩初級女性階段的想法獲得了創新的發展。芙蘿倫絲．貝廣－吉納（Florence Bégoin-Guignard）對比昂與溫尼考特後起的概念詳細推敲，區辨出了不會說話的嬰兒在前六個月迅速接連出現的兩種親密空間：一種是「初級母性」，作為子宮內生活與閹割這兩種原初幻想的劇場，以及「初級女性」，由被誘惑與原初場景這兩種幻想所構成。 198

在「初級母性」當中，新生兒用他無能的全能模式，勾畫出他與世界的開幕連結；而母親則在此安置了她愛戀激情與母性受虐的自戀。「初級女性」則相反，依克萊恩的定義，它是透過對逃離的乳房的貪婪、透過對這乳房所包含的陰莖的早期生殖器欲望，組織成第一個女性認同，不論女孩與男孩。是乳房與陰莖的結合使初級女性成為「精神空間組織的特定場所」[18]。母－嬰「力比多的共刺激」就這樣促成了精神生活與現實原則的誕生：換言之，孩子的精神能力與思維能力有賴於這個孩子對母親的女性性質的初級認同。

於是，克萊恩思想的現代發展試圖彌補對父親的邊緣化，並將早期的共刺激定義成「欲望被認識與認同具認識能力的陰莖二者之間的一種銜接」。簡言之，這可能涉及到某種雙重認同：年幼自我很早就認同於在母親身上的女人所表現出來的被認識的欲望，以及認同於父親陰莖所執行的認識的穿透。如果對於佛洛伊德來說，力比多只有一種，即男性本質的力比多，那麼，對應於此，知識的欲 199

282；由作者克莉斯蒂娃所強調。

18 芙蘿倫絲．貝廣－吉納，〈成為男人：母親認同與女性認同在男孩身上男性的發展的作用〉（Florence Bégoin-Guignard. (1997). Devenir un homme. Le rôle des identifications maternelles et féminines dans le devenir du masculin chez le garçon. In *Épître à l'objet. op. cit.*, pp. 152, 149-154.）

望很可能位於女性這一邊[19]。

得益於一些女性分析師提出關於女性的性方面的最新成果，克萊恩當時為發展年幼病人的思想與知識過程的努力執著，有了新的意義。女性性質被定義為對知識的欲望，以及促進男人與女人在精神內部性質的建構中相遇，分析師對此也普遍贊同，而克萊恩更格外強調是女性性質刺激了欲望以及解除思想抑制的能力。還有女性性質也透過分析過程本身，發展病人的創造性。女性分析師與分析師的女性性質，為前來傾訴不適的病人所提供的傾聽感覺，不是「跟隨你的欲望！」而是「與你體內的女性性質保持聯繫，用以創造、再創造你的思想！」

3. 女性的性……

克萊恩本身很早就對女性的性產生興趣[20]。儘管她承認受惠於海倫娜．朵伊契的工作成果，她仍主張自己比她的同事走得「更遠」[21]。她也追隨卡倫．荷妮的觀點，特別是對於佛洛伊德有關女性閹割觀點的討論上，她強調在前生殖器投資基礎上陰莖嫉羨的逐

200

---

19 參閱：芙蘿倫絲．貝廣 - 吉納，〈貓的微笑：從日常分析的實踐中對女性的思考〉（Florence Bégoin-Guignard. (1997). Le sourire du chat. Réflexions sur le féminin à partir de la pratique analytique quotidienne. In *Épître à l'objet. op. cit.*, p. 144.）

20 梅蘭妮．克萊恩，〈早期焦慮情境對於女孩性發展的影響〉，《兒童精神分析》，頁 218-268（Melanie Klein. (1932/1975). The Effects of Early Anxiety-Situations on the Sexual Development of the Girl. In *The Psycho-Analysis of Children*. Hogarth Press.）

21 同上，頁 255-256。

步就位[22]。她也公開表態自己與恩斯特・鍾斯的觀點一致，即女性口唇施虐是以佔據父親陰莖並認同於父親為目標[23]。最後，僅有一次特例[24]，她引述了自己的女兒梅莉塔・史密德伯格的想法[25]。如此支援之下，克萊恩對女性性質發展出一種極具個人風格的觀點。

很明顯地，她研究的起點是佛洛伊德的理論。她參考了佛洛伊德的〈抑制、症狀與焦慮〉[26]，在該文中，佛洛伊德承認，即使女性確實有**閹割情結**，「在閹割已經被完成的情況下，我們很難真正說有**閹割焦慮**」[27]。不能說克萊恩沒有私心，她援引佛洛伊德，但只是為了修正他的思想，因為她並不贊同佛洛伊德的假設，認為女孩的伊底帕斯情結是由其欲望與閹割恐懼所引發。 201

在克萊恩的理論中，女孩的伊底帕斯始於口唇貪婪，同時強烈地伴有生殖器驅力：這是一種從母親身上奪走父親陰莖的欲望。簡言之，儘管身為父親的佛洛伊德是對的：女孩覬覦陰莖且憎恨拒絕給她陰莖的母親，然而，女性伊底帕斯並沒有如他所願的繼承閹割情結而來。

22　同上，頁 220 下方註釋、238 下方註釋。

23　同上，頁 239-240 下方註釋。

24　梅蘭妮・克萊恩在 1932 年《兒童精神分析》第一版的序言寫道：「最後、但卻同樣重要的是，我由衷感謝我的女兒梅莉塔・史密德伯格博士，感謝她在本書的籌備過程中給予我的無私且寶貴的協助」（頁 xiii-xiv）。她們母女之間的戰爭則將在 1933 年爆發，參閱：本書第九章，p. 328 sq.

25　〈早期焦慮情境對於女孩性發展的影響〉，《兒童精神分析》，頁 231 下方註釋、241 下方註釋、245 下方註釋。

26　參閱：佛洛伊德，〈抑制、症狀與焦慮〉（Sigmund Freud. (1926d [1925]/1978). *Inhibition, symptôme et angoisse* (p. 45). PUF. **See also**: *GW*, XIV, 153; *SE*, XX, 123; *OCF.P*, XVII, 240.）

27　〔英譯註〕〈早期焦慮情境對於女孩性發展的影響〉，《兒童精神分析》，頁 218。

「然而在我看來，女孩最希望的是一種以口唇滿足的模式將父親陰莖體內化，而不是擁有具陽性價值的陰莖。」[28]

海倫娜．朵伊契先前曾推論，陰莖因此就被同化為母親的乳房，陰道則擔任起負責吸吮的口腔這一被動角色；唯一的不同，是克萊恩認為這些幻想不是在女孩的性成熟時產生的，而是早在幼年時期遭遇乳房的挫折時就已經出現了！

在口唇施虐、肛門施虐庇護下而顯現的早期性質，解釋了女孩伊底帕斯的施虐主導性，即對於母親的闌尾－陰莖「滿懷憎恨的幻想」[29]。小女孩懼怕母親的報復行為，同時，她的憎恨幻想讓她想像母親在與父親施虐的交媾中整個被殲滅。從這一觀點來看，女性受虐可能出自於對內攝危險客體的害怕，尤其是父親的陰莖，且這種受虐只解譯出「朝向女人的施虐驅力客體的轉向」[30]。說白了，當她享受痛苦時，受虐狂女性在懲罰的就是已內攝到體內的陰莖。

202

由於小女孩對母親的破壞驅力的強烈，她投資在她的尿道與排泄功能的力道比男孩更強勁：這些功能被調動起來，作為對母親與女孩本身謎樣的內部進行的內部攻擊。女性身上的肛門投資「回應了她與母親含藏於自身中世界的祕密及隱匿本質」。也因此，「女孩或女人在這裡仍順從於她與內部及隱匿世界、與無意識所維繫的關係」[31]。然而，這種女性位置對減輕焦慮的幫助不大。況且，儘

28 〈早期焦慮情境對於女孩性發展的影響〉，《兒童精神分析》，頁 220。

29 同上，頁 222。

30 同上，頁 226-227。

31 同上，頁 230-231。

管陰道在很早以前就被知覺[32]，但對陰蒂的陽具投資使這種早期的陰道知識退居到第二線。克萊恩則認為，女性常見的性冷感證實了陰道被體驗為一個受到施虐幻想威脅的腔體；陰道的投資具防禦性質，且比陰蒂被投資的時間還要早。

不像一些人所批評的那樣，克萊恩並沒有拒認女孩身上的陽具階段[33]。藉助於內攝的陰莖而認同於父親此一論述被她視為一個「漸進過程」[34]，強化了女孩的自戀與思想的全能：尿道功能的情慾化顯露出她的陽性姿態，但施虐全面地撐起了女性的陽性情結，而窺視癖與尿道情慾則用來潛抑女性自身的欲望。 203

所以，在這一情況下，母／子關係與成為母親的欲望，可能不僅是佛洛伊德所認為的對陰莖嫉羨的表達，也會是對自戀關係的表達，亦即「較少依賴男人，從屬於自己的（女性）身體、從屬於糞便的全能」[35]。克萊恩認為，胎兒可以變成父性超我的表達方式；女人後來對孩子所感到的恨或恐懼，接替了某些把陰莖視為壞的、有毒的排泄物的幻想[36]。因此，在女人身上相當顯著的修復，以一種美化排泄物般的陰莖的欲望表達出來：生個美麗的孩子、讓自己變得美麗、裝飾自己的家等等。這些女性特有的昇華是環繞著危險排泄物進行修通的施虐幻想反向形成[37]。 204

32　同上，頁 235。

33　參閱：塞爾日．寇特，跋：〈梅蘭妮．克萊恩與幻想的戰爭〉（Serge Cottet. (1988/1991). Postface: Melanie Klein et la guerre du fantasme. In *Madame Klein. Un drame dans la vie de Mélanie Klein* [Mrs Klein] (p. 110). Seuil.）

34　〈早期焦慮情境對於女孩性發展的影響〉，《兒童精神分析》，頁 238。

35　同上，頁 255。

36　同上，頁 256。

37　同上，頁 257。

我們可以理解女性的超我，是在對這種施虐全能的反應上形成的，甚至比男孩的超我具備更強的嚴厲性。既然母親的女性性質不可見、既然母親的內部具威脅性，女孩便不能以同性別的母親形象來建立她的超我，而是以純然的反向方式來建立超我。因此，「女性自我的形成以超我的過度膨脹為特徵」[38]。在強大的超我與無意識的內部世界之間的拉扯，女人在這方面和孩子相似；與男人的自我相比，女人所擁有的自我相當不穩定。幸運的是，「藉助於超我的力量，女人的自我得以達到成熟，在仿效超我的同時，也力圖去控制它與取代它」[39]。

佛洛伊德關注了那些多少與他持不同意見的弟子在女性的性方面的工作；在他母親 1931 年過世後，他終於發表了〈論女性的性〉（1932），當中提出對女性性質的全新構思。克萊恩對此亦做出回應，她於〈早期焦慮情境對於女孩性發展的影響〉添加了一篇〈後記〉，收錄於《兒童精神分析》。克萊恩不同意持久、古老的母－女依附觀點[40]、不同意作為伊底帕斯先決條件的「米諾－邁錫

205

38 同上，頁 264。

39 同上，頁 265。

40 溫尼考特將採用這一觀點，不過他讓自己處於克萊恩與佛洛伊德之間的中間地帶，考慮在變為驅力（「做」的次序）之前，首先可能是一種無驅力的（「存在」的次序）母／子關係。參閱：《家是我們開始的地方》（D. W. Winnicott. (1960/1988). *Conversations ordinaires* [Home Is Where We Start From]. Gallimard.）。此外，我們也回顧比昂提出的「無毒性的」母親或去除毒性的母親，以及刺激－防護的母親的觀點。參閱：《從經驗中學習》、《精神分析的元素》、《反思》（W. R. Bion. (1962/1979). *Aux sources de l'expérience*. *op. cit.*; W. R. Bion. (1963/1979). *Éléments de psychanalyse* [Elements of Psycho-analysis]. PUF ; W. R. Bion. (1967/1997). *Réflexion faite* [Second Thoughts]. PUF.）

尼（minoémycénienne）」[41]吸引力觀點，她斷然反駁佛洛伊德對於女人之間美好和睦的假設，並強調從一開始母女關係就帶有罪疚感的矛盾雙重性：

「他〔佛洛伊德〕不承認超我與罪疚感對於這種特殊的親子關係的影響。在我看來，這樣一種立場是站不住腳的……。」[42]

這種視角讓初級對象充滿欲望與焦慮的古老母親，以相當戲劇化的方式，闡明了女人的**內源同性性慾**。克萊恩不僅比佛洛伊德更早主張這一觀點，也比他在一些文章中探討女性的性時的力道更強。實際上，克萊恩一開始就提出，母女之間更多的是衝突而不是融合。我們已知：焦慮與罪疚早就出現，但它們在母女之間出現得更早。如果說女孩確實是在第七至十二個月脫離了母親來欲望著父親，但她對父親的愛仍舊建立她與母親最初的、且始終是衝突的連結之上。女孩以投向父親作為脫離的完成。然而，初級嫉羨仍私下支撐她的伊底帕斯，因為她不原諒母親本人、不原諒母親讓她遭受的口唇挫折、也不原諒——根據原始的性理論——那對從交媾中彼此獲得口唇滿足的父母。因此，怨恨便以暗中或公開的方式滲入 206

41 參閱：佛洛伊德，〈論女性的性〉（Sigmund Freud. (1931b/1969). Sur la sexualité féminine. In *La vie sexuelle* (pp. 139-155). PUF. **See also**: *GW*, XIV, 517-537; *SE*, XXI, 221-244; *OCF.P*, XIX, 7-28.）；佛洛伊德，〈精神分析導論新講〉，第33講：女性性質（Sigmund Freud. (1933a [1932]/1971). XXXIIIe Leçon: La féminité. In *Nouvelles conférences sur la psychanalyse* (pp. 147-178). Gallimard. **See also**: *GW*, XV, 119-145; *SE*, XXII, 112-135; *OCF.P*, XIX, 195-219.）

42 〈早期焦慮情境對於女孩性發展的影響〉，《兒童精神分析》，頁266-267。

女人日後與另一性別的關係之中。在這篇〈後記〉結論中，克萊恩暗示，佛洛伊德所提出的「為數眾多的女人在與男人的關係中，都重覆著她們與母親的關係」[43]，是借用了她的想法。女人的欲望對象，從所有方面考量之下，仍是另一個女人，即使在異性性慾的面紗底下也是如此。這就是克萊恩比佛洛伊德其他追隨者們或誹謗者們，所提出的更強烈、更確信的主張。女人在她們的丈夫身上，尋找母親[44]！

207 同時，佛洛伊德承認男孩身上「伊底帕斯情結的史前史」都「幾乎被忽略」[45]；克萊恩則舉出了這一論點：**在男人身上也有女性的被動性**，支撐在口唇性質上。她開啟了對男人身上女性面向的研究，她認為這或是男性異性性慾的必要組成，或是對同性性慾的煽動。總之，這是承認古老母親她可能支配兩種不同類型的女性性質：女人的女性性質與男人的女性性質[46]。

---

43 同上，頁 268。

44 對於女性的性的精神分析遺產重新改寫，參閱：茱莉亞．克莉斯蒂娃，〈論陽具的怪異性，或錯覺及去除錯覺之間的女性〉（Julia Kristeva. (1996). De l'étrangeté du phallus ou le féminin entre illusion et désillusion. In *Sens et non-sens de la révolte* (pp. 198-223). Fayard.）

45 參閱：佛洛伊德，〈兩性解剖學差異之若干精神結果〉（Sigmund Freud. (1925j/1969). Quelques conséquences psychiques de la différence anatomique entre les sexes. In *La vie sexuelle* (p. 130). PUF. **See also**: *GW*, XIV, 28; *SE*, XIX, 256; *OCF.P*, XVII, 199.）

46 近年來，這一問題性在法國精神分析研究中獲得堅實而原創的發展。特別參閱：莫妮克．庫努 - 亞寧、尚．庫努，《兩性的閹割與女性》（Monique Cournut-Janin et Jean Cournut. (1993). La castration et le féminin dans les deux sexes, rapport au LIIIe Congrès des psychanalystes de langue française des pays romans. *Revue Française de Psychanalyse, 57*, 1353-1558.）

4. ……以及男性的性

母親的內部依舊是女孩破壞驅力的對象。對女人而言，這種無意識邏輯支配的是以區辨出壞客體為目標的現實測試，其位於她自己內部。反之，男孩的排泄性全能方面發展得不多，很早就把驅力投資到陰莖。

> 「他的陰莖是一種主動的器官，它能支配它的客體，且能經受現實測試……。施虐的全能集中在陽具上，這對男性位置的確立有根本的重要性。」[47]

208

對男孩而言，陰莖由穿透的器官變成了知覺的器官。類同為眼睛或耳朵，陰莖的穿透是為了認識，並促進自我的認識驅力以及它在知識道路上的充分發展。穿透固然具有破壞性，但這種施虐也伴隨修復的幻想。如此，在男孩的幻想中以及在男人的性經驗中，當性的行為損害客體之後，都傾向於透過愛來修復他的客體。

男性的同性性慾選擇的根源在於，試圖把所有怪異及恐怖的東西都定位到女人身上：自我用永遠拋棄女人的方式來保護自己。然而，這樣一種保護要付出精神的代價。即使同性戀者的無意識在這一過程中被卸除重擔、被安撫、甚至被美化，它還是有可能作為一個內部世界而被清算：

47　〈早期焦慮情境對於男孩性發展的影響〉，《兒童精神分析》，頁 272、274。

> 「基於自戀性質的客體選擇，同性戀者把陰莖象徵的價值（陰莖代表自我與意識）歸功於另一名同性別的個體，並從而否認了內化陰莖與他自己內部的內容所激發的恐懼。此外，自我用來對抗焦慮的典型同性戀方式之一，即否定無意識、控制無意識，或者透過強調外部世界與明確的現實、與意識有關的一切，來迫使無意識臣服。」[48]

209

以兄弟的同性性慾為基礎的社會連結的佛洛伊德理論，在克萊恩那裡得到徹底發展：在她看來，這是兄弟聯合起來對抗「結合父母」的祕密結盟，尤其是要對抗那虐姦母親的父親。其起源位於男孩與其同夥共享的施虐性質的手淫幻想之中[49]。兄弟間的關係起初是相互保護以對抗父母，後來則發生了逆轉並增添了偏執的特質。一方面，過度投資的陰莖竟成為一個迫害性客體，如同是父親陰莖與患者本人的排泄物。另一方面，一種好的、助人的母親依瑪構的脆弱性，增添了自我的不穩定性[50]。

男性自我中的內攝壞客體可以清楚解釋陽痿與酒癮。在酗酒患者身上（我們注意到，克萊恩在此再度援引她女兒梅莉塔·史密德伯格的工作），酒精飲料首先摧毀了內化的壞客體，並撫慰迫害性焦慮；然而，由於所有內化的矛盾雙重性在舒緩一段時間後，酒精很快就變得具有壞客體本身的意義[51]。

210

為了完成克萊恩對男性的性的圖像，我們在這裡還是必須強

48 同上，頁 292。

49 同上。

50 同上，頁 295-296。

51 同上，頁 288-289。

調，她絕非忽略男孩在陽具階段與他父親的競爭，且她強調男孩必須忍受攻擊性與認同好父親的陽具形象：

> 「如果他從根本上對自己的陽具全能充滿堅定信心，男孩就能對抗父親的陽具全能，並與父親令人畏懼又仰慕的器官較量……。如果自我能夠容忍並充分調整對父親的破壞性感覺、如果「好的」父親陰莖激發了足夠多的信心，男孩將能夠調解他對父親的認同以及他與父親的競爭，但若沒有這一點，異性戀的位置可能是無法達成的……」[52]

5. 結合或「交合」雙親

在克萊恩理論中，關於母親與父親在幼兒發展或精神病中所扮演的角色，被安娜佛洛伊德學派大量地討論過後，拉岡及其支持者們也以他們自己的方式討論。我們稍候再提克萊恩的象徵法理論，這理論將可從另一個角度修正她關於伊底帕斯三角的立場空隙，尤其是父性的象徵功能。

211

矛盾的是，我們必須注意到，陰莖淪為「次要」的地位，更嚴重的是，淪為母親「闌尾」的功能，而這並不妨礙克萊恩以包含陰莖在對象（乳房）內的這一想法來構思她的分裂理論，並以**對偶**為

52　同上，頁 274、280。

基礎來提出最早的性化的精神分析模式。此對偶不是單一的父親，無論是佛洛伊德的原始部眾父親或次拉岡的父之名、也不是單一的母親（儘管乳房作為焦慮的起源有多大的力量）來作為焦慮的俘虜，並由此再作為自我與超我的核心。此對偶為**兩名雙親**一起。

首先，雙親兩人在施虐交媾中「交合」。這兩名參與者的無區別，在年幼自我上引起了劇烈施虐，甚至精神混淆，這就是「交合雙親」依瑪構。然而，在憂鬱心理位置之後，年幼自我會區別出這兩名雙親伴侶，分離出兩名不同對象，然後是兩名整體對象（母親／父親，女人／男人）。這種分離緩解了年幼自我的嫉羨，且有助於分裂的修通。那些分裂元素可以整合到生殖的性當中。自我（或者說自體）從此有能力隨著相同性別的父母，選擇主導的性別認同。

儘管有母親崇拜，但克萊恩的世界還是——特別是在憂鬱心理位置的伊底帕斯之影響下——運作得像是一種雙焦點系統：女人**與**（et）男人，母親與父親。固然，這種直觀並沒有被**語言體系**與**原初**理論充分支持及闡述，且克萊恩的作品確實欠缺這方面的理論，而這個缺口刺激了她的繼承者與批判者[53]。雖然如此，這最初的雙重化顯現出豐富、未被探索的可能性，無論是精神的雙性性慾方面，或其倫理與政治後果方面。

212

以交合雙親的二元為基礎，克萊恩的理論既不只是一名焦慮的母親對自己孩子所進行經驗性觀察的成果，也不只是對這名猶太大家長佛洛伊德的概念恭敬的重申。事實上，在伊底帕斯的上

53　參閱：關於拉岡的主張，見本書第八章第 2 節，pp. 278 sq.；關於比昂的主張，見本書第八章第 4 節，pp. 290 sq.

游，克萊恩提出了象徵法的原創構思，為理論帶來革新。從一開始，克萊恩對母親的頌揚就引入了對雙親的承認，並使這個對偶成為自體雙性自主的異質聚集點，因為克萊恩在原伊底帕斯的構思中、甚至更明確地在憂鬱心理位置中，也給父親留下了（一點點）空間。然而，對母親的崇拜（作為核心），卻反轉成為……**弒母**（matricide）。正是由於母親的失去（在想像中，相當於母親的死亡），主體的象徵能力才被組織起來。

我們再提醒一次，無論好的或壞的乳房，只有在它被吞噬／破壞的情況之下，才會作為第一個有利於組構的客體出現。作為整體對象的母親，要能緩解偏執－類分裂心理位置的劇烈施虐，只有當她在憂鬱心理位置時「被失去」才有可能。孩子斷奶時，他確實與乳房分離了，他撇開它，並且「失去」了它。而在幻想的生活裡，分離或失去就形同於**死亡**。矛盾的是，我們看出，**對克萊恩而言，對母親的崇拜是一種弒母的藉口**。但是**在愛中**接受失去，卻讓憂鬱心理位置有可能進行修通。 213

對母親的崇拜與弒母，兩者都是拯救者。然而，很顯然地，弒母比母親崇拜具有更高的救贖意涵。因為沒有弒母，內在客體就無法構建、幻想也無法構建，而修復是不可能的，內攝到自體中的敵意同樣也不可能超越。正如我們即將看到的，克萊恩理論中的負性（négativité）是藉由幻想方式使驅力導向智力，且把母親當作標靶：若要思考便必須放開母親。放開的路徑有分歧：分裂是一條錯誤的跑道；接續在分離與死亡後的憂鬱則較為合適。最終，或許存在著一種全然的正性（positivité），此正性也是與生俱來的，它可能是愛其自身的能力。然而這份美好很大程度上取決於嫉羨的變化無常，或確切地說，取決於擺脫嫉羨母親的能力，說得更殘忍一些，是取決於擺脫母親的能力。

藝術史上，特別是西方，美杜莎的斬首是在發現了精神的內部性以及臉部的個人表達性時浮現的，這形象不僅是女性的閹割（如同佛洛伊德的卓見），也是孩子在憂鬱心理位置時領會到古老母親的失去。失去的腦袋、美杜莎被砍下腦袋的這種初級斬首，被更加帶有情慾色彩的形貌所承續。有些是以男人的象徵－陽具權力為目標（一如預告基督的施洗約翰（saint Jean-Baptiste）被斬首）；另一些則表現為男人之間的權力鬥爭（大衛〔David〕與歌利亞〔Goliath〕）、或女人與男人之間的權力鬥爭（友第德〔Judith〕與何樂弗尼〔Holopherne〕）等事件[54]。母親「斬首」（同時可理解為既是「致死」，也是「起飛」的意義：從母親那裡起飛、因對抗她而起飛）是主體的精神自由得以降臨的必要條件：這就是克萊恩以她的方式勇於宣告，不假修飾。

214

我們已經提過，在她成熟的文本中，特別是《嫉羨和感恩》一書中，她強調孩子身上存在一種天生具備的愛或感恩的能力，以及經由好的母親照顧會鞏固這種能力。再加上作為憂鬱心理位置的一個重要組成的修復能力，這種對母親的愛會不會就消除了孩子身上古老位置中獨有的弒母傾向？而弒母傾向似乎在克萊恩早前作品中具有主導地位？有人追隨這樣的詮釋。有人則在克萊恩思想對愛的轉折中，看見恩慈（la caritas）的不同形式，甚至是新社會主義的開端[55]。

---

54 參閱：茱莉亞·克莉斯蒂娃，《致命視見》（Julia Kristeva. (1998). *Visions capitales* (Reunion Des Musees Nationaux, Ed.). Catalogue de l'exposition présentée au Musée du Louvre, hall Napoléon, 27 avril-27 juillet 1998.）

55 參閱：本書第十章，p. 375 sq.

然而，這種奉獻的調性並不能掩蓋負性，負性主導了克萊恩 215 對無意識的傾聽與詮釋。修復與感恩只不過是負性的暫時結晶、是辯證法的暫時平靜，因為死亡驅力從來沒有停止工作。感恩的能力需要時時被照料與保護，在現代文化中，這份警覺的關注似乎只有精神分析能做到；精神分析要求持續注意破壞性焦慮，因為，破壞性焦慮若不懈地運作，將會使愛與感恩轉向滑入嫉羨，甚或以精神的碎裂化來湮滅它們。至於修復本身，則是透過與母親分離，因為最初的投射性認同把自體與母親連結起來，自體才獲得了對修復進行修通的機會。他因此可以重新找到母親，但永遠不會是原來的母親：相反地，他通過自己的自由，自體，與母親分離的自由，不停地重新創造母親。母親總是在形象及詞語中重新開始，現在「我」在這當中是創造者，因為我是修復者。

伴隨修復失去客體而來的憐憫與悔恨，具有想像的及象徵的弒母痕跡，而修復將持續地回顧弒母一事。的確，有種戰爭狀態將我連結到偏執－類分裂心理位置上的媽媽－乳房，它特有的恐懼與憤怒，會被憐憫所接替，而憐憫寄予在憂鬱心理位置上媽媽所變為的他者。然而，這種憐憫不過是弒母的疤痕、是一種最終見證，如果必須這麼說的話。它見證了為了存在也為了思考，「我」需要在想像中與母親和解，但代價是，我會保留一種已過時的處死、如今不再有用的弒母；會有和解，但曾經的回憶仍縈繞著「我」。回憶駐 216 留在「我的」夢境及「我的」無意識，如果「我」冒險去尋找失去的時間，回憶就會滑過詞語的表面……

6. 奧瑞斯提亞

如同伊底帕斯神話啟發了佛洛伊德的理論，當克萊恩在臨床中發現了弒母幻想時，她也藉助了奧瑞斯特（Oreste）的神話來展現這一幻想的特殊邏輯。

確實，在這篇〈奧瑞斯提亞的某些省思〉中，克萊恩強調另一種主觀的自主邏輯（而不因此否認佛洛伊德的伊底帕斯）。在古希臘戲劇中，謀殺母親是奧瑞斯特獲得自由的源泉，但是，代價是復仇女神（Érinyes）無盡的騷擾所象徵的憂鬱的悔恨[56]。這篇文章雜亂無章、尚未完成，儘管有一些漏洞，但仍在克萊恩過世後被出版。它的寫作期間似乎與另一篇也是她過世後出版的文章〈論孤寂感〉是同一時期。我們先前已說過，對於孤獨的思考最終落在整合「好乳房」的頌揚。這兩篇遺作劃出克萊恩思想的兩道矛盾分歧：一方面是母親的修復及與對象的和解；另一方面是母親的失去或處217 死以及象徵化。這兩方面也是自體的個體化複雜過程裡相互關連的雙重面向。

克萊恩對《奧瑞斯特三部曲》研究後，從她的論點提出了埃斯庫羅斯作品的三個面向。首先她介紹了奧瑞斯特的命運：他是阿伽門農（Agamemnon）的兒子，此前由於海神尼普頓（Neptune）的憤怒，使希臘戰艦無法啟航，阿伽門農為了讓希臘大軍能出發，所以犧牲女兒伊菲吉妮亞（Iphigénie）來祭神。妻子克莉坦納斯塔

---

56 梅蘭妮．克萊恩，〈奧瑞斯提亞的某些省思〉，《嫉羨和感恩》，頁 350-382（Melanie Klein. (1963/1975). Some Reflections on The Oresteia. In *Envy and Gratitude and Other Works 1946-1963*. Hogarth Press.）

（Clytemnestre）為了替女兒報仇，策動並謀殺阿伽門農，而奧瑞斯特則殺死他的母親，為他的父親報仇。其實，奧瑞斯特是伊蕾特拉（Électre）的兄弟，伊蕾特拉懷有的激情並不亞於弒母，雖然較為謹慎：正是她要求用奧瑞斯特的雙臂來殺死母親。在這場表面謀殺卻隱含亂倫的複雜戲劇情節裡，克萊恩無法不認出她自己的臨床工作裡，力比多讓自己被死亡驅力所吸收。最吸引她注意的是克莉坦納斯塔被處死的結果：這是一種弒母，其理所當然地引起奧瑞斯特的罪疚感，然而，兒子卻從弒母這個舉動獲取了極大自由，以及最高的象徵能力。

克萊恩在她的〈奧瑞斯提亞的某些省思〉最後一頁中指出，自我用盡一切手段為了創造種種能夠成為真正情緒出口的象徵，同時她也問道：為什麼是象徵？答案很簡單：因為母親是不足夠的，母親沒有能力滿足孩子情感上的需求。放掉母親，你不再需要她：這會是象徵的終極訊息，如果象徵說得出它們存在的理由。克萊恩重拾起她最早的工作之一：關於小迪克，以及他獲得象徵、通往思考的種種困難[57]。 218

奧瑞斯特的悲劇遭遇是否讓克萊恩作為序曲，導出她對象徵誕生的反思、她對象徵的頌揚？或是，透過這種神話的迂迴，是來說出象徵就是對母親的謀殺？又或者，象徵是最好的謀殺母親的方式？無疑的是，正如精神分析所觀察、所推廣，這謀殺是在想像層面；並非是要在現實中殺死母親、或其他任何人：

「沒有任何一種現實情境，可以滿足孩子幻想生活中

57　參閱：本書第八章第 1 節，p. 257 sq.

急切、而往往是矛盾的需求與欲望。」[58]

犯罪及其他具相當程度攻擊性的實際行動只是由於象徵的挫敗；這些行為也標誌著想像中弒母的失敗，而唯有弒母才能開闢思想之路。反之，思想的創造，以及行使至上的自由，也許能促成一部天才作品的誕生，並證明了一個成功的弒母幻想。

反英雄奧瑞斯特若真是弒母者的話，也是非凡的弒神者。與伊底帕斯相反，伊底帕斯是欲望的、潛抑的人，也是諸神的幫凶，奧瑞斯特則是朱比特的黃昏。伊底帕斯是創造了謎、又解開了謎，表現出信仰者的輪廓。相信父親、相信神祇、相信知識，其間的差異並不像人們說得那麼徹底：任何形式的信仰都是在代謝享受欲望與死亡欲望。而奧瑞斯特，他是反兒子與反英雄，因為他是反自然的。克萊恩適切地指出，殺死親生母親就等於起身反對上帝；重新思考作為悔恨生成者的憂鬱心理位置後，她寫道：謀殺母親施加了罪疚感；但是，在這裡，克萊恩進一步推論出母親是「上帝的原型」[59]，因為她施以懲罰而令人敬畏。

219

這樣的詮釋與沙特（Jean-Paul Sartre）劇本《蒼蠅》中對《奧瑞斯提亞》的解讀差距不大：謀殺母親的兇手兒子是激進的弒神者[60]。然而，如果說克萊恩在這裡展現她的無信仰（就像弗立茲／艾力希的母親自稱為「無神論者」[61]），她卻隨即明確表示：她的

---

58 〈奧瑞斯提亞的某些省思〉，《嫉羨和感恩》，頁 381。

59 同上，頁 356-357。

60 參閱：茱莉亞·克莉斯蒂娃，〈沙特，或「反抗有理」：一、「我，我是自由的」（奧瑞斯特）〉（Julia Kristeva. (1996). Sartre, ou “On a raison de se révolter”, 1. “Moi, je suis libre” (Oreste). In *Sens et non-sens de la révolte. op. cit*., pp. 311, 335-341.）

61 〈兒童的發展〉，《愛、罪疚與修復》，頁 7-8。

弒母版本絲毫不是虛無主義，而是恰恰相反，為了進入象徵，擺脫母親成為不可或缺的條件。

因為一旦缺少這種象徵化的路徑，奧瑞斯特淒涼的一面就會顯現：他所在之處即是伊底帕斯的失敗；欲望的失敗與對欲望潛抑的失敗。主體返回到分裂、返回到心靈的破壞，在此，精神病阻礙了 220 神經症的心理劇，並使精神空間裂為碎片。克萊恩那些表現出如同〈奧瑞斯提亞〉的病人們，難道不是《發條橘子》中盲從的機器人般的、無情緒波動的殺手之先驅？今天，某些碎片化人格特徵藏匿於藝術展覽和其他精神分裂裝置中，所謂的「前衛」出版社則接受了他們所稱的極簡主義的淫穢作品。至於精神分析師，他們在**心靈的新疾病**[62]裡解讀出奧瑞斯特的失敗與象徵化的失敗，而新式大都會裡的暴動劫掠者、還有毒販，則是這樣的帶病者。

不過，奧瑞斯特也有神智清醒的一面。伴隨克萊恩天才的哲學抱負，奧瑞斯特使神智清醒的一面恢復，以便在原初潛抑的根源中尋找思想的最終條件：在精神空間與智力得以降臨的地方，但也是窒息風險聚積的地方。當諸神疲憊或妥協時，我們能做的是凝視這些豐饒的根源，照顧、保護、並發展它們。

帶著全新的詮釋並行，克萊恩對弒母的頌揚是一種為了挽救人類象徵能力的呼籲。象徵法，或許是人類的特性，而呈現到精神分析之母面前的，是一種不確定、始終在受威脅的奇蹟，其命運則取決於母親，但條件是「我」可以「讓我」不用她。莉布莎的女兒梅蘭妮說道，這名母親是全能的，但我們可以、我們必須沒有她，這 221

62 〔譯註〕這是作者克莉絲蒂娃的著作《心靈的新疾病》（*Les Nouvelles Maladies de l'âme* (1993)）

樣更好。這就是克萊恩「犯罪」的訊息，當然這是象徵的。

我們因此可以理解：為何一些女性主義者把克萊恩表揚為母神神話的現代創造者。有些人則出於相同原因憎惡她：嫉羨自己母親難道不是無可忍受的嗎？最後，還有一些人基於克萊恩鼓勵弒母的理由，而拒絕接受她。

或許唯有偵探小說的女性作家理解克萊恩；又即便我們沒有讀過她，我們也不必去讀她。由於這些偵探小說的女性作家與克萊恩共享的這種無意識的知識中，「我」談論謀殺並不是因為「我恨」有陽具的男人，也不是「我」希望把自己從陽具中解放出來；或者說不僅是如此，而是因為女兒與母親，女兒或母親中的「我」知道「我」必須擺脫什麼樣的嫉羨（是哪樣必然的施虐欲望要去穿越它、失去它，並在某種意義上殺掉它），以獲得最起碼的自由來思考。偵探小說對我們而言如同真實是因為它超越了某類暴露欲望的小衝突和潛抑終於被突破的矯作魅力的通俗文學。偵探小說的女王們潛入一種精神災難中，而這精神不值得再用靈魂稱之。克萊恩式的分裂與碎塊、回轉、嫉羨與不知感恩、具現化的鬼魂，如具體對象及母親克萊恩的暴虐超我，縈繞在這些四分五裂的空間，但這些空間終於在稍微安撫的哀悼的平順中，被探訪、被揭露。偵探小說的女王們（我們強調這種既成表達方式的女性性質，彷彿是自然而然、是稀鬆平常的？）是已經與處死和解的憂鬱女性，她們記得從最初就有的嫉羨施虐、她們從未停止透過講述來治癒自己。

222 我想像她們擁有克萊恩女士晚年那種溫順的暴力，而克萊恩她也能寫出偵探小說，如果她有幸能擁有一種母語，且如果她沒有成為首席偵探，也就是……精神分析師，她一樣能寫一部偵探小說。無論如何，毫無爭議地，她就是偵探小說家，即使她好像是忘記了還存在的一些謎，而急著使用先前調查所得出的現成知識體系。不過，即使當她放棄系統圖式時，她也能偵破焦慮，並恰到好處地直指核心（如她和理查的工作），以讓思想之徑通行無阻。

223

第七章

幼幻想，一種具現化隱喻

225 1. 前於表象的代表

無論回溯至多遠的童年，克萊恩總是發現一個幻想的自我。這種由口語與非口語、感官、情感、情緒、運動與動作的表象，甚至由具體客體所構成的異質實體，克萊恩的幻想是真正的理論混雜物，正好挑戰了那些純粹派，但同樣使臨床人員感到欣喜，特別是對從事與童年、精神病或心身症相關的工作者來說。此外，克萊恩本人從來沒有系統化「幻想」一詞的各種用法，而今是她的弟子蘇珊．伊薩克斯的著作作為這領域的標準[1]。

1941 至 1945 年期間，震撼英國精神分析學會的著名論戰中[2]，226 蘇珊．伊薩克斯指出了克萊恩構思的原創性，並提出「幼幻想（phantasme)」拼寫的建議，用來指稱克萊恩所關注的一種作為潛抑先決條件的精神活動，並將其與白日夢（無論是有意識的還

1 蘇珊．伊薩克斯，〈幼幻想的本質與功能〉，《精神分析的發展》（Susan Isaacs. (1943/1952). Nature et fonction du phantasme. In *Développements de la psychanalyse* [Developments in Psycho-Analysis]. *op. cit.*, pp. 64-114. 1966 年法譯出版.）

2 參閱：本書第十章。

是被潛抑的）區分開來，白日夢通常隱藏在精神分析中的「幻想（fantasme）」裡。對伊薩克斯而言，「幼幻想首先是精神上的必然結果，是驅力的精神代表。任何驅力、任何需要、任何的驅力反應都必須首先被體驗為無意識的幼幻想」[3]。

佛洛伊德主張幻想在生命的第二至第三年才會出現，且這種幻想確實是採用夢的模型來設想的。在〈夢的解析〉裡，他提出一種精神裝置的圖式，描述其為「場所」，並且相比為形成影像的攝影機[4]。

在知覺與運動這兩個界標之間，這種精神裝置由三種回憶所組成：無意識（最深層與最古遠的）、前意識（口語、中介的）與意識。夢，一如白日夢，亦即幻想，佛洛伊德認為它具有退行的特徵：刺激在夢中退行，並遵循逆行路徑，這導致刺激並不是傳遞到運動端，而是傳遞到感覺端。「在夢中，表象回到了它所曾經來自的感官形象，我們將此稱為退行」[5]。儘管強調**視見**（vision）與**視覺**（visuel）回憶對無意識思想行使了特別的吸引力，且使這些思想得以表達，然而，佛洛伊德並沒有忘記，在夢中，或進一步地在幻想中，動員的是**整個感官層面**。他甚至還遺憾地說，他自己的夢「沒有在他身上顯現出像別人那樣豐富的感官元素」[6]：會不會就是因為這個原因，使他在構思幻想的時候，正好沒有考慮感覺的元

227

3　蘇珊・伊薩克斯，〈幼幻想的本質與功能〉，《精神分析的發展》（op. cit., p. 79.）

4　參閱：佛洛伊德，〈夢的解析〉（Sigmund Freud. (1900a [1899]/1967). *L'interprétation des rêves* (p. 455). PUF. **See also**: *GW*, II-III, 541; *SE*, IV, 536; *OCF.P*, IV, 589.）

5　參閱：佛洛伊德，〈夢的解析〉（Sigmund Freud. (1900a [1899]/1967). *L'interprétation des rêves* (p. 461). PUF. **See also**: *GW*, II-III, 548; *SE*, V, 543; *OCF.P*, IV, 596.）

6　參閱：佛洛伊德，〈夢的解析〉（Sigmund Freud. (1900a [1899]/1967). *L'interprétation des rêves* (p. 465). PUF. **See also**: *GW*, II-III, 552; *SE*, V, 546; *OCF.P*, IV, 600.）

素？

佛洛伊德的幻想是我們無意識欲望的情節，它們都是關於欲望的幻想，而最早的欲望是**滿足的回憶**之幻覺投資。然而，佛洛伊德卻在此加入「原初幻想」，其更具謎的特性，並承載著個人未必親身經歷過的史前真理，而這些幻想會無意識地返回個體身上以填補他個人真理的空缺（像是原初場景的、閹割的或誘惑的幻想）。

佛洛伊德推論的豐富性及多義性，引發了多種不同理論思想的擴展。拉岡一心鑽研幼幻想的視覺面向，並藉由鏡像階段發展出一套光學模型，用以支撐他自認為忠於佛洛伊德的幻想理論。在一場228克萊恩作品的討論會上，他以此間接地反對克萊恩的幻想理論[7]。在克萊恩的理論中，眼睛可視作「主體的象徵」，而這一主體顯然是被放置在自我誕生**之前**。在小迪克案例[8]中，克萊恩的詮釋挑起幻想的湧現，這被拉岡評論為一種由分析師的話語所施行的「嫁接」：是克萊恩女士的「能指」提出了等同（例如，火車就是爸爸），並把主體迪克放到正確位置上；他從而能**看見**他的無意識欲望，且能使用話語來表達。

拉岡的這番批評反倒點出了克萊恩方法中特有功效的其中一面：也就是言語化對無意識幻想的作用。對於懂得語言體系但還不會說話，或擁有**語言**（langue）但還沒有**話語**（parole）的孩子而言，為他的各種幻想命名有助於他從**同一性**（identités）的精神世界（陰莖與火車的同一性，如同迪克在遊戲的行動裡讓人理解到

7　參閱：雅克·拉岡，〈想像的拓撲〉（Jacques Lacan. (1954/1975). La topique de l'imaginaire (24 février 1954). In *Les Écrits techniques de Freud, Séminaire I* (pp. 87-103). Seuil.）

8　參閱：本書第八章第 1 節，pp. 257 sq.

的），走到**相似性**（similitudes）的世界（陰莖與爸爸之間的相似性，如同克萊恩所想並所說的那樣），也就是將孩子安置到想像領域之中[9]。這種體系的轉換（從同一性轉為相似性）得助於分析師在治療中的話語而完成。在拉岡看來，話語的效果或能更容易進入遊戲（至此為止極粗略的遊戲），而同時，話語也能引領迪克進入象徵的領域，亦即分析師說出的思想。於是，想像與象徵能達到相當於小病人的驅力的真實，一如在光學的數學邏輯中，真實與想像是相融合的，是以得證（CQFD）。這一深富洞見的評論，扼要且迷人，卻絲毫未提及幻想的異質特徵。這一特徵，早在克萊恩以某種方式——神話般的，且實際上也是相當驅力的方式——為其命名之前，她就透過將自己投射到**退行**的無意識中即觀察到了。 229

在這裡，「投射」一詞確實意味著一種光學的過度，而拉岡正是帶入這個觀點，以便讓幻想中發揮的驅力出現時的**意念**（l'idée; l'eidos）能被聽見；在拉岡之前，分析師們天真的經驗主義則忽視了這種光學。只不過，拉岡對於表象的形上學基礎所做的翻新，卻是以壓縮克萊恩的幻想／幼幻想領域而換來的代價。

蘇珊・伊薩克斯[10]摘要說，「一開始，欲望與幼幻想的全部重量都壓在感官與情感之上」。確實，若仔細閱讀《兒童精神分析》 230

9　根據阿蘭・吉博（Alain Gibeault）的回顧，對佛洛伊德而言，在史瑞伯案例中，精神病「基本語言」所構成的象徵關係可能是古老的同一性的殘餘；佛洛伊德藉由重新採用語言體系起源的某些理論找到樂趣；根據這些理論，語言體系可能被性的詞語及工作中被使用的詞語之間的「同一性」所標記。「今天透過象徵的方式連結起來的東西，更早先時候是用概念的及語言學的同一性所連結。這種象徵關係似乎是古遠的同一性的殘餘與記號」。參閱：佛洛伊德，〈夢的解析〉（Sigmund Freud. (1900a [1899]/1967). L'interprétation des rêves (p. 302). PUF. **See also**: *GW*, II-III, 357; *SE*, IV, 352; *OCF.P*, IV, 397.）

10　蘇珊・伊薩克斯，〈幼幻想的本質與功能〉，《精神分析的發展》（*op. cit.*, p. 88.）

克萊恩對孩子們最初分析的報告，並若像尚 - 米歇爾．佩托所那樣的解讀，就不能不贊同伊薩克斯的說法。無意識幻想或前意識幻想被安排在任何精神活動或任何行為中，使幻想達到一種真實「以行動形式存在的幻想情節」的地步：幻想是名符其實地凝結在運動機能、對食物的喜愛與厭惡、對原初場景知覺的敏銳（特別是視覺）、身體的形象、聲音的說唱、體育活動、參與音樂會及表演及電影、學業與智能的活動、神經症的症狀，還有最終凝結在人格的整個組織[11]。不僅整個精神生活**孕含**幻想（精神分析通常這樣主張），還有，在克萊恩所傾聽及分析的兒童身上的幻想，即潛抑出現之前就存在的幼幻想，也與精神生活相**混合**——由於幼幻想與精神生活是「佔有的、與攻擊的最原始驅力代表，透過遠離意識之理性思維的、**遠離語言的精神過程**來表達和處理」[12]。

231 來到我們面前的是分析理論中最困難的問題之一：克萊恩在臨床實踐中以全新的方式發展它，卻沒有將它理論化，並把這一任務留給她的後繼者，成為當前位於精神分析研究核心的問題：**精神表象**（représentation psychique）是什麼？或該說，種種精神表象是什麼？

在初級幼幻想中，重新建立「感官與情緒的重量」地位的克萊恩可以對自己忠於佛洛伊德思想感到自傲。在〈夢的解析〉中，佛洛伊德將精神裝置比擬為攝影裝置之後的幾頁裡，他自己不是也在追蹤感官倒退的「痕跡」嗎？同樣，克萊恩的「幼幻想」隱含著

---

11 參閱：尚 - 米歇爾．佩托，《梅蘭妮．克萊恩（一）：最早的發現與最早的系統。1919-1932》（*op. cit.*, p. 75-79.）

12 蘇珊．伊薩克斯，〈幼幻想的本質與功能〉，《精神分析的發展》（*op. cit.*, p. 85.）；斜體由作者克莉斯蒂娃所強調。

佛洛伊德〈論魔術書寫板〉（1925）[13]一文裡關於記憶痕跡所喚起的精神銘記，但並不只限於此，她還將精神銘記加入「相機裝置」中，作為精神表象的模式。然而，與克萊恩幼幻想的**表象各個層面**的團塊相比（感官、情感、動勢、行動、非口語與口語表象，乃至幼幻想與精神病的苦痛有時被化約而為的具體客體本身——這還不是完整清單），佛洛伊德關於精神裝置中的驅力「表象」帶著過多「外交辭令的」[14]意義。換言之，克萊恩的幼幻想包含了前－表象或無－表象，克萊恩的弟子將試著對此進行概念化。至於拉岡，他以非常希臘的方式將精神表象拉向外觀與**意念**的可見性。整個精神分析的現狀取決於克萊恩從跨口語的古老領域所揭露的這場臨床與概念的探索，此探索挑戰了意念的或視覺的表象[15]。 232

確實，伊薩克斯及克萊恩都使用「幻想」一詞，其詞源必然讓人聯想到顯現－在場－視覺，但她們將幻想一詞從希臘的詞源學與形上學移轉出來，並將它裝滿驅力現實、裝滿像是貪婪或嫉羨的初級內容。此外，精神裝置中**某種驅力的感官**，會自動與搭配它的某個**客體**的幼幻想相互連結，使得每一個驅力的刺激都具有一個對應它的特定幼幻想（例如，對食物的欲望就對應著飢餓的情感與

---

13 參閱：佛洛伊德，〈論「魔術書寫板」〉（Sigmund Freud. (1925a [1924]/1985). Note sur le « Bloc-notes magique ». In *Résultats, idées, problèmes, II* (pp. 119-124). PUF. **See also**: *GW*, XIV, 3-8; *SE*, XIX, 225-232; *OCF.P*, XVII, 137-143.）

14 根據尚 - 米歇爾．佩托提出的相關描述，參閱：《梅蘭妮．克萊恩（二）：自我與好客體。1932-1960》（op. cit., p. 204.）

15 參閱：威爾弗雷德．比昂對於 *alpha* 元素與 *bêta* 元素的描述，《關注與詮釋》（*op. cit.*）；皮埃拉．奧拉尼耶及她對象形符號（pictogrammes）的研究《詮釋的暴力》（Piera Aulagnier. (1975). *La Violence de l'interprétation*. PUF.）；茱莉亞．克莉斯蒂娃對符號學（sémiotique）與象徵（symbolique）所作的區辨，《詩歌語言的革命》（*op. cit.*）

乳房客體）。自出生開始，驅力就具備了雙重表達：感官／情感[16]
233 與客體，而客體的呈現是緊附在感官之上的。克萊恩的幼幻想是這種接合處、這種存在於裡面與外面的驅力命運的機制，即「尋找客體」[17]的驅力。

既然各種幻想也具有防禦功能，它們就不僅只限於實現驅力的刺激。它們還能帶來獨立於現實之外的滿足，甚至是現實的惡化。這些滿足增加了自我的全能，讓自我能夠抵禦它對自己的破壞（因此，被「壞」乳房攻擊的幻想是透過攻擊「好」乳房來對抗自我破壞感的一種防禦）。

這種幻想的原在場，與隨之而來的自我的原在場，意味著驅力擁有某種命運是不受外部現實提供的條件所限制的。這正是克萊恩的理論核心觀點：對精神生活而言，**幼幻想中的**恐懼與焦慮比母嬰
234 之間的真實分離更具影響，無論這種分離是持久的、戲劇化的或者兩者都不是。幼幻想代表的不是現實，而是「驅力與內在客體」、「感官／情感與對象」的二元性；幼幻想預測未來並高估未來的威脅，於是它把**剝奪**轉變為**挫折**。在幻想活動中，某種負性從一開始就發生作用；幻想活動將經歷好幾個階段，才能藉由語言體系及思想獲取象徵的能力。從這被強化的負性，再依循客體關係的各種可

16 根據佛洛伊德 1915 年〈潛抑〉一文中的說法，情感是驅力能量數量的主觀表達，經常等於「情感定量」這一同義詞；這似乎與自己的意識非常相關，並致使佛洛伊德去思考談論無意識情感是否合法。當無意識表象在無意識中被潛抑的同時，對佛洛伊德而言，無意識表象是對應著無意識情感的，因此其只能是無意識當中的某個「初胚」。然而克萊恩的看法明顯不同，她似乎將幼幻想概念往前拓展直至包含了這一初胚。參閱：佛洛伊德，〈潛抑〉（Sigmund Freud. (1915d). Le refoulement. **See**: *GW*, X, 255; *SE*, XIV, 152; *OCF.P*, XIII, 195.）；安德烈．格林，〈語言學能指的異質性〉，《有生命的話語》（*op. cit.*）

17 漢娜．西格爾，《梅蘭妮．克萊恩作品的介紹》（*op. cit.*, p. 18.）

能，將啟動出一**系列的幻想**（série de fantasmes）：施虐、偏執－類分裂、躁狂及憂鬱最終**經由**（via）整合分裂並強化自我，允許透過修通對驅力性進行最佳的表象。儘管如此，克萊恩認為，幻想仍將與無意識的常數糾纏在一起：如焦慮、貪婪或感恩。

幻想是否如同隱喻？必然是，若說幻想是用一個客體替代另一個、用一種凝縮的說法取代另一個的行為。然而，克萊恩並不侷限在隱喻的簡單修辭形象，也不侷限在文字遊戲：她更感興趣的是一種類似性的軸線，並圍繞此軸線進行著幻想特有的隱喻替代（「火車」代表「爸爸」與「陰莖」）。治療師在此注意到有某種相似的破壞性焦慮接替了被潛抑的力比多：同一個焦慮附著在「爸爸」、在「火車」以及在「陰莖」上；在兒童想像中，焦慮滲透到一連串可互換的客體和字詞的整個序列或凝縮中。這種邏輯來自伊底帕斯的無所不在，而在此焦慮情況下，死亡驅力把對母親的欲望與對父親的競爭黏合起來[18]。 235

此外，當克萊恩對她病人的幻想進行詮釋時，無論病人是否為兒童，她只告訴他們伊底帕斯神話並強調其中原始的與破壞的施虐。因此，她「嫁接」到病人身上的幻想的意義並不是任何隨便的「能指」，也不是象徵著驅力被引入語言記號的第三性之後，所出現的二元混論的「能指」。正好相反，克萊恩將幻想銘刻在**伊底帕斯的內容**中，藉此，主體的自主性得以被建構；以及，銘刻在**死亡驅力**的重要前提中，其曖昧兩可性從未被克萊恩忽略，它當然是破壞的，但在某些條件下卻可能具備高度建設的意義。所以，人們對理論家克萊恩沒有談論「原初幻想」並不感到驚訝，因為無論這些

18　參閱：本書第八章第 1 節，pp. 257 sq.

幻想是根據多麼不同的「位置」而反映出的多樣性，克萊恩的幼幻想本質上都是「原初的」，是被一個特早期伊底帕斯與被死亡驅力的持久性所支配。

分析師本身的詮釋被納入移情／反移情之中，此必然是進行中的詮釋的幻想組成部分。詮釋構成了幻想的上層精神面貌，即幻想的象徵修造而成**神話**或**知識**（神話是我們古老的知識，而我們的人類知識從未完全脫離神話）。如此一來，最終，分析治療期間裡上演的這場怪異相遇中，在兒童的遊戲－幻想（或成年病人的聯想幻想）**以及**根植在伊底帕斯與死亡驅力的分析詮釋之間，幻想充分發揮一種**具現化**隱喻的價值。

236

2. 焦慮與語言之間的「前敘事外殼」

在近期受到認知主義啟發的觀察下，克萊恩關於嬰兒身上原幼幻想的論點似乎獲得了證實。在準敘事的意義上，其扣接驅力與欲望並以對象（乳房、母親）為目標，以確保恐懼症的、施虐狂的早期自我得以倖存。

我們的確在未滿一歲的嬰兒身上觀察到：「事件表象」、「事件圖式」或「**認知情感模型**」，這種種從一開始就採用了「前敘事外殼」的形式[19]。這可能是一種以情感為主的主觀現實，它穿戴著

237

19 參閱：丹尼爾·斯坦，〈「前敘事外殼」：朝向可探索嬰兒精神現實的經驗基本單位〉（Daniel N. Stern. (1993). L' "enveloppe prénarrative". Vers une unité fondamentale d'expérience permettant d'explorer la réalité psychique du bébé. *Journal de La Psychanalyse*

驅力的邏輯屬性：欲望（或動機）、目標、滿足、在時間裡開展、重複、回憶聯想、等同於原始情節的戲劇張力曲線等。這種前敘事外殼情緒的、身體的且已是主觀的經驗，是以人際間情境的驅力為基礎，因此是某種從「真實」世界浮現的精神建構：思想的某種「浮現的屬性」。於是，專門控制眾多精神事件（感官、本能需求、運動機能、語言體系、場所、時間等）的多重「中心」，或者，**平行分配過程**，能夠在更高層次上成功地彼此協調，那層次正是將它們整合於一個結構接近敘事的統合事件。

就像生成文法理論早已假設了存在一種與生俱來的語言**能力**（所有表達陳述的最小矩陣：主詞－動詞－受詞），這種能力後來根據語言不同規則，在符合語法的**表現**（performances）上獲得完成，我們也正逐步走向基本的、甚或天生的敘事結構的概念，它也許從新生兒的最早驅力互動開始就活化了。「前敘事外殼」伴隨著「類比表象」，既不是全然經驗，也不是全然抽象，而是介於兩者之間。幼幻想有可能就是這樣一種在虛擬時間中經驗到的敘事外殼的類比表象。 238

這一理論進展相當吸引人，但前提是要記住：理論所尋求的分析經驗指出，幼幻想（以及敘事外殼本身）銘刻在情緒背景中，如

---

de l'enfant, 14, 13-65.）；尼爾森、格倫德爾，〈廣義的事件表象：認知發展的基本構件〉（K. Nelson & J.-M. Greundel. (1981). Generalized Event Representations: Basic Building Blocks of *Cognitive Development*. In M. E. Lamb & A. L. Brown (Eds), *Advances in Developmental Psychology*, Vol. 1, Hillsdale, N. J. Erlbaum）；曼德勒，〈表象〉（J. M. Mandler. (1998). Representation. In J. H. Flavell et E. M. Markman (Eds), Cognitive Development, Vol. 3 de P. Mussen (Ed)；*Handbook of Child Psychology, 4ed.*, (pp. 420-494)；塞勒西耶，〈今日的發生建構主義〉（G. Cellérier. (1992). Le constructivisme génétique aujourd'hui. In B. Inhelder et G. Cellérier (Eds.), *Le Cheminement des découvertes de l'enfant*. Delachaux et Niestlé.）

果沒有這背景，幼幻想序列本身就無法實現：具體而言，幼幻想在口唇－肛門－生殖器的破壞驅力裡，並透過這破壞驅力發揮作用，而幼幻想無法與之分離。換句話說，幼幻想形式邏輯所特有的前敘事序列，取決於是否得以表達這破壞性：一方面是孩子表現出這破壞性，另一方面是母親認出這破壞性是由死亡驅力所承載。從那時開始著名的小迪克案例，即是最佳的證明。

克萊恩學派與後克萊恩學派的臨床實踐注意到這包含在原幼幻想裡敘事思想的存在；臨床實踐不是建立於所觀察到的早期敘事邏輯，而是觀察到的**初級焦慮**，而焦慮要能變為思想的條件，則必須被客體（母親，或者最好是分析師）所認出並被重新運用。

當我們察覺到標準敘事圖式在病人的自由聯想中、或是在編故事的技巧上被修改時，我們就面臨到**焦慮的過度**。此外，精神分析的經驗也同時告訴我們，原幼幻想，作為「屬性浮現」的「前敘事外殼」，必須要有**他者的話語**（parole de l'autre），才能徹底建構為幼幻想。如果說克萊恩強調了幼幻想的中這種敘事外殼的前語言與情感面向，那麼，她也藉以分析框架本身，將幼幻想與分析師的口語詮釋結合起來，亦即分析師借用自己的詞語，將前敘事引向嚴格意義上的幼幻想敘說。因為治療師詮釋了兒童實踐的原幼幻想，並將之命名為幼幻想的這個記敘，將此兒童的浮現思想導向了從此作為第三項的層次：一個我們將稱之為象徵的層次，在此，初級焦慮從詮釋的敘述中被認出、被重建，從而找到了最佳條件，以便在其他的思想形式到來之前，讓兒童自己的敘事來接管。

239

如前文所述，如果克萊恩的幼幻想概念被視為具現化的隱喻，並幫助我們掌握兒童幼幻想的特殊性，以及精神病的幼幻想（還有由表象與「具體性」構成的異質性），那麼這概念也蘊藏著某些危險。而且還不是普通的危險：治療中的風險在於低估了幼幻想的隱喻意涵；在於僅只聽見實體性質客體的現實，而沒有聽見隱喻性質的部分；也在於，總而言之，拒認這種想像的隱喻性質，而置身於心理學的現實主義中。若真如此，分析師就會屈服於精神病的象徵等式，甚至可能失去了將象徵化的方法，陷入了鼓勵精神病發展的 240 風險。

在論戰[20]中，這些隱憂都已經被提出，詳閱克萊恩學派的回應便可看出克萊恩與其擁護者都意識到這樣的偏離。這些女性分析師們區分了病人的想像與分析師的想像，她們重視分析師的豐饒多產，因為這是分析工作的首選材料，一如它還算優雅地在兩個界端之間展開：一邊是精神病的具體性，另一邊是適應規範現實的傾向。此外，論戰出現的時機像是正好來釐清如果沒有論戰，這種釐清就不可能有機會被說明；就算危險仍舊持續，就算許多同行仍舊混淆了真實、想像與象徵層面，然而拉岡將極其堅持地梳理這些層面[21]。

其他分析師面對朝向驅力與感覺的退行精神運動時，則有戒備地區辨分析療法的各種詮釋層面。在這種嚴謹的要求下，我們可將比昂的方法定位為：他試圖把分析理論從一種指涉精神現實的隱喻語言隔離開來；為避免隱喻自行造成語言層級的混淆，他將採用抽象標記法，如 L、H、K：「X 愛 Y（愛〔Love〕）；X 恨 Y 241（恨〔Hate〕）；X 知道 Y（認識〔Know〕）」[22]。基於近似的考量，溫尼考特則堅持精神現象的過程面向，冒著濫用現在分詞的

20　參閱：本書第十章第 1 節，pp. 345 sq.

21　參閱：本書第十章，pp. 386-387。

22　參閱：《從經驗中學習》（*op. cit.*, p. 60.）；見中譯本，五南，頁 52。

風險：如**存在**（being）、**生活**（living）、**做夢**（dreaming）、**幻想**（fantasying）等。不過基本上，兩人都接近克萊恩的構思，即在乳兒與精神病患者的精神經驗中呈現一種初級精神功能，甚至是原始或原初的；在兩人的理論中，溫尼考特使用「原始痛楚」，而比昂使用「無名恐懼」來指稱這種功能，甚或無形或「物自身」。

與這個初級幼幻想世界的衝突是否為精神分析師退行而產生的某種人為現象？這可能是理論上的缺陷、是治療師以想像力彌補的結果，使得被拒絕言語化的嬰兒或精神病患者的謎之功能推入困境？或剛好相反，既然幼幻想就是整個精神分析的真正對象，克萊恩全憑經驗的膽識不就證明了分析式傾聽的內在必要性嗎？唯獨藉由以自己的幻想當作鏡映的陪伴，分析師才能引導（雖然總是不完整的）病人走向精神真理，並幫助他與現實相遇。這並未因而產生 242 對人類知識的懷疑，而是確信想像是真理的場域；沒有想像，真實就會與潛抑相互混淆。

反之，那些試圖不對幻想進行工作的人（若非藉由使用縮寫來排除，就是貶抑想像，認為那只是個誤解），將自陷於不傾聽這些除了通過幻想外、沒有其他方式被傳遞的無意識材料；這些人頂多在臨床中傾聽，但透過他們虔誠淨化的理論來排拒。在這一主題的爭辯中，我們必須承認是女性（克萊恩、伊薩克斯、海曼）冒著風險來呼籲幻想在知識過程中的作用，並留給比昂、溫尼考特等男性，以及拉岡（在相當程度上）也是，一種以象徵來遏止想像的任務。克萊恩不僅在兒童的想像上、在分析師的想像中工作，而且她做得如此強烈、如此深入，使兒童與分析師的兩個想像掌握了身體與其行動的互動，且不得不讓人感覺深掘至內臟，而拉岡打趣地說：「天才的臟解師（géniale tripière）」[23]。

讓我們試著用更多同理來伴隨克萊恩對幼幻想的幼幻想式的鑽研。將自己定位於最貼近**挫折**（而非**滿足**）的幻覺式知覺，克萊恩並不是如某些膚淺的指責所說，在將無意識實體化時遭遇失敗。相反地，她聽出了身體反變為精神，感官與情感反變為記號，以及逆向的變換；對於這樣的變形，使用「想像」一詞就顯得太過扁平，而基督教也為此創造了「**肉身具現**」一詞。「梅蘭妮．克萊恩成功地賦予無意識以生命，隱喻則由它具現化的一面而被定義」[24]。 243

然而，克萊恩的立場與基督教的理想主義色彩及與理想化傾向相反，基督教是利用肉身具現的邏輯來潛抑身體與性，以提倡精神性，克萊恩則是在話語中恢復了肉體，並在編織病人幼幻想的圖像與象徵法中，賦予驅力的、激情的身體首選地位。

在對邁向第三個千年的基督教精神的眾多頌揚之中，我們遺忘了一點：透過處在一個將聖言變為肉體、肉體變為聖言的地方，基督徒的經歷在黑夜盡頭完成這趟旅程，在這裡，詞與物融合。而這是難以理解的奧義，或者是對精神病的認識？把自己置放於邊界上來思考邊界，基督教能夠宣稱其具有普遍性，並把其他宗教編入旗下。而精神分析或許是唯一能聽見自身挑戰的，而它的精神裝置模式，是含括了性並以移情愛為動力。

佛洛伊德所謂的「哥白尼」革命，不單只是它以欲望的無意識邏輯來取代意識的主宰，並對神人的心造成了傷口。更根本的是， 244

23 〔譯註〕請參見本書第十章譯註，內有更詳盡的說明。

24 阿米歌那 - 羅森貝格、貝雷杰、維拉 - 歐坎柏，〈梅蘭妮．克萊恩或具現化的隱喻〉（Nenunca Amigorena-Rosenberg, Leopoldo Bleger et Eduardo Vera Ocampo. (1995). Melanie Klein ou la métaphore incarnée. *Panoramiques, 22*, 97-101.）

這一革命旨在將語言體系與思想刻入性驅力當中，甚至刻入性驅力的生物性基礎當中。克萊恩的幼幻想更加劇了身體／心靈二元論的重新融合。提出人類肉體－心靈的驅力混雜，精神分析超越了其領域嚴格的臨床框架（有時是過度的意識形態框架）。即使我們難以承認，但精神分析確實是現代思想基本潮流的一部分，自一個多世紀以來，它試圖有耐心且冒著風險從二分法的範疇（身體與心靈，主體與客體，空間與時間等）開始對形上學進行拆解。因此，克萊恩傾聽幼幻想與詮釋幼幻想的方式，無疑是隸屬於對形上學的解構，這種解構尤其是牽涉到精神分析與形上學對後天主教的爭論。但前提是我們要承認：基督教的肉身具現神話已經走在改寫形上學二元論的路上：憂患之子的身體是心靈，而心靈在聖餐變體的動力中是身體。克萊恩將佛洛伊德理論推得更徹底，她把所有治療上的洞悉用於將這個神話及其解構移轉到對他者的關照與尊重之中。幼幻想就同時像是這一經驗的客體（病人的幼幻想），及其阿基米德槓桿（分析師的幼幻想）。

然而，儘管有精神分析與哲學上的明確進展，我們還有很長一段路要走，也才能正確指出在移情／反移情中交流的分析師言語化的幼幻想如何促發最終的微調，而使前敘事外殼轉化為可命名及可遊戲的幻想。還有，分析師得跟著孩子陳述的記敘，才能釋放孩子敘事的內在邏輯能力，當然還有他非敘事的、科學的與理論的邏輯能力。

245

3. 古老概念吸引著女性？

如果說幼幻想確實是驅力的精神代表，如前文所述，我們必須去理解這個詞，以及克萊恩及其追隨者於該詞上所使用的雙重意義。首先，幼幻想是驅力代表，因為它是驅力代表的「移位」或該說是「衍生物」，先存於觀念與語言體系之前，對應到佛洛伊德所使用的詞是「代表（Repräsentant）」；其次，它才是理念本身的表象，對應到佛洛伊德所使用的詞是「表象代表（Vorstellungs repräsentant）」[25]。我們也觀察到，與佛洛伊德及其他作者相比，克萊恩的幼幻想考慮了更多前語言表象的最早意義，但並沒有將最早意義放於首位。

這種致力於初級與器質性的特點，並不是專屬於克萊恩與她的弟子。在精神分析的歷史中，許多女性分析師都強調器質性經驗對精神生活的影響：從尤潔妮・索科尼卡、瑪麗・波拿巴（這裡僅列舉法國最著名的女性人物），再到現代的女性心身醫學專家。雖然這個主題並非全由女性獨攬，但伴隨女性的反移情強烈捲入，她們對於器質性的旨趣相當顯著[26]。當我們關注克萊恩所帶來的貢獻、對女性的性的理解及對幼幻想的理解，並透過對歷來文獻的重新整

246

25　佛洛伊德，〈潛抑〉（Sigmund Freud. (1915d/1952). Le refoulement. In *Métapsychologie* (pp. 67-90). Gallimard. **See also**: *GW*, X, 248-261; *SE*, XIV, 141-158; *OCF.P*, XIII, 187-201.）；佛洛伊德，〈無意識〉（Sigmund Freud. (1915e/1952). L'inconscient. In *Métapsychologie* (pp. 91-161). Gallimard. **See also**: *GW*, X, 264-303; *SE*, XIV, 159-215; *OCF.P*, XIII, 203-242.）

26　參閱：茱莉亞・克莉斯蒂娃，〈女性精神分析：對精神分析理論的一些貢獻〉（*op. cit.*）

合，或許就能更清楚理解為什麼女性的性（不僅是指受到卵巢週期與母性影響的女性身體）會在女人身上引發對於古老（archaïque）這一旨趣的興趣。而且，如果這番致力沒有流於一種簡單以及（唉！真不幸！）太過常見的器質性的順從當中，那麼，它其實反而能夠成為精神分析的關鍵支柱，如同一種精神重生的分析。

小女孩首先依附於她的母親，並且被母親所誘惑。對小女孩而言，母親作為孩子的母親－容器與父親的妻子－情人，這最早的在場銘刻在一種我們稱此為早前伊底帕斯（Œdipe-prime）之內。佛洛伊德將這種初級依附設想為失去的、幾乎無法得知的考古學，就像古典希臘之前的米諾－邁錫尼時期，而且是以某種抒情、利他的相互交融模式被體驗到。但自克萊恩與隨後的觀察以來，我們知道這一早前伊底帕斯負載了多麼沉重的焦慮與攻擊性，並在死亡驅力的影響下，把對身體與精神災難的恐懼加入令人安心的保護與依賴的情感裡，對女兒、對母親皆然。始終位於語言體系的地平線上，早前伊底帕斯卻沒有話語並被感官所主導：嘴咬著乳頭，嘴對著嘴，皮膚貼著皮膚，聲響與氣味縈繞著這樣的女性之間，她們之間留下永不銷蝕的痕跡，從最好的到最壞的。首先是口唇性，但也是肛門性，還有尿道驅力以及對陰道的早期知覺，一切都牽扯到對尚未成為客體而是卑賤體（a-bjet）的一種矛盾雙重情感：滿足端點與厭惡端點。然而，當母親對孩子的照顧處於最佳狀態時，這種強烈感官性立刻就會被納入昇華當中，昇華會抑住情感裡的情慾及死亡目的，並將它們轉為溫惠（tendresse）。昇華的零度將出現於女性的性、愛情或美感的理想化所特有的傾向中，且肉慾及情感被過濾而成溫惠；它可以是潛抑的起點也是歇斯底里刺激性的特有潛抑：某種有縫隙、被肉慾甚至被濫情所穿越的潛抑。

247

隨著憂鬱心理位置到來，女孩可以把母親缺席想像為一個失去的整體客體。在陽具階段，她調換客體並啟動她的二度伊底帕斯（Œdipe-bis）。然而，克萊恩說得不夠詳細的是，在這過程中，女孩將會依賴對父親的認同，就像男孩在這階段所做的那樣，只不過方式不同——此處進行了一種雙重化。

一方面，女孩將父親認同為陽具：一種透過他的在場／缺席，對母親行使權力的象徵審級，而同時也是一名持有人，帶著可見與可拆分的器官：陰莖。小女孩在父親本人、或可能在兄弟身上觀察到陰莖，而陰莖本身就變成一個欲望客體，從這時起，陰莖不再位於母親的內在，而是作為母親與女兒所欲望的外在客體。在這個與母親脫離的歷程中，女兒對這個沒有提供給她此一器官的生育者（閹割的母親）充滿了恨意。憂鬱感損害了女孩與母親的連結，這種對女性的貶抑有助於她放棄母親作為欲望客體，轉向認同於陽具。 248

由於女孩在早前伊底帕斯期間對母親的愛與嫉羨，女孩身上的陽具崇拜已準備就緒；現在，在陽具階段，隨著在憂鬱心理位置脫離了母親，這陽具崇拜將採用**記號與思想投資**的形式。父親的功能，其權威超越了日常的、可感知的，並加諸在孩子的注意力上，孩子從此可以將父親理解為一股不可見的力量、思想力量的最初持有者。在陽具階段，一場怪異的相逢發生在對父親這個象徵權威的知覺、語言體系的象徵法，以及男性器官的特徵之間，它可拆分為它「有罪」、會失去、在場／缺席、勃起／消退等。以在場／缺席、二元結構為基礎的象徵法邏輯，在情慾與表象的層面上發揮作用，陰莖成為這製造意義差異的支撐，也成為我們的性心理組織器質性的因素。當孩子與對象分離，他就成為主體：正是此時，在鞏 249

固了憂鬱心理位置的伊底帕斯陽具階段，我們才能真正去談論對「主體」而言的「客體」，因為一切客體都要有主體存在才能有所指涉。而同時，父親的功能指涉的是權威與缺席，而陽具的功能指涉的則是權力／閹割的間歇。因此，為了主體，陽具階段實現了性與思想之間的接合，並使結構的統一性牢固，以作為欲望及作為質問的結構，同時是力比多滿足與可探尋好奇兩者的滿足。

然而，當小女孩在玩這種對她成為主體具有決定性意義的陽具認同的遊戲時，她與男孩不同，她對自己的動力感到陌生。環繞著它所進行對能思主體（sujet pensant）的結構與起決定性作用的陽具相遇，而小女孩並沒有這個陰莖：陰蒂只是一個次要等同物，無論陰蒂帶來什麼樣的愉悅，它仍然無法被看見、且無法認出。所以，在這個使憂鬱心理位置突顯的象徵－陽具世界裡，小女孩（女人）仍然是一個流亡者。她把自己投射進去，但她「不在裡面」；她不相信那個世界，或該說她假裝「在裡面」、並假裝相信。所有的「在」或「相信」，對她而言，自然而然就是假扮、變裝、粉飾、非存在。她是象徵－陽具世界的陌生人，她退縮於回憶中，而回憶變得越來越無意識，因為它被潛抑，被早前伊底帕斯（即米諾－邁錫尼的回憶）所潛抑、被帶著母性卑賤體（a-bjet maternel）的愛－恨潛抑。她是眾父親與社群連結（亦為象徵連結）領域的陌生人，她將是黑格爾所舉出的「群體的永恆諷刺」，一個某程度公開的非信徒，一名必然的神祕主義者，忠誠亦不忠誠。並且，經常透過施虐－受虐，體驗到她在眾父親的象徵－陽具律法中模稜兩可、陌生的歸屬，她參與這律法，但不屬於這律法。

250

然而，儘管緊貼在象徵－陽具這一面，以便成為像其他所有人一樣的言說主體與思考主體（且往往甚至比男孩更強健，因為男孩受制於本身與其父親的競爭），女孩卻改變了客體。雖然身為陽具律法、語言體系及思想的主體，但她選擇了陰莖作為欲望客體——不再是母親涵容著的陰莖（如早前伊底帕斯的情況），而是男人本身的陰莖（這將會是她的二度伊底帕斯）。異性性慾是這樣全新選擇的結果，如果女孩對母親的嫉羨已經被克服，如果她已經能夠脫離早前伊底帕斯，女孩就能夠實現這種異性性慾。在二度伊底帕斯時期，她希望取代母親的位置、從父親那裡獲得一個孩子，就如同母親曾經從這個父親身上獲得她一樣。

早前伊底帕斯（對擁有陰莖的母親又愛又恨），接續著二度伊底帕斯的雙重運動（認同象徵－陽具及對父親的陰莖本身的欲望）：佛洛伊德所稱的精神雙性性慾，在女性身上比在男性身上更加明顯[27]，它在女性發展過程中，顯露出並解釋以精神處境變化的曖昧兩可性。我們剛提出的複雜運動，闡明了某些女性奇異的成熟而得以將之完成，相較於仍依附著母親的男性的不成熟而言。但這也說明了，大多數女性所遭遇的性心理困難，以及，將她們固著於歇斯底里的刺激性、憂鬱的昏沉或非常普遍的性冷感的多重失敗。困惑的佛洛伊德向自己提問：「女人想要什麼？」確實，從母性卑賤體（a-bjet maternel）過渡至象徵－陽具的認同，直至客體的改變，這使女孩選擇父親來取代母親作為情慾夥伴：女人的欲望客體究竟在哪裡？這個問題，克萊恩並沒有去問自己，因為對她而言，女性的欲望，如果它仍有可能，是比起其他任何欲望都更受到焦慮所主宰。

251

27　佛洛伊德，〈論女性的性〉（Sigmund Freud. (1931b/1969). Sur la sexualité féminine. In *La vie sexuelle* (p. 141). PUF. **See also**: *GW*, XIV, 520; *SE*, XXI, 227-228; *OCF.P*, XIX, 12.）

母親身份讓女人去面對一種客體的全新經驗：孩子，終成為真實在場，既不是卑賤體（a-bjet）（米諾－邁錫尼的母親）也不是欲望客體（陰莖／陽具），而是**第一個他者**。或他可以成為他者。因為孩子透過抑制驅力的目標、指引驅力朝向語言與文化的符徵，而促發了昇華的傾向，那已曾被陽具階段的象徵面向所強調的昇華。自此之後，孩子就是他異性（altérité）的這道曙光；女性自戀在他異性當中找到一個最後的機會，來解除朝向自己、與朝向母親的彎折，並轉而獻身於他者：母親身份的苦惱與樂趣。確實，母親冒著風險把自己禁錮於一名雌雄同體婦人的全能當中（既已捕獲父親的陰莖來製造**她的**孩子，而尤其如果這孩子是男性），她想像自己終於被行使於脆弱孩子上的權力所滿足，而孩子，肯定將讓她終能「實現」她自己。但她也會從此永遠脆弱，因為那揭露了自己的精神雙性性慾，而這呈顯出她的不完整、她雌雄同體的相反面：因為她持續在這一他者位置上感受到其脆弱性；這一他者，她的孩子、她的愛、被她交付予世界的，因而從一開始這一他者就是與她分離而無法控制的。這種母性態度的痛苦主義不應妨礙我們去覺察出其中潛在的文明：是從對他者的憐憫開始，驅力放棄了滿足的目標，它要給自己的不是另一個目標，而是**一個他者**：很簡單，就是關注於找出他者。孩子正是第一個他者，而母性經驗是她不可少的學習。這是漫長的過程，必然會失敗，而在這意義上，必然是昇華的。

252

執行母親功能的過程中，女人恢復了她與自己母親古老連結的記憶，以及她的早前伊底帕斯：也就是她對另一個女人的依賴、她與另一個女人的競爭；感官交流與初級昇華從一開始就把情慾及焦慮轉向為共謀。母性以及更一般的父母功能是照護態度的基礎，它將情慾－死神驅力、把我們帶向他者的根本施虐欲望轉化為關心，它沒有其他目的、也不應有其他目的，唯一目的就是讓別人平靜地生活[28]。

在所有治療人類苦難的治療者當中，精神分析師是最能承擔這種母性職能的治療者，只要他從受苦主體那邊聽見精神痛苦的話。心靈遠非抽象概念，一如它在精神分析經驗中所顯現的，心靈是能欲望身體、能憎恨身體。為了理解心靈，傾聽必須擔任欲望與焦慮的共謀，但要透過除去情慾化的方式，讓承受著欲望與焦慮的被分析者成為一個**他者**：病人是我的某個差異、某個處在淡漠邊界上的差異，而這種淡漠恰好能讓人們**思考**各種真理，而不是與之混淆。作為他異性的持續創造物，精神分析也是一種煉金術，焦慮的情慾在此被代謝為溫惠。對什麼溫惠？對他者的真理，我既把自己投射其中，卻也從那邊流亡，畢竟真理也都是他者。作為科學人與法律人，佛洛伊德不說「溫惠」而是說「善意」；而克萊恩想到的則是解除抑制智力的昇華，並直接了當地提出驅力的邏輯以達至思想。 253

在這種動力當中，女性分析師並不檢禁（censure）自身女性性慾，則仍被早前伊底帕斯與二度伊底帕斯支配的精神雙性性慾所佔據。她在被分析者身上聽見、也在自己體內活化一個複雜的音階，這是由感官的母性與情慾／思想共存所組成，也是被陽具認同，以及超越了為獲得孩子而接受父親陰莖的女性位置這兩者所強加的。母性的古老（她自己與母性卑賤體關係的古老，以及她面對孩子而居的母親位置的古老），使她可進入精神生活的複雜性、也可進入 254

28　參閱：茱莉亞・克莉斯蒂娃，〈論陽具的怪異性，或錯覺及去除錯覺之間的女性〉（*op. cit.*, pp. 203 sq., pp. 208 sq.）；茱莉亞・克莉斯蒂娃，〈哭泣女孩。歇斯底里的時刻〉（Julia Kristeva. (1996). La fille au sanglot. Du temps hystérique. *L'Infini, 54*, 41-42.）

從驅力到語詞、從思想到感覺所開展的各個層面。當如此構建而成的女性在傾聽或「思考」她的病人時，她不是運用系統或運用計算的方式。在我們眼中，如同具有 0 與 1 網格的陽具及象徵的計算機邏輯，在此並不處於支配的地位，處於支配地位的是一股強烈的想像色彩充滿著移情與反移情的知識。唯有如此，分析師得以重生，並使被分析者重生。分析師必須進入到精神裝置的所有層面直到跨言語的母性，以作為重生的精神經驗。

這是古老的退行嗎？我們會說這是進入到初級跨語言學。精神分析師無論本身性別是男或女，若聲稱要重建精神現象而不作為系統或結構，而是作為他者的**精神生活**的精神現象，他或她必然要面對女性、甚至面對自己身上的母性；女性與母性是克萊恩的幼幻想持續強加分析的，因為它的異質配置如同具現化的「隱喻」。克萊恩在探索古老的這條路上遇到的疑難，並揭開了這種必要性，她的學生當中最具創造力的人也明白了這點：比昂、溫尼考特、塔斯汀與其他人不也都是對女性、對感覺保持醒覺；他們是如此（做的），而我們不也是（這樣做的）嗎？

255

第八章

內在性與象徵法等級

257

1. 從等式到象徵：迪克案例

依據克萊恩觀點，乳兒的精神世界如今是透過自我與超我的早發、伊底帕斯與具現化幻想呈現出來，並且它的起源就被最初期或說是簡陋的象徵化形式所深植。這一象徵化既是連結的創造者也同樣具有防禦與抑制的特性，它在達到一個嚴格定義的思想之前，註定會有所修正：而這有時只能藉助於精神分析。克萊恩將以全新方式發展一種驅力象徵化的原在場——提取自佛洛伊德文本——這卻像是構成了與精神分析創始人的斷裂，儘管克萊恩與弟子們不斷強調他們延續了大師的遺產。這種忠誠與創新貫穿了克萊恩整體作品，特別在象徵法、在心理階段概念中可被辨識出來（往往是隱含的、而非明示的），而克萊恩學派也將盡力支持這種忠誠與創新。

258

我們以迪克案例來理解這股運動。

迪克是一名四歲的男孩，「發展遲緩」如人們所知的那樣：他幾乎不說話、對母親與褓姆的在場無動於衷、受傷時對疼痛無感、使用刀片與剪刀顯得笨拙，他的智力只有十五至十八個月大孩子的水準（在這類評估量表的可信任範圍內）。他「強烈的負性態度」[1]，如母親與克萊恩本人感受到的，被分析師描述為一種「負性態度與自動順從的交替表現」[2]不同於那些對遊戲有某些抑制但仍能象徵化客體關係的神經症兒童（例如，弗立茲）[3]，迪克沒有表達出任何與周遭客體的情感關係，他沒有「呼叫」、也沒有露出任何「幻想的色彩」[4]。克萊恩診斷他為思覺失調症，她認為這發生在兒童身上比一般人以為的更頻繁，而在迪克案例中，主要特徵是「發展抑制」，而不是「退行」[5]。以現代臨床觀點，人們可能看見的是自閉症特徵，但如同克萊恩所指出的，沒必要「進入到診斷的討論當中」[6]。真正重要的是依循克萊恩觀察中的閃光點、她從中得出對迪克本身狀態與發展的評定，還有源自此處關於象徵法生成的更為全面的構思。

259

作為費倫齊的被分析者與學生，如我們所知，克萊恩帶著他的觀點提醒我們，象徵法的基礎在於**認同**（identification），也就是說，年幼孩子在每個外部客體身上努力去發現自己的器官及其功能。恩斯特．鍾斯曾斷言，是**愉悅原則**（principe de plaisir）使這一認同成為可能，而認同本身則是象徵法的先驅：彼此定位的裡與外之間的**相似性**（similitude）是建造於它們帶來的**相似愉悅**（plaisir similaire）基礎上。不過，克萊恩在此與鍾斯的觀點有所不同：不

1 梅蘭妮．克萊恩，〈象徵形成在自我發展中的重要性〉，《愛、罪疚與修復》，頁276（Melanie Klein. (1930/1975). The Importance of Symbol-Formation in the Development of the Ego. In *Love, Guilt and Reparation and Other Works 1921-1945*. Hogarth Press.）

2 同上，頁286。

3 參閱：本書第二章，pp. 62 sq.

4 〔英譯註〕〈象徵形成在自我發展中的重要性〉，《愛、罪疚與修復》，頁280。

5 〔英譯註〕同上，頁288。

6 〔英譯註〕同上，頁286。

是愉悅而是**焦慮**（angoisse）使認同機制開始運作，這是她的基本立場。

> 「正因為孩子想要摧毀這些代表著客體的器官（陰莖、陰道、乳房），他開始害怕它們。這種焦慮促使他把這些器官類同於其他東西；而正因為這樣的**等同**（équivalence），那些東西反過來又變成焦慮客體，孩子因此而被迫不停地建立一些新的**等式**（équations），而這些等式構成他對新客體以及象徵法本身產生興趣的**基礎**（fondement）。」[7]

先記住「等式」與「等同」這兩個詞，因為，漢娜・西格爾將會再度提及它們，並區分它們；在她將闡明的兩階段象徵化過程中，她將賦予其精確的意義[8]。 260

所以，隨著某些主體身上（如迪克）原初的、被強烈地強調的施虐，可能有一種無法言說的原象徵化（proto-symbolisation），而如果它被防禦性地抑制，就可能阻礙主體進入到想像的活動：的確如此，迪克「不呼叫」、「不遊戲」[9]。只有分析師能猜想他有施虐的原幻想，就如我們所見，溫尼考特將談論「原始痛楚」，而比昂則說「無名恐懼」。克萊恩更接近聖經：「戰爭狀態」與「以牙還牙法則」主宰了這個初級暴力世界，而死亡驅力無論如何都會強

7　〈象徵形成在自我發展中的重要性〉，《愛、罪疚與修復》，頁 275；由作者克莉斯蒂娃所強調。

8　參閱：本書 p. 285-286.

9　〔英譯註〕〈象徵形成在自我發展中的重要性〉，《愛、罪疚與修復》，頁 276。

加給它；過多的死亡驅力甚至會更加殘酷，她是這麼認為。多疑的讀者只能自問：她是不是搞錯了？她想像的是否是她自己？還是相反，迪克能證實她這些假設嗎？倘若如此，這樣的「證實」的意義會是什麼？

而這正是克萊恩第二個觀察：

> 「與母親身體內部有關的施虐幻想，構成了與外部世界及現實最早、最根本的關係。」[10]

261 這裡的意思是：如果這些幻想在遊戲與語言體系中能夠顯示出來，它們首先會與外部世界建立起某種幻想性的現實、某種「非現實的現實」，而僅在第二時間點，它才有可能「逐漸」被確立為一種「與現實的真實關係」[11]。

因此，依據克萊恩理論，我們是有可能區分出這被迪克的分析所突顯的兩階段象徵法。首先是一個簡略的、驅力的**初級象徵法**（symbolisme primaire），但其已順從於「等式」的邏輯，並將於1946年在投射性認同防禦機制當中詳細說明[12]。其次，一個**被命名的幻想象徵法**（symbolisme du fantasme nommé）將透過第三方（分

---

10 〈象徵形成在自我發展中的重要性〉，《愛、罪疚與修復》，頁274。

11 同上，頁275。

12 我們可以將克萊恩這一假設與佛洛伊德所說的思覺失調症患者「器官語言」的初級象徵法相互比較；相對於相似性（similitude）邏輯，思覺失調症患者採取的是同一性（identité）邏輯：「決定替代的不是所指事物的相似性，而是言語表達的同一性」。參閱：佛洛伊德，〈無意識〉（Sigmund Freud. (1915e/1968). L'inconscient. In *Métapsychologie* (pp. 117-118). Gallimard. **See also**: *GW*, X, 299; *SE*, XIV, 201; *OCF.P*, XIII, 239.）

析師）提供言語化的中介，並建立一個最早的焦慮排除（焦慮的否定〔Verneinung〕、圈制、其潛抑的開始）。還有，「真實的現實」的同步建構，以取代那種對兒童都是不堪負荷的「非現實的現實」。經耐心制定後，這個邏輯將與 1934 年的憂鬱心理位置聯繫起來，特別是與這個位置中「等式」轉為「真正的象徵」演變。 262

克萊恩是如何於 1930 年著手去建立這些觀察結果？迪克不遊戲，他對周遭一切都顯得淡漠。克萊恩結論道，必須改變技術，且第一步必須跨過「這個為了與孩子建立接觸的**根本**（fondamental）障礙」[13]。根據她過往經驗，尤其是與弗立茲分析的經驗，克萊恩讓自己投入其中，彷彿**她**（elle）就是**他**（lui）：對迪克本身已預設但仍無聲的幻想，克萊恩先替他表述出來，再把這幻想「嫁接」（拉岡的說法）回他身上：

「我把一輛大火車放在一輛小火車旁，我把它們取名為『爸爸火車』和『迪克火車』。他就拿起我稱為『迪克』的火車，把它滑行到窗前，並說：『車站』。我向他解釋說：『車站是媽媽；迪克進到媽媽裡』。他放下火車，跑到房間內門與外門之間的空間裡，把自己關在裡面、說『黑』，然後隨即又跑出來。他重複好幾次這樣的行為。我向他解釋說：『媽媽的裡面是黑的；迪克在媽媽的黑裡』。在這時候，他又拿起了火車，但很快地跑回兩扇門之間。當我正在跟他說，他進入了媽媽的黑裡時，他

13　〈象徵形成在自我發展中的重要性〉，《愛、罪疚與修復》，頁 280。

用詢問的語氣重複了兩次：『奶媽？』」[14]

在第三次分析時，迪克帶著興致看著那些物件。克萊恩在他身上覺察到攻擊態度，於是給了他一把剪刀，但迪克不知如何使用，「他看了我一眼」，克萊恩就拔除了固定在小汽車上的木片。然後，迪克丟掉損壞的小汽車並說：「不在了」。

263

「我對他說：『這表示迪克清除了媽媽身體內部的糞便』。」[15]

克萊恩以一種特殊的臨床適切性，把「不在了」的剝奪或負性意義連結到肛門情慾、連結到對母親身體中胎兒的破壞；這種不在了被視為等於排泄物。很快地，迪克從他的躲藏處走出來，並表現出剛萌芽的好奇心：對其他玩具、對水槽等。一切都有關聯，這些關聯沒有止境，等式對等式、等同對等同；我們需要等到忠誠的西格爾來整理這些思緒。

分析師腦中的想法發生了什麼，而連帶地，她正在觀察的孩子腦中發生了什麼？

面對迪克的淡漠，克萊恩仍將賭注放在他理解語言體系上，儘管他不表達。因此，她選擇承擔說話主體的角色，而這意味著迪克擁有兩項技能：既具備對語言的被動知識又具備幻想的前象徵法，換言之，那是與克萊恩話語傳遞的幻想產生共鳴的一種語言內部的

14 同上，頁 280。

15 同上，頁 281。

幻想能力。克萊恩預先假定的這些前口語的幻想，絕不是天真無邪的：那即是伊底帕斯幻想（那些她從會說話、會遊戲的神經症兒童身上觀察到的幻想，也與佛洛伊德的假設吻合），然而，在迪克案例中，則是被一種暴力施虐所強化的幻想。 264

在對小病人背景了解的基礎之上，克萊恩提出一個假設（日後我們會說：反移情）：母親身體激發出迪克的巨大恐懼，因為他想要攻擊這個母親身體，以便清空父親的陰莖與代表其他孩子的糞便。在迪克身上，口唇施虐（再加上尿道、肌肉與肛門施虐）變得誇張地強烈，且很早就被生殖性所接替。迪克對母親客體的生殖－施虐粘連（他在哺乳期時吸吮很差，很早就罹患消化道問題、肛門脫垂及痔瘡，對他來說學習括約肌控制相當困難），又由於母親的憂鬱，這變得更加惡化；而更一般的問題是他欠缺家庭的愛，褓姆的親切關懷稍微彌補了這一點。但當褓姆發現孩子在手淫時，她訓斥了孩子，讓小男孩有了罪疚感。克萊恩作出結論，表示這是對施虐的抑制：迪克無法表達任何攻擊性，他甚至拒絕咀嚼食物。

> 「迪克後續的發展變糟，因為他無法在幻想中表達他對母親身體的施虐關係。」[16]

迪克對父親陰莖的口唇欲望很早就出現了；在克萊恩傾聽之中，那欲望像是焦慮的主要來源： 265

> 「我們終於能清晰地觀察這個幻想的陰莖，以及它

16　同上，頁 279。

以多種形式引起日益增強的攻擊欲望，最顯著的是吃掉它並摧毀它的欲望。例如，有一次，迪克把一個小玩偶放進嘴裡，一邊咬牙切齒地說『茶（Tea）爸爸』，意思是『吃（Eat）爸爸』[17]。（透過字母T位置的移換，可由『茶（Tea）』得出『吃（Eat）』）。他接著要求喝一點水」。父親陰莖的內攝似乎喚醒了雙重恐懼：對陰莖作為原始及有害超我的恐懼、對母親因他奪走父親陰莖而懲罰他的恐懼。也就是說，他害怕內在化客體也害怕外在的對象。在這個時刻，我可以清楚地觀察到我已經提到的一個事實，也是這孩子發展過程的決定性因素：他過早地進入生殖器階段的活動。這顯現於我前面提到的那些表象中，不僅僅是跟隨著焦慮而已，還有悔恨、遺憾及他必須歸還他所竊取之物的感覺……。除了沒有能力克服焦慮之外，這種過於早熟的同理（empathie）是他拒絕任何破壞傾向的決定性因素。迪克從現實撤退，藉由躲進空洞、漆黑的母親身體的幻想，而擱置了他自己的幻想生活。」[18]

266 克萊恩先點出了孩子對父親的欲望，在其中辨識出某種混合物，它介於女性位置（小男孩用嘴巴吸收了男人性器官），以及伊底帕斯嫉羨（殺死競爭者父親）之間。她再由此歸納出迪克為了防禦，因而把媽媽縮減到「兩扇門之間」，那裡「黑」漆漆的[19]：

---

17 參閱：本書第二章第5節，pp. 81 sq.

18 〈象徵形成在自我發展中的重要性〉，《愛、罪疚與修復》，頁282-283。

19 〔英譯註〕同上，頁280。

「透過這種方式，他成功地把注意力從外部世界中代表母親身體內容的各種客體上移開，如父親的陰莖、糞便、小孩。他必須拋棄自己的陰莖、他的施虐器官，以及拋棄他的排泄物（或必須否認排泄物），因為這些具有危險性與攻擊性。」[20]

首先，克萊恩對**她自己**（elle-même）提出對母親與父親的食人攻擊性幻想，然後，她使用她設想孩子口語和遊戲的方式，把幻想還原到他身上。這裡是要讓孩子明白兩扇門之間的黑並**不是**（n'est pas）媽媽，而只是**像是**（ressemble）媽媽，這即是拉岡醫師日後所說的「能指」。在迪克身上，符號化的能力可開始運作、由類似性、表義過程、而不是由同一性所組成的世界，即遊戲與話語的世界終於能夠建立。

「在分析迪克時，經由與他所表現的幻想生活及象徵形成的雛形建立聯繫，讓我有可能進入到他的無意識。於是，他的潛在焦慮減少了，而使得一定程度的焦慮可以變為顯性的。」[21]

267

那麼為什麼施虐的「原幻想」在那裡出現，但卻無法作為幻想被表達？最後是克萊恩表達了它們：火車是爸爸和迪克；車站不是別的，而是要被進入的媽媽；摧毀小汽車就是拿掉媽媽肚子裡的

20　同上，頁 283。

21　同上。

髒東西來弄壞媽媽——她像是在背誦精神分析辭典的附錄精華摘要，這些是從佛洛伊德甚至．從克萊恩她本人那裡形塑出的見解！然而，正是這些言語化的內容，而不是其他內容把迪克從他躲藏之處（「兩扇門之間」，克萊恩沒有錯過將此解釋為「黑肚子」的機會）帶出來。他開始**呼叫**（appeler）（從呼叫褓姆開始）、他**尋找**（cherche）玩具、他會在水槽旁邊**弄濕自己**（va se mouiller），這水槽仍然是媽媽的身體與他自己的身體。世界開始存在，一個彷彿是由孩子與治療師之間的交流所引發的一系列等同物所創造出來的世界。迪克終於能夠遊戲：無法言說的真實變成了如釋重負的想像。這是藉由分析師話語來遊戲而達成的。那麼，任何人說的任何話都可以嗎？

肯定不是。

首先，需要有一個人處於第三方的位置，第三的意義是差異、是陌生人；陌生在於太過封閉、太過「同理」（如克萊恩所說）而相互滲透的二元性，而孩子與絕望母親或憂鬱母親迄今都保持這樣的關係。無論是褓姆、父親或其他人都不可能說出這樣的話語。

268 但不只如此。最大程度的他異性，來自分析師這名「應知主體」，並透過非常特定內容的話語來實現：而那在於說和重述一個具有強烈攻擊性意涵的伊底帕斯神話，也在於說出一個伊底帕斯的施虐，其目標是「媽媽身體裡的爸爸」。迪克渴望吃掉那個在伊底帕斯媽媽（她覬覦父親本身的性）身體裡的爸爸，更勝於「父之名」這種高貴的「能指」：這就是克萊恩用她「野獸本能」發現的。然而，正是歸功於她作為分析師話語的暴力——她維持於能指之中而不自知（但沒有因此就忘記食人的驅力），迪克的口唇施虐與生殖器施虐才能夠被打破：施虐被否認，最終調轉成為精神上的好奇、成為思想。

人們總能假設[22]，任何言談都能做到這一點，因為言談且無論什麼言談，都以能指的充盈與空虛（由在場／缺席交替而構成一組記號）對應上孩子躲在兩扇門之間開開關關的節拍。若有這樣的假設，那也是輕率的推論，因為克萊恩所聽見的，不是隨便一個能指更不是空洞的能指，而是伊底帕斯的性化與食人死亡驅力的強烈負載：「**吃**（Eat）爸爸」替代「**茶**（Tea）爸爸」。在移情中認出這些能指，並把這些能指傳遞到迪克的遊戲中，克萊恩引導他辨認出焦慮並引導他在移情本身的開放空間中描述他的焦慮；移情，無非就是這種特定詮釋性話語的空間[23]。

269

迪克從此脫離了完全無法忍受的伊底帕斯焦慮，因為焦慮是由他者送交給他的。我們能說他可以去想像焦慮、幻覺出焦慮，但這並非**滿足式的幻覺**（hallucination de la satisfaction）（這是「幻覺」一詞在佛洛伊德理論中的原初意義），而是**挫折式**（frustration）的幻覺（或就稱為幼幻想式的）。「我不能進入媽媽並且在她裡面殺死爸爸，這讓我覺得很沮喪；這只是個遊戲，只是和克萊恩夫人一起玩的遊戲；我在玩，所以我在想，所以我在」，這可能就是在遊戲／詮釋的連貫中，克萊恩三段論運作的複雜路線。

對伊底帕斯焦慮進行**口語上**（verbale）的處理，是把「差異」引入精神裝置。一種中斷使母子相互滲透的驅力分離，這種滲透將孩子凍結在對母親的驚恐迷戀之中。而對富含愉悅的焦慮行使的

22　參閱：雅克・拉岡的評論，本書第七章 p. 228、第九章 pp. 278 sq.

23　關於這一觀點，參閱：阿蘭・吉博，〈一古老主題的變化種種：兒童精神的建構與／或重建〉（Alain Gibeault. (1989). Variations sur un thème ancien: Construction et/ou reconstruction du psychisme de l'enfant. *Les Textes Du Centre Alfred Binet, 15*, 1-21.）

言語化，鬆綁了母親與孩子間某種持久威脅的完全內在狀態。詮釋創造了一個缺口，打破在母親與孩子之間，由愉悅／不愉悅的早期認同所引起的未分化狀態。這使得自我與有機體離析的危險被避免了。分析師的話語是切分（scansion），為迪克被禁錮其中的不可言說的幻覺連續性標示出節拍。

270 和克萊恩女士**說**（dire）迪克所**幻覺**（hallucine）跟爸媽**做**（fait）的事，和他在沒有任何觀眾的幼幻想中所做的事，完全是兩回事。孤獨的、說不出的，這種無聲的幻想可能帶給孩子一種有缺陷的滿足。分析師的話語減輕了年幼病人的焦慮及攻擊性，這是透過話語及遊戲所提供的一種與焦慮及攻擊保持距離的可能性。他者的**說**（dire），正將好／壞、認同／投射的二元對立（其支持無法言說的幼幻想，即原象徵化）從與世界隔絕的「非真實的現實」抽離出來，以便授予它某種真實經歷的地位及精神上的經歷。確實，從此以後，真實經歷是**精神上的**（psychique）因為它可以在兩個完整而獨立的人之間交流也就是處於幼幻想本身場景之外的兩個主體（迪克與克萊恩女士），儘管他們倆有能力（且正是因為有能力）將這場景移轉到他們之間。精神上的真實經歷讓迪克擁有某程度的自主，並引入「真實的現實」的實現，而遊戲的想像將在其中發生。迪克進行分析之前，這些**移位**（transpositions）被**等式**（équations）所阻斷：過去迪克無法與之遊戲、不能表達幻想。而此後，移位大量增加，因為它們被分析師話語的象徵所承載，從而使孩子在象徵中佔據了他的位置。這些**同一性**（identités）已經轉化為**相似性**（similitudes），它們發展為面對現實時，一種遊戲的、然後是智力的好奇。

從兩個層面的介入，即第三方話語及對**伊底帕斯的施虐焦慮**

（angoisse sadique œdipienne）的處理，詮釋使得迄今構成孩子精神的防禦與分裂變得溫和。隨著破壞驅力透過言語化而逐漸被認出，迪克過去為了對抗這些驅力而建構的抑制性防禦不再如此劇烈，也不再必要。從前，迪克並不是依照潛抑模式而是依照分裂模式來建構他自己。認出他攻擊性的伊底帕斯，並透過分析而對此進行言語化的雙重行動，修正了他種種幻想的地位。換言之，在克萊恩女士伴隨之下，迪克所達成的象徵化程度賦予他一個欲望主體的位置，而克萊恩女士則漸漸替代了被困在他對媽媽的偏執－類分裂情感中的自我。 271

克萊恩的伴隨似乎座落在**負性**（négativité）的軌跡上：她在文本中兩次使用負性概念來指出迪克的破壞性，但她以經驗的、而非理論的方式，讓負性概念在更廣大的意義上於她自己介入的內部工作，以便驅趕出病人的負面破壞性。確實，她的施行步驟在於提高迪克的違拗（拒絕行為），並以話語使之倍增，同時將違拗推昇到一個更高程度讓他以違拗的方式否定自己、從而認識自己。在這種負性螺旋反轉成為正性的分析過程裡，思想可能性的真正生成得以實踐：透過對無聲的原幼幻想所固有的破壞，負性將抵達幼幻想的遊戲空間（即溫尼考特日後所說的「過渡空間」），而幼幻想被分析師言語化、被病人如此接受，且其效果將是解除抑制並通向遊戲與認知的創造性。

由克萊恩的朋友與弟子帶來的各種貢獻，透過比她自己臨床天才更理論化的方式，發展了這種「負性工作」[24]的邏輯組成成分， 272

24　這是根據安德烈．格林的表述，參閱：《負性工作》（André Green. (1993). *Le Travail du négatif*. Minuit.）

雖然克萊恩在對迪克的分析中，早已發現並促成了這種負性工作。我們是否應該說：在負性上的工作，也就是象徵化過程，是她與迪克一起讓它**誕生**（a accouché）的？因為她讓孩子成為象徵的**創造者**（créateur），而不僅只是象徵的**使用者**（utilisateur）[25]？

這些研究[26]強力堅持幼兒的精神經驗中負性的各種面向。克萊恩的弟子們重新採納 1941-1945 年論戰期間所提出的論點，強調死亡驅力在年幼自我的生活體驗裡的展現：「彷彿死亡的東西」、「強烈的不快」、「攻擊性焦慮爆發」、「一報還一報的欲望」、「敵意」、「早於愛的恨」、「測試」、「針對（什麼）的保護」、「初級自戀的焦慮」、「對於客體的不信任」、「絕望」等。然而，作者們並不滿足於現實的斷言，他們更強調所觀察到的負性傳達了一種本質幻想的精神現實，因此那是「主體的」精神現實，而這種主體性必然是被觀察客體（兒童）的、以及觀察執行者（分析師）的主體性[27]。

273

從那時起（且這是第二項重要的貢獻），這將是一個在理論上

---

25 如漢娜·西格爾所評注，佛洛伊德的某些文本示意了人是「象徵的使用者」（他特別暗示夢是使用一組獨立於作夢者的集體象徵創造，一勞永逸並且永遠準備好），反之，克萊恩則「發現人創造了象徵」，參閱：漢娜·西格爾，〈精神分析的對話：今日的克萊恩理論〉（Hanna Segal. (1977). Psychoanalytic dialogue: Kleinian theory today. *Journal of the American Psychoanalytic Association, 25*(2), 365.），曾被引用至：阿蘭·吉博，〈原始象徵法與象徵的形成〉（Alain Gibeault. (1982). Symbolisme primitif et formation des symboles. *Nouvelle Revue de Psychanalyse, 26*, 299.）

26 寶拉·海曼、蘇珊·伊薩克斯與瓊安·黎偉業的貢獻，見《精神分析的發展》（op. cit.）

27 參閱：寶拉·海曼在〈第七次學術爭論議題討論會〉的表述，相關內容載於珀爾·金、呂卡爾邱·史岱納（編），《佛洛伊德—克萊恩論戰》，聯經，頁 622 及後（Pearl King & Riccardo Steiner (dir.). (1992). *The Freud-Klein Controversies 1941-1945*. Tavistock/Routledge.）

建立象徵法與判斷的創造**階段**（étapes），此階段從幼幻想出發，直到建構現實及對現實的認識。在當時，佛洛伊德 1920 年在〈超越享樂原則〉裡描述的「線軸遊戲（Fort-Da）」與 1925 年的〈否定〉[28]，兩文都很少被安娜及佛洛伊德學派評論，卻將作為克萊恩學派理論的根基。於是，在克萊恩學派的共同努力下（當時，最投入的理論家都是女性），超越投射性認同幻想的前後階段將被釐清出來，以便讓真正的象徵出現，正如之後漢娜·西格爾推動的系統化工作所提出的「被體驗為客體代表」[29]。

2. 克萊恩觀點下的負性

274

是蘇珊·伊薩克斯[30]藉由佛洛伊德的線軸遊戲（Fort-Da），將克萊恩思想中通往嚴格象徵定義的原象徵法置入理論軸線。她重讀佛洛伊德，耐心地標註出孩子如何通過線軸遊戲的靠近／遠離、

28　參閱：寶拉·海曼，〈早期嬰孩期中內攝與投射的一些功能〉（Paula Heimann. (1966). Certain Functions of Introjection and Projection in Early Infancy），《精神分析的發展》（*op. cit.*, p. 117.）；蘇珊·伊薩克斯，〈幼幻想的本質與功能〉，同上（*Ibid.*, pp. 69 sq., 100）。此文也載於〈第六次學術爭論議題討論會〉，《佛洛伊德—克萊恩論戰》，頁 585-589。

29　參閱：漢娜·西格爾，〈對象徵形成之評論〉（Hanna Segal. (1957/1970). Notes on symbole formation. *Revue Française de Psychanalyse, 4* [*International Journal of Psychoanalysis*, 37], 685-696.）

30　蘇珊·伊薩克斯授課的內容是邏輯與心理學；她從 1933 年起擔任倫敦大學教育學院新設立的兒童系系主任。參閱：〈幼幻想的本質與功能〉，《精神分析的發展》（*op. cit.*, pp. 64-114.）

同時伴隨著遊戲而發出聲音來辨認母親的在場／缺席：喔－喔－喔（「Fort」，意為「遠離」），接著是愉快的「躂」（「Da」，意為「到了」）。基於這樣的掌握，孩子找到讓自己消失的方法：他在接觸地板的大鏡子前面蹲下來，讓自己的影像消失在鏡子裡，在這樣做之後孩子說：「寶貝喔－喔－喔」[31]。伊薩克斯得出結論，語言體系的出現由同一屬性的連續性所準備，儘管非線性，在連續性中對於客體在場／缺席的掌握最終會達到對嬰兒本身影像出現／消失的掌握，這可能是理解語言體系的必要條件，而這番理解遠比主動使用語言還要更早[32]。這確實是對未來拉岡「鏡像階段」的簡介，不過在此被呈現為某種由手勢、幻想行動、言語化以及最終僅用的立體影像所組成的異質的負性過程。

275

蘇珊·伊薩克斯針對〈否定〉[33]一文進行評論，她從早期身體與幻想經驗中，更深入地發展象徵能力的基本錨定點。依據佛洛伊德這篇文本，她明確指出：

> 「判斷與真實感的智力功能『衍生自**初級驅力動勢**（motions pulsionnelles primaires）的相互作用』〔粗體字為伊薩克斯所標〕，且以內攝**機制**（mécanisme）為基礎……，佛洛伊德還向我們說明，**幼幻想**（phantasme）

31 參閱：佛洛伊德，〈超越享樂原則〉（Sigmund Freud. (1920g [1919-1920]/1981). Au-delà du principe de plaisir. In *Essais de psychanalyse* (p. 53). Payot. **See also**: *GW*, XIII, 12-13; *SE*, XVIII, 14-15; *OCF.P*, XV, 284-285.）

32 蘇珊·伊薩克斯，〈幼幻想的本質與功能〉，《精神分析的發展》（*op. cit.*, pp. 69-71.）

33 參閱：佛洛伊德，〈否定〉（Sigmund Freud. (1925h). La négation. **See**: *GW*, XIV, 11-15; *SE*, XIX, 233-240; *OCF.P*, XVII, 165-171.）

在這種衍生中所扮演的角色。關於肯定或否定某事物特定品質的判斷，佛洛伊德說：『用最古遠的驅力，即口唇驅力的語言體系來表達，來回交替變成了——我想把這個帶進自我裡面，把那個留在自我外面。意即，這必須或是**在自我的內部**（à l'intérieur de moi）或是在外部』。這樣被表達的欲望不是別的，正是一種幼幻想。」[34]

而伊薩克斯從中推論出，佛洛伊德「生動地」所稱的「……口唇驅力的語言體系」或在他處的「某種驅力的精神表達」[35]，依克萊恩與她的弟子們觀點，是作為「某種身體目的之精神代表」的幼幻想。根據伊薩克斯的看法以及參考我們前面簡要論及克萊恩所分析的兒童案例，這種早期的、不可言說的象徵法，建構在「與味覺、嗅覺、觸覺（嘴唇和口腔）、腸胃運動感受以及其他軀體感受相關的口唇驅力」之上，因為口唇驅力在最初就比其他驅力有更多與吸吮、吞咽、「把東西放進內部」相關的經驗： 276

「**視覺元素相對較弱**（Les éléments visuels sont relativement faibles）……。知覺的視覺元素慢慢變重要，它融入觸覺體驗中並在空間感上被區分。最早的視覺形象在質地上仍是非常『遺覺的』，這可能會延續至三或四

34　蘇珊・伊薩克斯，〈幼幻想的本質與功能〉，《精神分析的發展》（*op. cit.*, pp. 100 sq.）；〈第六次學術爭論議題討論會〉，《佛洛伊德－克萊恩論戰》，頁 608 及後。

35　蘇珊・伊薩克斯，〈幼幻想的本質與功能〉，《精神分析的發展》，同上（*op. cit.*, p. 100.）

歲……：生動的、具體的，它們常會與知覺混淆……：很長一段時間，它們與軀體的反應緊密相連。」[36]

此後，隨著發展推移，視覺開始「比軀體元素更佔主導地位」，這些身體元素「受到強烈的潛抑（refoulement）」，而同時，視覺被歸諸於外部，很容易去除性化及去除情感化，成為某種嚴格意義上的「形象」，即「在精神中」的表象，即自我「意識到」外部有一些客體，也意識到它們的形象是「在精神中」[37]。

277

寶拉・海曼[38]則堅持，強迫性重複是死亡驅力的首選展現，死亡驅力絕不如佛洛伊德認為的那樣「沉默」[39]。她也強調在兩個方面之間的連續性與差異，一方面是「幻覺」也是初級象徵化的手段與幼幻想的模型，但也是思想的來源[40]，另一方面是思想本身，某種能夠知覺現實的思想，前提是自我能夠從本它當中解脫出來[41]。注意到這兩種過程的相似性之後（語言特性證明了這相似，例如，德語的「知覺」（Wahmehmen），或一些描述知覺結果的動詞，如「理解」與「領會」），海曼也回到佛洛伊德，後者將判斷深植於「拒絕刺激」裡。換言之，知覺並非單純的接收，而是已經包含

36 同上（*Ibid.*, pp. 100-101.）；由作者克莉斯蒂娃所強調。

37 同上（*Ibid.*, p. 101.）

38 寶拉・海曼在柏林接受精神分析的培訓，與狄奧多・芮克（Theodor Reik）進行個人分析。1933 年，為了逃離納粹的迫害而移居英國，最初她忠實地追隨克萊恩，後來表達不滿並加入「獨立學派」。

39 參閱：寶拉・海曼，〈對生死驅力理論之評論〉（Notes on the theory of the life and death instincts），《精神分析的發展》（*op. cit.*, p. 306.）

40 寶拉・海曼，〈嬰兒早期的某些投射與內攝功能〉，《精神分析的發展》（*op. cit.*, p. 138.）

41 同上（*Ibid.*, p. 117.）

某種判斷；此判斷因抗刺激而「豎起一道屏障」。這正是佛洛伊德所舉出的否定（Verneinung）防禦機制：病人只能藉由拒認性的刺激來命名它或承認它（「不，我愛的不是我的母親」意味著「是的，就是她」）。然而，克萊恩在味覺本身的語言體系中，找出一種更軀體的、更初級的負性。而海曼與伊薩克斯一樣，倚憑的則是佛洛伊德〈否定〉同一段落的引文[42]。 278

透過發掘某種真正的思想理論，就像是克萊恩的思想早已經出現在創始者佛洛伊德的文本中一樣，我們只能佩服克萊恩的朋友們為了**在**（dans）佛洛伊德文本中確立她的原創性而做的努力，這種作法的新穎性令人印象深刻，與十年後拉岡[43]倡議的方式來作比較後也讓我們更能衡量這創新作法的膽識及侷限。

克萊恩學派強調的是隱含在視覺底下的驅力經驗：以佛洛伊德的用語來說，他們強調的是視覺理解之前的 Ausstossung（驅逐）或 Verwerfung（除權棄絕）；這兩者都預示著在凝視之前、立即從**味覺**（goût）[44]之中獲得的，判斷的 Bejahung（肯定）。從這時起，克萊恩的弟子們已經強力指出象徵化的兩個不對稱階段（就像讓・伊波利特所說的）：錨定在驅力中的幻想對於現實的存在判 279

42　參閱：本書 pp. 273-275。

43　參閱：雅克・拉岡，〈想像的拓撲〉（*op. cit.*, pp. 87-103.）；讓・伊波利特，〈對於佛洛伊德「否定」一文的口頭評論〉（Jean Hyppolite. (1966). Commentaire parlé sur la “Verneinung” de Freud. In *Écrits* (pp. 879-887). Seuil.）；雅克・拉岡，〈讓・伊波利特對於佛洛伊德「否定」一文的評論之導言〉（Jacques Lacan. (1966). Introduction au commentaire de Jean Hyppolite sur la “*Verneinung*” de Freud (1954). *Ibid*., pp. 369-380.）、〈回應讓・伊波利特對於佛洛伊德「否定」一文的評論〉（Réponse au commentaire de Jean Hyppolite sur la “*Verneinung*” de Freud (1954). *Ibid*., pp. 381-399.）。

44　漢娜・鄂蘭已藉由其他方式論及了「味覺」與「判斷」相遇的深度邏輯。參閱：茱莉亞・克莉斯蒂娃，《女性的天才（一）：漢娜・鄂蘭》（*op. cit*., pp. 343-357.）

斷。然而，她們並沒有就此具體說明真正的象徵性出現的條件（漢娜・西格爾在她 1957 年的文本中，將沿著這一路徑繼續推進），也沒有從哲學上奠定象徵功能在人類中的特徵與先存性。顯然是在 1952 年出版《精神分析的發展》之後，像是為了讓這些「新精神分析的擁護者」[45] 來不及防備一樣 1954 年，拉岡與伊波利特試圖以一種卓越智力的膽識來填補克萊恩學派留下的空隙，他們讓哲學強悍地進入精神分析領域，但懸置了他們指稱為「神話的」**初級**（primaire）象徵化層面，並質疑了早期伊底帕斯的無所不在，以便運用「父之名」這一全新理論來重新表述佛洛伊德的伊底帕斯。

黑格爾學派的伊波利特，似乎更加靠近克萊恩學派，因為，他從佛洛伊德理論中認出了某種「不對稱」，一邊是否認的具體（concrète）態度（在精神病的負性中增強的除權棄絕、驅逐），另一邊是否定的象徵（symbole）。他明確指出，在佛洛伊德理論中，智力層面是如何與情感劃分開來的，儘管情感只不過是「神話的」，因為人類從一開始就被登記在「基本的歷史真實性」中：思想很早就出現、在非常早的時期，但它當時並非以思想形式存在[46]。不對稱也同樣在屬性判斷（「這是（est）好還是壞」）和存在判斷（「這**存在**（existe）我的表象之外的現實中」：表象／知覺、幻覺／現實的區別）兩者之間發揮作用。存在判斷意味著「我」在「我的」記憶中重新找到，因此，「我」把**屬於**

280

45 參閱：雅克・拉岡，〈回應讓・伊波利特對於佛洛伊德「否定」一文的評論〉（*op. cit.*, p. 383.）。梅蘭妮・克萊恩所發展的「新精神分析」理論，發表於 1952 年出版的三月號《國際精神分析期刊》（該期期刊為慶祝梅蘭妮・克萊恩的七十歲生日）；並於 1955 年以《精神分析的新方向》（*New Directions in Psycho-analysis*）為題名出版，見本書第十章 p. 368。

46 參閱：讓・伊波利特，〈對於佛洛伊德「否定」一文的口頭評論〉（*op. cit.*, p. 883.）

（appartenait）一個對象的表象、以及從此對「我」已成為的主體而言所**代表**（désigne）（也同時是「除去記號 [dé-signe]」的意思）的一個缺席對象的表象，都歸於「自我」（自我因此變成了「主體」）。換句話說，要有失去的對象才能有判斷的主體：使用記憶時，「我」所做的只不過是標誌出對象的原貌，亦即對「自我」而言已失去的對象，而由於這一對象的失去，自我才得以「主體」自居。存在判斷與屬性判斷之間的相互作用，在不同於想像的、或幼幻想的象徵思想的意義上，奠定了智力的基礎。

思想總是隨著否定拋擲出來而浮現，否定否認了初級否定：「否定的否定」，因此，這種思想與幻覺不同，它在其基礎上發展，是「辯證的」否定。否定「可以是智力的起源本身」[47]，但智力層面是一種不同的負性：被潛抑物內容的「懸置」，「而昇華一詞施加於被潛抑物並無不妥」[48]。伊波利特在此提出一種對佛洛伊德的解讀，這與克萊恩學派介紹的關於象徵的誕生並不是沒有共鳴：他認為，通過判斷的肯定是否定的**等同物**（l'équivalent）（否定則是判斷的「替代物」），而通過判斷的否認是破壞驅力（Destruktionstrieb）的繼承（Nachfloge）。兩種防禦機制：「等同」與「繼承」，後者被更適切地定義為「懸置」：「並不是被吸引與驅逐的驅力支配」，被潛抑物可以是「在某種懸置中被重新拿取與重新運用」，在這情況下，產生了「某種思想的邊緣，某種以不存在的形式而存在的顯現」[49]。

281

47　同上（*Ibid.*, p. 880.）

48　同上（*Ibid.*, p. 881.）

49　同上（*Ibid.*, p. 886）；另參閱：傑奎琳．羅絲，〈克萊恩工作中的負性〉，《閱讀梅蘭妮．克萊恩》（Jacqueline Rose. (1998). Negativity in the work of Melanie Klein. In J.

拉岡對文本的解讀則受到海德格的啟發，他對這些象徵化程度不感興趣，而是更普遍地提出「來自真實的某種事物、將自身提供給存在揭示的首要條件」[50]是透過否定的開展而實現的。在哲學視域旁，在精神分析層面上，拉岡強調了**肛門**（anale）的驅逐，亦即外在性的支持、與對外部對象建構的支持——於是，狼人（以及他藉由肛門被動投資的女性認同）成為一個首選的例子。克萊恩學派所重視的**口唇**（l'oral），最後出人意料地從「新鮮腦人」案例重新返回。拉岡從分析師恩斯特‧克里斯（Ernst Kris）那裡借用了這個臨床案例。這名病人曾是個剽竊者，他展現出某種吃腦的強迫症；他的第一次分析經驗，分析師是梅莉塔‧史密德伯格，即克萊恩的親生女兒[51]。

282

拉岡在認識論上的清晰，讓他的詮釋集中在主體建構中的象徵作用，強調語言體系與言語化。尤其是在分析時，不僅是話語結構了主體，並重構了其知覺回憶（後者的古老特徵在幻覺中被揭露，在幻覺中，它甚至喪失了說的能力，即「能指的配備），但實際上，在分析療法中，任何聲稱說是第一次知覺的東西都只能具有神話的色彩[52]。專注於僅僅綻出存在（ek-siste）在缺席之中的象徵、

Phillips & L. Stonebridge (Eds.), *Reading Melanie Klein*. Routledge.）。當我們讀到漢娜‧西格爾對於從「等式」到「真實象徵」的評論時，我們會記得這些觀點；參閱本書 p. 285 sq.、p. 292 註釋。否定（*Verneinung*）的（讓‧伊波利特意義上的）「等同物」，伴隨或倚靠破壞性的一種懸置，即「等同物」與「懸置」詳細說明了思想，並讓它從獨有的古老幻想的「等式」體系中獲得解放。

50 雅克‧拉岡，〈回應讓‧伊波利特對於佛洛伊德「否定」一文的評論〉（*op. cit.*, p. 388.）

51 同上（*Ibid.*, p. 396）；傑奎琳‧羅絲敏銳地指出了這些交集與分歧，參閱〈克萊恩工作中的負性〉（*op. cit.*, pp. 137-138.）

52 雅克‧拉岡，〈回應讓‧伊波利特對於佛洛伊德「否定」一文的評論〉（*op. cit.*, pp.

並提防那想像的神話，但矛盾的是，這一立場仍可能忽略一些恰恰是由佛洛伊德文本所揭示的象徵化前沿。有別於此，克萊恩學派則全力投入於具現化想像，以探索這些前沿。克萊恩學派這樣做，固然是有意識地與病人的想像一起工作，同時也與分析師的想像一起工作，並且首次開闢了某種與反移情不可分割的移情的臨床。 283

然而，無論是否身為克萊恩學派，許多分析師都仍持續混淆想像與可知現實的層面。而拉岡的鋒利——他劃分真實、想像與象徵，是為了將它們更緊密連結——則代表了一項重要的邏輯。不過，在拉岡之前，《論戰》雖然是以一種更憑藉經驗或臨床的方式，但對於澄清這個一方面是分析療法中想像的使用、另一方面是考量客觀的與可知的現實兩者之間的區分，《論戰》已做出了許多貢獻。

分析師的幻想涉及到分析客體的建構中，無論是什麼樣的幻想（病人的聯想言談，甚至是古老的、無名的及預先假定的幼幻想）如我們已知，其從此被稱為反移情。克萊恩本人對這一概念抱持猶豫態度[53]，但這卻是她學派的一大原創性，並將大家注意力帶到反移情動態上。這一功勞要歸於 1941-1945 年《論戰》中的寶拉·海曼。當時，在一場以相當嚴肅的認識論的論據進行的學術辯論中，瑪喬麗·布里爾利（Marjorie Brierley）反對海曼的觀點：

> 「如果我們堅持把心理功能類同於我們對這些功能的主觀詮釋，那麼我們就放棄了對科學的訴求，回到了中 284

390-392.）

53　參閱：《梅蘭妮·克萊恩的世界及其作品》（*op. cit.*, p. 497.）

國農民的原始狀態，把日食詮釋為龍吞掉了太陽。」

海曼當時勇敢地反對布里爾利，主張精神分析另一種理性態度，這與中國農民的立場並不相斥：「我們研究的不是太陽系，而是中國農民的精神現象；不是日食，而是農民對日食的信念。這些信念如何突然來到他們心中、又對精神現象帶來什麼樣的功能？」[54]

海曼從1950年起，以及較晚的一篇文章中[55]就已經提出，不僅是要證明在治療當中，反移情的出現與將它詮釋給病人是必要的，而且也要將這種反移情視作直覺與同理的同義詞[56]。分析師認出病人的投射性認同之前，是先被他們的投射所佔據的，而後分析師還要認出他自己的投射性認同以超越它。確實如此，要將他自己無意識保留的東西提取出來，分析師才能擺脫某種超我的或單純意識的傾聽，而能夠達到著名的卻又似謎般的「善意傾聽」，這固然是由距離所構成，但首先必須有認同、直覺與同理[57]。

285

---

54 參閱：〈第七次學術爭論議題討論會〉，《佛洛伊德—克萊恩論戰》，頁623。

55 參閱：寶拉．海曼，〈論反移情〉（Paula Heimann. (1950). On Counter-transference. *International Journal of Psychoanalysis, 31*(1-2), 81-84.）、〈對分析師認知過程的進一步觀察〉（Paula Heimann. (1977). Further observations on the analyst's cognitif process. *Journal of the American Psychoanalytic Association, 25*, 313-333.）

56 1947年2月5日，溫尼考特在英國分析學會發表了〈反移情中的恨〉（Hate in the Counter-transference），他注意到在分析的某些時刻，病人會尋求對他分析師的恨，而分析師必須承認他的錯誤、由恨引起的各種錯誤，以有效地繼續分析，唐納德．溫尼考特也遵循瑪格麗特．利特爾 (Margaret Little) 關於這個問題的建議，而海曼以同樣的方式，在1949年的蘇黎世大會上強調，分析師彷彿像是「病人的鏡像般」發揮作用。參閱：《梅蘭妮．克萊恩的世界及其作品》（*op. cit.*, pp. 489-490, 530.）

57 茱莉亞．克莉斯蒂娃，《心靈的新疾病》（Julia Kristeva. (1993). *Les Nouvelles Maladies de l'âme*. Fayard.）

最終，西格爾的〈關於象徵形成的一些說明〉[58]這一文本，雖沒有達到法國辯論的哲學規模，卻為克萊恩理論的象徵法帶來關鍵的說明，並由迪克案例精彩地闡釋。

西格爾清楚說明，在投射性認同影響之下，自我的一部分被認同於對象，以至於象徵與被象徵者合而為一：在這些條件下，並沒有真正的象徵，而只會有「象徵的等式」（抹布是媽媽；這還不是「抹布像是媽媽」，也還不是「抹布**取代了**（tient lieu）我失去的媽媽，她不在那裡」）。換言之，內在客體替代了**等同的**（équivalent）外在客體。這種古老邏輯也是思覺失調症患者用來否認理想客體、控制迫害者客體的特有思想。然而，由於有了憂鬱心理位置與哀悼的工作，使得客體失去的經驗變得可能，以及如我們先前所述，一個內在精神現實得以構成，並與失去客體分離、與它有所差異：**等式**（équation）被打破，**表義過程**（signifiance）開始啟動。只有在此安置了象徵，**精神**（psychisme）的屬性才能指涉於某種**失去的現實**（réalité perdue），正因如此，失去的現實被辨認成真正的真實。昇華－象徵化、幻想－思想、分裂－潛抑等過程的連續性便如此就位：聚焦於失去的可能性。在這個新的視角中，「象徵的等式」不再呈現為簡單的退行，而是以原始象徵的名義在「遺傳序列」[59]中取得位置，而源自某種生命之初就同時出現的初級象徵化，在結構為最終思想模型的能指／所指／物件出現之前就已經浮現。

然而，在克萊恩學派與後克萊恩學派理論定位中，象徵法生成

286

58　漢娜・西格爾，〈對象徵形成之評論〉（*op. cit.*, p. 393.）

59　根據阿蘭・吉博的術語，參閱：〈原始象徵法與象徵的形成〉（*op. cit.*, p. 302.）

的精細還是留下一個問題，這問題總是被克萊恩低估——即父親的作用：父親的缺失顯而易見，它需要更詳盡的臨床與理論來支持這一「等式」之後「真正的」象徵功能。從最早期關係到原對象，對「個人史前史父親」的「初級認同」作用，難道不是被克萊恩學派忽視了嗎？在憂鬱心理位置的象徵化過程之前，對父親的初級認同不是早在「等式」時就發揮作用了嗎？對男女而言雖有不同、但皆無法避免的閹割的陽具考驗，難道沒有為了鞏固這在同一性與相似性、等式與象徵、幼幻想與思想之間的過渡而產生決定性的標記？種種的問題在此僅是提出，而它們還是要參照精神分析研究現況[60]。

287

3. 後克萊恩學派的古老與初級

許多位克萊恩的弟子追隨她的工作成果並圍繞著精神病及自閉症臨床，深入探索了象徵化的古老狀態。有些人由此推論出存在某種原初或原始的象徵法。無論這假設看來有多輕率、在哲學上有多冒進，但伴隨而來的臨床工作卻非常振奮人心。於是，在西格爾之後，比昂回到幼兒象徵能力的生成，但更追溯到憂鬱心理位置之前並描述偏執－類分裂階段的原始思想：投射性認同會是第一個「思想」。他把投射性認同設想為一種前語言的思想，很嚴密且私密，

60 關於初級認同概念，參閱：茱莉亞·克莉斯蒂娃，《愛的故事》（*op. cit.*, pp. 36-65.）；關於閹割測試的概念，參閱：茱莉亞·克莉斯蒂娃，〈論陽具的怪異性，或錯覺及去除錯覺之間的女性〉（*op. cit.*, pp. 198-223.）

是由各種感官印象之間所連結，並由「與視覺有關的表意文字」、即「表意文字的原始模型」所組成。這些感官材料被自我和客體轉 288 化為「α 元素」，然後 α 元素成為「容易被運用於無意識的醒覺思想、夢、接觸屏障、記憶當中」[61]。正是這些同樣的前語言思想元素被人的精神病部分所攻擊，且這部分透過分裂與碎片化產生作用而破壞了「聯合」的能力本身。其結果是元素與元素之間沒有聯繫，只能被投射性認同所使用，這稱為「β 元素」，或「感官印象所對應的物自身」。β 元素可以對應為精神病碎裂化的「古怪客體」，也可以對照為幻覺的影像，是驚駭的來源。攻擊不僅關係到客體（像克萊恩想的那樣），而且（甚至更好地）瞄準了作為連結過程的思想本身。返回到克萊恩最後對於從偏執－類分裂心理位置通向憂鬱心理位置的見解，比昂釐清了從離析到整合的運動，而這一觀點可能是他稱作「從經驗中學習」[62]的基礎。他認為，在這一運動中透過客體來經歷，人「吸收」感官及情緒材料，並藉由將這 289 些材料「類化」如同透過「消化」過程，致使**思想**（thinking）無非就是**連結**（linking）。

在這連結活動的起點是某個幻覺經驗或「源－經驗」，它們指涉到兒童與乳房的相遇。在此，聽到了克萊恩理論的回音，但同時它以一種新的方式被淬鍊。比昂假定有個乳房**固有的前概念**

61　威爾弗雷德・比昂，《從經驗中學習》（op. cit., p. 43.）；〈人格的精神病部分與非精神病部分的區分〉（W. R. Bion. (1967/1974). Différenciation de la part psychotique et de la part non psychotique de la personnalité [The Differentiation of the Psychotic from the Non-Psychotic Part of the Personality]. *Nouvelle Revue de Psychanalyse, 10.*；〈思想的理論〉（W. R. Bion. (1962/1964). Théorie de la pensée [A Theory of Thinking]. *Revue Française de Psychanalyse, 1.*）

62　即威爾弗雷德・比昂第二本著作的書名：《從經驗中學習》。

（pré-conception innée），或者有個乳房的先驗知識，這呼應了康德的「**純粹先驗**（pur a priori）知識」的概念。這樣一種「空的思想」，仍在等待被乳房所填滿，將由**乳房**（sein）的未實現化來接承：換句話說，從已在（déjà-là）乳房的**先驗存在**（a priori）來看，母嬰互動中對真實相遇的需要可能被嬰兒體驗為在挫折中的負性。佛洛伊德首先假定第一次真實的滿足得自於乳房，隨後則是幻覺滿足的時期。比昂顛倒了事情的順序，而假定某種已在，那是驅力性的先驗內容，原初地被賦予客體也固有的前概念，或稱「物自身」（chose en soi）。前概念的、與未實現化的驅力混合，產生了某種具備「β元素」特徵的「原思想」：實際遇見壞乳房、**與**（et）被感受為「物自身」的乳房的需求，兩者的搭配融合。只有在第二時間點，才會出現「乳房的實現化」或在乳兒與母親互動中對乳房的真實經驗。

從這點起，每個乳兒在他對思想必具的挫折的容忍能力、**與**（et）母親照顧多少還算成功的真實經驗之間，建立起特定的比例。由此引發的個人嫉羨與恨的程度，將是多少有點過度、或算還可容忍。

290

此外，比昂修改克萊恩的投射性認同，而假設孩子可以把他自己身上不想要的東西投射給母親。這種「現實」交流的原始模式，涉及到嬰兒的經驗，即他對來自外部世界的刺激能加以控制，卻對內在驅力的刺激毫無防禦。依據比昂的觀點，幼兒所遭逢的是「母親遐想的能力」，母親能夠（或者不能）容納「β元素」並將其轉化為「α元素」，因而確保了各種最佳條件，以便使幼兒有能力（或者不能）區分**刺激**（excitation）及其**表象**（représentation）。正是藉此方式形成了乳房、乳房觀念、「物自身的表象」的抽象化出現所必需的環境；物自身表象，是指自體情慾或次級自戀滿足的真正象徵。

克萊恩的幻想全能性常被批評說沒有充分考慮到母性環境的現實，但我們看出，在比昂的理論中，全能性是如何透過母親有意識或無意識地介入現實而被補足。正如法國精神分析師[63]特別指出，母親再加上情人的雙重身份能夠作這種遐想，其中有足夠的配合度、有足夠的距離、甚至對於母子的互相宰制有足夠的審查，而能促進兒童的象徵法的出現及發展。在憂鬱心理位置期間實現的自我整合，將「α元素」組織成一個「膜」或「接觸屏障」，據此而建立意識／無意識的區別。象徵化如同一種抗憂鬱的機制，它抑制刺激數量，並促進β元素轉化為α元素。**內含物**（contenu），指涉於消化系統的相關印象被投射到**容器**（contenant）之中，也就是說，涵容客體（最初，這一客體不是別的，正是母親）攀升到將自己構成一個「思考思想的裝置」。在母親身上被創造出來的思考思想的裝置，有助於在孩子身上形成類同的「思考思想的裝置」，以使母嬰之間的精神與存在材料的交流（愛、舒適、安全等）變得可能。

291

儘管，比昂的構思可能會在情感與表象之間產生過於簡化的區別，並封閉在精神現實的一種神祕概念中；後者被賦予了幻覺易受性，並「懸止了回憶、欲望、理解」[64]，然而，這項工作顯著地豐

63　參閱：米歇爾・菲恩、丹妮絲・布朗舒韋，《夜與晝，關於精神功能的精神分析論文》（Michel Fain et Denise Braunschweig. (1975). *La Nuit, le jour, essai psychanalytique sur le fonctionnement mental*. (pp. 147-150, 175-176). PUF.）

64　參閱：威爾弗雷德・比昂，《關注與詮釋》（*op. cit.*, p. 90.）

富了我們關於精神病的知識[65]。

292 最後，自閉症臨床對克萊恩理論進行了一些修改與精煉。人們觀察到，自閉症兒童身上無法有投射性認同，他們對裡面和外面不做區分，且似乎與客體沒有任何關係。那麼，這是前客體的（pré-objectal）自體情慾？

對於自閉症兒童，唐納・梅爾策提出另一種看法：這不是對抗焦慮的防禦機制問題，而是一種真正「感官的轟炸」，同時是因為「裝備不充分」（神經生物學的某些缺乏）以及「依賴的失敗」所導致的。乳房，對自閉症孩子而言，是一張紙，雖是克萊恩所稱的「客體」，但卻是二維的、欠缺「幻想地理學」中所必須的三維立體空間。比克萊恩提出的原始分裂更激烈，梅爾策與他的團隊假設在精神病中知覺能力早期的分割（其中感覺多變而散落，而比昂已 293 研究過的注意力會暫停、時間不流動），以及，連帶著這種散落的是自己有「片片掉落」的感覺[66]。

---

65 另參閱：赫爾伯特・羅森費爾德，《精神病狀態》（Herbert Rosenfeld. (1965/1976). *États psychotiques* [Psychotic States]. PUF.）、《關於精神病狀態的精神分析治療》（Herbert Rosenfeld. (1974). Notes sur le traitement psychanalytique des états psychotiques (1972). In *Traitement au long cours des états psychotiques* (pp. 125-127). Privat.）。赫爾伯特・羅森費爾德區分出一種排出自己壞部分的投射性認同，以及另一種是為了與對象交流、讓病人易感於分析師對他的理解的投射性認同。從這一觀點，我們回顧漢娜・西格爾對她自己在 1957 年關於延伸象徵概念的工作（參閱：本書原文頁碼 p. 285-286、p. 285 相關註釋），她確認了在容器 (contenant) 與內容 (contenu) 之間的正性相互關係有助於憂鬱心理位置的加工與象徵形成，參閱：漢娜・西格爾，〈論象徵法〉（Hanna Segal. (1978). On symbolism. *International Journal of Psychoanalysis, 59*, 315-319.）

66 唐納・梅爾策等人，《探索自閉症》（D. Meltzer, J. Bremner, S. Hoxter, D. Weddell, & I. Wittenberg. (1975/1984). *Explorations dans le monde de l'autisme* [Explorations in Autism: A Psycho-Analytical Study]. Payot.）

埃斯特·比克則觀察到一種**黏性認同**（l'identification adhesive）：失去身份的恐懼巨大到使得孩子為了找到一個身份而緊黏在母親身上。此後的臨床治療者深入探究比投射性認同更早前的主體的初級生活，並提出一種最早先連結的真實現象學，在此指的是自戀型認同，其建立在皮膚精神功能之上[67]。

近來，法國有一整群精神分析師致力於把後克萊恩學派的發展再往前推進，他們在自閉症研究領域中表現卓越，其中包括安妮·翁齊厄（Annie Anzieu）、克莉歐帕特·阿塔納西奧-波貝斯可（Cléopâtre Athanassiou-Popesco）、貝納·高爾斯（Bernard Golse）、莒娜維芙·阿格（Geneviève Haag）、迪迪耶·胡塞（Didier Houzel）[68]。於是，追隨佛洛伊德發現的步履，一個精神 294

---

67 埃斯特·比克，〈在早期客體關係中皮膚的體驗〉（Esther Bick. (1968). L'expérience de la peau dans les relations d'objet précoces. *International Journal of Psychoanalysis, 49*, 484-486.）

68 特別參閱：馬澤、萊博維奇，《自閉症與兒童精神病》（Mazet, P. et Leibovici, S. (Eds.). (1990). *Autisme et psychoses de l'enfant. Les points de vue actuels*. PUF.）；奧胥曼、費哈希，《自閉症兒童的模仿及認同》（Hochmann, J. et Ferrari, P. (Eds.). (1989). *Imitation, identification chez l'enfant autiste*. Inserm.）；佩侯、希巴，《童年自閉症》（Perron, R. & Ribas, D. (1994). *Autismes de l'enfance*. PUF.）；皮希瓦、薩寇，《兒童團體與精神分析框架》（Privat, P. & Sacco, F. (1995). *Groupes d'enfants et cadre psychanalytique*. Erès.）；阿塔納西奧-波貝斯可，《比昂與精神空間的誕生》（Athanassiou-Popesco, C. (1997). *Bion et la naissance de l'espace psychique*. Popesco.）；高爾斯，《從身體到思想》（Golse, B. (1999). *Du corps à la pensé*. PUF.）；阿格，〈自閉症兒童：從感官到思維的雛形〉（Haag, G. (1991). *De la sensorialité aux ébauches de pensée chez les enfants autistes*. Revue Internationale de Psychopathologie, 3, 51-63.）、〈精神分析的思考：早期幼兒期自閉與自閉現象〉（Haag, G. (1984). *Autisme infantile précoce et phénomènes autistiques*. Réflexions psychanalytiques. *Psychiatrie de l'enfant*, 27(2), 293-354.）；安妮·翁齊厄，〈自我與具體客體的原初連結〉（Anzieu, A. (1993). Les liens originaires du moi à l'objet concret. *Journal de La Psychanalyse de l'enfant, 14*, 338-364.）、〈客體的具體性與自我的建構〉（Anzieu, A. (1990). Concrétude de l'objet

分析的新大陸正在形成，但若沒有克萊恩的天才，就不可能有今天的局面。不僅如此，雖然克萊恩的創新確實偶爾會僵化為教條主義，但相反地，也在這些後繼者身上展現出少有的豐富性與多樣性；這些面對幼兒自閉症及幼兒精神病的臨床治療者，成功地將克萊恩最初的創舉與他們每日傾聽病人不適裡的創造性結合起來。

其他臨床治療者之中，例如，芙朗西絲·塔斯汀是第一位提出內源的自閉症概念，不論是初級的或正常的：一種未分化的自我感官性的原始狀態，一種「子宮外的孕育」，被開始建立與外部世界分離的自體概念的自戀階段所超越。塔斯汀重新採納佛洛伊德關於自戀階段的想法，同時也聽取克萊恩的意見來延伸，她仔細研究在自戀階段中的母／嬰關係，那已是客體的關係，並受到分離創傷的影響。某些乳兒以無法忍受的方式來經歷這場分離，像一種排尿、排氣、糞便、口水及其他被類同於缺席乳頭的物質的「爆炸式的投射」，幼小的孩子面臨到一個驚駭的世界，那就只是個「黑洞」。母親被召喚來遏止這種爆發並引入不連續性，以啟動象徵化：否則，為了驅趕空洞及具敵意的黑暗物質，孩子只能愈來愈常使用「他自己的身體感覺」來表達自己。對「首要的感受」進行真正的哀悼是必要的；這是要由母親或治療師來建立身體的原始反思性。

295

et construction du moi. *L'objet et l'enfant. Actes Des Journées d'étude Du COR*, 39-52.）；胡塞，〈移情在自閉症兒童治療的具體面向〉（Houzel, D. (1993). Aspects spécifiques du transfert dans la cure d'enfants autistes. In *Hommage à Frances Tustin* (pp. 77-128). Audit.）、〈一個自閉兒童的精神分析取向心理治療〉、〈精神分析能為自閉症兒童的父母帶來什麼幫助〉（Houzel, D. (1997). « La psychothérapie psychanalytique d'un enfant autiste » et « Ce que la psychanalyse peut apporter aux parents d'enfants autistes » In R. Mises & P. Grand (Eds.), *Parents et professionnels devant l'autisme* (pp. 179-189, pp. 167-177). Flash Information.）、〈古老的形成〉（Houzel, D. (1994). Les formations archaïques. In D. Widlöcher (Ed.), *Traité de psychopathologie* (pp. 393-419). PUF.）

這一新版自閉症式的初級象徵法也許是所有主體所共有的，它在「正常」、非自閉症的精神當中，展現為一種召喚，要其默默地退出世界、遁入原初狀態（le primaire），這種狀態屏棄世上一切的主體性，卻又不因此是自戀的[69]。相反地，當負性的引入它可被孩子明確地表達時，那就標示了在二維平面的感受之後，孩子已進入到三維立體空間的世界。因此，塔斯汀強調孩子丟掉玩具並說「不在了」的時刻，並以此來詮釋克萊恩的「迪克案例」。在第三方的面前承認客體的失去，內攝令人不快的情感，並將這種測試引入話語所在的內部精神世界：象徵與精神同時被構建為第三方的及減緩負擔的世界，正因為這世界能被語言所共享[70]。 296

最後，在克萊恩思想的眾多發展支線中，我們要回顧這位在被歸入「獨立學派」[71]之前，與克萊恩關係密切的分析師他所帶來的貢獻。溫尼考特曾與瓊安．黎偉業以及詹姆斯．史崔奇進行分析，後者也是克萊恩的兒子艾力克．克立恩的分析師，他懂得如何抵抗這學派的領袖－母親想親自監督這段分析的奇怪意圖[72]！儘管反對死亡驅力與先天的嫉羨觀點，儘管克萊恩後來對他態度冷淡，但溫尼考特知道如何與克萊恩的思想遺產保持革新的鄰近，並提出最大

69　參閱：芙朗西絲．塔斯汀，《自閉症與兒童精神病》（Frances Tustin. (1972/1977). *Autisme et psychose de l'enfant* [Autism and Childhood Psychosis]. Seuil.）、《心靈的黑洞：神經症患者的自閉症障礙》（Frances Tustin. (1986/1989). *Le Trou noir de la psyché* [Autistic Barriers in Neurotic Patients]. Seuil.）

70　參閱：芙朗西絲．塔斯汀，〈兒童的自閉症狀態〉（Frances Tustin. (1981). Les états autistiques chez l'enfant. *In Rencontres avec Frances Tustin*. CREAI.）

71　參閱：艾瑞克．雷納，《「獨立者」的團體與英國的精神分析》（Éric Rayner. (1990/1994). *Le Groupe des « Indépendants » et la psychanalyse britannique* [The Independent Mind in British Psychoanalysis]. PUF.）

72　參閱：《梅蘭妮．克萊恩的世界及其作品》（op. cit., p. 307.）

膽的精神分析思想。他對待幼兒臨床診療的細緻，以及對精神病患者苦痛的關注，使他在精神分析專業領域之外聲名遠播，也在公眾領域裡擁有大量聽眾。溫尼考特鑽研於探究母子關係及這一關係所蘊含或者所妨礙的特定象徵性的創造，並提議將此一聯繫稱為「過渡空間」，他假定這是我們所有創造性潛能的基礎。在這裡，我們僅用幾段他本人為致力於社會工作的學生舉辦的講座中提出的表述，來闡釋幾個關鍵時刻[73]：

297

「從幼兒期的日常生活中，我們可以觀察到小小的幼兒正在利用這個第三世界，這個既不是內在現實、也不是外部事實的錯覺的世界，雖然我們從不允許成人、甚至比較大的孩子這樣做，而我們卻允許幼兒這樣做。我們看到幼兒正在吸吮他的手指，或調適出一種技巧來扭動他的臉或發出聲音，或緊緊握住一塊布，我們知道他意想著如此對世界進行神奇的控制……。這些表達意味著：有一種屬於最早幼兒期的暫時狀態，一種幼兒被允許意想對外部現實進行神奇控制的狀態，我們知道這種控制是由於母親的調適而使它成為真的，但幼兒本身還不知道……。從這些過渡現象源流出一大部分我們以宗教之名、藝術之名而標舉出的東西，還有，根據當下的文化主流模式、被社會所認可的小小瘋狂。」[74]

73　參閱：唐納德·溫尼考特，《人類本性》（D. W. Winnicott. (1988/1990). *La Nature humaine* [Human Nature]. Gallimard.）

74　同上（*Ibid.*, pp. 140-141.）

過渡客體是孩子創造的？或是他在母親身上找到的？那是同時被找到－被創造嗎？

> 「我會這樣說：有些嬰兒很幸運，他們的母親最初積極適應孩子的需要，且是足夠好的。這使嬰兒們有一種錯覺，認為自己真的找到了已經被創造出（幻覺出）的東西……。最終，這樣的嬰兒長大後會說：『我知道外部現實和我自己之間沒有直接聯繫，只有一種聯繫的幻覺，一種當我不累的時候對我非常有幫助的中間現象。我一點也不在乎這裡面有沒有哲學的命題』。」[75]

298

面對戰士克萊恩而情不自禁繳械的溫尼考特，懂得以簡樸的方式迎接我們最早期的幼幻想，並接納我們自己內部的嬰兒，促發我們在宗教、藝術或其他方面對自由的渴望。確切地說，我們受惠於他對自由的構思，不僅欣賞其中保有克萊恩傳承的自由，甚至還有一種原創性，那是在異議啟發之下的自由。

既然我欲望的解放要透過對欲望的修通及昇華，所以在我分析結束時，我處於不斷的**新生**（renaissance）狀態。就溫尼考特看來，誕生已經假設了胚胎早就獲得生物生命與精神生命的自主，能夠避免環境的侵佔、也能夠不因分娩的暴力行為而遭致創傷。這種細胞核的獨立性質，在某種程度上可能是「**精神內部**（intérieur psychique）」的先決條件，溫尼考特認為這是人類最珍貴、最神祕的自由，正在於作為**存在**（être），不同於行動、不同於**做**

299

75　同上（*Ibid*., pp. 150-151.）

（faire）。他將在克萊恩後來關注的「獨處能力」[76]中重新找到這種自由，就像在民主國家投票所裡的圈票處的祕密中找到的一樣。他將嘗試讓這種自由原則甦醒，而這在分析療法本身裡頭同同作為活著的特徵；分析的歷程拆除了一些為了對抗外部入侵而建構起如同防禦的「**假我**（faux selfs）」，並重建了天生的內部性。然而，真實的內部生活永遠都有待於重新創造，只有這無止境過程才能讓我們自由。

自由的（libre）這一形容詞在溫尼考特的語彙裡，是「要重新創造的內部」的同義詞，與外部的內在化相關。本質上在佛洛伊德的思想中，**自由的**（libre）意味著抵抗本能欲望與外部現實這兩個暴君。在克萊恩之後、並隨著溫尼考特，這術語變換了體系：自由的，意味把外面內在化，若唯有當這個外面（一開始是母親）允許玩、也允許被玩[77]。總之，分析永無止盡，但終有結尾，而由於我們已將死亡的自由披露給欲望，我們發現自己，如漢娜·鄂蘭所說，不只終有一死（mortels），且還「終有一生」（naissanciels）[78]。在有能力創造一種總是重新開始的精神內部性的

---

76 參閱：本書第五章，pp. 183-186。

77 參閱：唐納德·溫尼考特，〈出生記憶、出生創傷與焦慮〉（D. W. Winnicott. (1988). Souvenirs de la naissance, traumatisme et angoisse (1949) [Birth Momerie, Birth Trauma, and Anxiety]. *Psychothérapies, 3*, 115-128.）

78 〔譯註〕漢娜·鄂蘭所談論的出生與死亡，不只是一般生命週期當中的生死這類自然事件。在她看來，只有在某種「新」的元素、某種行動的「創始」發生時，人才真正獲得「出生」的經驗。或者，也可稱作「自由」。她因而仿照希臘人對於人的定義 — 人是「終有一死」者（英：mortal），悖論地提出，人更可能是「終有一生」者（英：natal）。

承上，譯者嘗試將克莉斯蒂娃這句話理解為，在分析過程中，個體的無意識欲望可能會經歷表達、在移情關係中實現、與在修通後熄滅的一段欲望的「死亡」之

意義之上。

洞察入微的兒科醫師溫尼考特會不會太快就擺脫了哲學問題？ 300
儘管如此，他仍緩和了克萊恩學派的暴力，並藉由結合英國經驗主義的智慧與克萊恩的膽識，提出了對兒童的照護，而他更遠大的抱負是，對讓兒童倖存下來的那些人類的關懷。

而克萊恩並沒有忽視這個創造性的「過渡空間」，因為她並沒有把自己囿限在年幼的精神病或受抑制的病人，以及他們野蠻幼幻想裡內在固有的原始昇華當中。她把調查拓展到藝術作品上，並在作品中觀察到最早邏輯的持久性，而在此，邏輯被提升到具感染力與宣洩力的創造性崇高位置。

4. 文化昇華：藝術與文學

1929 年，克萊恩還住在柏林時，她在《柏林日報》上讀到一篇關於拉威爾歌劇的評論，當時《小孩與魔法》（1925）剛在維也納上演；德文翻譯的劇名是《魔咒》（Das Zauberwort），所謂的魔咒無非就是「媽媽」。克萊恩耐心地重述情節，並藉助於劇本作者「科萊特深刻的心理洞察力」[79]，揭露劇中六歲小男孩的施虐焦 301

路。在某一欲望熄滅之後，個體所短暫經驗到的某種「新」、「創始」的經驗，或可比擬於「出生」、或曰存在的自由。換言之，欲望之死換來個體之生。

79 梅蘭妮．克萊恩，〈反映在藝術作品與創作衝動中的嬰兒期〉，《愛、罪疚與修復》，頁 266（Melanie Klein. (1929/1975). Infantile Anxiety-Situations Reflected in a Work of Art and in the Creative Impulse. In *Love, Guilt and Reparation and Other Works 1921-1945*. Hogarth Press.）

慮。起初，這些焦慮抑制了他，然後轉化為慷慨。

故事一開始，男孩感到無聊、不想做作業、對他的母親生氣，想當然爾，母親堅決要求並且威脅他。小男孩砸碎餐具和物品、折磨松鼠和貓、吼叫、攪動壁爐裡的火、拉出時鐘的鐘擺、把墨水倒在桌上……。倏然，那些被虐待的物品活了過來，並想要報復。男孩後退，絕望地顫抖、躲進花園裡去；再一次，嚇人的昆蟲、青蛙和其他動物追捕著他。這會兒，受傷的松鼠出現了，男孩沒有多想就幫牠包紮腳的傷口並呢喃一聲：「媽媽」。克萊恩進一步更深入了解神經症小男孩的心理之前，她結論道，「他被帶回了人類世界」。「我想談談對母親身體與在其中的父親陰莖的攻擊」[80]。

因此，科萊特與拉威爾對肛門階段之前的早期施虐做了完美的描繪，且就在伊底帕斯傾向出現的時刻。在個體發育的發展中接著到來的，是生殖器階段，而它結束了施虐：這時的孩子能夠產生憐憫與愛，就像他對待松鼠的態度所顯現的那樣。後來在 1934 年，前文已經寫過，克萊恩將這種對「整體客體」的關心歸因於憂鬱心理位置的出現。此刻的 1929 年，克萊恩暫時滿足於註記出科萊特的洞察力，科萊特有注意到小男孩的施虐是由口唇挫折所喚醒的：

302

母親沒有禁止孩子「吃掉地球上所有的蛋糕」嗎？沒有威脅孩子只給他吃「乾麵包配不加糖的茶」嗎？[81]

我們正位於普魯斯特的椴花茶與美味瑪德蓮的對立面：小說中，小馬塞爾並沒有任何味覺的挫折，唯獨睡前媽媽的吻帶著那憂傷的回憶。這就是為什麼在《追憶似水年華》中，未來的敘事者的

---

80 〔英譯註〕同上，頁 263。

81 〔英譯註〕同上，頁 266-267。

施虐將永不被揭露的原因嗎？在貢布雷品嚐點心的孩子顯然十分滿足，以嘲笑別人（夏呂斯、維爾迪蘭太太或蓋爾芒特夫婦）的惡毒為樂，但卻保護自己不受懷疑，在一切牽涉到他自己的暴力方面向前時。相反地，在《小孩與魔法》中，食人的焦慮滲入到欲望，科萊特的直覺在對幼兒期邏輯、對無意識魔法的測定上，都先於分析師的**洞察**（insight）。

然而，克萊恩在藝術創作中看見的並不只是診斷的共謀。藝術作品是否也能成為最初的（而為何不也是最終的）治療，比詮釋更具效果？這個問題來自克萊恩在同一項研究中評論的另一篇文章：卡倫·麥可利斯（Karin Michaelis）在《空洞》所講述的露絲·克亞的故事。她是一個富有、獨立的女性，傑出的室內設計師，受苦於憂鬱，她抱怨：「我裡面有一個空的空間，我永遠無法填滿它」[82]！婚後，她的憂鬱症（mélancolie）就更加重了。一天，裝飾她家的其中一幅畫（這項美麗物件）被她的大伯搬走並賣掉了，並在牆面留下了一個空位。這自身空虛的具體化將絕望掘得更深（我們注意到，挫折的執行者是丈夫的兄弟，他是個畫家）。從這一插曲開始，就沒有什麼能阻止憂鬱的惡化。直到一天，露絲·克亞決定要換掉這幅畫（留下的空位）。她過去從來沒有畫過，卻完成了一幅絕佳畫作；她的先生、接著她畫家大伯都錯愕不已、難以置信。為了說服他們、也為了說服自己，她投身作畫，並畫出好幾幅「大師手筆」[83]的畫。在初試啼聲後，她首先畫的是一個裸體黑人女性，真人大小、然後是她的妹妹，最後是一個老婦人和她母親的

303

82　〔英譯註〕同上，頁 267-268。

83　〔英譯註〕同上，頁 269。

肖像。「空洞被填滿了」[84]。由母親導致的古老的挫折在婚姻中重新經歷，聚焦在畫作的失去上，又再被超越憂鬱的創造性所修復。

自此時起（1929 年），克萊恩已提出「修復」概念，也就是在憂鬱心理位置中的客體失去後的修復，而她將於 1934 年再作發展。

> 「修復的欲望、想要把對母親造成的心理損害轉化為美好的欲望以及重建自我的欲望，明顯地支撐她畫出這些畫的迫切需求。」[85]

想要摧毀母親的施虐欲望無意識地作為露絲·克亞的憂鬱症根源，並被逆轉為挫折感，現在被修復所替代。作品的完成如一種自我分析活動，它同時具有罪疚及對罪疚的承認。在實現作品的路程中，焦慮消散，藝術家的個人成功增強了他所掩飾的憂鬱者的自信心，使他有能力去愛並將客體重建為一個好客體。其後果是，對創作者來說，無意識的恨顯得較不恐怖、較不威脅。最終，成功的重複經驗會把被修復的客體整合到自我裡，如此一來，憂鬱症患者不再需要對他人進行費力及辦不到的控制，而是接受他的欲望與愛的客體如其所是的樣子。從這一觀點看來，即使衝突自童年遭遇以來持續存在，但藝術作品成為了重現內部世界的和諧，以及維持在外部一種與他人的寬容、甚至是愛的關係（這裡是指婚姻）的方法。

克萊恩沒有放棄以圖式來將自己理論運用到審美客體，並

304

---

84 〔英譯註〕同上，頁 271。

85 同上，頁 271。

從中提取一則「闡釋」，她對朱利安・格林的小說《如果我是你》[86]裡面的心理學主題進行了詳細的分析。這篇研究的副標是〈一部闡明投射性認同的小說〉。男主角法比安・艾斯培塞勒Fabien Especel）（在能指（發音）上做近似聯想：一種她 [espèce-elle] ？[87]）是一名年輕僱員，他自認不幸、對自己不滿而已逝的父親拈花惹草、散盡了家財；為了能夠變成別人，他與魔鬼訂下契約。克萊恩津津有味地追蹤著「投射性認同」的複雜曲折，這認同驅使著法比安依序變成普架先生、鮑爾・愛司蒙納、傅瑞傑、喬治以及最後的卡密爾。他在喬裝過程中所體驗到的挫折及攻擊性，都涵帶著同性性慾，克萊恩毫不費力就從面具底下解讀出來，而挫折及攻擊性幾乎都在一個好母親形象（麵包店老闆娘）前讓步，她喚醒了男主角童年早期的愛的生活。

305

一切的過程就彷彿法比安設身處地成為其他男人，只因他無法認同於自己的父親：他愛這些男人，暫時地，而每次都失望，並試圖對他們採取一種被動的女性位置[88]。對古老母親的復原要透過幻想：走進教堂，在蠟燭照耀下，他想像麵包店老闆娘懷著所有他能給她的孩子。由於這正面的幻象，男主角與自己的「有罪」思想和解了，也超越了暗中驅動著他的貪婪與嫉羨[89]。是基督教作為對聖

86　梅蘭妮・克萊恩，〈論認同〉，《嫉羨和感恩》，頁 182-226（Melanie Klein. (1955/1975). On Identification. In *Envy and Gratitude and Other Works 1946-1963*. Hogarth Press.）；朱利安・格林，《如果我是你》（Julien Green. (1947/1993). *Si j'étais vous* [If I Were You]. Plon/Fayard.）

87　〔譯註〕此處是作者克莉斯蒂娃的自由聯想。小說男主角所呈現出的被動女性立場，可與其姓氏發音當中暗藏的「她（elle）」作一連結。

88　〈論認同〉，《嫉羨和感恩》，頁 212、218-219。

89　同上，頁 205。

母的修復，平息了兒子的亂倫幻想[90]？此後，法比安脫離了對焦慮的錯誤解決之道，包括發狂似的逃往投射性認同（一個個都令人失望又疲憊不堪）：他嘗試聚集被他投射出去的部分。最後一幕，根據克萊恩的見解，清楚傳譯了這股張力與不可能的併合：當法比安躺在床上因發燒而耗盡能量時（與魔鬼的契約會只是發燒引起的幻覺嗎？），法比安－卡密爾正朝他家門口走近。然而，他已被分裂部分的併合將不會發生。

306

確實，法比安死的時候，雙唇還喃喃地唸著〈主禱文〉（我們的天父），這表示他已經與他父親和解了。然而，他的最後分身，法比安－卡密爾，是病人自己以為聽見他來到門前、來交還身份，但事實上這一分身從未前來：沒有人來，他的母親確認地說。而有些重聚卻已經發生：深度昏迷後垂死邊緣的兒子……與他母親的重聚，她最終被認出是有愛的母親。

> 「克服早期童年根本的精神病性焦慮的結果是，讓整合的內在固有需求完全顯現出來。法比安在建立好的客體關係的同時，也實現了整合；他修復了在他生命中不盡如人意的地方。」[91]

但克萊恩的讀者卻還不滿意：修復機制遠遠沒有汲盡這個創作過程的複雜性，至於，假身分的主題，還有倒錯、施虐－受虐或褻瀆的主題，在朱利安．格林的文本中相當鮮明，但我們的分析師、

90 同上，頁 204。

91 同上，頁 226。

如今成為文學評論家的克萊恩卻沒有去碰觸。評論家的天真，作為 307
平衡，則伴隨了理論家的堅毅，她詳細地論證她已在躺椅上發現到的邏輯：投射性認同以及對它的超越，是透過依賴於失去經驗的戲劇性修復。

然而，這不再是母親的死亡（根據克萊恩理論，是孩子的施虐幼幻想所要求的），而是兒子的死亡。這會是兒子作家與同性戀者的祕密嗎？這會是使克萊恩圖式改變方向的犧牲版本？對他來說，這是要保存母親，永遠不要失去她，由自己成為創作者而讓她活著，但代價就是自己的必然死亡。法比安肉體的死亡，也可視為一種對性身份的放棄：既非男人、也非女人；是男人、也是女人；什麼都不是、是中性，是一切。這些讓作家兒子可以重新創造任何身份、認同任何身份，投射到任何地方。還有，在這無止境的修復過程中（亦即投身於想像），雖是嘗試去償還給如此修復的母親，但尤其是要償還給可恨的父親。這是沒有盡頭、痛不欲生的償還，至死方休的債務。

克萊恩的論文輕觸了一些本質的問題，但她仍相當學院地帶著雄心與謹慎，固守本份僅對她的論點加以闡述，而那將從此是**她整個學派**（son école）的論點。

克萊恩想要挽救在她年幼病人身上的昇華－象徵能力。當藝術與文學呈現出的某種動力，類同於分析師已解讀的精神倖存的慘痛遭遇時，她喜歡讓文本映照在理論之鏡中，當她坐在分析師的扶椅上傾聽她的被分析者時，她也磨亮了這面明鏡。順道一提，文學雖 308
受益自幾盞聚光燈的投射，但也極度珍惜地守住它的謎；至於分析師克萊恩，她則從這些我們稱為文化想像而承認、接納的幻想的微小細節，來加強她的概念、鞏固她的臨床。

我們是否可以因此而說她的評論方式是一種理論家的自命不凡，褻瀆了作品纖細的血肉？我寧願在其中看到一個女人的謙遜，固然粗糙但卻高貴，她敢於在美麗錯覺的土地上隨著極微的一絲光亮前進。片刻不疑，這些錯覺無可避免且必須具備，就像幻想一樣：她以她的方式，在她對病人的投射性認同中，在她**幼幻想的**（phantasmatiques）、想像的詮釋中，她不也是這些錯覺的創造者嗎？因為她在詮釋時，會想著「如果我是你」。又梅蘭妮或法比安的終極喬裝，終於成功了嗎？

克萊恩留給我們的精神分析是對於想像的體驗，這種體驗並不嚮往美麗，而是企圖認識自己又不拒認想像的本身。

第九章

從外語情結到人際網絡：忠與不忠

309

1. 不立文本的創始人

311

1925 年，克萊恩準備前往英國發表演講，為此她向艾莉克絲．史崔奇學習英語。

> 「我冒險一試，決定教梅蘭妮英語，至少在專業詞彙方面。於是，我計畫與她重新閱讀〈小漢斯〉……。她大聲朗讀，然後我們一起用英語討論。」[1]

這位高雅的倫敦女士，對克萊恩展現出來的語言理解力印象深刻，但這學生有著糟糕的口音，她們一同決定讓克萊恩跟著正式的老師繼續學習。

自從 1926 年克萊恩搬到英國定居後，便使用英語表達自己的思想，但她也經常回到她的母語，以便與自己的情緒維持聯繫並分享這些情緒，例如，當兒子漢斯去世後，她向寶拉．海曼傾訴、並

312

1　參閱：《布盧斯柏里團體－佛洛伊德：史崔奇夫婦（詹姆斯與艾莉克絲）通信集，1924-1925》（*op. cit.*, p. 214.）

用德語與她交談[2]。而在她兒子過世時，極有可能她做的夢也是用德語，這些夢喚起她無數的痛苦回憶：她父親偏愛長姐艾米麗、二姐席多妮的早逝、殘酷地失去哥哥伊馬努爾並對此感到劇烈的罪疚、母親死亡時再度席捲而來的焦慮、對丈夫亞瑟的矛盾雙重情感、亞伯拉罕之死帶來的崩潰，以及她與克洛澤爾之間困難的關係。《兒童精神分析》幾乎同時間發行德語版，其英文翻譯是由詹姆斯．史崔奇負責，再加上艾莉克絲．史崔奇、愛德華．葛羅夫與瓊安．黎偉業[3]的協助，其後在《梅蘭妮．克萊恩全集》[4]最終版本中會進行大量修訂。儘管克萊恩對英語的掌握變得更好（戰爭期間，她與溫尼考特的通信裡「帶著英語慣用成語的辛辣」），但當她開始要以英語寫作時，仍需仰賴講英語的朋友們。1930年間，黎偉業給予她非常有力的幫助，為她的作品進行大幅度的更正及修訂。後來，她依靠她的秘書，蘿拉．布魯克（Lola Brook）這位與英國人結婚的立陶宛裔猶太女士，並從1944年開始，她將成為克萊恩信賴且不可或缺的合作者。布魯克仔細重讀的作品中，最重要的是〈關於嬰兒情緒生活的一些理論性結論〉一文，她提出了對於文字風格與文章佈局的建議，而克萊恩在一則註釋中向她傳達由衷的感謝[5]。最後，若沒有埃利奧特．賈克（Elliott Jaques）的協助，《兒童精神分析》這本書就不會問世，他成為克萊恩信託基金會的秘書，並負責編輯《梅蘭妮．克萊恩》的作品集。然而，在任何時

313

2　參閱：《梅蘭妮．克萊恩的世界及其作品》（*op. cit.*, p. 491.）

3　〈初版序〉，《兒童精神分析》，頁 xiii。

4　《梅蘭妮．克萊恩全集》（Melanie Klein. (1975/1992-1998). *Writings of Melanie Klein*. Hogarth Press/Karnac Books.）

5　參閱：《精神分析的發展》（*op. cit.*, p. 187 註釋 1.）

刻，克萊恩這永不疲累的工作者都堅持不懈地記錄、撰寫、再重寫與病人進行的分析療程；她調整臨床評論或結論，並透過書寫逐步精煉思想發展，她的手稿足以證明這一切。

我們還注意到，克萊恩最後的幾篇文章中，點綴了許多來自英國文學的名句，雖然算是恰到好處，但卻複雜精妙到讓人會說像是「外借」來的。也再補充這點：《兒童精神分析》的法語譯者讓-巴蒂斯特．布朗傑（Jean-Baptiste Boulanger）認為，克萊恩的法語很好，足以保證在督導過程中能與他順暢地溝通。然而，根據她的傳記作者[6]，語言的族群融合性並沒有阻礙克萊恩繼續待在「直到最後都是德語」的狀態。

314

德語算母語嗎？某個層面上是。其實，從莉布莎的最後信件中可看出，她的德語相當生硬[7]。對此我們仍記憶猶新：母親與女兒對於她們的丈夫或父親能夠說十種語言引以為豪，就算他只是個平庸的醫生[8]。那麼梅蘭妮的母語究竟是什麼？

在拋棄母語中有著弒母的概念。在梅蘭妮的父母身上，這已經發揮作用了，在那些中歐猶太家庭的移民命運中發揮得更深刻；他們擁有所有的語言，也沒有任何語言，除了其中一些人的意第緒語，但是梅蘭妮既不想學甚至也不想聽到這語言[9]。在父母、尤其是母親的欲望促使下，她選擇讓自己融入到德意志語言及文化中，這是第一次象徵的重生、自身的文化分娩。第二次斷裂，則將她從

6　我非常感謝梅蘭妮．克萊恩的傳記作者菲利斯．格羅斯科斯（Phyllis Grosskurth）特別提供這些寶貴的資訊及意見。

7　參閱：《梅蘭妮．克萊恩的世界及其作品》（*op. cit.*, p. 19.）

8　同上（*Ibid.*）

9　同上（*Ibid.*, pp. 17-18.）

歐洲大陸帶往英國，這次更強調了高飛：愈來愈高、愈來愈強。為了思考這個被我們稱為無意識的古遠記憶、為了命名幼幻想，是否必須有距離地去傾聽，或從某個只能是陌生的他方去領悟？或315 許，把它丟棄在**那邊**（là-bas）以保護自己，讓自己在無名的原始符碼中與不可言說的幼兒期感官混雜？遠遠地傾聽，就比較不令人害怕？在已具備無數次學習——次級的、間接的、「遠離」的學習——的心神清晰中，將會遺忘母性？在這個異鄉女人的命運中，克萊恩的猶太身份被這命運凝聚起來（被掩蓋、但也被明確化），我們可以讀出遠古分裂的、始終痛苦弒母的、特有精神病的修通工作。因為已與這種動態進行接觸，因為已知覺到這種動態既具有毀壞、又具救贖，所以克萊恩能夠發展出一種理論，比佛洛伊德理論更直接、更犀利地與同樣的分裂產生共鳴，且這一分裂背叛了每個人所經歷過的類似的弒母，不僅是眾多知識分子，還有愈來愈廣大的人類群體，在這二十世紀結束之際[10]。

人類，與其說是一種「身份」，不如說是一種旅行，因為他們始終在某程度被潛抑的記憶、與某程度受控制的意識之間轉乘：佛316 洛伊德也曾這樣告訴我們。他所發展的被某些人認為像是他的個人小說；他提出，自冰河時期以來，精神病堆疊在神經症之上[11]，而**宗教人**（l'homo religiosus）則悄悄地通過我們的精神結構、我們的

10 採用其他的、但類似的方式，漢娜・鄂蘭不得不使用外語，即英語來論述她的作品，這肯定影響了她思想的開展，尤其是關於爭議的教導性質與清晰度，但這讓母語的恐懼或假定的瘋狂得以拉開距離。參閱：茱莉亞・克莉斯蒂娃，《女性的天才（一）：漢娜・鄂蘭》（*op. cit.*, pp. 294-296, 369-370.）

11 參閱：佛洛伊德，〈移情神經症綜覽〉（Sigmund Freud. (1985 [1915]/1986). *Vue d'ensemble des névroses de transfert. Un essai métapsychologique* (pp. 30-44). Gallimard. **See also**: *GW*, Nachtragsband, 641-648; *OCF.P*, XIII, 290-297.）

夢、我們的症狀旅行過來，倖存在我們現代人的身上。

可以假定的是，佛洛伊德的看法被這種人類在二十世紀經歷的定居生活再次失去所影響。科技與政治愈加地把我們拔離出我們的居住地，我們又變成了遊牧民族。在政治迫害的流亡者之外，還有全球化市場的移民，以及和衛星電視、網際網路相連接的網路瀏覽者。隨著對權威、律法和價值觀的質疑，這被詮釋為對父親角色的抗議，並刻畫著我們命運特徵的居住地的失去，損害了原初場所、攻擊了母性的支撐，威脅了身份本身，因此要將它摧毀。

於是，為了保護這個場所，多愁善感的詩人、與飽受驚嚇的守舊者吟唱起讚美詩歌：回歸起源、居住地的環保運動、保護文化遺產。所有人渴望保存在一個穩定的居所、固定的聚集、於原始的及宗教的冥想中安頓下來的可能性，以及人類能擁有一個知道如何間隔的空間[12]。那又如何能夠不去理解他們，如何能夠不去跟隨他們？當我們知道了這個對於最早的安全感（我們身份的錨定、我們欲望客體與恨的客體的初級隱藏）的破壞，也是語言與家的安置被破壞，那使我們在現階段失去人類最終的指標：也就是昇華、而後

317

12　「棲居，即被帶向和平，這意味著：始終處於自由（das Frye）之中，這種自由把一切都保護在其本質之中。**棲居的基本特徵就是這樣一種保護**。它貫通棲居的整個範圍。一旦我們考慮到人的存在基於棲居，並且是作為終有一死者逗留在大地上，這時候，棲居的整個範圍就會向我們顯示出來。」，參閱：海德格，〈築．居．思〉（Martin Heidegger. (1951/1958). Bâtir, habiter, penser. In *Essais et conférences* (p. 176). Gallimard.）〔譯註：此段引文中譯出自《海德格爾文集：演講與論文集》（孫周興譯），商務印書館，2018，頁 161-162〕

「語言是存在之家。人居住在語言的寓所中。」參閱：海德格，〈關於人道主義的書信〉（Martin Heidegger. (1946/1966). Lettre sur l’humanisme. In *Questions III* (p. 74). Gallimard.）〔譯註：此段引文中譯出自《海德格爾文集：路標》（孫周興譯），商務印書館，2014，頁 369〕

象徵一整個生態學的可能性？

至於其他人，克萊恩就是其一，採取另一種不同的路徑以維護我們能夠有意義的可能。重要的是檢視痛苦本身的地方、原初的連根拔起：不是潛抑它、以便迅速重建居住地，而是「棲居」於無人所居的地方、或說原始的分離，倘若「棲居」這個詞不算太平和、太過靜態來指定精神分析師實踐的這種對最初傷口的傾聽。我們的克萊恩是一名遊牧者：維也納、羅森堡、克拉普茲、布達佩斯、柏林、倫敦；她在柏林有許多住處，在倫敦有五棟房子。她的兒子艾力克則說他從來沒有過一個家。然而，她喜歡改變住所，卻將它們佈置得愈來愈舒適且豪華。在她的流浪中，兩種矛盾的傾向呈現在分析師的居住空間與她的思想當中：一種是伴隨自我的失去而失衡並共鳴的開放傾向；另一種是庇護與補償風險的封閉傾向。一方面，她不拐彎抹角地迎擊死亡驅力的工作；另一方面，她也建立某程度算是僵硬的結構、建立理論、建立學派、建立一所布爾喬亞資產階級的房子。不過，主要和弦仍是最大限度的暴露、恆常的去除隱藏以及時時刻刻的「非場所」。但是，面對我們所遭受的、所反擊的殘酷性，我們能找到什麼樣的座標？

318

克萊恩至少選擇了兩項。首先，她信任前語言的記憶：失去的時間的祕密將能夠在洞察力、以及在與病人一起的投射性認同中被重新找到。「如果我是你」，她這樣說，也這樣做了。其次，她習得了一種新的語言：先是佛洛伊德、費倫齊、亞伯拉罕這些父親們的語言；還有英國人的語言，不是嗎？既然他們欣賞她並收容她，而他們的文明不正是一個帝國，也許是獨一的帝國，正在進行全球化？就這樣她終於打造出自己的符碼。進入一個知識、系統和共享的世界，她將這世界據為己有，由內革新它，創造作品並用政策來保護它。人們喜歡取笑那位老婦人，當倫敦遭受**大轟炸**（Blitz）的炸彈襲擊而崩危之際，她只想到她的工作（vurk），當然，是以德語英語混合的發音——雖是這樣說，但畢竟還是要尊重她。

319

有一種經驗稱為克萊恩經驗：在其核心是原先的怪異感。外語是其可見的臉孔，首先當然是英語，但更深一層，是精神分析本身作為一套系統，再加上「克萊恩理論」的個人語言習慣特徵，以使克萊恩經驗得以完整。克萊恩是踏入「那邊（là-bas）」的臨床治療師，通過她的幼幻想，直達被抑制的、精神病的、自閉症的童年的無語言場所；而克萊恩，作為學派領袖，她發言、她制定系統、她指導她的陣營。這麼做使她的措辭簡練而文句沉重，由堅實的概念編織而成，並自行耐心地、循環地、重複地進行論證，但也常有瞬間閃現的概念，我們無法不接受它的不證自明：它無預警也沒預備、它不是在字詞與修辭滑動的呼吸間所生成的——那是穿梭在兩者之間的遷移。當我們忘記旅行、當她忘記旅行（很少！），人們看見的只是「瘋女人」或「教條主義者」。

克萊恩文本是存在的嗎？我們將佛洛伊德作為一部也是在語言的肉體中建構起來的作品來閱讀。相反地，克萊恩不屬於德語的記憶：她屬於另一類型的思想家，他們擁有國際級臨床現場，並以普世的符碼來表達。這些思想家是注定要消失的突變體，或者是被賦予了某種陌生／怪異性，因它嵌入了借來的語言裡（這裡是英語）？他們是否僅僅尋求使智力的任務變得簡易，而更能去嘗試邊界、嘗試不可能？這種語言學的陌生性，就像是思想的陌生／怪異性一樣，在精神分析師看來可能顯得自相矛盾：無意識難道不是在母語的幽光下結構起來的（就像對《如果我是你》的法比安而言，

320 麵包店老闆娘的臉在教堂幽暗燭光中重組起來）[13]？我們相信，克萊恩從未停止透過第一語言這個氣閘艙來轉乘：在情緒的紛爭與理論的措辭中，德語都會再回到她身上。

根據她告訴我們的，她經常混合多種語言，並奇特地聽得懂所有的語言；她像是在夢中、像是佛洛伊德傳授給我們的那樣。還記得「小蛋糕；小～克萊恩・蛋糕～女士；克萊恩女士」嗎？她從這樣近似的聲音辨讀出隱藏的**克萊恩女士**（Frau Klein）[14]。這是因為，在克萊恩所在的地方（從她所在的非場所 [non-lieu] 到她身份的穿越），母語已經是一種外語。熟悉的事物中有一些陌生的東西，某種令人不安的怪異來自溜走的*母親*。是否有可能聽見*母親*的*母親*，是否有可能去到一個不再有**那裡**（là）、不再有「她」、也不再有「場所」的地方，除了有混亂感、溢出、粉碎、黏合的親密、存在的災難，而不再有其他？母嬰相互刺激的毫不留情之愛，亦即前精神場域（pré-psychique），是否能成為我們的新神話也是最後一個神話？克萊恩對鍾斯打趣地說道，一般的精神分析師就像那些不喜歡深度的魚[15]。相反地，她則喜歡深度：總是在*母親*（在法文裡，*母親* [mère] 與海 [mer] 是同音字）之下！

克萊恩思想受到這種流浪的影響，因此這趟朝向非場所的旅程在結構思想之前，先拆解了思想。表面看來，克萊恩著作中的「案321 例報告」顯得非常費力、甚至過份簡單，穿插著擠壓的、幾乎像硬加上去的詮釋。在弟子們的協助下，這一切愈來愈系統化，他們順理成章地佔用學派的簡易性、納為已有並使之變得糟糕。然而，突

13　參閱：本書第八章第 4 節，pp. 305-306。

14　參閱：本書第四章第 4 節，pp. 154 sq.

15　參閱：《梅蘭妮・克萊恩的世界及其作品》（*op. cit.*, p. 368.）

然間假象被撕破，我們被真理的閃光所震懾：在沉重氛圍下，一種觸及傷口的適切關懷顯現，它懂得不帶討好地陪伴傷口，走向一層新的皮膚、敏銳的皮膚。

克萊恩的推論本身就帶有這樣的痕跡：人們經常指責她的概念模稜兩可，既是物、又是表象，既是正性、又是負性，且無法導往任何地方，因為，才剛陳述了一種可能性，就會立刻變出分身、反轉而為它的反面。被內攝的客體是物、還是影像？幼幻想是驅力的昇華、還是對驅力的防禦？憂鬱心理位置的到來是否標明出對部分對象的懷舊，或者是其在整體對象中的超越？憂鬱心理位置是否會重新退回早先的偏執－類分裂心理位置中就已出現的躁狂防禦、或者會往修復的方向前進？詆毀克萊恩的人也常指出，她除了為「內化對象」[16]而放棄佛洛伊德的伊底帕斯之外，還有其他明顯的分歧，最顯著的是她的思考方式有問題。例如，瑪喬麗．布里爾利質疑克萊恩學派所操作的這種對「身體」與「想像」的知識，她批評這過於主觀，是「真科學」[17]的對立面：

> 「一個建立在身體經驗、並與其相當的心理機制的模型，是一種想像行動、一種想像的行為模式（在預測真實行為之上所建立的模型）。」[18]

322

葛羅夫則絲毫不留情，他坦率到幾近嘲弄地說：

16　〔英譯註〕〈第六次學術爭論議題討論會〉，《佛洛伊德—克萊恩論戰》，頁 589。
17　〔英譯註〕同上，頁 592。
18　參閱：〈第六次學術爭論議題討論會〉，《佛洛伊德—克萊恩論戰》，頁 589。

> 「除非不厭其煩地糾正這種『遊戲跳躍式』的方法，否則不可能有嚴謹的論據。」[19]

克萊恩不科學？在她的時代，詆毀者已這樣告訴她，而即使是在今天，想要成名的美國教授如果能認識她，也會稱她為「冒牌貨」。

的確，就像傑奎琳·羅絲[20]所說，克萊恩絕不是為兒童的、或無意識的線性發展提出一種線性思想：她的邏輯並不是由 A 到 B 的「因果序列」方式，而是以**迴圈的方式**開展。投射性認同或許是這種「負性」邏輯的主要結晶，此負性形成了某種「迴圈論證」。而黎偉業如此描述負性，來闡明兒童如何通過負性而獲得因果關係：

> 「『你不來幫我，你恨我是因為我很生氣，還有因為我吞掉你；可是，我必須要恨你、要吞掉你，來強迫你幫我。』無法被滿足的報復性仇恨增強了日後的張力，而拒絕的乳房則被賦予了兒童自身感受的無情及不受控制的任意性。」[21]

323

黎偉業意識到這種邏輯的特殊性，甚至為了參與到它的發現及其治療與理論應用而感到自豪，她籲求這邏輯、並尋找能實行它的

---

19 同上，頁 613。

20 參閱：傑奎琳·羅絲，〈克萊恩工作中的負性〉（*op. cit.*, p. 143.）

21 參閱：瓊安·黎偉業，〈論最早的嬰孩期心理衝突的起源〉（On the Genesis of Psychical Conflict in Earliest Infancy），《精神分析的發展》（*op. cit.*, pp. 44-45.）

人：畢竟，有誰真能夠做到？

「母親」及「有天賦直覺的人」，黎偉業此際顯然將自己與之相比，而這兩類人「不是學者，而且……不比嬰兒本人更善於表達自己」[22]。對他們的諷刺與貶低，在此時緩解了詆毀者所帶來的傷痛；這兩類人確實可以進入嬰兒情緒表達所帶有的負性，因為他們的邏輯並沒有比「外語」[23]更難理解，他們把我們帶回到個人生命的過去，「直到一個先前從未探索過的時期」[24]。克萊恩所追尋的無意識會是一種外來的面向？她的工作把我們引向我們自己根本的陌生性當中，正如黎偉業在這裡清楚說出的：難道不是因為無意識向我們展示了我們**是自己的陌生人**[25]，我們才對它懷恨在心？

我們可以跟隨黎偉業的闡釋，但是，當她把克萊恩某些粗魯 324 的介入比為佛洛伊德思想的這座「燈塔」時，我們也要斷然拒絕她這位新信徒的狂熱。因為，克萊恩的清晰雖毫無爭議，卻也伴隨著負性及朝向負性的持續復返，這負性就座落於她圖式學說的核心，宛如一個**黑洞**（trou noir），並把她放在燈塔的對立面。自閉症的「黑洞」，芙朗西絲．塔斯汀日後將談論的是前於理念的、與概念的思想之感受。幼幻想的「黑洞」必然地被投射性認同的陷阱擄獲。古老內在對象的「黑洞」要在憂鬱中拋棄，並通過修復以期能帶著憂鬱症的「黑太陽」走向一種從不適轉為真正象徵的真實轉化。克萊恩的圖式由內在本質上，被詮釋性想像的穩定性破壞其平

22　瓊安．黎偉業，〈緒論〉（General Introduction），《精神分析的發展》（*op. cit.*, p. 34.）

23　同上（*Ibid.*, p. 19.）

24　同上（*Ibid.*, p. 33.）

25　〔譯註〕這是作者克莉斯蒂娃的著作《我們自己的陌生人》Étrangers à nous-mêmes (1988)。

衡，而詮釋性想像就是負性對理性思考本身的入侵：此負性是驅力的負性；於是，對第一個否定的否定，這第一個否定總是揭開最壞的情況——在始終負性的表述本身之中、在移情／反移情之中暴露而不求助於破壞性幻想與死亡幻想。她的被分析者，克萊兒·溫尼考特（Clare Winnicott），唐納德·溫尼考特的妻子，注意到克萊恩在分析情境中著重「事物破壞性的一面」，彷彿她很難接受愛與修復[26]。這是克萊兒移情的效應或克萊恩負性的「黑洞」？這兩者既為克萊恩提供了靈光閃現的洞察力但也阻礙了她？

325

在克萊恩這名外國人、這名對原初進行翻譯的人身上，她對原初的恐懼變為與負性勇敢的共處。不似佛洛伊德那麼辯證，克萊恩的負性命運使她更靠近人類的邊界；她朝向這些區域的旅程是以顯然不甚自在、而其實相當冒險的思想來宣達。而旅程一直持續到要失去原初的脈動、要背叛母親的脈動、要放棄居住地的脈動——必得放棄才能自由地生活在象徵的流放裡（這名新外國人永遠要去選擇、永遠要去征服），直到脈動都被防禦性地固定在女士們的戰爭中。如果沒有界定方位標記，激情就會變得無情，就會像梅蘭妮·克萊恩與梅莉塔·史密德伯格這對母女一樣。對父親、也就是對佛洛伊德本人的哀悼的陰影下，就如在《論戰》的情況，精神分析思想則得以更豐富湧現。然而，危險就在那裡：精神病的到訪會僵化成歇斯底里的心理劇，而《奧瑞斯提亞》則崩塌變為巫術、變成女士之間的針鋒相對。

最後剩下要做的，就是回到臨床現場。因為在克萊恩符碼的厚殼之下，存在著經驗的見證也是堅強的、執著不懈的見證。讓我們

26　參閱：《梅蘭妮·克萊恩的世界及其作品》（*op. cit.*, p. 585.）

來洗刷她的大膽、她的猶豫、她的自白，才能在「克萊恩媽媽」打過的游擊戰中，發掘出這個外國女人天才的觸探行動。即便今天，在當代的精神分析運動中，她仍是一個外國人。尤其在面對「心靈的新疾病」（**邊緣人格**、心身症、毒癮、破壞癖等）時、當我們缺乏傾聽與話語時，我們就回到克萊恩與她學生們對童年早期的工作中，去聽取她如何處理無法言明的苦痛。我們絕對需要重讀這些密密麻麻的書頁，這當然是為了要做到更好：克萊恩在那邊就是為了要被超越，如同一位母親、一位名符其實的母親……她與那些約束你的真實母親如此不同，她也與她自己作為的真實母親如此不同。 326

2. 母親與女兒

梅蘭妮．克萊恩於 1904 年 1 月 19 日（與亞瑟 1903 年 3 月 31 日婚後不到一年）生下一個女兒。彷彿給她的女兒克萊恩這個姓氏作為「小（克萊恩）」還不夠似的，她還為女兒取名為梅莉塔，意指「小梅蘭妮」。這個兩倍幼小的女孩從一開始就有抱怨的理由，但她等待時機成熟。在她父母意見不合時，她顯然是站在母親這邊。這並非自然而然，因為克萊恩在莉布莎嚴格控制之下飽受折磨，於是她經常離家去旅行或治病，這些期間都是祖母莉布莎在照顧小孫女。莉布莎祖母不是沒有盡心也不是沒有對她好，但她終究比較偏愛小男孩，也就是弟弟漢斯，此外，她還讓小梅莉塔明白，她的母親只是一個「情緒衰弱到必須經常拋棄她女兒的病人」[27]。

27　參閱：《梅蘭妮．克萊恩的世界及其作品》（*op. cit.*, pp. 67, 77.）

儘管如此，一切都相當順利，直到 1930 年代：梅莉塔已經長成聰慧的年輕女子，她陪同母親參加了在柏林舉辦的精神分析年會，也完成了她的醫學學業。而母親仍舊不為人知、始終沒有文憑，也遭受醫療機構的猜疑，難道她不妒忌她的女兒嗎？傳記作者們將這麼質問。特別還因為梅莉塔在 1924 年嫁給了非常傑出的沃爾特．史密德伯格（Walter Schmideberg），他來自一個富裕、被同化的猶太家庭，曾接受過耶穌會的教育（就像梅蘭妮自己家族中素質較好的人）。他不僅成為奧匈帝國軍隊的上尉，他還先對神秘學、接著對精神分析感興趣，他更結識了富有而具天賦的馬克斯．艾廷貢（Max Eitingon），這朋友日後將他介紹給佛洛伊德。在戰爭期間維也納的艱困日子裡，史密德伯格甚至資助過佛洛伊德的家庭。還能夢想一個更令人羨慕的婚姻對象嗎？然而，爸爸亞瑟反對梅莉塔與一個比她年長十四歲的男人結婚，況且有傳聞說他沉迷於酒精與其他藥物。此時，父女之間開始產生衝突。

梅莉塔融入精神分析世界的過程快速而出色。她小時候可能有被母親分析過[28]。往後，她跟隨好幾位分析師進行教導分析，先是馬克斯．艾廷貢，接著是卡倫．荷妮，有次在倫敦與艾拉．夏普（Ella Sharpe）進行過，最後是愛德華．葛羅夫。1927 年，她獲得柏林大學的文憑，然後前往倫敦撰寫她的博士論文《匈牙利的順勢療法歷史》，並於 1928 年通過口試。梅莉塔依賴她的母親？她是否需要母親在場才能完成她的研究工作？然而，梅莉塔卻將論文題獻給了她的父親[29]。從 1930 年起，梅莉塔定期參加英國精神分析

28 參閱：本書「麗莎案例」，第二章第 3 節，pp. 75 sq.。然而，這一傳言並沒有得到確切的證實。

29 參閱：《梅蘭妮．克萊恩的世界及其作品》（*op. cit.*, p. 241.）

學會的會議，並在會議上提報論文（我們已經提過，克萊恩在《兒童精神分析》中引述她女兒的工作）[30]。1932年，克萊恩取得了成功，她的第一本書在英國出版，大獲好評。不過，麻煩也才剛要開始。史密德伯格一到英國，夫妻倆就買了一間房子，而梅莉塔愈來愈確定地表明獨立的欲望。她與葛羅夫開始進行的分析將她推往這個獨立的方向，根據一封可能是1934年寫的信件內容來看，在後來發生的事情推敲之後，這封信像是對她母親的宣戰：

「你沒有充分考慮到，我是一個和你非常不一樣的人……。我不認為，在成年女性的生活中，和母親的關係應該佔據最核心的位置，無論關係有多好……。直到幾年前，我對你的態度……是一種神經症的依賴。」[31]

這兩個女人之間的戰爭變得公開化是在1933年10月，當梅莉塔被遴選為英國研究院的成員時：在她的論文中，她沒有將病人薇薇安的進食困難歸因於驅力因素，如克萊恩的理論所希望的那樣，而是歸因於其母親過於嚴格的如廁訓練態度。1934年，當她的弟弟漢斯去世時，她談到了自殺，並暗示所有自殺事件相關責任都可追溯至與家庭相處的困難、理想化及失望。很快地，在葛羅夫的鼓勵下，梅莉塔的仇恨指數飆高到令學會成員感到為難的地步。一些不合宜的場景隨即出現；梅莉塔對克萊恩尖聲斥責：「妳的作品中，父親在哪裡？」她對童年、對克萊恩一家的家庭生活的挖苦、

329

30　參閱：本書第六章第3節，pp. 200-201。

31　參閱：《梅蘭妮．克萊恩的世界及其作品》（*op. cit.*, p. 262.）

內幕、控訴，都佈滿在這場游擊戰中。

更糟糕的是，1938年，梅莉塔竟然指責克萊恩學派抄襲：由約翰．瑞克曼（John Rickman）編輯的一本合著作品《論兒童教育》，其中刊載了克萊恩關於斷奶主題的演講內容。由鍾斯、布里爾利與佩恩組成的委員會針對投訴進行審查，結果是該投訴毫無根據。始終有著葛羅夫的支持，梅莉塔的控訴採用愈來愈多理論辯論的形式：這兩名抗議者批評克萊恩的立場，並指責她與佛洛伊德的思想決裂。然而，在這種辯論的合法性之下，卻穿透出私人恩怨的惡意。葛羅夫對他的被分析者太過珍視，他在某次國際會議上與梅莉塔手拉著手同行[32]，彷彿讓一名真正的合夥人取代了他自己的唐氏症女兒。平時克萊恩不會評論這些過度行為，並把進行理論攻防的任務給她的學生，但也不是沒有在幕後運籌帷幄並建議正確的策略[33]。然而，她雖沒強調，但卻暗示她女兒在這些辯論中的攻擊性更屬於精神疾患的問題，而非單純的理論對抗：

330

>「甚至還有一點，我絕對確定我們應該要避免提及，且我們任何一人甚至都不該稍作暗示，那就是梅莉塔的病。」[34]

什麼樣的病？類分裂的狀態嗎？在對安娜．佛洛伊德的工作提出強烈批評之後，梅莉塔也不乏在對同事著作寫的書評裡間接地攻擊安娜，而就在安娜佛洛伊德學派與克萊恩學派之間的分歧爆發

32　同上（*Ibid.*, p. 282.）

33　同上（*Ibid.*, p. 384.）

34　同上（*Ibid.*, p. 385.）

之時，梅莉塔還試圖與安娜接近。她去拜訪了佛洛伊德，而後者於1939[35]年6月6日抵達倫敦。但曾給大師寫了一封歡迎信的克萊恩將不會被他接見，她只在隔年9月底參加了佛洛伊德的葬禮。梅莉塔參加了一場安娜及其陣營的會議，接著她以「尖刻的」、「諷刺的」口吻參與了針對她母親的眾多爭議[36]。她指責英國精神分析學會整體上對安娜的敵意[37]，不過，安娜並沒有被蒙蔽，她知道梅莉塔的攻擊有其心理原因。

在1941年至1945年論戰期間，梅莉塔放棄與安娜結盟[38]。她對她母親的敵意，無論作為個人或分析師，似乎都是重要的動力，儘管有毒性，但圍繞著這個動力，一場精神分析的基礎辯論還是展開了。

331

梅莉塔終於惹來英國精神分析學會眾多成員的責難，其中也包括不盲目追隨克萊恩的獨立學派。伊娃・羅森費爾德（Eva Rosenfeld）作為佛洛伊德家族的朋友也作為克萊恩的被分析者，見證了這種讓所有人都無所適從的痛苦氛圍：「十分可怕、相當不英式的作風，一個女兒用言詞毆打她母親的場面，而母親仍維持著尊嚴……」[39]。

葛羅夫在1944年退出英國精神分析學會，梅莉塔也等於自動離開了（她直到1962年才正式辭職），並於1945年去美國；她以一種更接近精神醫學、社會工作以及精神分析的視野，來為犯罪的

35　〔譯註〕佛洛伊德係1938年6月6日抵達倫敦。此處年份應為誤植。

36　同上（*Ibid*., p. 378.）

37　同上（*Ibid*., p. 381.）

38　同上（*Ibid*., p. 409.）

39　同上（*Ibid*., p. 319.）

青少年工作。人們後來在倫敦見到她，是在她母親火葬那天：梅莉塔「踩著一雙熾紅色靴子」[40]進行一場演講；如果真是如此，這搶眼的意象代表和解從未發生。克萊恩則在她的遺囑中這般陳述她將留給她的女兒梅莉塔的東西：

332

「我的純金手鐲是她的祖母送給我的，鑽石戒指是我已故的丈夫送給我的，石榴石金項鍊與成套的胸針是我在七十五歲生日時收到的禮物，除此之外，我不留任何其他遺產給我所說的女兒，因為她本已足夠富有，並且有能力以專業的資歷滿足自己的需求。」[41]

我們所讀到的，是在克萊恩的故事中，梅莉塔毫無爭議地被認可了。女族長將她的女兒刻寫進家庭連結中、父親的後裔中，甚至寫進自己七十五歲生日時贏得的專業禮敬中。但憤懣也刺向了「我所說的女兒」，她「足夠富有」，且她擁有那麼多的「專業資歷」：與前述的母親相反……

至於葛羅夫，畢竟是他挑起這場爭端，則試圖保持客觀：他承認，女兒不如母親那麼精力充沛；她曾是他的被分析者，但是「她之前已經見過一打的分析師了」（！）；「如果這些爭論會一直持續，很大程度都是因為梅莉塔·史密德伯格博士的緣故」；總之，「我認為，她們兩人，克萊恩和她的女兒，都各持有偏見。但從另一個角度來看，她的女兒史密德伯格博士，為了她自己的精神自由

40 同上（*Ibid.*, p. 598.）

41 同上（*Ibid.*, p. 599.）

進行了一場精彩的戰鬥，她身上也有一些略帶絕望的性格，這促使她去迎擊。」[42]

有其母必有其女，差不多是這樣？克萊恩的批評毫不留情：葛羅夫是個「糟糕的分析師」、「不誠實、不擇手段」[43]；但她在這事件上真有辦法保持公正嗎？ 333

無論在自我的位置上或初級客體（內在或外在）的位置上，主導一切的都是投射性認同與嫉羨，而且它們不會饒過任何一人。克萊恩必也為自己的理論以身作則。

3. 女士們的戰爭與和平

尼古拉斯．萊特（Nicholas Wright）的一部劇作《克萊恩夫人》（1988）[44]讓分析師與她親生女兒及象徵女兒們之間的糾紛為大眾所熟知。場景設定在 1934 年的倫敦，劇情講述梅蘭妮．克萊恩無法去參加她兒子葬禮的那一天和那一夜[45]。她的女兒梅莉塔寫信給她，說她，梅蘭妮，可能就是造成她兒子死亡的原因，極可能是自殺。母親從未讀過這封信。梅莉塔因第三位女人的出現而被冷落，新來的寶拉在劇終的時候開始與克萊恩女士進行分析。為兒子

42　同上（*Ibid.*, p. 457.）

43　同上（*Ibid.*）

44　參閱：尼古拉斯．萊特，《克萊恩女士》（Nicholas Wright. (1988/1991). *Madame Klein. Un drame dans la vie de Mélanie Klein* [Mrs Klein]. Seuil.）

45　參閱：本書第三章第 4 節，p. 120。

的哀悼就這樣展開了，而那也是為女兒哀悼的一種形式。罪疚與憂
334 鬱的氛圍瀰漫在劇中，然而，克萊恩女士的力量仍主導著全劇：顯然，沒有任何什麼能把她從堅持進行她工作的毅力中移開[46]。

在女人的地獄裡，沒有男人。克萊恩女士的兒子死了，這三個女人已經或曾經結婚，但她們的丈夫不是專橫暴虐就是縱情享受，既不理解妻子、也不理解精神分析的真義[47]。誇大及諷刺的戲劇傳遞了克萊恩宇宙的傳奇，並強化那些最謹慎的傳記作者也無法忽視的東西。

克萊恩對待不忠者是「冷漠的」[48]、「無情的」[49]，要求必須「一心一意的忠誠」[50]，也沒忘記她是「偏執的」及「憂鬱的」；她捍衛自己的思想時會更加強悍，並粗暴地嚴懲最輕微的失言、展露個人或思想自主的最初跡象。從菲利斯・格羅斯科斯（Phyllis Grosskurth）所撰寫的傳記，就能讀到克萊恩一生中穿插了諸多誘惑的細節，其中往往伴隨著不歡而散，而這些誘惑與她的分析執業生涯密不可分。我們在此只回顧三位最重要的、她最喜歡的弟子：寶拉・海曼、蘇珊・伊薩克斯及瓊安・黎偉業。

335 寶拉・海曼就是劇中的寶拉，她取代了女兒梅莉塔在克萊恩心中的位置，成為克萊恩憂鬱的傾訴者、然後她的被分析者、最終

---

46 《梅蘭妮・克萊恩的世界及其作品》（*op. cit.*, pp. 283-284.）

47 參閱：艾瑞克・洛朗，〈論女性的社會〉（Éric Laurent. (1988/1991). Postface: De la société des femmes. In *Madame Klein. Un drame dans la vie de Mélanie Klein* [Mrs Klein] (p. 117). Seuil.）

48 《梅蘭妮・克萊恩的世界及其作品》（*op. cit.*, p. 304.）

49 同上（*Ibid.*, p. 549.）

50 同上（*Ibid.*, p. 284.）

是她的象徵女兒與才華洋溢的合作者[51]。1983年，海曼在過世前不久，承認自己被克萊恩「誘惑」[52]乃至決定與她進行個人分析。當寶拉跑到瑞士與梅莉塔的丈夫沃爾特·史密德伯格相聚，克萊恩的弟子與女兒之間的競爭有了一種新的形式。而他們倆人在瑞士定居時，卻仍繼續接待她分析師女兒的來訪：寶拉－梅莉塔－沃爾特[53]，怪異的三人行！海曼正式與克萊恩決裂是在1955年，當時克萊恩發現了乳房嫉羨理論，而很有可能海曼就是克萊恩引用來說明過度嫉羨的案例之一[54]。海曼的嫉羨？而克萊恩讓西格爾意會到海曼是「極具破壞性」的病人。或者，這是克萊恩的嫉羨，因為海曼思想的自主性？在〈嫉羨和感恩〉一文中，克萊恩不也在指涉她自己，當她提及一名據稱是她的女病人，對自己姐姐懷有強烈的愛夾雜著「類分裂與偏執的感覺」時？總之，1955年，克萊恩將海曼從梅蘭妮·克萊恩基金會開除，並信給她說自己已不再能夠信任她[55]。 336

蘇珊·伊薩克斯是1925年克萊恩在倫敦舉辦講座中的參與者之一，這些人包括有愛德華·葛羅夫、希薇亞·佩恩（Sylvia Payne）、約翰·瑞克曼、瓊安·黎偉業、艾拉·夏普、史崔奇夫婦。她是優秀的兒童心理師、倫敦大學心理學系主任，並成為劍橋的實驗學校馬爾廷寄宿學校（Malting House School）的第一任

51　參閱：寶拉·海曼的作品，尤其是《精神分析的發展》一書中的作品；關於她對反移情理論的革新，參閱：本書第八章第2節，pp. 276-278。

52　《梅蘭妮·克萊恩的世界及其作品》（*op. cit*., p. 493.）

53　同上（*Ibid*., p. 476.）

54　同上（*Ibid*., pp. 541 sq.）

55　同上（*Ibid*., p. 545.）

校長。她被克萊恩的思想所折服，並傑出地予以拓展[56]。她曾與奧托．蘭克與瓊安．黎偉業進行過個人分析。戰爭期間，當克萊恩與她的兒媳、孫子住在劍橋時，以及在大論戰期間準備各種反擊時，她格外支持克萊恩。通過持續的通信，克萊恩努力地尊重伊薩克斯的獨立性，但仍然帶著權威去指引她。伊薩克斯說她堅信，克萊恩才是佛洛伊德思想的真正繼承者，而不是安娜[57]。然而，海曼卻向珀爾．金轉述了克萊恩對伊薩克斯的「惡意評論」。這是克萊恩的惡意、還是海曼的惡意？

瓊安．黎偉業也沒有逃過克萊恩的凍結。她是來自英國上層階級的知識份子，與鍾斯及佛洛伊德本人進行過個人分析；身為英國精神分析學會的首位非專業分析師，也是佛洛伊德的譯者，她仍被克萊恩迷住了，因為克萊恩或許有點粗俗，或許處於永久的夢的狀態，但儘管如此，對黎偉業而言，她仍是一把「聖火」。佛洛伊德欣賞黎偉業的智力，或許還有她的沉著，卻在他與鍾斯的通信中，抨擊了「黎偉業女士的理論陳述」，而不是說克萊恩本人，佛洛伊德是藉著瞄準她弟子而射擊克萊恩。忠誠者中的忠誠者，黎偉業分析了伊薩克斯與溫尼考特，並為《精神分析的發展》撰寫了〈緒論〉。但她對克萊恩所定義的「邊緣個案」持保留態度，且不願分析這類個案；這並不妨礙她成為一名對「負向治療關係」極其敏銳的理論家[58]。

337

---

56 參閱：本書第八章第 2 節，pp. 275-276。

57 參閱：蘇珊．伊薩克斯，〈幼幻想的本質與功能〉，《精神分析的發展》（*op. cit.*, pp. 64-114.）

58 參閱：瓊安．黎偉業，〈對負面治療反應分析之貢獻〉（Joan Riviere. (1936). Contributions to the analysis of the negative therapeutic reaction. *Psychanalystes, 26*, 3-19 [*International Journal of Psychoanalysis*, 17, 304-332].）

也是因此，克萊恩依舊透過海曼的轉述，對黎偉業懷有惡意、不留情面[59]？作為嫉羨的理論家，克萊恩顯然被嫉羨所支配，她對母親、對姊妹、對姑嫂、對安娜・佛洛伊德、對瑪麗・波拿巴、對海倫娜・朵伊契都懷有嫉羨（某天晚上，她對送她回家的湯姆・緬因（Tom Main）說：「我認為我的作品會一直持續下去，你不覺得嗎？我做得總比海倫娜・朵伊契還要好，不是嗎？」[60]）。在她晚年，她是否終於認為女人之間的嫉羨是不可分析的？她是否能用她緩慢的、帶有濃厚德國口音的聲音，並用多年來伴著她的那種爽朗響亮的笑聲說出這樣的話？女性的嫉羨是不可分析的，就像她斷言正統猶太教義派猶太人及遵行天主教教規的人是不可分析的那樣[61]？

338

她的若干狂熱信徒將會否認這種悲觀的假設。仍忠誠於她的人之中，最頑強堅韌、且最有實際效益的人是漢娜・西格爾。作為克萊恩的被分析者，然後成為克萊恩作品嚴謹的註釋者[62]，西格爾沒有忘記要深化克萊恩的思想，她不失幽默，而幽默中也絕不帶任何的偏袒。藝術家費利克斯・托波斯基（Felix Topolski）為克萊恩畫了一幅素描，他還記得分析師的傲慢、記得她有維也納女人的粉色膚色，她習慣吃鮮奶油糕點，也意識到自己的性感：藝術家給予她一張極似飽足後的禿鷹表情，這讓她的朋友們大感震驚。西格爾卻不同意這些人的反應，她在這幅素描中看見的正是克萊恩在給出精

59　《梅蘭妮・克萊恩的世界及其作品》（*op. cit.*, p. 494.）

60　同上（*Ibid.*, p. 544.）

61　關於分析其他文化的可能性，梅蘭妮・克萊恩說：「我從未嘗試過，我本想試試看的」。參閱：《梅蘭妮・克萊恩的世界及其作品》，同上（*Ibid.*, p. 573.）

62　除此之外，她還寫了兩本具有教育意義的作品：《梅蘭妮・克萊恩作品的介紹》（*op. cit.*）與《梅蘭妮・克萊恩：思想的發展》（*op. cit.*）。

準的詮釋之後所顯露的滿意神情[63]。漢娜．西格爾，或說她穿越了嫉羨，她在寶拉．海曼失敗的地方獲得了成功。

無論英國精神分析學會的男性分析師有多麼出色，舉幾個例339子，如比昂、鍾斯、葛羅夫、瑞克曼、史崔奇、溫尼考特，人們的印象卻是在這一時期，克萊恩的時代，精神分析的命運是在母系的宇宙中被決定的。隆納．大衛．連恩（R. D. Laing）認為克萊恩學派「沒有幽默感」，甚至是「共產黨」[64]；瑞克曼跟他們鬧翻了，比昂則被迫含淚細數他對領袖克萊恩的虧欠，而溫尼考特則進入「獨立」團體、遠離他們，直到「變得冷淡」。倒是在其他國家已經很活躍的女性精神分析師，她們在英國成為激情的理論辯論的中心。她們新來到一個本身就是新的、充滿創新的精神分析世界中，無可避免地，她們會有些過度。被潛抑物（這裡是女性被潛抑物）的復返不會在沒有暴力的情況下進行。從克萊恩開始，這些女士們是否如此將自己暴露於母女亂倫關係的心理劇中？或是無意識的女性同性性慾的心理劇[65]？作為遭受初級施虐的古老客體，女性理論家如何能逃離這樣的施虐？當她們又不承認那唯一能讓「驅力」與「客體」分離、或使其獲得發展的陽具位置？

我們不急於妄下定論。「內在客體」曾是克萊恩學派的「芝麻，開門」，如今已被「陽具」的全能所接替，而根據拉岡繼承者340的觀點，陽具被假定為能夠澄清所有誤解，以及解除所有激情的劇

---

63 《梅蘭妮．克萊恩的世界及其作品》（*op. cit.*, p. 567.）

64 同上（*Ibid.*, p. 581.）

65 菲利斯．格羅斯科斯談及克萊恩身上有「強烈的同性戀傾向」，同上（*Ibid.*, p. 467.），並將她描述為「雌雄同體的女人，她真正的孩子是其概念」，同上（*Ibid.*, p. 498.）

碼。要深入去了解被設想的衝突臨床與歷史細節，是較為困難的。而具體經驗似乎更複雜、也更危險、而且（至少對克萊恩而言）操心要具備對最親近的人都毫不袒護的審視。

至少，分析技術從中得出一個無可置疑的原則，即私人情誼與分析連結之間的相互干擾是不可接受的。這種雜亂的關係會增強躺椅上揭露的激情，而激情在有相當規範的社會或社交關係中，是不具有位置的。作為不可承受之境的探索者，精神分析，應該且必須是保存在「世界之外」，一如它是在「時間之外」。男性的、父親的、或陽具的重複父親（re-père；本字原意為「指標」），它真有可能透過省去女性之間的這些心理劇，**保護**克萊恩學派女性的精神分析宇宙，或許，但必須是在潛抑的意義上。**針對**克萊恩、或發自克萊恩的某些反應的野蠻，本應可避免。不過，在公眾舞台上的開展，仍是將注意力聚焦在克萊恩鑽研的真正對象上，即依賴母親與弒母。

的確，在這些女性某程度潛在的偏執－類分裂心理位置之間的各式對質之上，是克萊恩本身的理論野心，於此揭露了她難以忍受的激進性。是否有可能走到原初潛抑的邊界，在那邊，人類的象徵特徵陷入混亂？在走向這種陌生怪異感的旅程中，分析師本身的極度焦慮是如此強烈被徵調，以至於我們之中很少有人能夠承受這一焦慮：擁有足夠的昇華能力可以「去到那邊」，卻不「留在那邊」的分析師是少之又少的。

341

我們先要注意到，是女性以及克萊恩，大量地迎向風險。儘管她那些謹小慎微的反對者當中也不乏有女性，但我們將看到：女性性質本身並不保證什麼。在克萊恩理論中，重要的是以某種方式去思考、去經歷女性性質。再說，佛洛伊德的精神分析當前遇到如此多的阻抗，它很少被接受，就算在媒體上有一定的普及；而克萊恩所做的突破，除了高度專業化的精神病與兒童照護的臨床環境之外，則是完全沒被聽見。我們的女戰神「瓦爾基麗（Walkyrie）」，就像她的敵人不遲疑地稱呼她那樣，她終究像是一名偵察兵，從黑夜的盡頭返回。克萊恩撕開了一種基於母子之間神聖對話的文化面紗；它不是在聖母慟子像（Pietà）上頭，並且讓人瞥見我們文明的更底層。她帶我們去看《奧瑞斯提亞》、當然還有希臘創世神話，建立在對立的對偶之上；它們帶動了前蘇格拉底思想、特別是赫拉克利特（Héraclite）[66]，開闢了一條通往現代世界核心的路徑，並在我們的精神病與潛在憂鬱之上加入精神分析的新發現，從此稱為克萊恩學派。

342

倘若真像佛洛伊德所認為的那樣，只有兒子偶爾能夠填補女人身上張裂的焦慮，且自視他為唯一無法摧毀的愛戀客體[67]，那麼無疑地，其對於母女之間的這種填補難以維持。克萊恩則甘冒風險進入這個無底洞。由於讀過她、由於試圖理解過她，我們應該不再感到有必要做同樣的事。我們如此確信我們超越了她，不是嗎？僅僅因為我們剛剛才讀過她……

---

66 參閱：克萊蒙斯·哈姆努，《希臘傳統的黑夜與黑夜之子》（Clémence Ramnoux. (1959). *La Nuit et les enfants de la nuit de la tradition grecque*. Flammarion.）。他使這個前本體論的宇宙具有二元對立偶的結構（高與低，空與黑，地與深，夜晚本身帶著兩名孩子，即黑與白：死神譚納托斯與睡神修普諾），其可逆性教會我們直視死亡。

67 所有人際關係都是矛盾的，這是因為這些關係裡包含了敵意情緒的基礎，然而，「母親對兒子的關係」是一個例外：「以自戀為基礎，這一關係沒有被後來的競爭所干擾，而是被通過性的客體選擇開始所強化」。參閱：佛洛伊德，〈群體心理學與自我的分析〉（Sigmund Freud. (1921c/1981). Psychologie des foules et analyse du moi. In *Essais de psychanalyse* (p. 162, note 2). Payot. **See also**: *GW*, XIII, 110, note 2; *SE*, XVIII, 101, note 2; *OCF.P*, XVI, 39, note 2.）

第十章
克萊恩學說的政治版圖

343

1. 從論戰到獨立

345

克萊恩直接面對此前少被重視的古老焦慮，並贏得了英國治療師們的支持後，她在精神分析運動中，更獲得了國際上的聲譽。除了她創新的思想及才華，她還具有持續不懈的堅韌及卓越能力，善於引導朋友、分化對手、以及處置嫉羨與感恩，這都顯示她是個握有權力的女人。她抵達英國不久後，許多人都察覺到了這點。例如，1927 年，費倫齊在拜訪倫敦之後便寫信給佛洛伊德，向他告知「克萊恩女士對整個團體具有主導地位的影響……。在她工作的科學價值之外，我還發現一個針對維也納而來的影響」[1]。克萊恩是否就像某些人所批評的，「蠱惑」了英國分析學會？成為「理想化客體」後，她是否也為此準備好淪為「被詆毀客體」[2]？信服者與懷疑者都從一開始就看出她的創新，這是一派人的說法，而另一派人則說她違背了教義。從安娜・佛洛伊德自己開始發表作品、提出一種與克萊恩觀念全然相反的兒童精神分析起，這場爭論便尖銳

346

1　《梅蘭妮・克萊恩的世界及其作品》（*op. cit.*, p. 215.）

2　〔英譯註〕《佛洛伊德—克萊恩論戰》，頁 680。

地成形了。最早引爆的戰火，是大師的女兒安娜嘗試在英國出版自己作品時。

安娜．佛洛伊德（1895-1982）比克萊恩小 13 歲。她是佛洛伊德最小的孩子，被自己父親分析，雖然非常聰明，卻沒有中學教育文憑。她後來接受了赫敏．馮．哈格 - 赫爾穆特的兒童精神分析培訓，於 1922 年成為維也納學會的會員。從事兩年兒童精神分析之後，她倉促地出版了《兒童分析技術導論》[3]：對精神分析創始人的女兒暨繼承人而言，確立自己的權威確實很重要，尤其創始人罹患癌症現已眾所皆知了。安娜在 1927 年柏林的演講中，主張對正常兒童進行分析是有風險的，這與克萊恩意見相左，後者認為分析應該要融入**所有**兒童教育的規劃中。安娜的著作大致是說，分析師必須把自己放在兒童的理想自我位置上，治療才能夠繼續進行；這個比父母位高的導師權威，與克萊恩學派的構思截然對立。

347

英國的分析師們，包括芭芭拉．洛（Barbara Low）（對安娜的支持堅定不渝，並為她的書寫了一篇激賞的書評）、大衛．艾德（David Eder）、愛德華．葛羅夫、瓊安．黎偉業、艾拉．夏普及克萊恩本人，無一不小心翼翼地閱讀大師的女兒安娜的作品。根據鍾斯寫給佛洛伊德的信及對他告誡的回應，儘管團體成員存在著異質性，但大家一致認為用英語出版一本「顯得有些倉促」的書籍是不適切的，尤其它建立在「如此薄弱的實踐基礎上」，這很有可能

3　1927 年，安娜．佛洛伊德以德文在維也納出版《兒童分析技術導論》一書（Anna Freud. (1927). *Einführung in die Technik der Kinderanalyse*. Verlag）。1929 年，以英文在美國《國際精神分析期刊》上發表〈論兒童分析理論〉一文（Anna Freud. (1929). On the Theory of Analysis of Children. *International Journal of Psychoanalysis, 10, 29-38.*）。然而，直到 1946 年，上述兩部作品才完整翻譯為英文，集結成《兒童精神分析治療》一書於英國出版（Anna Freud. (1946). *The Psycho-Analytic Treatment of Children*. Imago.）

使兒童精神分析的發展「停滯」[4]。直到生命最後一刻，安娜對這番否定始終抱著一絲苦澀，特別是對於鍾斯當時面對佛洛伊德所表現出來的某種放肆更是如此。

兩名女人之間的對立將不斷加深。這兩個絕不讓步的角色：安娜・安蒂岡妮（Anna Antigone）與梅蘭妮・瓦爾基麗（Melanie Walkyrie），她們來自不同的文化，各自捍衛一種兒童精神分析的構思。她們的對峙還要加上對佛洛伊德文本相歧的詮釋。兩位治療師的分裂點很快變得明確。克萊恩將安娜的兒童精神分析原則歸納如下幾點，而她認為是不可接受的：（1）不可能對兒童的伊底帕斯情結進行分析，因為這干擾了兒童與他父母的關係；（2）對兒童的分析應限制在教育目的之內；（3）分析師不應該接受孩子的移情神經症（孩子出自尊重父母的移情轉到分析師身上），因為父母在孩子生活中扮演主導的角色；（4）分析師應該先獲得孩子的信任，然後才能在信任的基礎展開分析[5]。如果這些原則被接受了，它們的確就違背了克萊恩的觀察，而許多分析師早已經接受這些觀察作為分析新技術的基礎：伊底帕斯的早期性質；在場（早期母嬰關係）同時存在一種對於對象的攻擊關係，這是死亡驅力投射的結果；提早出現的超我；幼兒移情出現的迅速性並在詮釋中將它納入考慮的意義，尤其是負向移情等等。所有這些進展都在克萊恩著作中有特別闡明，而且在 1932 年英文版的《兒童精神分析》出版時將會重新提及。

348

4　《梅蘭妮・克萊恩的世界及其作品》（*op. cit.*, p. 217.）

5　同上（*Ibid.*, p. 222.）；另可參閱：梅蘭妮・克萊恩，〈兒童分析論文集〉，《愛、罪疚與修復》，頁 173-210（Melanie Klein. (1927/1975). Symposium on Child-Analysis. In *Love, Guilt and Reparation and Other Works 1921-1945*. Hogarth Press.）

另一方面，安娜佛洛伊德學派反對克萊恩的理由，除了前面提到的理論上的新穎性之外，還包括他們認為克萊恩沒有考慮母親的真實存在，而主要從兒童所具有的幼幻想和與生俱來的驅力進行詮釋而已。多位臨床治療者，即使彼此間有所差異，如梅莉塔、鮑比、溫尼考特，他們都在不同程度上贊同這個批評；一些獨立學派的分析師會參考梅瑞兒．米多默爾（Merrel Middlemore）關於母職療法的著作《哺乳中的配對》[6] 來填補克萊恩在這方面的欠缺。

349

這兩名分析師之間的爭議，早於 1938[7] 年佛洛伊德全家抵達倫敦之前，它將成為種種歧異的背景，日後由英國與歐陸的臨床治療師表述出來，也將會在著名的論戰中進行深入的探討。開放的精神、基於實證經驗的科學研究、再加上英國分析學會的機構政策有極高的民主意識，才能將這場爭議轉變為一場前所未有的科學辯論，最好的證明即是《佛洛伊德－克萊恩論戰》[8] 這本書的出版。

早在第二次世界大戰之前，這些歧異就已經結晶成形，而裂縫就從英國分析學會內部劃開。克萊恩與梅莉塔母女兩人之間激烈的爭吵，加上葛羅夫的煽動，使討論變得更加火爆。自 1938 年起，還要加上政治局勢的變化：眾多歐洲大陸的分析師逃離納粹，

6　梅瑞兒．米多默爾，《哺乳中的配對》（Merrel Middlemore. (1941). *The Nursing Couple*. Hamisch Hamilton.）

7　〔譯註〕佛洛伊德係 1938 年 6 月 6 日抵達倫敦。原此處年份 1939 年應為誤植。

8　參閱：《佛洛伊德—克萊恩論戰》，由珀爾．金（Pearl King）與呂卡爾耶．史岱納（Riccardo Steiner）進行彙編及註釋（法譯本由安德烈．格林撰寫緒論）。儘管編輯者沒有接觸到所有文件，特別是安娜．佛洛伊德的個人檔案（頁 289），但這本作品對於精神分析思想史做出了具典範性的貢獻。另參閱：《安娜．佛洛伊德－梅蘭妮．克萊恩論戰（1941-1945）》研討會論文共五篇（Colloque « Les controverses Anna Freud-Melanie Klein (1941-1945) ». (1998). *Bulletin de la Société Psychanalytique de Paris, 50*, 99-143.）

前來英國尋求庇護，其中分析師包括比卜林（Bibring）、艾德博格（Edelberg）、希契曼（Hitschmann）、胡弗（Hoffer）、伊薩科威爾（Isakower）、柯里斯（Kris）、蘭托斯（Lantos）、史坦格爾（Stengel）、舒爾（Schur）、史托羅斯（Stross）、薩克斯（Sachs）、斯特勞伯（Straub）、巴林（Balint）等等。他們大規模地到來，加劇了潛在的危機。一方面，佛洛伊德學派（古典的及安娜的），過去活在霸權裡，卻在英國遇到不容小覷的分歧派，而他們遠非從歐陸所想像得那麼邊緣。另一方面，新移民的湧入以及戰爭的局勢，使得執業分析師面臨缺乏客戶，甚至失業的問題。誰有資格執行教導分析？新學員如何接受培訓？某些團體難道沒有濫用特權來剝削其他團體嗎？一如既往，象徵的「權力」同時也就是經濟的權力。在理論的利害得失背後，一場社會鬥爭已然展開，目標是主導精神分析領域。 350

1939 年 9 月 23 日，佛洛伊德過世。哀悼之情遍及他所有的親人與弟子。不僅如此，在戰爭的戲劇性背景中，佛洛伊德的離世激發了他的後繼者去澄清大師的某些想法。每個人都宣稱承襲自他，表現出一副戒慎的忠誠，但實際上卻是想將他的成就據為己有：在這場大規模的圖騰盛宴中，兒子們（在女兒們的指揮下）彼此爭辯，試圖要將「純粹」與「不純粹」分開。精神分析仍是一門新興的學科，給人的印象是被它的主角們或多或少無意識地活成一種宗教。此前，榮格的叛出已經證明了這一點，而日後拉岡的叛離將再次證明。

然而，回頭來看，讀者可能會感覺到，在戰爭期間英國的精神分析運動所經歷的撼動——從克萊恩的工作開始以及她與安娜佛洛伊德學派的論戰——是一個鼓舞人心的例子，這表示前述的宗教性 351

一樣可以被穿越。在衝突的暴力之上，若非神聖的卻也是祭祀犧牲的暴力，還要再加上真正省思的工作，以及理論、臨床實踐與培訓制度各方面的演進。從那時起，一條路徑打開了，其透過新的、互補的觀點的交流，通往真正的精神分析研究。而這條路，是否真的可以被先驅者的後繼人再追隨、再深化？

但目前，克萊恩擔心的是維也納人[9]的到來，她害怕他們的因循守舊：「一切都不會再如從前。這是一場災難」。而維也納人這邊，由於流亡而感到脆弱，他們被一種「我們在維也納會做得更好」[10]的感覺所折磨。加上葛羅夫與梅莉塔的煽風點火，一切都準備就緒，衝突將變得更為徹底。更何況，在戰爭期間，英國本土的分析師們大多在鄉間避難，而歐洲大陸的分析師們則留在倫敦，因參加理論的討論會議而相互扶持：起先他們佔多數，最終變為少數。另外，一些觀察者想知道這場知識風暴的利害得失，兩個陣營之間因而形成了一個**中間團體**（middle group）。像是詹姆斯·史崔奇不無道理地將這兩幫人描述為「極端份子」，他在1940年寫給葛羅夫一封奇怪的信：

352

> 「為什麼這些可悲的法西斯主義者和共產主義者要侵入我們這個平靜且溫和的島？（該死的外國人！）。」[11]

---

9 參閱：珀爾·金，〈英國精神分析學會佛洛依德—克萊恩論戰之歷史背景與過程〉，《佛洛伊德—克萊恩論戰》，頁68。

10 〔英譯註〕呂卡爾邸·史岱納，〈學術論戰背景〉，《佛洛伊德—克萊恩論戰》，頁294。

11 《梅蘭妮·克萊恩的世界及其作品》（*op. cit.*, p. 337.）

當倫敦正在遭受納粹飛機的轟炸、全城烽火連天之時，對大轟炸不以為意的分析師們卻不停地爭論克萊恩貢獻的切題性，或是佛洛伊德想給予「死亡驅力」與「超我」的確切意義；關於「早期幻想」的本質或早期性質；關於「身體自我」；關於「拒絕」及「否定」；關於精神分析中科學判斷的可能或不可能。簡言之，關於天使是男還是女……這樣沒有答案的爭論。

拜占庭式的辯論[12]是從非常務實的問題開始的：如何培訓新手分析師？克萊恩學派不是把大多數候選人納入自己旗下嗎？英國分析學會任命了一個調查委員會，最後結論是克萊恩並沒有「操弄」候選人！被激怒的克萊恩學派一度曾想過要退會，現在暫時鬆一口氣。無論如何，理論的爭執還在繼續：葛羅夫與梅莉塔仍相當難纏；安娜儘管比較專制且具攻擊性，但她顯得較為理性；鍾斯也許只是個軟弱及狡猾的人（克萊恩當然完全有理由這樣認為）；艾拉．夏普換了陣營；希薇亞．佩恩還算客觀；瓊安．黎偉業不接受維也納人的任何質疑；而只有溫尼考特，他比任何時刻都還要獨立與清醒，幾乎不參加任何討論，他只提醒了現實：「我想要指出現在有一場空襲」，他在一場辯論中這麼說，辯論主題是……精神分析中的攻擊性！

353

各幫各派都已經就位。安娜．佛洛伊德的身邊有：朵洛西．伯林漢（Dorothy Burlingham）、凱特．弗里德蘭德（Kate Friedlander）、芭芭拉．蘭托斯（Barbara Lantos）、海德薇格．胡弗（Hedwig Hoffer）、芭芭拉．洛（Barbara Low）以及後來加入這

12　安德烈．格林在法譯本〈緒論〉當中的表述，《佛洛伊德—克萊恩論戰》（*op. cit.*, p. XI.）

個陣營的艾拉・夏普，而梅莉塔則在一旁打游擊。此外還有一些歐陸的分析師，男性為主，他們不如這些女性有效率：福克斯（S. H. Foulkes）、威利・胡弗（Willi Hoffer）與沃爾特・史密德伯格。而克萊恩的陣線則有一些可靠的女性：寶拉・海曼、瓊安・黎偉業、蘇珊・伊薩克斯，還有部分參與的希薇亞・佩恩，因為她即將變為獨立學派；以及一些男性如羅傑・莫尼 - 克爾（Roger Money-Kyrle）、約翰・瑞克曼、斯柯特（W. Scott）與溫尼考特。居於中間的人也將發聲，包括詹姆斯・史崔奇、瑪喬麗・布里爾利等人。英國分析學會中多數的會員逐漸地形成了中間團體，並對於克萊恩學派傳佈信仰的熱忱感到擔憂[13]。

鍾斯則將一種難能可貴的外交意識，推向了猶豫不決與優柔寡斷的地步，而周旋在雙方之間，這可以從 1942 年 1 月 21 日他寫給安娜的信來得到證明：

> 「我認為克萊恩女士帶來了重要的貢獻……。另一方面，她既沒有科學精神、也不具井然有序的思路，而她的理論提報方式實在是糟糕透頂。」[14]

354 他補充道：尤其在關於伊底帕斯及父親角色的問題上。但鍾斯忘了他自己在 1934 年提報的〈陽具階段〉中贊同過克萊恩這方面的論點！此外，這位英國分析學會的理事長對安娜也並不是那麼友

13 珀爾・金，〈英國精神分析學會佛洛伊德—克萊恩論戰之歷史背景與發展〉，《佛洛伊德—克萊恩論戰》，頁 69-78。

14 〔英譯註〕呂卡爾耶・史岱納，〈學術論戰背景〉，《佛洛伊德—克萊恩論戰》，頁 290。

好：

「她確實是一個強硬又不好相處的人。無疑，她無法在分析中走得更遠，而且也沒有任何創新的想法。」[15]

事實上，鍾斯在論戰期間因罹患心身症而消失一段時間，他在鄉下隱居，直到論戰結束時才突然地復原。那時，他已讓葛羅夫全權處理學會的運作，藉此剝奪克萊恩任何享有他支持的機會。然而，風向丕變，這位先是擔任研究機構主任的葛羅夫，感覺到事情愈來愈棘手，一方面是克萊恩論點的成功，一方面是各派之間開始商議妥協。1944 年，葛羅夫退出英國學會並成為瑞士學會的成員，遺憾地表示眼看著英國學會「由女性領導」以及「克萊恩風雲正在形成」，這只不過是他承認他詆毀克萊恩的計謀已經失敗的婉轉說法。

安娜曾與克萊恩共同擔綱兒童精神分析培訓的工作，後來她辭去培訓委員會職務，改為在家舉行研討會。她已經憑藉《自我與防禦機制》[16] 一書獲得威信，並籌組了漢普斯特的戰爭托兒所（*Child War Nursery*），該所仍將受到她的影響[17]。　355

15　呂卡爾邱．史岱納引述鍾斯之描述，參閱：〈學術論戰背景〉，《佛洛伊德—克萊恩論戰》，頁 283。

16　德文版，Verlag，1936；法譯本：PUF，1967。

17　安娜．佛洛伊德首先在維也納的傑克森托兒所，後來在倫敦的戰爭托兒所。從 1952 年開始，她則在漢普斯特的兒童治療中心對兒童進行了直接觀察，並與忠實的同事朵洛西．伯林漢一起工作。尤其在約瑟夫．桑德勒的協助下，她創建了一項發展指標，以定位出與正常發育曲線相比之下的病理差異，這將決定後續要對這一兒童進行分析式或治療式的介入措施。漢普斯特中心的工作重點是對兒童的直接觀察，而戰爭托兒所要面對的，就是聲譽極高的塔維斯托克研究機構暨診所（*Tavistock Institute & Clinic*）。1920 年，該診所由休伊·克里奇頓 - 米勒（Hugh Crichton-Miller）所創立，為了治療砲彈休克的患者；砲彈休克即因爆炸物而導致的神經創傷（顫抖、麻痺、幻覺）。在約翰·里斯（John Rees）的指導下，服務範圍擴大至治療犯罪者，包括個人與團體治療。而由於瑞克曼及比昂的影響，佛洛伊德與克萊恩的理論在這裡成為主流，使得塔維斯托克中心被認為是克萊恩的據點之一。1946 年起，約翰·鮑比將獨立學派精神與家族治療引入塔維斯托克，而米歇爾·巴林也帶來了團體的技術[18]。

356 安娜的競爭性極強，甚至算「獨裁」，但克萊恩學派地位的躍升使她失衡，於是她使出威脅與操弄的手段，以致有人擔憂她會不會走上葛羅夫的路：佛洛伊德的女兒要從英國學會出走？絕不可

不是分析式的重建，它給人的印象是運用演繹的方法，特別是採用高度系統化的方式以促進兒童的社會化。

18 1948 年，約翰·鮑比（John Bowlby）與埃斯特·比克（Esther Bick）開始在這裡進行兒童心理治療的培訓工作。隨後，由埃斯特·比克負責所有工作責任。這裡的治療主要是以觀察為基礎，特別著重於對分析師在反移情當中出現的投射性認同進行分析。「〔由埃斯特·比克創建的家庭中兒童的精神分析式的〕這樣的觀察有助於讓我們在兒童與在成人身上看見嬰兒⋯⋯。區別是在源自於投射性認同的三維立體創造性成長，對立於二維社會化或止步於投射性認同的『成為成人』」，參閱：梅格·哈理斯 - 威廉（編），《瑪莎·哈理斯與埃斯特·比克的文集》（Meg Harris Williams (Ed.). (1989/1998). *Les Écrits de Martha Harris et d'Esther Bick* [Collected papers of Martha Harris and Esther Bick] (pp. 305-306). Hublot.）。然而，一些批評者指出，塔維斯托克中心的某些工作具有宗教性質，據稱某種被動員起來反對「佛洛伊德父權」的「母權精神」即充滿了這種宗教性質，參閱：伊萊·扎雷茨基，〈梅蘭妮·克萊恩及現代個人生活的出現〉（Eli Zaretsky. (1998). Melanie Klein and the emergence of modern personal life. In *Reading Melanie Klein. op. cit*., p. 36.）。我們將會看到在這裡進行的關於母子分離的重要研究，尤其是約翰·鮑比的研究。

以！那該怎麼做？氣氛是前所未有的緊張。

克萊恩在這方面也不乏自問該不該自立門戶，如某些人曾給她的建議。她將時間分配給劍橋的家人，以及病人、尤其是蘇格蘭的皮特洛赫里，小理查就是在這裡被她分析的。從論戰開始，克萊恩本人就不在現場，她派出她的人馬，但仍嫻熟而堅定地指揮他們：她即是如此從頭到尾監督了伊薩克斯對於幼幻想這概念的論述工作[19]。克萊恩很少直接以言語方式介入，而鍾斯偶爾也會阻止她發言[20]，但她的筆記與信件難以數計，且當她遞出所寫文字，每一頁都密密麻麻[21]。一種真正的奮戰精神圍繞著她而發展出來。為了讓這位女族長的理論更清晰、更廣被接受，她的支持者中最激情的一些人組成「內在對象小組」（I.O. Group [Internal Object Group]）。「戰鬥小組」更形緊密：寶拉．海曼、蘇珊．伊薩克斯以及從不妥協的瓊安．黎偉業。

在雙方陣營中，更為活躍的都是女性，然而她們並不因此就停止求助於男性，像是鍾斯爸爸與葛羅夫爸爸，都會在場、或被論及，而佛洛伊德與亞伯拉罕的象徵式權威也被頻繁引用，特別是被克萊恩引用[22]。父親的身形，無論已死或未死的父親，無疑地籠罩在這場論戰之上。特別是事後回頭來看，克萊恩陣營並沒有當時以

19　參閱：呂卡爾邱．史岱納，〈學術論戰背景〉，《佛洛伊德—克萊恩論戰》，頁305。

20　例如，在1942年6月10日的行政會議上，鍾斯就阻止了克萊恩的發言。參閱：〈背景資料補充〉，《佛洛伊德—克萊恩論戰》，頁247。

21　參閱：〈梅蘭妮．克萊恩的論文「嬰兒的情緒生活與自我發展論及憂鬱心理位置」〉，《佛洛伊德—克萊恩論戰》，頁809-850；〈第十次學術爭論議題討論會〉，同上，頁877及後。

22　同上，頁815及後。

為的那樣堅實，而反倒是克萊恩的政治天才更令人驚嘆。底下將舉兩個例子。

當一切顯得不可調和時，克萊恩在 1942 年 5 月嘗試著與安娜商議妥協。安娜對於她這樣跨出第一步感到「驚喜而欣慰」，儘管距離停戰還有很長的路，而克萊恩則思考得很透徹：她不希望分裂，她將以佛洛伊德的繼承者自居，而她需要時間來證明，僅此而已，或許將與安娜合作，也或許與她對抗，但絕不是反對精神分析，精神分析是佛洛伊德的，也只能是佛洛伊德的。克萊恩痛恨「克萊恩式」這個形容詞，而她是對的。只有葛羅夫的惡意中傷，才會讓人們相信克萊恩自認自己是先知、甚至是耶穌。克萊恩決心要在**佛洛伊德框架下**推行革新，這是一個信念，而正因為如此，策略必須具有信服力。

358

> 「讓我感覺最強烈的是〈超越享樂原則〉與〈自我與本它〉，這是多麼美好的體驗！在較小程度上，我經常看見微露的曙光映照在我自己的工作上，而事情因此得以修正〔她指的是修復與憂鬱心理位置的發現〕。我想若要說這些發現是由佛洛伊德本人提出的，都並非無法想像，而且他有足夠的氣度、力量與能力來將它們呈現給世界。我不想讓您誤會我。我不害怕與任何人對立，但是**我真的不喜歡對立**。我想要做的是讓其他人靜靜地參與這些我知道是真實的、重要的、有益的事情裡。」[23]

23　呂卡爾邱．史岱納引述 1941 年克萊恩寫給鍾斯的信，參閱：〈學術論戰背景〉，《佛洛伊德—克萊恩論戰》，頁 286-287。

多麼美麗的傲慢與高貴的謙遜！

她也以同樣的方式寫了一張便箋給溫尼考特，為了她曾要求他修改決議案的語氣而向他致歉。她謹慎地對待溫尼考特，而她首要保護的是他們對佛洛伊德的共同系繫。另一方面，針對她對溫尼考特的評論，她向小組的其他成員這麼說：　359

> 「我認為，他可能給人的印象是佛洛伊德多少已經成為歷史，這不僅危險，且本身也沒憑沒據。佛洛伊德的作品至今依然具當代性，且持續指引著我們的工作……。任何會讓人以為我們認為佛洛伊德該被束之高閣的事，都構成了我們會掉進去的最危險的陷阱。」[24]

這就是足以被稱為「回到佛洛伊德」的絕佳策略，其返回到一個顯然經過革新的佛洛伊德。

為了辯護，克萊恩並不只是重申自己立場，她還抨擊那些沒有像她那樣讀過佛洛伊德的人[25]，並鞏固她自己的想法。沒錯，她不否認母親的外部現實的存在，而如果她認為對此的知覺總是被幼幻想所「染色」，那就必須接受有一種「與內在客體的關係的轉變」；內在客體是「流動的」，而非一成不變的[26]。沒錯，「憂鬱情緒的種子從生命一開始就存在」，但它們到了第三和第五個月之　360

24　《梅蘭妮・克萊恩的世界及其作品》（*op. cit.*, p. 375.）

25　克萊恩尤其詳細地引用佛洛伊德的〈小漢斯〉案例與〈否定〉一文的開頭，參閱：〈梅蘭妮・克萊恩的論文「嬰兒的情緒生活與自我發展論及憂鬱心理位置」〉，《佛洛伊德—克萊恩論戰》，頁 821 註釋 19；〈第十次學術爭論議題討論會〉，同上，頁 892 註釋 4。

26　同上，頁 896。

間的憂鬱心理位置，才會變得具體。沒錯，父親在幼兒第四個月之前的幼幻想中並不在場[27]。沒錯，對母親的愛不單單是力比多，而是一種真正的感恩，是孩子從一開始就夢想著要還餵那個人的感恩[28]，是一種在憂鬱心理位置之前已經非常複雜的情緒，儘管這種情緒只有在憂鬱心理位置伴隨下才能充分發展[29]；沒錯，一種直接的昇華在與乳房的關係中構成，乳房是乳兒的偏執全能與他學習適應現實之間的真正「橋樑」[30]。

理論家克萊恩鞏固了她的城堡，而政治家克萊恩則高明地施展手腕，尤其把心思放在史崔奇對於精神分析師培訓的初步報告上。克萊恩自己不是醫師、她對抗非醫師的精神分析師所遭受到的歧視；她主張必須要有專門的精神分析師培訓，因為醫學培訓本身並不具任何資格以提供對心靈疾病的理解。她對史崔奇表明自己留在「幕後」，但也非常有卓見地建議他說，「懲罰原創性」[31]是不可取的；言下之意是這些「原創性」，也就是她自己的原創性，即將獲得勝利。與此同時，她也向她的人馬喊話：

361

> 「當然，我們必須避免給人有絲毫理由認為我們取得勝利：我現在相信，我對我的作品既被欣賞又被詆毀的情況，能再忍受一段時間，而這些欣賞與詆毀有時是從同一群人的口中透露出來的。」[32]

---

27 同上，頁 893。

28 同上，頁 839。

29 同上，頁 888。

30 同上，頁 840。

31 同上，頁 997。

32 呂卡爾郎．史岱納引述 1944 年 1 月 25 日克萊恩寫給朋友的信，參閱：〈編者按女士們的戰爭以女士們的和平結束。這當中發生了許多逆轉，某些忠誠者，如瑪喬麗・布里爾利、芭芭拉・洛、艾拉・夏普、阿德理安與卡琳・史蒂芬（最早期的支持者），轉而變成對克萊恩充滿敵意。同一時期，希薇亞・佩恩，曾與吉萊斯皮（W. H. Gillespie）一同表明自己的「獨立」立場，且曾支持蘇珊・伊薩克斯關於幼幻想的工作；佩恩對葛羅夫深感失望並徹底地放棄這個克萊恩的敵手。佩恩於 1944 年當選英國精神分析學會的會長。克萊恩主張的論題大有斬獲，即便在敵手陣營也是：安娜雖然沒有採用憂鬱心理位置，但她不也開始談論起「嬰兒的憂傷」了嗎？在 1944 年 1 月，安娜辭去培訓委員會的職務，她與葛羅夫、史密德伯格夫婦、部分維也納分析師，放棄參與第二波論戰的所有活動，「權力」於是自然而然重回到戰前的學會成員們的手裡[33]。經過多次理論與行政方面的談判後，終於商議出一個妥協方案。這些女士、先生們，都贊同民主共處的原則：關於制度方面，兩種精神分析培訓的標準皆會被認證，以同時滿足安娜佛洛伊德學派與克萊恩學派。然而，許多臨床治療者，而且是最傑出的幾位，仍對克萊恩百感交集，既惱怒、又仰慕，如隆納・大衛・連恩、瑪莉詠・米爾納、唐納德・溫尼考特以及希薇亞・佩恩。

362

精神分析各派系之間的這場混戰，卻有個莫大的獲益，即是得以對群體（所有群體）的暴虐邏輯進行仔細地分析。我們的確可以假設：克萊恩學派充分顯現出來的教派運作與教區劃分（他們被嘲諷為「艾班尼澤教堂」）[34]，成為比昂的實驗臨床現場——除了他

（2）〉，《佛洛伊德—克萊恩論戰》，頁 977。

33　珀爾・金，〈結論〉，《佛洛伊德—克萊恩論戰》，頁 989-990。

34　《梅蘭妮・克萊恩的世界及其作品》（*op. cit.*, p. 554.）

作為軍隊的精神科醫師、負責創傷復原的經驗之外——讓他得以對團體功能提出犀利的分析[35]。儘管這本著作是受到克萊恩的概念所啟發，但是似乎並沒有獲得克萊恩的青睞，而那時比昂正在接受克萊恩的分析：原因不就在這裡嗎？

比昂在書中將群體視為一個實體、而不單是眾人聚集的集合體，這樣的信仰，類比於乳兒與乳房（或部分對象）的可怕關係。如果未能對此任務的要求做出有效的回應，就會被體驗為難以承受的挫折，這種挫折顯現在同一群體成員的偏執－類分裂的退行裡。儘管是以伊底帕斯力比多為特徵的家庭群體，在大多情況下，家庭群體是群體連結的原型，就像佛洛伊德所認為的那樣，然而，比昂對這分析做了重大的修改，主張群體的動力是以更原始的機制為基礎，這些機制隸屬於克萊恩所提出的憂鬱心理位置與偏執－類分裂心理位置。確實，任何形式的群體（基於依賴假設：宗教；基於配對假設：貴族；基於戰或逃假設：軍隊），不僅隱藏著精神病的焦慮，也隱藏著對抗這種焦慮的防禦反應。因為，無能形成象徵，並不僅只特定發生在某些孤立個體身上，如克萊恩與迪克案例所呈現的，而是「當所有個體作為基本假設群體中的成員而行動時，這種無能所形成的象徵，會擴展到所有個體身上」[36]。

論戰必然是帶有這些偏執－類分裂退行的痕跡，而克萊恩的人格特質也無疑地強化了一個既迷人又迫害的乳房的依瑪構[37]。但

363

35 參閱：威爾弗雷德．比昂，《比昂論團體經驗》（W. R. Bion. (1961/1965). *Recherche sur les petits groupes* [Experiences in Groups]. PUF.）；見中譯本《比昂論團體經驗》，心靈工坊。

36 同上（*Ibid.*, p. 129.）

37 參閱：本書第九章第 2 節，pp. 326 sq.、第 3 節，pp. 333 sq.

她，也推動了對這種現象的**分析**，比昂就是一例證明；「分析」，就它的詞源學意義，即是解析；透過前所未有的深度與清醒對其進行分解後，從此適用於對任何群體的詮釋，無論是精神分析群體、政治群體、宗教群體、甚至其他群體。

最終，這場「女士們的和平」最重要的結果，無非就是對精神探索的延續。除了組成所謂的「獨立」團體（鍾斯、夏普、費路格爾、佩恩、瑞克曼、史崔奇、布里爾利、費爾貝恩、溫尼考特、巴林、克魯貝、可汗及鮑比）[38]，英國分析師也掀起了一場真正的精神分析研究的普世運動。從那時起，這種思想的開放、對抗的愛好，被所有認為精神分析是一種有生命力的追尋的人所珍視。最後，平行於擊碎群體精神的比昂，溫尼考特對分析的沉思結果則更私人，是一種走向更平靜的、本質為分析的替代選項。他所寫的〈獨處能力〉（1958）[39] 可說是創造性的基礎，尤其是指精神分析中的創造性。克萊恩將以〈論孤寂感〉[40] 回應溫尼考特，在這篇文章中，她以積極方式發展孤獨感，幾乎像個工作方案[41]！ 364

2. 拉岡的嫉羨與感恩

拉岡第一次提到克萊恩是在他撰寫的一篇主題為攻擊性的報

38　參閱：艾瑞克．雷納，《獨立團體與英國的精神分析》（*op. cit.*）

39　唐納德．溫尼考特，〈獨處能力〉（*op. cit.*）

40　〔英譯註〕〈論孤獨的感受〉，《嫉羨和感恩》，頁 383-399。

41　參閱：本書第五章，pp. 182-186。

365 告中，並在1948年5月布魯塞爾舉行的第十一屆法語精神分析年會上提出[42]。他將自己「碎裂身體形象」的概念，類同於克萊恩所說的古老幻想的「內在客體」，並對這種「克萊恩經驗的現象學」裡「被稱作偏執階段的幻想」表示讚許[43]。透過挪用克萊恩的偏執心理位置時，拉岡對之擴充，並將自我定義為一個想像性誤認的審級（instance）、建造為一個妄想的結構。克萊恩所強調的負向移情，使拉岡將治療理解為一種受導引的妄想症，有助於拆除對自我的誤認：精神分析「在主體身上引發出一種受導引的妄想症」，這相當於「克萊恩所說的**內在壞客體**的投射，一種偏執機制……」被分析師「逐步地過濾及封堵」[44]。拉岡非常忠實地將他於1948年仍在醞釀中的「想像」概念，追溯至克萊恩的作品，他寫道：「由母親身體**依瑪構**所形成最初的想像性圍欄」[45]。他似乎也接受古老超我這一觀點，但前提是不強調支撐它的生物早產，而是強調它的
366 「能指的」文化維度。「對好客體與壞客體的持續想像」促發了早期超我的構思，早期超我對主體則具有「統稱的」意義；幼兒期依賴也具有同樣的意義，它一方面連結到嬰兒的「生理無能」，但同時也「與人類環境的關係」密不可分。超我顯現為一個能指的審

---

42 參閱：雅克．拉岡，〈精神分析中的攻擊性〉（Jacques Lacan. (1966). L'agressivité en psychanalyse (1948). In *Écrits* (pp. 101-124). Seuil.）；胡迪涅斯蔻（Elisabeth Roudinesco）（1993）。《雅克．拉岡：生平概述暨思想體系的歷史》（Elisabeth Roudinesco. (1993). *Jacques Lacan. Esquisse d'une vie, histoire d'un système de pensée* (p. 263). Fayard.）；《梅蘭妮．克萊恩的世界及其作品》（*op. cit.*, p. 486.）

43 參閱：雅克．拉岡，〈關於我的經歷〉（Jacques Lacan. (1966). De nos antécédents. In *Écrits* (p. 70). Seuil.）

44 參閱：雅克．拉岡，〈精神分析中的攻擊性〉（*op. cit.*, p. 109.）

45 同上（*Ibid.*, p. 115.）

級，位於「自然與文化的交合處」[46]。

這些想法中的一大部分，在1949年於蘇黎世舉行的第十六屆國際精神分析學會年會上由拉岡再次提出，他發表了一篇論文題為〈作為「我」功能形成的鏡像階段〉。他賦予了視覺一個作為主體結構中其他感官的能指組織者的優先地位，而即從本次會議起，這已與克萊恩的假設有了落差[47]。拉岡的這篇文章還對安娜．佛洛伊德表達了格外的敬意，此舉經常被詮釋為接近「創始人」女兒的政治策略。儘管看來拉岡是在國際精神分析領域中放了兩條長線，但我們可以把他引述安娜的作法看作是他把自己從侷限於原始自我的克萊恩學說脫離出來的某種方式。拉岡為了他自己的非佛洛伊德式的主體理論尋求支持，他放棄了克萊恩，一度轉而試探安娜關於次級機制或自我防禦機制的提議，儘管它們是全憑經驗且相當侷限的。最後，拉岡將把她們雙方都歸入「誤認的功能」，其中安娜的自我防禦會與克萊恩的幼幻想匯流。

367

在向安娜獻殷勤的同時，拉岡也在與克萊恩聯繫，並向她暗示，1950年即將在巴黎召開的世界兒童精神醫學年會中，「精神分析的進步觀點」（克萊恩認為拉岡在法國擔負這個角色）不該由安娜來代表，而要由克萊恩學派的人來代表[48]。

誘惑、據為己有、超越：這個相當模稜兩可的遊戲，最後草草收場，這是由失誤行為所導致？還是真正的蓄意破壞？與拉岡進行

46　參閱：雅克．拉岡，〈犯罪學中精神分析功能的理論性導言〉（Jacques Lacan. (1966). Introduction théorique aux fonctions de la psychanalyse en criminologie. In *Écrits* (pp. 136-137). Seuil.）

47　參閱：本書第七章第1節，pp. 227-231、第八章第2節，pp. 278 sq.

48　參閱：1948年1月28日梅蘭妮．克萊恩寫給克利福德．史考特（Clifford Scott），《梅蘭妮．克萊恩的世界及其作品》（*op. cit.*, p. 487.）

個人分析的河內・迪亞金（René Diatkine），將《兒童精神分析》（1932）的第一部分從德語翻譯為法文，並將譯文委交給了拉岡。法蘭絲瓦・吉哈德（Françoise Girard）——另一名與拉岡進行治療的分析師，她後來與加拿大分析師讓 - 巴蒂斯特・布朗傑結婚——則直接獲得克萊恩的同意，讓她翻譯《精神分析文集》（1948）（後來的書名是《愛、罪疚與修復》）。克萊恩從迪亞金那裡得知，《兒童精神分析》的前半部分已經被翻譯完成，而拉岡並非這一版本的譯者。然而，當拉岡邀約布朗傑夫婦來翻譯這部作品的後半部時，他卻告訴他們自己是譯者。總之，譯本的第一部分，即迪亞金委交給拉岡的前半部，已經找不到了。拉岡從未正式承認他弄丟了這份譯本，而迪亞金也沒有保留一份副本。1952 年 1 月，368 布朗傑夫婦與克萊恩共進午餐時，向她述說了這件事情的始末。拉岡失去了克萊恩對他的一切信任，今後她將與丹尼爾・拉嘉許（Daniel Lagache）合作[49]。

在此期間，克萊恩、海曼、伊薩克斯與黎偉業合著的《精神分析的發展》於 1952 年問世[50]；同時，為了克萊恩的七十歲生日，羅傑・莫尼 - 克爾提議出版一本賀壽文集，它最後是以一期《國際精神分析期刊》的形式出現，由海曼與莫尼 - 克爾主編，14 位作者共同參與[51]。這些出版品重現且延續了克萊恩關於論戰之時思想的主要精髓，並強力反映出克萊恩革新精神分析的雄心壯志。

---

49 參閱：胡迪涅斯蔻，《雅克・拉岡：生平概述暨思想體系的歷史》（*op. cit.*, p. 266.）

50 《精神分析的發展》（Melanie Klein, Paula Heimann, Susan Isaacs, & Joan Rivière. (1952). *Developments in Psycho-Analysis*. Hogarth Press.）

51 為 1952 年出版的三月號《國際精神分析期刊》；1955 年，期刊以《精神分析的新方向》（*New Directions in Psycho-analysis*）為題名，另新增兩篇梅蘭妮・克萊恩的研究報告及恩斯特・鍾斯的緒論，修訂出版。

兩年後，即1954年，拉岡在他的「講座一：佛洛伊德論技術」課程中，重新提及「迪克案例」，依憑著伊波利特的觀點，他引進了自己對於〈否定〉一文的解讀[52]。正如我們先前就已注意到的，在論戰期間，〈否定〉是克萊恩學派的主力軍，安娜佛洛伊德學派根本一點都不熟悉[53]。總之，拉岡在他自己重建精神分析基礎時，採用了與克萊恩學派相同的策略。但他沒有引用來源。他對佛洛伊德的負性的評論中，沒有提及克萊恩，除了間接地在「新鮮腦人」臨床案例中提到克里斯與梅莉塔。 369

而拉岡的移置畢竟不是小事：能指的首要地位徹底擦去了我們所稱的克萊恩式「肉身具現主義」，即對既是物**又是**形象、既是感官或情感**又是**表象的一種想像的連續性異質概念[54]。拉岡將自己定位在別處，他開闢自己的「發展」與「新方向」，然而卻遺忘了啟發他的人，也避免了與之交鋒。

儘管如此，他仍在一些地方引述了克萊恩的作品，多數時候語氣帶著敬意，彷彿像是超越了嫉羨但尚未抵達感恩，不過卻能感覺到深刻的親緣性，尤其是克萊恩的起源的妄想概念、構成自我的早期幻想概念。因此，克萊恩的「憂鬱心理位置」將可與拉岡的「鏡像階段」相比，就這兩個概念而言，都證實了「主體中自我功能的特有想像性質」[55]。他也將對「克萊恩的天才」表達崇敬之意，因 370

52　參閱：本書第八章第2節，pp. 278 sq.

53　「他們幾乎忽略了佛洛伊德後期的作品……。他們也很少使用〈否定〉這篇非常重要的傑作。克萊恩學派則在此基礎上，提出許多從佛洛伊德那裡獲得支持的主張」。參閱：呂卡爾邱．史岱納，〈學術論戰背景〉，《佛洛伊德－克萊恩論戰》，頁313。

54　參閱：本書第七章，pp. 231 sq.

55　雅克．拉岡，〈典型治療的變體〉（Jacques Lacan. (1966). Variantes de la cure type. In

為她「重構」了由死亡驅力所喚起的「憂鬱深度」[56]。

另一方面，他們之間的基本歧見被明確地指出：主要是在父親功能參照的缺乏，以及主體理論的缺乏，順帶一提，還有在克萊恩母親形象之位上，陰莖僅被化約為附屬的闌尾角色，至此拉岡將永遠無法接受這一觀點。所以，拉岡批評了鍾斯對克萊恩概念「完美的殘酷性」的贊同，也批評了鍾斯只將陰莖視作一個部分對象，而非「陽具」。他抨擊「鍾斯的毫不在乎……，不把最原初的伊底帕斯幻想納入母親身體，事實上這是源自父之名所假定的現實」[57]。

在這些嫉羨與不知感恩之中，「受神啟的臟解師（tripière inspirée）」[58]是最生動的一句表達。難道我只是在某個尚未出版的拉岡講座中聽到這些話嗎？我在現有的著作中找不到這些內容。找

Écrits (p. 345). Seuil.）

56 雅克・拉岡，〈對丹尼爾・拉嘉許報告之評論〉（Jacques Lacan. (1966). Remarque sur le rapport de Daniel Lagache (1960). In *Écrits* (p. 667). Seuil.）

57 雅克・拉岡，〈給「論女性的性」大會的指導言論〉（Jacques Lacan. (1966). Propos directifs pour un congrès sur la sexualité féminine (1960). In *Écrits* (pp. 728-729). Seuil.）

58 〔譯註〕tripière inspirée，字面意思是「受神啟的、從事屠宰或販售內臟的女士」；aruspice，則是「內臟占卜師」，古代透過解讀祭祀中犧牲動物的內臟，來預測吉凶之人。拉岡用這兩個詞來形容克萊恩，顯然與後者所描繪生命之初、偏執－類分裂位置的母親意象有關。

在口唇施虐與肛門施虐雙重作用下，最早的母親並非整體，而是一個個部分客體。這些客體散落在幼兒的幻想世界中，有待辨識、命名與連結。比如，克萊恩觀察進食困難的幼兒時，分析出所有的食物在幼兒眼中都等同於部分客體，代表著母親身體內部的某些器官。換言之，在施虐攻擊的作用下，雙親、首先是母親，其身體在幻想中被啃咬、撕裂、切割或搗碎成碎片。簡言之，被肢解。這便是拉岡眼中所見，一位專與母親身體內部種種部分客體（內臟）工作的天才女性。

就此，譯者將此一拉岡用語譯作「臟解師」，一方面是表達克萊恩總是可以在兒童分析現場解剖出一個個幻想器官（內臟），另方面，也想表達她同時也持續使用語言去解釋這些器官、這些部分客體。

不到的引文，是不是一種掌握不了克萊恩而呈現的無法抹去的症狀，它感染了愛她的人和恨她的人？既然她不讓自己被鎖在精心編 371 撰的文本中（如我們所見，她是不立文本的創始人），是否她就僅希望讓人談論、夢想、聯想？總而言之，透過分析師克萊恩，拉岡做出了一點什麼，再直通向「新鮮腦人」案例，他是個「借」而不說的剽竊者？

終於，這一句話在拉岡獻給安德烈．紀德（André Gide）的一篇文章中找到[59]。它對稱呼應了紀德對佛洛伊德「奇特而軟弱無力」的攻擊（根據拉岡自己說的話，而他卻不忘提起這件事！），佛洛伊德被《偽幣製造者》的作者紀德描述為「天才級的低能兒」。在與尚．德萊（Jean Delay）一起注意到紀德的認同迷宮之後，尤其是他對鄙陋母親的話語，即「用對家庭女教師的熱情來填補空虛」，拉岡談到了紀德與其表妹瑪德蓮的關係，最後將他的想像力比作一個「古代劇場」，其充滿了「搖撼、滑動、鬼臉般的形式」，「來自生命深處的震顫，淹沒一切的大海」。這種可怕的女性形象使年輕的紀德做了惡夢，一座「岬灣嘎吱嘎吱地嚼」著他；如果不是覺得好笑的話，那麼愛戀旋即便會反轉為死後的彼岸，隨之而來的是復仇者美狄亞；在吟遊詩人的仕女與但丁的貝德采簇擁下，她前來點出紀德與拉岡的「黑洞」幻象。對克萊恩的影射，儘管她的名字已被遮蔽，位於這個背景裡：

> 「正是在這個空洞裡，孩子用怪物來充填，自從那位 372 擁有孩童之眼的內臟占卜師（受神啟的臟解師），在哺育

59　由衷感謝凱瑟琳．米洛（Catherine Millot）的協助。

> 的母親肚腸中盯視這些怪物，並為我們編撰一冊目錄後，我們便認識了怪物的物種。」[60]

「天才級的低能兒」（紀德眼中的佛洛伊德）與「受神啟的臟解師」（拉岡眼中的克萊恩）：一名女性「內臟占卜師」對於母親「內臟」的畏懼幻想已經不言而喻了，而紀德的幻想在這裡被拉岡接收：（男）人與藝術家想從畏懼幻想中逃脫，只有靠「靈感」！但對於克萊恩本人的著作，卻極少提及！除了拉岡恰如其分地指出，在臨床實踐上，必須看出孩子的這些初級幻想是如何地源自母親本身。拉岡邀請我們去傾聽那個曾是母親的孩子；當我們分析母親的孩子時，這個孩子始終仍是母親。

3. 左派與女性主義者

確實存在著一個克萊恩悖論。**一方面**，克萊恩學說的機械式普及版非常簡化，且有時取自作者克萊恩本人的某些文本，儼然像是學校教科書。其帶有「修復」與「自我整合」規訓的「位置」，不斷地重複或強調，像是教育雜誌上提供給家庭一條又一條明智的建議那樣被呈現。**另一方面**，在這個因循守舊與照本宣科地踰矩的時代，有種令人不安的分化揭露出被死亡驅力支配的人的陰暗景象，

373

60　雅克．拉岡，〈青年紀德，或文字與欲望〉（Jacques Lacan. (1966). Jeunesse de Gide ou la lettre et le désir (1958). In *Écrits* (pp. 750-751). Seuil.）

這種死亡驅力幾乎不能轉化為創造性，除非，這個人擁有一點天生的運氣、擁有一點愛的能力以及擁有一名「足夠好的母親」（溫尼考特將用這個詞來抵制克萊恩的「內在對象」帝國）。

克萊恩學說的這兩個面向，自然引起了英國的社會學家與其他現代性理論家的注意，也引起了英國與美國女性主義者的注意。克萊恩本人並沒有直接對現代歷史與社會提出反思，如佛洛伊德與賴希（Wilhelm Reich）所做的那樣，但她或許是唯一的一位促動了政治發展，並遠遠超出她臨床構思直接範圍的精神分析師。她的經驗主義與她理論上的生硬，使得她作品在本質上是開放而多義的，也就無可厚非地引來吞噬性的詮釋。但這並不足以解釋它深受社會學的歡迎，卻似乎可部分歸功於深度精神分析對我們當代世界所施展的吸引力；要理解當代世界，意識形態與古典哲學都已顯得過時。

對於不因循守舊的精英而言，精神分析的特性位居於經驗實用與設論大膽的交會處，特別注定了它將成為思考社會連結的新模式，超越家庭與群體，同時兼顧到孤獨的可能性[61]。從克萊恩的精神分析啟發的「社會主義考量」到關注於「內部世界」的「美好社會」規劃，期間還有以克萊恩作品為基礎的社會批判來重新評估盧梭主義，在過去十年間，相關主題的工作持續增長[62]。這些工作成 374

61　參閱：〈論孤獨的感受〉，《嫉羨和感恩》，頁 383-399；另參閱：本書 pp. 183 sq.

62　參閱：邁克・魯斯汀，〈對克萊恩精神分析的社會主義思考〉（Michael Rustin. (1982). A socialist consideration of Kleinian psychoanalysis. *New Left Review, 131*, 71-96.）；邁克・魯斯汀、瑪格麗特・魯斯汀，〈社會主義的關係先決條件〉（Michael Rustin & Margaret Rustin. (1984). Relational preconditions of socialism. In B. Richards (Ed.), *Capitalism and Infancy* (pp. 207, 225). Free Association Books.）、《良好社會與內在世界：精神分析、政治與文化》（Michael Rustin & Margaret Rustin. (1991). *The Good Society and the Inner World: Psychoanalysis, Politics and Culture*. Verso.）；弗雷得・阿爾弗德，《梅蘭妮・克萊恩與社會批判理論：基於其精神分析理論的政治、藝術與理性的闡述》

果肯定讓克萊恩具抱負的夢想感到驚喜，因為她渴望對社會有所助益，而這些成果終將消除當時詆毀她的人最尖酸的控訴：他們抨擊克萊恩全然轉向內部世界。

克萊恩學說的兩個面向就這樣顯現於克萊恩作品的社會學推論當中。一些人強調負性理論、強調死亡驅力與抗議者和造反者所服膺的斷裂性力量的重要性，當這些異議領袖沒有淪為妄想症患者，375 或隱含思覺失調症患者的自我中心者時。法國精神分析師對克萊恩的這種解讀是採取更重視詮釋的立場，而這種立場最近也在許多英國理論家的筆下浮現出來[63]。反之，這十多年來，另一些人滿意於在克萊恩身上發現的社會連結的基礎，他們強調和解、誇耀某些克萊恩學派的臨床人員也不吝於誇大其詞的東西：**修復**、建立對象關係與建立象徵化，以削弱暴力與焦慮。這一方面的支持者在這樣做的同時，是冒著把精神分析轉變為社會援助的風險，甚至是變為一種世俗宗教。

儘管如此，後續並不妨礙一個關注內在世界、關注憂鬱自體的社會主義，試圖從克萊恩思想中汲取出建構的力量，以包紮當前全球化所造成的傷口。

因此，邁克・魯斯汀（Michael Rustin）[64]與瑪格麗特・魯斯汀（Margaret Rustin）[65]認為，克萊恩藉由提出人性中的關係構思而擴大了精神分析領域，儘管人性中深植著破壞性與貪婪、仍具有極高

（Fred C. Alford. (1989). *Melanie Klein and Critical Social Theory: An Account of Politics, Art and Reason based on her Psychoanalytic Theory*. Conn., Yale Univ.）

63 參閱：《閱讀梅蘭妮・克萊恩》（*op. cit.*）

64 邁克・魯斯汀，〈對克萊恩精神分析的社會主義思考〉（*op. cit.*, pp. 71-96.）

65 邁克・魯斯汀、瑪格麗特・魯斯汀，〈社會主義的關係先決條件〉（*op. cit.*, pp. 207-225.）

的道德性。社會主義如果要接替處於危機中的宗教，那麼正是要建立在這樣的願景之上。於是，社會主義可能要向現代男女自薦，不僅僅作為一種簡單的安慰，而是作為一種清明的人文主義，能夠思考死亡、破壞的性、幼兒期以及內在固有的差異。替家庭的重要地位除罪；替超越抽象理性思維的情緒與感受平反；重新定位自我從出生起即隸屬於一個社會共同體：這些都只是兩位作者相信從克萊恩的精神分析當中可尋獲的社會民主的一些前提而已。他們從中受到啟發，以深化一種社會主義，在此，個體的訴求被如是地承認，而非直接聽命於群體的要求。更加自由主義的是羅傑・莫尼 - 克爾同樣援引了克萊恩的觀點，認為基於愛及對他人的關心的憂鬱性道德能與極權主義、野蠻的資本主義相抗衡。魯斯汀夫婦則提出一種民主模式，在這個模式中，國家應該在不侵害個體自由的情況下，關懷社會需求，以便能夠規範全能的自由主義。作者們自然地達致一個結論，即克萊恩理論「為更好的社會服務體系提供重要理論基礎，以及，為了對判斷前述的有效性而提供主要指標」[66]。

376

同樣地，弗雷得・阿爾弗德（Fred C. Alford）[67] 希望構思出一種社會學，能夠用來補救法蘭克福學派為了理解人類關係而提出理性新概念時所遭遇的困難。馬庫塞（Marcuse）以佛洛伊德的性驅力理論與伊底帕斯情結為依據，而認為愛神再怎麼與建立在潛抑上的社會抗衡，它所啟發出的社會學都有可能淪入「有所圖的工具主義」，如阿爾弗德所言。相反地，衍生自克萊恩學說的社會學可

377

66　同上（*Ibid.*, p. 218.）

67　參閱：弗雷得・阿爾弗德，《梅蘭妮・克萊恩與社會批判理論：基於其精神分析理論的政治、藝術與理性的闡述》（*op. cit.*）

以形塑一種以修復與和解為主導的社會連結[68]。儘管阿爾弗德承認自己是在對臨床的克萊恩學說進行真正的「修正」，但他毫不遲疑地稱克萊恩為「社會理論家」[69]：強調克萊恩總是與他者連結在一起、賦有方向性與一致性的「激情」，而不是強調或多或少有點碎裂或分解的「驅力」，因此克萊恩讓締造「修復的理性」與「修復的個體主義」變得可能。對他者的關心則是其中主要的特徵，以及創造一個非強制性的社會連結——其被定義為「柔韌而靈活的社會結構」。是在個體層面與小群體當中，這種以修復與和解為目標的道德成熟才有可能發生；反之，大群體藉由返回偏執－類分裂防禦機制來抵禦焦慮，從而妨礙了修復性個體主義的邏輯。超自由主義、金融市場投機、對大自然的無節制開採、對社會的極權控制，這種種所強加的「工具理性」，將深植入以佔有、以支配傾向為特徵的偏執－類分裂心理位置中。但相反地，修復的理性不但調解還能組織一個社會，它更是建立在對他人的關心與尊重上、而不是制裁與工具化。克萊恩的作品鼓舞了這樣一種建立在原初道德上的人性觀點。在這位社會學家眼中，克萊恩不像佛洛伊德那麼悲觀，儘管她也沒有忽略破壞性的力量。人類不是孤立的自體，而是高度社會性的自體，被賦予了「幸福倫理學」，也就是說，克萊恩式的自我需要「做出修復以變得幸福」。總而言之，阿爾弗德提出了一種解讀，他提倡克萊恩臨床的修復性傾向，而忽視了負性傾向，但負

378

68　「當我們發自內在關心他人時，我們並不是要力求克服他們的差異，而是要透過一種愛的行動從而確認我們自己的個體性，一種從我們自己邊界出發以抵達另一個人邊界的行動，而不否認每個人各自的邊界」，同上（*Ibid*., pp. 183-184.）

69　該書第一章節名稱即〈社會理論家梅蘭妮．克萊恩〉（Melanie Klein as a social theorist）。

性卻正是其他人所樂於強調的[70]。儘管重視修復，阿爾弗德並未忽略克萊恩思想的悲劇性維度，因為貪婪、嫉羨以及恨讓世界變得空虛並充滿敵意，因為對自體而言，沒有贖罪、也沒有全然的得救，照克萊恩的說法[71]。

在不否認修復的仙女的同時，更該觀察到女巫克萊恩開啟了更多令人不安的視角，而後者也因此為探索人類與社會的黑夜提供更豐饒的觀點。我們將在此簡要地討論另一種受到精神分析師臨床工作所啟發的社會解讀。

379

早在 1968 年 5 月學運的風波與《反伊底帕斯》[72]掀起的無政府主義出走之前，也稍早於拉岡對女性妄想症的熱情[73]，克萊恩把個體看作是被死亡驅力推動的經濟體，本質上是偏執－類分裂的、極不願適應現實的。安娜佛洛伊德學派指責她，非但沒有考慮家庭、真實母親（更遑論父親）、要認識的外部現實，還把自己關入一個施虐的幼幻想或至少本質上是負性的世界中。但並不真是如此，因為根據克萊恩，既然孩子的精神動力取決於母親的內在世界，而對

70　參閱：本書第八章第 2 節。

71　「克萊恩學派的觀點對人性的全面轉變幾乎不抱希望……。然而，根據這一觀點，人性在目前狀態中仍讓我們擁有一些希望。儘管不可否認的是，到目前為止，這種希望仍不幸地尚未實現，尤其在那些較大的群體中」。弗雷得．阿爾弗德，《梅蘭妮．克萊恩與社會批判理論：基於其精神分析理論的政治、藝術與理性的闡述》（*op. cit.*, p. 136.）

72　參閱：德勒茲、瓜達希，《反伊底帕斯》（Gilles Deleuze & Félix Guattari. (1972). *L'Anti-Œdipe*. Minuit.）

73　參閱：雅克．拉岡，〈「愛梅」案例或自懲妄想症〉（Jacques Lacan. (1975). Le cas "Aimée" ou la paranoïa d'autopunition (1932). In *De la psychose paranoïaque dans ses rapports avec la personnalité* (pp. 153-343). Seuil.）、〈妄想性犯罪動機：帕旁姊妹的罪行〉（Jacques Lacan. (1975). Motifs du crime paranoïaque : Le crime des sœurs Papin (1933). In *De la psychose paranoïaque dans ses rapports avec la personnalité* (pp. 389-398). Seuil.）

孩子來說，那就是一個外在對象！不過，克萊恩確實不相信適應，
380 她甚至認為適應不是一個精神分析的概念，她因此指責安娜像個小學老師，只會全心投注在自我的防禦機制上面以獲得良好的教育。

我們全都是類分裂－妄想症患者，克萊恩大致是如此肯定；而這足以誘惑英國的反權威人士。更糟糕的是，在所有的權威中，放在首位的是父母的權威，而它們都是抑制與焦慮的源頭：我們還記得弗立茲[74]的無神論母親與信徒父親，他們聽從分析師的建議，終於放鬆了對兒子的掌控，讓孩子終於能夠思考。

在克萊恩閉口不提的父親權威（其他人將稱「象徵的」權威）之下，她診斷出母親的權力，並認為這才是整個律法的真正支撐。女性性質從未被她用被動性來定義，像佛洛伊德做的那樣。女性性質，在克萊恩看來，具有雙重性，一邊是**接受性**（不論女孩或男孩，都是口唇階段的替代，兩者都渴望攝入陰莖並攝入包含著陰莖的乳房），一邊是無上的**母親的恐怖力量**，是所有暴虐權威與超我原型（帶著與她結合的父親）的支撐。對克萊恩而言，律法依憑的是「有陰莖的母親」的權力，她要以此與佛洛伊德的「陽具母親」區分開來，因為根據克萊恩的幼幻想，男性的器官不是一個可見的假玩具，而是母親的內在補充物，其帶來的威脅勝於嘉年華會的歡愉。

克萊恩揭露了父親陽具權威的基礎，即內含陰莖的母親的幼幻
381 想權力，但她並沒有因此就去建立一股更為牢固的敵對力量，儘管她相信這股力量，就像其他人相信父親。相反地，她試圖去發現**如何擺脫**這個恐懼的終極幫兇、這個暴虐的幼兒期錨定物。作為內部

74 參閱：本書第二章第1節，p. 62。

對象的母親是真實母親的「替身」；而這名替身，監禁了嬰兒，她使得嬰兒的世界無法用判斷、用知覺驗證來界定[75]：真實母親不過是「被染色的」屏幕，是我們的幼幻想與／或投射性認同的產物。為了獲得一個對現實的非驚駭的判斷，誠然，我們可以指望從我們母親那裡得到令人滿意的照顧，幸運的是，她們有能力做到；但是，我們更可以憑藉於精神分析獲得來修通我們的全能幼幻想的機會；而幼幻想最終是來自母親的。

克萊恩將母親的權力從唯一現實轉出，以收折在自我的幼幻想裡，這並不是為了貶低實際的母親，或兒童經驗中所知覺到的母親作用，如安娜佛洛伊德學派在論戰中譴責她那樣。正好相反，它的目的是為了要讓（我們誤以為真的）權威的想像性幫兇從現實脫勾，並將分析錨定在自體為之受苦的幼幻想無意識中。母親的權力與父親的權威，於是就像由生物學與表象所構成的原記憶、與個體發育記憶的種種假象，覆蓋在我們身上，作為精神分析主體的我們身上，而我們有可能對其進行解構，借助於某些足夠令人滿意、足夠有距離的母親，還有，最後也尤其是，得力於精神分析的移情與詮釋。

382

若要說這是對莉布莎無止境的清算，還不如去理解克萊恩是如何從男性權威、從它古老母親的礎石上，取走它們對我們精神生活濫用地侵佔的威勢。比昂與溫尼考特將會釐清這一主題，並且透過談論「母親的遐想」（產出精神生活的正向版本）與「侵佔的母親」（破壞精神現象的邪惡版本）來發展它。更勝於無政府主義，這是一個對人類深刻的醒悟與憐憫的願景，從克萊恩最早的著作中

75　〈哀悼及其與躁鬱狀態的關係〉，《愛、罪疚與修復》，頁 432-434。

就已浮顯，且這些文本解構了對原始母親的想像能力。而她的作品之所以持續吸引當代的評論家，不正是因為自 1930 年代她提出暴虐權力的假設以來，這個世界不曾停止地看到愈來愈糟的權力，在類分裂－妄想症、濫用、與權威的瓦解等方面[76]上施行。

然而，這中央的崩潰（既位於人類核心，也位於社會連結的核心），在克萊恩看來，是一種破壞性的暴力，但也可以是得救的力量。首先，引起焦慮的受虐驅力將我打碎成小碎片、直到摧毀我思考的能力或使其無法運作，它有個奇怪的功用，就是將自己轉向到外面，並且設置一個目標客體。不過，目標客體立刻又回到我裡面，並作為內在客體定居在我身上，它若不是從內部啃噬我（如果它是「壞」的）、就是成為自我的自我的堅固內核（如果它是「好」的）。這些負性回轉，在克萊恩理論中，是有考慮到現實（父母、他們的照顧、他們的權威），但終究沒有考慮那麼多。克萊恩對來自外面的力量唯一要求是，它們要以**最低量**存在：不要過多地侵佔在嫉羨與感恩之間搖擺的內在客體的調節。

根據前述這幾乎未被簡化的看法可以得知，權威與真實、律法與世界必須盡可能地保持距離。但這並不是說要廢除或無視它們：克萊恩不是極端自由主義者，也不是啟蒙運動的信徒，她並不將「社會契約」視為根本之惡，認為該將之摧毀或至少予以改善。她對權威與律法的暴虐、報復性觀點，使人們認為世界現實本質上是強制性的。更糟的是，這種權威與現實從我們出生起甚至出生之前，就透過生物命定的力量，捲入我們的內部；它們從內部侵擾我

76 參閱：約翰．菲利普，〈權威的裂縫，暴力與獲取知識〉（John Phillips. (1998). The fissure of authority. Violence and the acquisition of knowledge. In *Reading Melanie Klein. op. cit.*, pp. 160-178.）

們，然而，除非要說這一切天生就有，否則，權威與現實所採取的嚴苛超我之形式只能源自於迫害性客體。所以，這不是拒認權威的問題，也不是適應現實以便更了解權威的問題，因為無論如何，它們始終已經在我們身上，而我們是它們的承載者。我們唯一能夠知道的是，我們死亡驅力的暴力——它被我們愛的能力所補償——以及我們幻想的邏輯。從對內部世界的認識開始，朝向現實的開放性變得有可能，但其形式是一段**不連續**學習過程。日後，比昂與溫尼考特關於「從經驗中學習」與「過渡性現實」的發展，正是在克萊恩對於死亡驅力的談判之中萌芽；她減弱了幻想、與客體的強制性權威，為了能在漫長的旅途中讓它們一點一點地變為**可思考的**現實。

384

在克萊恩看來，沒有或很少有「真實母親」，因為唯一讓她感興趣的母親是**可思考的母親**。唯有對盤據著我的死亡幻想的認識，能夠在真實客體中劃出我可思考客體的一部分，亦即我可以用來遊戲的客體時，她才是一名可思考的母親，總之，一個象徵。當我們論及外部母親會（或不會）滿足我時，這等於說明了她會提供（或不提供）我幻想的內在世界一些證據。於是，她幫助我把內部世界調節到一個「現實」，在這情境下，現實只有經過創造性的、與可說是無止境的學習過程之後才會出現。

這樣一種不斷重新開始去認識現實的模式，沒有別的正是移情關係：尊重幻想、詮釋幻想的同時，分析師沒有固著在要去認識的**現實**或要去遵行的**律法**，而是給予**自我**種種的可能去持續地創造現實，它固然是愈來愈客觀的，但更也是對我而言唯一可思考的、可生活的、可欲求的現實。

在這裡，一個自由的版本從克萊恩的思想突顯出來，它對英

385 國社會學家特別有吸引力的即是一個尊重自體的創造性，這既不是規範的適應，也不是對烏托邦的歡愉僭越（指拉丁風格的反伊底帕斯烏托邦）。因為，這個克萊恩式自我調節體系的權衡元素不是別的，正是失去的經驗以及隨之而來的憂鬱。憂鬱的降臨是當神經系統成熟與兩個宇宙（一個是**孩子**的幼幻想，另一個是**母親**的幼幻想和現實）的調合，這兩者允許分離可在憂傷與罪疚的狀態下發生。憂傷與罪疚是內在的發生，所以本質是心身的，同時既是心靈又是肉體，而它們發生於以超我為形式並構成我的律法的嚴謹上。在這趟旅程的結尾，一場在內在暴力與外在權威之間最理想的協調，終於成功向我指出還有一個他者，而這他者既是外在的（我學會將母親當作整體對象來認識，因此，任何其他外部現實對我而言變成是可進入的）、也是內在的（我能夠使用象徵、「我思考」接連在「我幼幻想」之後）。

這種對自由的看法，克萊恩的經驗論的自由，會在像溫尼考特[77]那樣的新教倫理學中得到最詳盡的解釋。溫尼考特發展出一種遊戲的構想，從某種意義上來看，接近於安娜的構想，因為性在這裡仍是潛伏的：孩子遊戲就只為了遊戲，一旦他能夠從幼幻想的意義中解脫出來（這列火車就是火車，而不是爸爸的陰莖，如克萊恩想的那樣）。正是在這個性的意義——「克萊恩式」——的缺席之386 中，遊戲的兒童重新發現了要再創造意義是何其容易。反之，一旦性的刺激出現，遊戲就中止了[78]。然而，性的這種穿越被第三方不

---

77 參閱：本書第八章第 3 節，pp. 296 sq.

78 雅克·奧胥曼之評論，〈論戰後遺性中的溫尼考特與比昂〉，《安娜·佛洛伊德—梅蘭妮·克萊恩論戰（1941-1945）》研討會論文（Jacques Hochmann. (1998). Winnicott et Bion dans l'après-coup des Controverses. In *Bulletin de la Société Psychanalytique de Paris*,

帶情感的話語來減輕、來區別，而這個第三方是有先考慮過它，並透過復原它以開始處理創傷的負載，這些難道不也是克萊恩自己在遊戲中詮釋的目標？而這不是遠比她的學派（透過縮減她而將其簡化）的系統化，更能瞄準目標嗎？但在安娜看來，需要先有教育才能減輕負載。拉岡則倡議，父親的功能就足夠了。溫尼考特建議，每位分析師都應該學會玩，和每個被分析者一起玩。克萊恩就更陰暗、也更直接，她讓詮釋性話語所指向遙遠真理發揮作用，而話語來自病人及分析師的投射性認同：如果我是你，我們就一起玩，而我不會少告訴你什麼。於是，兩者便在性的認同、投射、與保持距離之間來來回回……

想要在克萊恩作品中尋找負性蛻變的支持點是徒勞無益的，不過，如我們剛剛所說，她仍追循了負性中創造性與生成性的轉化，而其造成的個人自主則令英國理論家如此著迷。拉岡對這個負性的欠缺所做的彌補，是把伊底帕斯與克萊恩超我的「已在」銘刻在人類象徵的先存性中，一如父之名與陽具影響力所顯示的那樣，父親功能是想像力的載體。

387

而相反地，像是對稱於知性基督教或拉岡式的托馬斯主義，克萊恩首先是慈愛的、關注深不可測的破壞性[79]。但是，特別在她作品的第二部分，她引入了能傳遞正性精神程序的概念，如修復能力、帶有感恩的愛，以對立於施虐、超我暴虐與嫉羨。這些昇華式

---

op. cit., 141-142.）

79　這正是神學家，尤其是新教徒與東正教徒所謂的虛己（*kénose*）。虛己源自希臘字 kénos，本意為「空」、「無用」、「徒勞」，後指「不存在」、「空無」和「虛無」。虛己喚起了作為極限體驗的肉身具現，因為耶穌所遭受的人類形式的頂點是由湮滅及死亡所構成。

的正性同樣也反映至驅力建構，無論是天生的或由父母的最佳照顧而促成的正性，都具有開啟精神分析與生物學之間仍然如謎的界面的優勢。但它們讓我們無從思考，在面對克萊恩版本的愛神的心身基礎時，愛神是否不會在愉悅中消磨殆盡，而是從一開始就展現如被他者的溫惠以及源自憂鬱心理位置的懷舊兩者所承載。

這會是對驅力在目的上的一種抑制？其他女性分析師曾提議可如此來思考這種在溫惠中的力比多早期昇華[80]，但她們並沒有說明是什麼使昇華成為可能：仍是先天的能力，而這次是要去抑制驅力的目的？還是求助於象徵的第三方，即父親或其替代物以減輕母嬰二元關係的施虐－受虐，並促使**不會說話的嬰兒**（infans）朝向昇華的過程？

388

克萊恩的理論有那麼多的遺漏！

她也沒有想到轉換型歇斯底里，也沒有想到歇斯底里的瘋狂，即為一例。不過，透過一再的內在對象而投射到內部的畏懼與焦慮，難道不是一種精神轉換嗎？

她確實低估了母親的欲望，也低估了母親的恨，關於這一點，後繼者如凱特·弗里德蘭德（Kate Friedlander）或溫尼考特已經思考過了。但這真的是一種低估嗎？或只是一種修辭學上的誇大，克萊恩選擇了扭曲或誇飾來讓說服更有力？她把自己放在脆弱自我（嬰兒、兒童）的位置上，而不是放在外在現實（母親、現實）的位置上，以便逐步地建構這外部現實本身，同時建構病人的象徵創造性。

80 參閱：凱瑟琳·帕拉特，《共同的情感》（Catherine Parat. (1995). *L'Affect partagé*. PUF.）

她避開了倒錯，透過譴責花心的唐璜一心只想向自己證明不愛母親（他擔憂母親的死亡，因為他以一種佔有與毀滅的感覺愛著母親）：在過度的倒錯力比多當中，她既沒認出欲望的力量、也沒認出對父親的挑戰，只在其中看見對於痛苦依賴的防禦[81]。但這表面 389 上對欲望的貶損，不恰好正是嚴肅而深刻地看待將它造成為致命灼傷的東西嗎？在克萊恩的理論中，欲望永遠充滿著極度的焦慮；它只有在短暫的平靜中才是愉悅，但隨時準備在愛與在感恩中尋求享受。

4. 內部母親與思想深處

克萊恩對於父性的象徵價值的概念陷入僵局是無庸置評的。為了證明這點，我們重讀這段她將父親角色類同於好母親的看法：

> 「……男人從給予妻子一名嬰兒而獲得滿足……意味著他對母親施虐欲望的補償，以及對她進行的修復。……此外，分享妻子的母性愉悅，男人也滿足了自己的女性性質的欲望，這是他愉悅的另一個來源。」[82]

81 梅蘭妮・克萊恩，〈愛、罪疚與修復〉，《愛、罪疚與修復》，頁 403-404（Melanie Klein. (1937/1975). Love, Guilt and Reparation. In *Love, Guilt and Reparation and Other Works 1921-1945*. Hogarth Press.）

82 同上，頁 400。

如果克萊恩確實在這裡認出了其他人寧願忽視的男人中的女性性質，但在她理論中，男人卻也沒有剩下什麼無關於對母親的依賴[83]！相反地，在臨床實踐中，詮釋的鋒利則是體現了父親的功能。通過她言說的適切性，克萊恩擔負起家庭中這個由父親扮演的他者角色，而分析師則以她的話語保持距離的精準來代表。不動聲色地挽救了父親的功能，克萊恩因而是站在分析師的位置，而不是社會救助者或母性援助的位置。同時，這種不聲張也伴隨著對母親功能前所未有的探究。女性主義者深表讚許克萊恩能如此提供另項選擇，不同於佛洛伊德的男性沙文主義或拉岡的陽具中心主義。另有一些女性主義者，則對她們視為克萊恩式的「標準化主義」感到遺憾，也就是她支持父親－母親配偶與異性性慾作為精神的創造性發展的條件。

390

於是，某些女性主義者如南斯．裘德洛（Nancy Chodorow）[84]、潔西卡．本傑明（Jessica Benjamin）[85]與朵洛西．丁諾斯坦（Dorothy Dinnerstein）[86]，依憑著克萊恩的客體關係理論來指出：伊底帕斯

---

83 如果不是在陽具階段，那麼尤其是男孩（參閱：本書第六章第 4 節，p. 209），也包括女孩（參閱：本書第六章第 3 節，p. 202）。

84 參閱：南斯．裘德洛，《母性的再生：精神分析與性別社會學》（Nancy Chodorow. (1978). *The Reproduction of Mothering. Psychoanalysis and Sociology of Gender*. Univ. of California Press.）。南斯．裘德洛強調了對母性的欲望在母親與女兒之間的客體關係內部傳遞。

85 參閱：潔西卡．本傑明，《愛的連結：精神分析、女性主義與支配問題》（Jessica Benjamin. (1988/1992). *Les Liens de l'amour* [The Bonds of Love: Psychoanalysis, Feminism, and the Problem of Domincation]. Métaillié.）。潔西卡．本傑明考慮到母嬰關係的連結，她感興趣的是兩人間情慾連結中的主體間張力，而不是個體內在的張力。

86 參閱：朵洛西．丁諾斯，《美人魚與牛頭人：性的安排及人的不適》（Dorothy Dinnerstein. (1991). *The Mermaid and the Minotaur: Sexual Arrangment and Human Malaise*. Harper Perenial.）。Harper Perenial。朵洛西．丁諾斯坦分析了女性的「雌雄同體」是

並不是對主體而言唯一的自主性考驗，就像佛洛伊德與拉岡所希望的那樣，他們利用這種伊底帕斯至上的說法來暗示女性的道德與力比多發展較為次等。然而，這些女性理論家不也力圖使用客體關係來取代無意識，並用情緒健康的預防來取代精神分析嗎？《女性：文化評論》[87]某一期的特刊中倡議「轉向克萊恩（turn to Klein）」——來回應佛洛伊德主義與拉岡主義兩者的教條與過度。重新閱讀克萊恩所帶來最合宜的理解在於：早期母嬰關係的探索——佛洛伊德意義上的前伊底帕斯關係，克萊恩意義上的早期伊底帕斯——以及，旨在進一步說明父親在幻想的這個初級邏輯中的角色。在邏輯中，驅力是圍繞著一個口唇類型的初級認同組織而作的，那是對被母親所欲望的父親[88]的認同。 391

調查研究集中在母親身上（首先是她對孩子的掌控、然後是她的處死、以讓象徵性活著），如我們已說過，身為奧瑞斯提亞人的克萊恩將自己放在現代價值危機的核心。克萊恩基本上是說，修復父親以及恢復對現實的認識是次要的目標，不是很值得關注， 392

在前伊底帕斯期間，小女孩與她的母親形成「配對」關係所導致的結果。

87 參閱：《女性：文化評論》（1990）（*Women: A Cultural Review, 1*(2).）。該期刊登的文章作者包括安・史考特（Ann Scott）、珍妮特・榭爾絲（Janet Sayers）、伊蓮・肖華特（Elaine Showalter）、瑪格・華德爾（Margot Waddell）、瑪麗・雅各布斯（Mary Jacobus）、諾倫・歐康諾（Noreen O'Connor）、茱麗葉・紐比金（Juliett Newbigin），以及傑奎琳・羅絲（Jacqueline Rose）採訪漢娜・西格爾（Hanna Segal）的訪談稿。

88 參閱：瑪麗・雅各布斯，〈「茶爸爸」：可憐的克萊恩女士與鉛筆屑〉（Mary Jacobus. (1990). "Tea daddy": Poor Mrs Klein and the pencil shavings. *Women: A Cultural Review, 1*(2).）；珍妮特・榭爾絲，《母性精神分析》（op. cit.）；特雷莎・布倫南，〈基礎幻想〉（Teresa Brennan. (1993). The Foundational fantasy. In *History after Lacan* (pp. 79-117). Routledge.）

因為它們有可能是暴虐的，況且如果沒有精神生活的創造，那將無法實現。沒有任何人比克萊恩更合適去拒絕尚·基立貝（Jean Gillibert）所稱的「卑鄙地背叛領袖」[89]。由於沒有領袖——因為母親並非一個領袖，而是一個擁有焦慮的幼幻想權力的客體——克萊恩宇宙實際上是一個去除極權化的宇宙。只有在這種情況下，失去了焦慮的客體、並對這個失去做了修通，己身才能進入溫尼考特稱之為「過渡性」的心靈生活。

過渡性能存在，與母親（不是與陽具母親，而是與欲望著陰莖型式父親的母親）的連結是一切的基礎。對克萊恩而言，這是一種恐怖的連結，是有恐懼症的孩子無可避免地要學會鬆開的連結（佛洛伊德的小漢斯就是這種原型），而他能藉助於象徵化鬆開連結。為了成功抵達過渡性，施虐－恐懼症的嬰兒既要倚靠自己的能力以體驗這種愉悅、這種享受，也要倚靠母親對他種種焦慮的回應，只要母親的回應能有足夠多的善意、且保持足夠遠的距離。

克萊恩並沒有貶抑欲望：她破除了欲望的神祕性也破除死亡的神祕性，因為死亡驅力是可思考的甚至還是思想的起源。精神分析師克萊恩在她生涯中所積累的理論的困難是形上學的疑難，任何的人類知識及任何的治療都無法避開。這些疑難具有令人生畏的優勢，將我們定位在最偏遠之處：在與先驗保護並行的父性保護的承諾被撕毀之時，帕斯卡所謂「**能思的蘆葦**（roseau pensant）」的我們面臨了難以抉擇的選項，亦即悲劇的當代版本。我們被迫只能徘徊在自體的破散與身分的緊縮之間，在思覺失調症與妄想症之間。

393

89 參閱：尚·基立貝，〈梅蘭妮·克萊恩：分析的思想家〉（Jean Gillibert. (1985). Melanie Klein, penseur de l'analyse. In *Melanie Klein aujourd'hui, op. cit*., p. 143.）

而唯一肯定的鄰伴是妄想的、殘酷的、脆弱的母親們。如此一來，打算把我們導向象徵法的分析師，就不得不**成為這種母親**，不得不分擔這種殘酷而脆弱的妄想症。於是，分析師想更能與此脫離，在這種佔有／不佔有之間不斷地重溫憂鬱（並讓我們重新活過來）以作為創造性的條件。這裡是指分析師自己的以及他的病人們的憂鬱。

在佛洛伊德與拉岡把情慾作成我們的上帝、把陽具作成身份的擔保之後，我們被邀請隨著克萊恩以重新灌溉我們對自由的雄心，在這個精神現象更荒蕪、更古老的地帶，在一（同一性）未曾存在的地方。我們於是意識到，克萊恩在她能立足於倫敦、自成一派的幸福婦女外表下，其實是我們當代的人。

看看現代的想像的客體，那些從「性交之後的悲傷動物」出貨的展覽或其他裝置：不就是由乳房、乳汁、糞便和尿液所製成的「內在客體」的市集？在這些內在客體上漂浮的文字與想像，來自於一些非常惡劣、非常防禦、類分裂－偏執－躁狂的幼幻想，當幼幻想不再只是憂鬱時。這是象徵化過程的一種反轉，更別說那些讓學生家長會深感恐慌的暴力電子遊戲了，因為他們的孩子把自己「投射」到其中（沒錯，他們這樣做！），直到他們不再區分現實與心理形象，在那裡，現代世界似乎是被幼幻想所吞沒，克萊恩定義的幼幻想是以牙還牙的、現實的。但有這麼一點不同，在克萊恩的臨床實踐裡，分析師伴隨這幼幻想，然後表達它並詮釋它，以使它成為可思考的東西，而且也只能這樣穿越它：既不禁止它、也不潛抑它。相反地，美國校園裡的無意識殺手們只擁有電視屏幕作為他們的褓姆，沒有任何話語可以讓他們剝除掉想像中的被掌控，他們是從未抵達過憂鬱心理位置的遇難者、是註定成為偏執－類分裂

394

的退行的受害者。在二次大戰之前，克萊恩已經預言了這樣的人，她既不譏諷冷笑也不得意炫耀：她以同夥的憐憫接納他們，她讓我們相信以遊戲表達出死亡欲望已經很不錯了，但我們還可以一起做其他事。

這就是克萊恩學說真正的「政治版圖」，但儘管如此，它仍懸置了精神分析的一個內部問題：如果可以確定，克萊恩學派的突破中所隱含的意識形態滋養了一大片當代社會哲學，那麼，它對於臨床實踐的延續是什麼？後克萊恩學說沒有產出所有預期的成果

395 嗎[90]？精神分析研究到今日為止，是居於一種統合的心態，向各個不同學派借用它們的主張（佛洛伊德、克萊恩、比昂、溫尼考特、拉岡等），為每一名患者提煉專屬的傾聽，以期關注於詮釋心靈的新疾病，而不力求為未來戰鬥打造新的體系。從為理念奮戰的行動中退卻，不必然是停滯，也不表示精神分析已經消耗殆盡。

恰好相反，精神分析活躍於一股雙重的運動裡。一方面，精神分析向人類活動的其他領域敞開（社會、藝術、文學、哲學），以煥然一新的理解力闡釋它們，繼而由此充實、拓展了它自己在狹義臨床之外的概念的意義。另一方面，精神分析將焦點深入集中在特殊的症狀上，它讓自己更敏銳、更多樣，來更好地掌握及治療每位患者的獨特性，避免重重結構的概括性。這將精神分析的介入直推到意義與生物學的交界處。如同在眾多的其他領域，那「天才」的年代與偉大體系的時代，在今天被個人的歷險與風險、以及網絡中交織的互動所取代。克萊恩雖帶著她因時代與環境因素而對權力的格外愛好，但就算如此，根本上她仍然是這兩種同時發生的傾向的

90　參閱：本書第八章第 3 節，對後克萊恩學說動向的回顧。

先驅。

她認為，母親的**內部**（看不見，但被想像為充滿了具威脅性的客體，從父親的陰莖開始）在兩性身上都加諸了最古遠的焦慮情境：閹割焦慮固然是主要的，但它只是這更普遍的、涉及身體內部 396 的焦慮的一**部分**。她也設想，「好」客體能夠抵銷「壞」客體。而最終，藉由思想，一種精神內部性、一種「深度」能建構起來，起初是憂傷的而後是放鬆的及歡快的，只有這樣的精神內部性才能夠超越對母親內部的恐懼。

從一個內部到另一個，從焦慮到思想：克萊恩的地形學是一種體腔的昇華、是子宮的蛻變、是女性易受性的多變。由無以名之的深度的毗鄰，克萊恩作出對自己的認識，然後說服我們這個想像的知識適用於所有人，無論女人或男人。來自母親內部具現化的幼幻想經由分析的詮釋，成為一種認識自己的方式：這不再是一種信仰，這是精神分析、這是認識自己的絕佳領域。

克萊恩將與母親有關的幼幻想置入人類命運的核心。在我們猶太－基督教文化中，這有意義的母親價值重建並非小事。猶太母親的多產得到了上帝耶和華的祝福，但卻被排除在展現話語意義的聖地之外。聖母瑪利亞接著成為基督教三位一體的虛空中心。兩千年前，憂患之子耶穌透過召喚父親而創立了一門新的宗教，卻不想知道他自己與母親之間的共同點是什麼。克萊恩的孩子，恐懼症與施虐狂，是這個可見的、被釘在十字架上男人的內部替身，他痛苦的內在被一個全能母親偏執的幼幻想所佔據。這個幼幻想是關於殺人 397 的母親與要被殺的母親、是關於女性妄想症的具現化表象，而投射其中的是我們原始且耗弱的自我的類分裂－妄想症。然而，主體要能成功地從這個死亡的深度中解脫，條件是對它不斷地進行修通，並將它改造成我們僅存的唯一價值：思想的深度。

一如分析師但不自覺，母親伴隨著她的孩子在修通之中，孩子失去她，然後，透過話語及思想修復她。母親的功能就存在於這種煉金術之中，經歷過失去自己與失去他者，以達到並發展死亡欲望的意義，但只在愛中、只藉由感恩，主體才能實現了自己。愛的連結，對失去的客體（「我」自母親分離）的連結，接替了弒母，並以思想加冕。運用負性觀點將女性命運連結到精神的倖存，這是克萊恩的天才最輝耀的光芒。

| 附錄一 |

姓名與作品索引

INDEX DES NOMS ET DES ŒUVRES

編按：此索引所標示之數字為原文書頁碼，查閱時請對照貼近內文左右側之原文書頁碼。

A

- ABRAHAM, Karl, 亞伯拉罕，卡爾 11, 19, 39, 45-48, 77, 100, 122, 143, 151, 158, 312, 318, 357.
- Œuvres complètes《全集》
  t.1. *Rêve et Mythe* (1907-1914),《全集（一）：夢與神話》 45 n. 1.
  t.2. *Déoeloppement de la libido* (1913-1925),《全集（二）：力比多的發展》 45 n. 1; « Une courte histoire de la libido, envisagée à la lumière des troubles mentaux » (1924),〈力比多簡史：心理疾患觀點〉 47 n. 1.
- ALFORD, Fred C., 阿爾弗德，弗雷得 374 n. 2, 376 et 376 n. 2, 377 et 377 n. 1 et 2, 379 (n. 2 à 378).
- ALLEN, Allen Stewart Konigsberg, dit Woody, 艾倫，伍迪 14.
- ALLESTREE, Richard, 阿萊斯特里，理查 57 n. 3.
- AMAR, Nadine, 阿瑪 164.
- AMIGORENA-ROSENBERG, Nenunca, 阿米歌那 - 羅森貝格 243 n. 1.
- ANDREAS-SALOMÉ, Lou, 安德烈亞斯 - 莎樂美，露 18.
- Anna O. (cas), 安娜，O（個案）17, 74, 84.
- ANZIEU, Annie, 翁齊厄，安妮 293, 294 (n. 3 à 293).
- ANZIEU, Didier, 翁齊厄，迪迪耶 159 et 159 n. 1.
- ARENDT, Hannah, 鄂蘭，漢娜 24, 25, 94 n. 1, 139 et 139 n. 2, 173, 278 n. 3, 299, 315 n. 1.
- ARISTOTE, 亞里斯多德 94 n. 1.
- ARNOUX, Dominique J., 阿努，多米尼克 195 n. 2.
- Arpad (cas), 阿帕德（個案）42.
- ATHANASSIOU-POPESCO, Cléopâtre, 阿塔納西奧 - 波貝斯可，克莉歐帕特 171 n. 1, 293
- AUGUSTIN, saint, 聖奧古斯丁 12, 150, 156.
  Confessions, 懺悔錄 57.
- AULAGNIER, Piera, 奧拉尼耶，皮埃拉 232 n. 2.

B

- BACH, Jean-Sébastien 巴哈
  Sonate en ré mineur, d 小調奏鳴曲 52.
- BALINT, Michael, 巴林，米歇爾 99 et 99 n. 3, 293 n. 3, 350, 355, 364.
- BARRET-DUCROCQ, François, 巴黑 - 杜寇克，弗朗索瓦 60 n.1.
- BATAILLE, Georges, 巴代伊，喬治 13.
- BECHI, Egle, 貝齊，埃格勒 60 n. 1.
- BÉGOIN-GUIGNARD, Florence, 貝廣 - 吉納，芙蘿倫絲 61 n. 4, 116 et 116 n. 3, 117 n. 1, 149 n. 1 et 2, 197, 199 n. 1.
- BÉGOIN, Jean, 貝廣，尚 164 et 164 n. l, 170 n. 1.
- BELL, David, 貝爾，大衛 96 n. 1.
- BENJAMIN, Jessica, 本傑明，潔西卡 390 et 390 n. 2.
- BENVENISTE, Émile, 本維尼斯特，埃米爾 14.
- BIBRlNG, Edward, 比卜林 350.
- BICK, Esther, 比克，埃斯特 293 et 293 n. 2, 355 n. 3, 356 (n. 3 à 355).
- BION, Wilfred Ruprecht, 比昂，威爾弗雷德 19, 22, 69, 115, 117, 165, 184, 197, 232 n. 2, 240-242, 254, 260, 287-290, 292, 293 n. 3, 338, 339, 355, 362, 364, 382, 384, 386 n. 1.
  Attention et l'Interprétation (L'),《關注與詮釋》 102 n. 2, 232 n. 2, 292 n. 1.
  Aux sources de l'expérience (1962),《從經驗中學習》 102 n. 2, 205 n. 1, 241 n. 1, 288 n. 1 et 2.
  « Différenciation de la part psychotique et de la part non psychotique de la personnalité » (1967),〈人格的精神病部分與非精神病部分的區分〉 288 n. 1.
  Éléments de psychanalyse (1963),《精神分析的元素》 205 n. 1.
  Recherche sur les petits groupes (1961),《比昂論團體經驗》 362 n. 2,363 n. 1.
  Réflexion faite (1967),《反思》 205 n. 1.
  « Théorie de la pensée » (1962),〈思想的理論〉 288 n. 1.
  « Travail de contre-transfert et fonction contenante »,〈反移情工作與容器的功能〉 102 n. 2.
- BLEGER, Leopoldo, 貝雷杰 243 n. 1.
- BONAPARTE, Marie, 波拿巴，瑪麗 18, 245, 337.
- BOSCH Jérôme, 波希，耶羅米 20.
- BOUlANGER, Jean-Baptiste, 布朗傑，讓 - 巴蒂斯特 313, 367.
- BOWLBY, John, 鮑比，約翰 59, 348, 355 et 355 n. 3, 356 (n. 3 à 355), 364.
- BRAUNSCHWEIG, Denise, 布朗舒韋，丹妮絲 290 n. 1.
- BREMNER, J., 布雷納 293 n. 1.
- BRENNAN, Teresa, 布倫南，特雷莎 391 n. 2.
- BRETON, André, 布勒東，安德烈 13.
- BREUER, Josef, 布洛伊爾，約瑟夫 見 Freud, Sigmund.
- BRIERLEY, Marjorie, 布里爾利，瑪喬麗 283, 284, 321, 329, 353, 361, 364.
- BROOK, Lola, 布魯克，蘿拉 312, 313.
- BROWN, A. L., 布朗 , 見 Lamb, M. E. 236 n. 1.
- BURLINGHAM, Dorothy, 伯林漢，朵洛西 353, 355 n. 2.

C

- CAROLL, Lewis 卡羅，路易斯
  Alice au Pays des merueilles,《愛麗絲夢遊仙境》 59.
- CARPENTER, G.C., 卡彭特 99 et 99 n. 1.
- CELLÉRIER, G., 塞勒西耶 237 (n, 1 à 236).
- CHAMBIER, J., 尚畢耶 171 n. 1.
- CHAPLIN, sir Charles Spencer, dit Charlie, 卓別林，查理 14.
- CHAUCER, Geoffrey, 喬叟 150, 156.
- CHODOROW, Nancy, 裘德洛，南斯 390 et 390 n. l.
- CLYNE, Diana, 克立恩，黛安娜 52.
- CLYNE, Eric, 克立恩，艾力克 35, 37, 39, 46, 52, 63, 70, 120, 296, 317; 見 Klein, Erich.
- CLYNE, Hazel, 克立恩，哈澤爾 52.
- CLYNE, Judy, 克立恩，茱蒂 52.
- CLYNE, Melanie, 克立恩，梅蘭妮 52 n. 1.
- CLYNE, Michael, 克立恩，邁克爾 52 et 52 n. 1.
- COLETTE, Sidonie Gabrielle Colette, dite, 科萊特 173, 300, 301.
- « Les controverses Anna Freud-Melanie Klein » (colloque),《佛洛伊德－克萊恩論戰》研討會 349 n. 1.
- COTTET, Serge, 寇特，塞爾日 203 n. 1.
- COURNUT, Jean, 庫努・尚 207 n. 2.
- COURNUT-JANIN, Monique, 庫努 - 亞寧，莫妮克 207 n. 2.
- CRICHTON-MILLER, Hugh, 克里奇頓 - 米勒，休伊 355.
- CULLEN, Stephen, 庫倫，斯蒂芬 60 n. 1.
- CUNNINGHAM, Hugh, 坎寧安，休伊 60 n. 1.

D

- DELAY, Jean, 德萊，尚 371.
- DELEUZE, Gilles, GUATTARI, Félix 德勒茲、瓜達希
  L'Anti-Œdipe,《反伊底帕斯》, 379 et 379 n. 1.
- DESCARTES, René, 笛卡爾 17.
- DEUTSCH, Helene, 朵伊契，海倫娜 18, 127 et 127 n. 1, 200, 201, 337.
- DEUTSCH, les, 朵伊契家族 30, 31.
- DEUTSCH, Hermann, 朵伊契，赫爾曼 29, 31.
- DEUTSCH, Libussa, 朵伊契，莉布莎 , 見 Reizes, Libussa, née Deutsch.
- DIATKINE, René, 迪亞金，河內 367.
- Dick (cas), 迪克（個案）172, 177, 217, 228, 229, 238, 257-273, 285, 295, 362, 368.
- DICKENS, Charles, 狄更斯 59.
- DIGGER, 迪格 58.
- DINNERSTEIN, Dorothy, 丁諾斯坦・朵洛西 390 et 390 n. 3.
- Dora (cas), 朵拉（個案）17.

E

- EDER, David, 艾德，大衛 347.
- EDELBERG, 艾德博格 350.
- EDGEWORTH, Maria, 埃奇沃斯，瑪麗亞 58.

● EITINGON, Max, 艾廷貢，馬克斯 327.
● Elisabeth von R. (cas), 伊麗莎白，馮，R（個案）17.
● Emmy von N. (cas), 埃米，馮，N（個案）17.
● ÉRASME 伊拉斯謨
Éloge de la folie,《愚人頌》 23.
● Erna (cas), 艾爾娜（個案）47, 84.
● ESCHYLE 埃斯庫羅斯
Orestie,《奧瑞斯提亞》 173, 217, 219, 325, 341.
● ETCHEGOYEN, R.H., 埃切戈延 90 n. 1.

F

● FAIN, Michel, 菲恩，米歇爾 290 n. 1.
● FAIRBAIRN, W.R.D., 費爾貝恩 108, 364.
● *Psycho-Analytic Studies of the Personality* (1952),《人格的精神分析研究》 107 et 107 n. 2.
● Félix (cas) [Hans Klein], 菲利克斯（個案）〔漢斯，克萊恩〕 46, 73, 84, 141, 142, 190.
● FERENCZI, Sandor, 費倫齊，桑多爾 19, 39-45, 51, 259, 316 n. l, 318, 345.
« Un petit homme-coq » (1913),〈小公雞人〉 42.
● FERRARI, P., 費哈希 293 n. 3.
● FLAVELL, J. H., 弗拉維爾 237 (n. 1 à 236).
● FLECHSIG, Dr Paul, 傅萊契 111.
● FLUGEL, John Carl, 費路格爾 364.
● FONAGY, P., 福納吉 , 見 Sandler J. 96 n. 1.
● FOULKES, S. H., 福克斯 353.
● FREUD, les, 佛洛伊德家族 331, 349.
● FREUD, Anna, 佛洛伊德，安娜 18, 19, 44, 51, 61, 66, 88, 172, 330, 331, 336, 337, 346-348, 352-358, 361, 366, 367, 380, 385, 386.
Moi et les mécanismes de défense (Le),《自我與防禦機制》 354-355et 355 n. 1.
Traitement psychanalytique des enfants (1927),《兒童分析技術導論》 346 et 346 n. 1.
● FREUD, Sigmund, 佛洛伊德，西格蒙特 11 n. 1, 13, 14, 17, 18, 20-22, 39 n. 1 à 5, 44, 45, 49 n. l, 50, 51, 57, 60, 68, 69, 77, 83, 84, 88, 90, 97 n. 3, 100, 103, 107, 109, 111, 112, 129, 130, 135, 141 n. 2, 151, 177, 189, 199, 201, 203, 205, 206, 211, 213, 216, 227, 228 n. 3, 243-246, 250, 251, 257, 267, 274, 277-279, 281, 289, 294, 315, 318, 319, 325, 327, 329, 330, 336, 337, 342, 345-347, 350, 352, 357-359, 363, 372, 373, 391, 392.
Au-delà du principe de plaisir (1920),〈超越享樂原則〉 22, 46, 96, 144, 273, 274 n. 2, 358.
Cinq psychanalyses《五大個案》
« Analyse d'une phobie chez un petit garçon de cinq ans (le petit Hans) » (1909),〈一位五歲男孩恐懼症的分析〔小漢斯〕〉 42 et 42 n. 1, 61 n. 2, 311.
« Extrait de l'histoire d'une névrose infantile (l'Homme aux loups) » (1918),〈由孩童期精神官能症病史談起〔狼人〕〉 95 n.1.
« Remarques psychanalytiques sur

l'autobiographie d'un cas de paranoïa: Dementia Paranoides (le président Schreber) » (1918),〈關於一自傳式撰述的妄想症（妄想性癡呆症）病例之精神分析評註〔史瑞伯〕〉 95 n. 1.
« La (dé) négation » (1925),〈否定〉, 80, 273, 275 et 275 n. 2, 278 et 278 n. 2, 368, 369 n. 1.
Deuil et mélancolie (1916),〈哀悼與憂鬱〉 96, 128.
Essais de psychanalyse《精神分析文集》
Le Moi et le Ça (1923),〈自我與本它〉 96, 140 n. l, 166 n. 1, 358.
Psychologie des foules et analyse du moi (1921),〈群體心理學與自我的分析〉 342 n. 1.
« Fragment d'une analyse d'un cas d'hystérie » (1905),〈一個歇斯底里案例分析的片段〔朵拉〕〉 84 n. 2.
Inhibition, symptôme et angoisse (1926),〈抑制、症狀與焦慮〉 136, 155, 200 et 200 n. 6.
Interprétation des rêves (L'),〈夢的解析〉, 13 n. 1, 23, 226 et 226 n. 3, 227 n. 1 et 2, 229 (n. 3 à 228), 231.
Métapsychologie (1915), 233 (n. 3 à 232).
« L'inconscient »,〈無意識〉 140 n. 1, 245 n. 1, 261 n. 2.
« Le refoulement » (1915),〈潛抑〉 232 n. 3, 245 n. 1.
« La négation »,〈否定〉 275 n. 2.
« Notes psychanalytiques sur l'autobiographie d'un cas de paranoïa (Dementia paranoïdes) » (1911),〈關於一自傳式撰述的妄想症（妄想性癡呆症）病例之精神分析評註〔史瑞伯〕〉 112 n. 1.
Nouvelles Conférences sur la psychanalyse〈精神分析導論新講〉
« La féminité » (1933),〈論女性的性〉 205 n. 2.
Œuvres, Standard Edition, 11. Résultats, idées, problèmes《佛洛伊德全集》英文標準版第十一冊
« Notes sur le Bloc-notes magique » (1925),〈論「魔術書寫板」〉 231 et 231 n. 1.
Rêve et son interprétation (Le) (*Über den Traum*, 1901),〈論夢〉 41 et 41 n. 1.
Totem et Tabou,〈圖騰與禁忌〉 165 n. 1.
Un souvenir d'enfance de Léonard de Vinci,〈達文西的一段童年回憶〉 95 n. 1, 196.
Vie sexuelle (La)《性生活》
« Pour introduire au narcissisme » (1914),〈自戀導論〉 94 et 94 n. 2.
« Quelques conséquences psychiques de la différence anatomique entre les sexes » (1925),〈兩性解剖學差異之若干精神結果〉 168 n. 1, 207 n. 1.
« Sur la sexualité féminine » (1932),〈論女性的性〉 204, 205 n. 2,1 250 n. 1.
Vues d'ensemble des névroses de transfert. Un essai métapsychologique (1914-1915),〈移情神經症綜覽〉 316 n. 1.
- FREUD, Sigmund, ABRAHAM, Karl 佛洛伊德、亞伯拉罕
Correspondance, 1907-1926,《通信集》 122 n. 1.
- FREUD, Sigmund, BREUER, Joseph 佛洛伊德、布洛伊爾

Études sur l'hystérie,《歇斯底里研究》13 n. 1, 74.
- FREUND, Anton von, 馮，弗赫德，安東 42, 66.
- FRIEDlANDER, Kate, 弗里德蘭德，凱特 353, 388.
- Fritz (cas) [Erich Klein], 弗立茲（個案）〔艾力希·克萊恩〕43, 44, 46, 62-73, 77, 84, 85, 141, 177, 190, 219, 262, 380.

G

- GAMMIL, James, 伽米爾，詹姆斯 159n. 1, 181 et 392 n.1.
- GIBEAULT, Alain, 吉博，阿蘭 269 n.1, 272 n. 2, 286 n. 1.
- GIDE, André, 紀德，安德烈 14, 372.
  Faux-Monnayeurs (Les), 371.
- GIDE, Madeleine, 紀德，瑪德蓮 371.
- GILLESPIE, W. H., 吉萊斯皮 361.
- GILLIBERT, Jean, 基立貝，尚 392.
- GIRARD, Françoise, 吉哈德，法蘭絲瓦 367.
- GLOVER, Edward, 葛羅夫，愛德華 76, 312, 322, 327-329, 331, 333, 336, 338, 347, 349, 351, 352, 354, 356- 358, 361.
- GOETHE, Johann Wolfgang von, 歌德 157.
- GOLDING, William 高汀，威廉
  Bande des Cinq (La),《五人幫》 59.
  Lord of Ries (*Sa Majesté des mouches*, 1954),《蒼蠅王》 59.
- GOLSE, Bernard, 高爾斯，貝納 293.
- GRAND, P., 葛洪 294 (n, 3 à 293).
- GREEN, André, 格林，安德烈 97 n. 3, 104 n. 1, 135n. 1, 141 n. 2, 144 n. 2, 233 (n. 3 à 232), 271 n. l, 273 n. 1, 352 n. 2.
- GREEN, julien 格林，朱利安
  Si j'étais vous,《如果我是你》 173, 304 et 304 n. 1, 319.
- GREUNDEL, J.-M., 格倫德爾 , 見 Nelson, K. 236 n. 1.
- GROSSKURTH, Phyllis, 格羅斯科斯，菲利斯 29 n. 1, 30 n. 1 et 2, 31 n. 1 à 4, 32 n. 1 et 2, 33 n. 1, 34 n. 1, 35 n. 1 et 2, 36 n. 1, 37 n. 1 et 2, 38 n. 1 à 4, 40 n. 4 à 6, 43 n. 1 et 2, 47 n. 2, 51 n. 1 et 2, 53 n. 1, 75 n. 2 et 5, 120 n. 1, 283 n. 1, 284 n. 3, 296 n. 3, 312 n. 1, 313 n. 1 à 4, 320 n. 2, 324 n. 1, 326 n. 1, 328 n. 1 et 3, 329 n. 1, 330 n. 1 à 4, 331 n. 1 à 3, 332 n. 1 et 2, 334 et 334 n. 1 et 3 à 5, 335 n. 2 à 4, 336 n. 1, 337 n. 2 et 3, 338 n. 1 et 3, 339 n. 1 et 2, 345 n. 1, 347 n. 1, 348 n. 1, 352 n. 1, 359 n. 1, 362 n. 1, 367 n. 1.
- GUATIARI, Félix, 瓜達希 , 見 Deleuze, Gilles. 379 et 379 n. 1
- GUIGNARD, Florence, 吉納，芙蘿倫絲 , 見 Bégoin-Guignard, Florence. 61 n. 4, 116 et 116 n. 3, 117 n. 1, 149 n. 1 et 2, 197, 199 n. 1.

H

- HAAG, Geneviève, 阿格，莒娜維芙 293 et 293 n. 3.
- Hans, le petit (cas), 小漢斯（個案）61, 83, 177, 359 n. 2, 392.
- HARRIS, Martha, 哈理斯，瑪莎 356 (n. 3 à 355).
- HARRIS WILLIAMS, Meg, 哈理斯 - 威廉，梅格 356 (n. 3 à 355).
- HEGEL, Georg Wilhelm Friedrich, 黑格

爾 249.
- HEIDEGGER, Martin, 海德格 13, 94 n. 1.
  Essaiset conférences (1954)《海德格爾文集：演講與論文集》
  « Bâtir, habiter, penser » (1951),〈築，居，思〉 317 n. 1.
  Lettre sur l'humanisme (1946),〈關於人道主義的書信〉 317 n. 1.
- HEIMANN, Paula, 海曼，寶拉 18, 242, 272 n. 3, 273 n. 1 et 2, 277 et 277 n. 2 à 5, 283, 284 et 284 n. 1 et 2, 312, 334-338, 353, 357, 368.
- HENDRICK, Harry, 亨德里克，哈里 60 n. 1.
- HÉRACLITE, 赫拉克利特 341.
- HILL, Malcolm, 希爾，馬爾科姆 60 n. 1.
- HITCHCOCK, sir Alfred, 希區考克，亞佛烈德 14.
- HITLER, Adolf, 希特勒 172, 174-176, 179, 180, 182.
- HITSCHMANN, Eduard, 350.
- HOCHMANN, Jacques, 希契曼 293 n. 3, 386 n. 1.
- HOFFER, Hedwig, 胡弗，海德薇格 353.
- HOFFER, Willi, 胡弗，威利 350, 353.
- HORNEY, Karen, 荷妮，卡倫 18, 61 n. 1, 200, 327.
- HORNEY ECKHARDT, Dr. Marianne, 荷妮 - 埃卡德，瑪麗安 61 n. 1.
- HOUZEL, Didier, 胡塞，迪迪耶 293, 294 (n. 3 à 293).
- HOXTER, S., 霍克斯特 293 n. 1.
- HUG-HELLMUTH, Hermine von, 馮，哈格 - 赫爾穆特，赫敏 44, 48, 346.
- HUGHES, Thomas 休斯，托馬斯
  Tom Browns School days (1857),《湯姆的學校生活》 58.
- HYPPOLITE, Jean, 伊波利特，讓 278 et 278 n. 2, 279, 368.

I

- INHELDER, Bôrbel, 英海爾德，芭貝爾 98 n. 1, 237 (n. 1 à 236).
- ISAACS, Susan, 伊薩克斯，蘇珊 18, 171-172, 225 et 225 n. 1, 226 et 226 n. 2, 230 et 230 n. 1 et 3, 242, 272 n. 3, 273 n. 2, 274-276 et 276 n. 1 et 2, 278, 334, 336 et 336 n. 3, 337, 353, 356, 357, 361, 368.
- ISAKOWER, 伊薩科威爾 350.

J

- JACOBUS, Mary, 雅各布斯，瑪麗 391 n. 1 e t 2.
- JAQUES, Elliott, 賈克，埃利奧特 313.
- JARRY, Alfred, 雅里，阿爾弗雷德 182.
  Œuvres complètes,《全集》 182 n. 1.
- JONES, Ernest, 鍾斯，恩斯特 41, 49, 50, 51, 200, 259, 320, 329, 336-338, 347, 352-354, 357, 358 n. 1, 364, 368 n. 3, 370.
- JONES, Gwenith, 鍾斯，格溫妮絲 51.
- JONES, Mervyn, 鍾斯，默文 51.
- JONES, Mme, 鍾斯女士 51.
- JOYCE, James, 喬伊斯，詹姆士 38.
- JULIA, Dominique, 朱立亞，多明尼克 , 見 Bechi, Egle. 60 n. 1.
- JUNG, Carl Gustav, 榮格，卡爾 19, 41, 50.

K

- KAROLYI, Michael, 卡羅伊，米哈伊 44.
- Katharina (cas), 卡塔琳娜（個案）17.
- KENDRICK, Walter, 肯德里克，沃爾特 見 Meisel, Perry. 11 n. 1, 39 n. 1 à 5, 40 n. 1 à 3, 49 n. 1, 311 n. 1.
- KHAN, 可汗 364.
- KING, Pearl, 金，珀爾 336, 351 n. 1, 353 n. 1, 361 n. 2.
- KING, Pearl et STEINER, Riccardo (eds.) 金，珀爾、史岱納，呂卡爾節（編）

  Controverses, Anna Freud et Melanie Klein, 1941-1945 (Les),《佛洛伊德—克萊恩論戰》 273 n. 1 et 2, 284 n. l, 322 n. 1 et 2, 349 et 349 n. 1, 351 n. 1, 352 n. 2, 353 n. 1, 354 n. 1, 356 n. 1, 357 n l à 3, 358 n. 1, 359 n. 2 et 3, 360 n. 1 à 5, 361 n. 1 et 2, 369 n. 1.
- KINGSLEY, Charles 金斯萊，查爾斯

  Anton Locke,《安東洛克》 58.
- KLEIN, les, 克萊恩家族 36.
- KLEIN, Arthur Steven, 克萊恩，亞瑟 33, 35-38, 41, 44, 45, 312, 326, 327.
- KLEIN, Erich, devenu Eric Clyne, 克萊恩，艾力希〔艾力克·克立恩〕〔弗立茲（個案）〕35, 37, 39, 46, 52, 63, 70, 120, 296, 317; 見 Clyne, Eric; 見 Fritz.
- KLEIN, Hans, 克萊恩，漢斯〔菲利克斯（個案）〕35, 39, 40, 73, 120, 312, 326, 329, 333, 334; analysé sous le prénom de Félix, 見 Félix.
- KLEIN, Jacob, 克萊恩，雅各 34.
- KLEIN, Melanie, 克萊恩，梅蘭妮 , 32, 34, 35, 36, 37, 48, 51, 70, 76, 200 n. 4, 326-333, 345, 349, 364

  amitiés fémines, 36; attention qu'elle porte à son origine juive, 37; conflit avec Anna Freud (les Grandes Controverses), 51, 345-364; relation Melanie/Emanuel, 32-34; relation avec sa mère, 35-36, 70; son caractère dévorant, 48; la guerre avec Melitta, 51, 76, 200 n. 4, 326-333, 349.

  Autobiographie,《自傳》 30, 34, 38, 43, 47, 60 n. 2, 158.

  Envie et gratitude,《嫉羨和感恩》 11, 12 n. 1, 103 n. 1, 146 n. 3, 148 n. 1, 150 et 150 n. 1, 151n. 1, 152 n. 1, 153 n. 1, 154 n. 1, 155 n. 1, 156 n. l, 157 n. l, 158 n. 1, 169 et 169 n. 2 et 3, 170 n. 2, 190 et 190 n. 2, 191 n. 2, 192 et 192 n. 2, 193, 194 et 2, 195 n. 1, 214, 219 n. 3, 335.

  « A propos de l'identification » (1955),〈論認同〉 304 n. 1, 305 n. 1 et 2, 306 n. 1 et 2.

  « Les racines infantiles du monde adulte » (1959),〈我們成人的世界及其嬰孩期的根源〉 177 n. 2.

  « Réflexions sur L'Orestie » (1963),〈奧瑞斯提亞的某些省思〉, 216 et 216 n. 1, 218 n. 2, 219 n. 1.

  « Se sentir seul » (1963),〈論孤獨的感受〉 183 et 183 n. 1, 184 n. 1 et 2, 185 n. 1, 186 n. 1, 216, 364, 374 n. 1.

  Essais de psychanalyse (1921-1945),《精神分析文集》 84 n. l, 191 n. 1, 367, 381 n. 1.

  « Le complexe d'Œdipe éclairé par les angoisses précoces » (1945),〈從早期焦慮討論伊底帕斯情結〉 163 et 163 n. 2,

167 n. 1 et 2, 169 n. 1.
« Contribution à l'étude de la psychogenèse des états maniaco-dépressifs » (1934), 〈論躁鬱狀態的心理成因〉 119 n. 2, 120, 121 n. 1, 123 n. 1,125 n. 1, 128 n. 2.
« Contribution à l'étude de la psychogenèse des tics » (1925), 〈論抽搐的心理成因〉 73 et 73 n. 2, 74 n. 1, 75 n. 1, 130 n. 1
« Le deuil et ses rapports avec les états maniaco-dépressifs » (1940), 〈哀悼及其與躁鬱狀態的關係〉 119 n. 2, 131 n. l.
« Le développement d'un enfant » (Der Familienroman in statu nascendi [1919-1921]), 〈兒童的發展〉 43, 62 et 62 n. 1, 64 n. 1 et 2, 65 n. 1 à 3, 67 n. 1, 68 n. 1, 70 n. 1 et 2, 71 n. 1, 72 n. 1, 75 n. 2, 3 et 5, 76 n. 1, 85 n. 1, 86 n.1.
« L'importance de la formation du symbole dans le développement du moi » (1930), 〈象徵形成在自我發展中的重要性〉 258 n. 1 et 2, 259 n. 1, 260 n. 2, 261 n. 1, 262 n. 1 et 2, 263 n. 1, 264 n. 1, 265 n. 2, 266 n. 1, 267 n.1.
« Le rôle de l'école dans le développement libidinal d'un enfant » (1923), 〈學校在兒童原慾發展中的角色〉 75 n. 2.
« Les situations d'angoisse de l'enfant et leur reflet. dans une œuvre d'art et dans l'élan créateur » (1929), 〈反映在藝術作品與創作衝動中的嬰兒期〉, 300 n. 1.
« Tendances criminelles chez les enfants normaux » (1927), 〈正常兒童的犯罪傾向〉 143 n. 3, 144 n. 1.
Love, Guilt and Reparation and Others Works, 1921-1945, 《愛、罪疚與修復》 75 n. 4.
« L'influence de l'éducation sexuelle et du relâchement des liens d'autorité sur le développement intellectuel des enfants » (1919), 〈性啟蒙及權威感減弱對兒童智力發展的影響〉 63 n. 1.
« La résistance de l'enfant devant l'éducation sexuelle » (1921), 〈兒童對啟蒙的組抗〉 64 (n. 1 à 63).
Psychanalyse des enfants (La) (1932), 《兒童精神分析》 19, 61 et 61 n. 3, 190, 192 n. 1, 193 n. 2, 230, 312, 313, 328, 348, 367.
« Le retentissement des premières situations anxiogènes sur le développement sexuel de la fille », 〈早期焦慮情境對於女孩性發展的影響〉 199 n. 2, 200 n. 1 à 3 et 5, 201 n. 1 et 2, 202 n. 1 à 3, 203 n. 2 à 4, 204 et 204 n.1 à 3, 205 n. 3, 206 n. 1.
« Le retentissement des premières situations anxiogènes sur le développement sexuel du garçon », 〈早期焦慮情境對於男孩性發展的影響〉 113 n. 1, 197 n. 1, 208 n. 1, 209 n. 1 à 3, 210 n. 1 et 2.
« Les fondements psychologiques de l'analyse des enfants » (1926), 106 n. 1.
« Les premiers stades du conflit œdipien et la formation du surmoi » (1928), 〈伊底帕斯衝突的早期階段與超我的形成〉 163 et 163 n. 1, 165 n. 2.
« Une névrose obsessionnelle chez une fillette de six ans », 〈六歲女孩的強迫式精神官能症〉 47-48 et 48 n. 1.
« La technique de l'analyse des jeunes enfants », 〈早期分析技巧〉 78 n.1, 79

n.2 et 3, 80 n. 1 à 4, 82 n. 1 et 2, 84 n. 2 et 3.
Psychanalyse d'un enfant (1961),《兒童分析的故事》 172 et 172 n. 2, 174 n. 1, 175 n. 1, 177 n. 1, 178 n. 1, 180 n. 1, 313.
Transfert et autres écrits (Le),《移情及其他文集》 84 n.1.
« L'importance des mots dans l'analyse précoce » (1927),〈短論：早期分析中詞語的重要〉 82 n. 3, 83 n. 1 et 2.
« La technique de jeu psychanalytique : son histoire et sa portée » (1955),〈精神分析遊戲技術：其歷史與重要性〉 44 n. l, 72 n. 2 et 3, 78 n. 2, 79 n. 3, 87 n. 1, 143 n. 1 et 2.
« Les origines du transfert » (1952),〈移情的根源〉 93 n. 1.
« La vie émotionnelle et le développement du moi de *l'infans* avec référence spéciale à la position dépressive »,〈嬰兒的情緒生活與自我的發展—論及憂鬱心理位置位置〉 357 n. 2.
Writings of Melanie Klein [Œuvres complètes],《全集》 312 et 312 n. 3.

- KLEIN, Melanie, HEIMANN, Paula, ISAACS, Susan, RIVIERE, Joan 克萊恩、海曼、伊薩克斯、黎偉業
Développements de la psychanalyse (1952),《精神分析的發展》 100, 192 n. 1, 272 n. 3, 273 n. 2, 279, 335 n. 1, 368 et 368 n. 2.
P. Heimann, « Certaines fonctions de l'introjection et de la projection dans la première enfance »,〈早期發展中內攝與投射角色的一些面向〉 277 n. 4 et 5.
P. Heimann, « Notes sur la théorie des pulsions de vie et des pulsions de mort »,〈關於生命驅力與死亡驅力〉 277 n. 3.
S. Isaacs, « Nature et fonction du phantasme » (1943),〈幼幻想的本質與功能〉 225 n. 1, 226 n. 2, 230 n.1 et 3, 273 n. 2, 274-276 et 276 n. 1 et 2, 281 n. 1, 336 n. 3.
M. Klein, « La vie émotionnelle des bébés »,〈關於嬰兒情緒生活的一些理論性結論〉 102 n. 1., 119 n. 2, 313 et 313 n. 1.
M. Klein, « Notes sur quelques mécanismes schizoïdes » (1946),〈對某些類分裂機制的評論〉 101 n. 1 et 2, 107 n. 1, 110 n. 2, 111 n. 1 et 2, 112 n. 1 et 3.
M. Klein, « Sur la théorie de l'angoisse et de la culpabilité » (1948),〈關於焦慮與罪惡感的理論〉 119 n. 2, 136 n. 2, 137 n. 1 et 2, 145 n. 1, 146 n. 1.
J. Riviere, « Introduction générale »,〈緒論〉 323 n. 2 à 4, 337.
J. Riviere, « Sur la genèse du conflit psychique dans la toute première enfance »,〈論兒童早期心理衝突的起源〉 323 n. 1.

- KLEIN, Melanie, HEIMANN, Paula, MONEY-KYRLE, R. E. (eds.) 克萊恩、海曼、莫尼 - 克爾（編）
New Directions in Psychoanalysis. The Significance of Infant Conflict in the Pattern of Adult Behaviour (1955),《精神分析的新方向》 150, 279 n. 1, 368 n. 3.

- KLEIN, Melanie, Riviere, Joan 克萊恩、黎偉業
Amour et la haine (L') (1937)

« L'amour, la culpabilité et le sentiment de réparation »,〈愛、罪疚與修復〉388 n. 1, 389 n. 1.

- KLEIN, Melitta, 克萊恩，梅莉塔 , 見 Schmideberg, Melitta. 46, 75-76, 327 n. 1.
- KLEIN-VAGO, Jolan, 克萊恩 - 瓦戈・若蘭 36.
- KLOETZEL, Chezkel Zvi, 克洛澤爾，切茲克爾茲維 40, 312.
- KLUBER, 克魯貝 364.
- KRIS, Ernst, 克里斯，恩斯特 282, 350, 369.
- KRISTEVA, Julia, 克莉斯蒂娃，茱莉亞 42 n. 2, 94 n. 1, 104 n. 1, 119 n. 1, 139 n. 2, 173 n. 2, 206 n. 2, 214 n.1, 219 n. 2, 232 n. 2, 246 n. 1, 252 n. 1, 253 (n. 1 à 252), 278 n. 3, 285 n. 1, 287 n. 1, 315 n. 1.
- KUBRICK, Stanley 庫柏力克
  Orange mécanique,《發條橘子》 220.
- KUN, Béla, 庫恩，貝拉 44, 45.

L

- LACAN, Jacques, 拉岡，雅克 83, 136, 189, 210, 211, 227, 229, 232, 240, 242, 262, 266, 268 n. 1, 278-279, 281-282, 340, 364-372, 386, 387, 391, 391 n. 2
  De la psychose paranoïaque dans ses rapports avec la personnalité, suivi de Premiers écrits sur la paranoïa《妄想型精神病與人格的關係》
  « Le cas "Aimée" ou la paranoïa d'autopunition » (1932),〈「愛梅」案例或自懲幻想〉 379 n. 2.
  « Motifs du crime paranoïaque : le crime des sœurs Papin » (1933),〈妄想型犯罪動機：帕旁姊妹的罪行〉 379 n. 2.
  Écrits techniques de Freud, Séminaire I,《文集：研討班（一）》 278 n. 2, 279 n. 1, 280 n. 1 et 2, 281 n. 1 à 3, 282 n. 1 et 2, 368.
  « L'agressivité en psychanalyse »,〈精神分析中的攻擊性〉 365 n. 1, 3 et 4.
  « De nos antécédents »,〈在我們先前的歷史〉 365 n. 2.
  « Introduction théorique aux fonctions de la psychanalyse en criminologie » (1950),〈在犯罪學中精神分析功能的理論介紹〉 366 n. 1.
  « Jeunesse de Gide ou la lettre et le désir » (1958),〈紀德的青春或信簡與欲望〉 372 n. 1.
  « Propos directifs pour un congrès sur la sexualité féminine »,〈給予「論女性的性」會議一些指導建議〉 370 n. 3.
  « Remarque sur le rapport de Daniel Lagache » (1960),〈對丹尼爾・拉嘉許報告的評論〉 370 n. 2.
  « Le stade du miroir comme fondateur de la fonction du Je » (1949),〈作為「我」功能形成的鏡像階段〉 366.
  « La topique de l'imaginaire »,〈想像的拓撲〉 24 février 1954, 228 n. 1.
  « Variantes de la cure-type» (1955),〈典型治療的變化〉 370 n. 1.
- LAGACHE, Daniel, 拉嘉許，丹尼爾 368, 370 n. 2.
- LAING, R.D., 連恩，隆納・大衛 339, 362.
- LAMB, M. E., 朗博 236 n. 1.
- LAMPL-DE GROOT, Jeanne, 蘭普 - 德葛路特，珍妮 18.
- LANTOS, Barbara, 蘭托斯，芭芭拉

350, 353.
- LAPLANCHE, Jean, 拉普朗盧，尚 97 n. 1 et 2.
- LA ROCHEFOUCAULD, François, duc de, 拉羅什福柯 14.
- LAURENT, Éric, 洛朗，艾瑞克 334 n. 2.
- LE COUÈS, Gérard, 勒庫埃 , 見 Amar, Nadine. 164
- LEIBOVICI, Serge, 萊博維奇 293 n. 3.
- LÉONARD DE VINCI, 達文西 94, 95.
- Lisa (cas) [Melitta Schmideberg ?], 麗莎（個案）〔有可能是梅莉塔〕46, 75-76, 327 n. 1.
- LITTLE, Margaret, 利特爾，瑪格麗特 284 n. 3.
- LOCKE, John 洛克，約翰
  Thoughts Concerning Education (1793),《教育漫話》57.
- Law, Barbara, 洛，芭芭拉 347, 353, 361.
- Lucy R. (cas), 露西·R（個案）17.

M

- MACAUlAY, Catherine, 麥考利，凱瑟琳 58.
- MAIN, Tom, 緬因，湯姆 337.
- MALHER, Gustave, 馬勒，古斯塔夫 14.
- MANDLER, J. M., 曼德勒 237 (n. 1 à 236).
- MARCUSE, Herbert, 馬庫塞 377.
- MARKMAN, E. M., 馬克曼 , 見 Flavell, J. H. 237 (n. 1 à 236)
- MAZET, Philippe, 馬澤 293 n. 3.
- MEISEL, Perry, KENDRICK, Walter 梅塞爾，佩里、肯德里克，沃爾特
  Bloomsbury/Freud. James et Alix Strachey, Correspondance, 1924-1925,《布魯姆斯伯里／佛洛伊德：詹姆斯與艾莉克絲，史崔奇通信集，1924-1925》, 11 n. 1, 39 n. 1 à 5, 40 n. 1 à 3, 49 n. 1, 311 n. 1.
- MELTZER, Donald, 梅爾策，唐納 170 et 170 n. 3, 174, 179 et 179 n. 1, 292, 293 n. 1.
- MICHAELIS, Karin 麥可利斯，卡倫
  « L'espace vide »,《空洞》302-304.
- MIDDLEMORE, Merel, 米多默爾，梅瑞兒 349.
- MILLER, J., 米勒·強納森 69 n. 1.
- MILLOT, Catherine, 米洛，凱瑟琳 371 n. 1.
- MILNER, Marion, 米爾納，瑪莉詠 52 n. 1,362.
- MILTON, John, 彌爾頓 150, 156.
  Paradis perdu (Le),《失樂園》171.
- MISES, R., 米瑟 294 (n. 3 à 293).
- MITCHELL, Juliet, 米切爾，朱麗葉 57 n. 1, 59 et 59 n.1.
- MONEY-KYRLE, Roger, 莫尼 - 克爾，羅傑 353, 368, 376.
- MONTAIGNE, Michel Eyquem de 蒙田
  Essais, 81 et 81 n. 2.
- MORE, Hannah, 摩爾，漢娜 58.
- MORE, Thomas, 摩爾，托馬斯 58.
- MOZART, Wolfgang Amadeus 莫札特
  Cosi fan tutte,《女人皆如此》39.

N

- NABOKOV, Vladimir, 納博科夫 13.
- NEILL, Alexander Sutherland, 尼爾 58.
- NELSON, K, 尼爾森 236 n. 1.

- NEWBIGIN, Juliett, 紐比金，茱麗葉 391 n. 1.
- NIETZSCHE, Friedrich, 尼采 144.
- Nouveau Testament 新約聖經
  1re Epître aux Corinthiens,《哥林多前書》, 12, 156.

O

- O'CONNOR, Noreen, 歐康諾，諾倫 391 n. 1.
- OWEN, Robert, 歐文 58.

P

- PANKEJEFF, Sergueï Constantinovitch [l'Homme aux loups], 潘克傑夫〔狼人〕94, 95, 282.
- PARAT, Catherine, 帕拉特，凱瑟琳 387 n. 2.
- PASCAL, Blaise, 帕斯卡 11.
- PAUL, saint, 聖保羅 150.
- PAYNE, Sylvia, 佩恩，希薇亞 81 n. 1, 329, 336, 352, 353, 361, 362, 364.
- PERRON, Roger, 佩侯 171 n. 1, 293 n. 3.
- PERSONE, Spector, 皮爾森 , 見 Sandler, J. 96 n. 1
- Peter (cas), 彼得（個案）79-80, 82, 84, 143, 177.
- PETOT, Jean-Michel, 佩托，尚 - 米歇爾 98 n. 1, 99 et 99 n.1 et 4, 108 n.1, 136 n. 1, 142 n. 1, 146 n. 2, 191 n. 1, 230 et 230 n. 2, 232 n. 1.
- PHILLIPS, John, 菲利普，約翰 281 n. 2, 356 (n. 3 à 355), 375 n. 1, 382 n. 1.
- PIAGET, Jean, 皮亞傑 98 et 98 n. 1.
- PONTALIS, Jean-Bertrand, 彭大歷斯，尚 - 柏騰 72 n. 4, 97 n. 1 et 2.
- PRIVAT, P., 皮希瓦 293 n. 3.
- PRAGIER, Georges, 帕莒 , 見 Amar, Nadine. 164.
- PROUST, Marcel 普魯斯特，馬塞爾
  A la recherche du temps perdu,《追憶似水年華》 302.
  Le Temps retrouvé,〈重現的時光〉, 124 et 124 n. 3.

R

- RADÓ, Sandor, 拉多，桑朵 41.
- RAMNOUX, Clémence, 哈姆努，克萊蒙斯 341 n. 1.
- RANK, Otto, 蘭克，奧托 336.
  Traumatisme de la naissance (Le) (1924),《出生創傷》 48.
- RAVEL, Maurice 拉威爾
  L'Enfant et les sortilèges,《小孩與魔法》 173, 300-302.
- RAYNER, Éric, 雷納，艾瑞克 296 n. 2, 364 n. 1.
- REICH, Wilhelm, 賴希 373.
- REES, John, 里斯，約翰 355.
- REIK, Theodor, 芮克，狄奧多 277 n. 2.
- REIZES, famille, 萊齊斯家族 29, 32.
- REIZES, Libussa, née Deutsch, 萊齊斯，莉布莎〔莉布莎．朵伊契〕29-34, 37, 38, 41, 44, 70, 220, 312, 326, 382.
- REIZES, Emanuel, 萊齊斯，伊馬努爾 30, 32-34, 38, 40,312.
- REIZES, Emilie, 萊齊斯，艾米麗 30, 36, 312.
- REIZES, Sidonie, 萊齊斯，席多妮 30,

31, 312.
- REIZES, Moriz, 萊齊斯，墨里士 29, 30, 33, 312.
- R1BAS, D., 希巴 293 n. 3.
- Richard (cas), 理查（個案）81, 172-182, 222, 356.
- RICHARDS, B., 理察 374 n. 2.
- RICKMAN, John, 瑞克曼，約翰 329, 336, 338, 339, 353, 355, 364.
- RIMBAUD, Arthur, 韓波 14.
- Rita (cas), 莉塔（個案）77-78, 84, 86, 105-107, 142, 143, 177, 191.
- RIVIERE, Joan, 黎偉業，瓊安 18, 171, 272 n. 3, 296, 312, 322-324, 334, 336-337 et 337 n. 1, 347, 352, 353, 357, 368.
- ROHEIM, Géza, 若海姆，蓋札 41, 45.
- ROLLAND, Romain, 羅蘭，羅曼 13-14.
- ROSE, Jacqueline, 羅絲，傑奎琳 281 n. 2, 282 n. 1, 322 et 322 n. 3, 391 n. 1.
- ROSENFELD, Eva, 羅森費爾德，伊娃 331.
- ROSENFELD, Herbert, 羅森費爾德，赫爾伯特 292 n. 2.
- ROUDINESCO, Élisabeth, 胡迪涅斯寇 365 n. 1.
- ROUSSEAU, Jean-Jacques, 盧梭 68.
  Émile (1762),《愛彌兒：論教育》 57.
- RUSTIN, Margaret, 魯斯汀，瑪格麗特 374 n. 2, 375 n. 3, 376 et 376 n. 1.
- RUSTIN, Michael, 魯斯汀，邁克 374 n. 2,375 et 375 n. 2 et 3, 376 et 376 n. 1.
- Ruth (cas), 露絲（個案）143.

S

- SACHS, Hanns, 薩克斯 350.
- SACCO, F., 薩寇 293 n. 3.
- SANDLER, Joseph, 桑德勒，約瑟夫 96 n. l, 355 n. 2.
- SARTRE, Jean-Paul, 沙特，尚 - 保羅 13, 219 n. 2.
  Mouches (Les),《蒼蠅》, 219.
- SAYERS, Janet, 榭爾絲，珍妮特 52 n. 2, 60 n. 2, 391 n. 1 et 2.
- SCHMIDEBERG, Melitta, 史密德伯格，梅莉塔〔有可能是麗莎（個案）〕34, 35, 39, 44, 51, 73, 75-76, 190, 200 et 200 n. 4, 209, 282, 325-333, 348, 349, 351-353, 361, 369; 見 Lisa.
  « Histoire de l'homéopathie en Hongrie » (1928),《匈牙利的順勢療法歷史》 327.
- SCHMIDEBERG, Walter, 史密德伯格，沃爾特 327, 328, 335, 353, 361.
- SCHNITZLER, Arthur, 史尼茲勒，亞瑟 38.
- SCHREBER, Daniel Paul, 史瑞伯 94, 95, 228 n. 3; 克萊恩對這一個案的分析 111 sq.
- SCHUR, Max, 舒爾 350.
- SCOTT, Ann, 史考特，安 391 n. 1.
- SCOTT, Clifford, 史考特，克利福德 367 n. 1.
- SCOTT, W., 斯柯特 353.
- SEGAL, Hanna, 西格爾，漢娜 52, 69 et 69 n. l, 96 n. l, 110 n. 1, 115 n. 1 et 2, 123 n. 2, 127 n. 2 et 3, 124 n. 1, 128 n. 1, 129 n. 1 et 2, 196 et 196 n.1, 233 n.1, 260, 263, 272 n. 2, 273 et 273 n.3, 279, 281 n.2, 285 et 285 n. 2, 287, 292 (n, 2 à 291), 335, 338 et 338 n. 2, 391 n. 1.
- SHAKESPEARE, William, 莎士比亞 9, 150.

Sonnets,《十四行詩》 148 et 148 n. 2.
- SHARPE, Ella, 夏普，艾拉 336, 347, 352, 353, 361,364.
- SHOWALTER, Elaine, 肖華特，伊蓮 391 n. 1.
- SOKOLNICKA, Eugénie, 索科尼卡，尤潔妮 42 et 42 n. 2, 245.
- SOLLERS, Philippe, 索雷 148 n. 2.
- SOUFFIR, V., 蘇弗 , 見 Chambier, J. 171 n. 1
- SPENSER, Edmund, 史賓賽 150.
  The Faerie Queene,《仙后》 12.
- SPIELREIN, Sabina, 史碧爾埃，莎賓娜 18.
- STEINER, Riccardo, 史岱納，呂卡爾邱 356 n. 1, 358 n. 1, 369 n. 1; 見 King, Pearl.
- STENGEL, 史坦格爾 350.
- STEPHEN, Adrian, 史蒂芬，阿德里安 50, 361.
- STEPHEN, Karin, 史蒂芬，卡琳 50, 361.
- STERN, Daniel N., 斯坦，丹尼爾 236 n. 1.
- STONE, Lawrence, 史東，勞倫斯 57 n. 2.
- STONEBRIDGE, L., 史東布利吉 , 見 Phillips, John. 281 n. 2, 375 n. 1, 382 n. 1.
- STRACHEY, Alix, 史崔奇，艾莉克絲 11 et 11 n. 1, 39 et 39 n. 1 à 5, 40 et 40 n. 1 à 3, 49 et 49 n. 1, 61 n. 3, 311, 312, 336; 見 Meisel, Perry et Kendrick, Walter.
- STRACHEY, James, 史崔奇・詹姆斯 11 et 11 n. 1, 39 n. 1 à 5, 40 n. 1 à 3, 49 et 49 n. 1, 296, 312, 336, 339, 351, 353, 360, 364; 見 Meisel, Perry et Kendrick, Walter.
- STRAUB, Hugo, 斯特勞伯 350.
- STROSS, 史托羅斯 350.

T

- TOPOLSKI, Felix, 托波斯基，費利克斯 338.
- Trude (cas), 楚德（個案）80, 84, 142-143, 177.
- TURECK, Rosalynd, 圖雷克，蘿莎琳 52.
- TUSTIN, Frances, 塔斯汀，芙朗西絲 19, 254, 294-296 et 296 n. 1, 324.
- VÁGÓ, Gyula, 瓦戈，久拉 36.
- VÁGÓ, Klara, 瓦戈，克拉拉 36.
- VERA OCAMPO, Eduardo, 維拉 - 歐坎柏 , 見 Amigorena-Rosenberg, Nenunca. 243 n. 1.

W

- WADDELL, Margot, 華德爾，瑪格 391 n. 1.
- WALLON, Henri, 瓦隆，亨利 98 et 98 n. 2.
- WEDDELL, D., 威德爾 293 n. 1.
- WIDLÖCHER, Daniel, 維德勒薛 294 (n, 3 à 293).
- WINNICOTT, Clare, 溫尼考特，克萊兒 324.
- WINNICOTI, Donald Woods, 溫尼考特，唐納德 19, 59, 69, 73 et 73 n. 1, 152, 197, 241, 242, 254, 260, 271, 296-299, 312, 324, 337, 339, 348, 353, 358, 359, 362, 364, 373, 382, 384, 385, 386 n. 1, 388, 392.
  Conversations ordinaires (1960),《家是我們開始的地方》 205 n. l.

De la pédiatrie à la psychanalyse,《從兒科到精神分析》
« La capacité d'être seul » (1957),〈獨處能力〉 183 n. 1, 364 et 364 n. 2.
« La haine dans le contre-transfert »,〈反移情中的恨〉 284 n. 3.
Nature humaine (La) (1988),《人類本性》 297 n. 1 et 2, 298 n. 1.
« Souvenirs de la naissance, traumatisme et angoisse » (1949),〈出生記憶、出生創傷與焦慮〉 299 n. 2.
- WITTENBERG, I., 維騰貝格 293 n. 1.
- WOLLFHEIM, Nelly, 沃爾夫海姆，妮莉 48.
- WOLLHEIM, Richard, KLEIN, Melanie 沃爾海姆、克萊恩
The Spectator,《旁觀者》52 n. 2.
- WOLLSTONECRAFT, Mary, 沃斯頓克拉夫特，瑪麗 58.
- WOOLF, Virginia, 吳爾芙，維吉尼亞 9, 13, 50.
- WORDSWORTH, William, 華茲華斯，威廉 57.
- WRIGHT, Nicholas, 萊特，尼古拉斯 203 n. 1, 333 et 333 n. 2, 334 n. 2.

Z

- ZARETSKY, Eli, 扎雷茨基，伊萊 356 (n. 3 à 355).

| 附錄二 |

法中概念索引

INDEX DES NOTIONS

編按：此索引所標示之數字為原文書頁碼，查閱時請對照貼近內文左右側之原文書頁碼。

A

- Abjet, abjection 卑賤體、賤斥 118, 247, 249, 254.
- Affect 情感 78, 140-141 et 141 n. 2, 230, 232 n. 3, 233 (n. 3 à 232), 295, 369. voir jeu. 見 遊戲 .
- Agonie primitive (D. W. Winnicott) 原始痛楚 241, 260.
- Agressivité 攻擊性 80, 113, 124, 125, 130, 146, 149-150, 210, 218, 246, 262, 305. voir désir, jeu, père, parole. 見 欲望、遊戲、父親、話語
- Alcoolisme 酒癮 209.
- Ambivalence 矛盾雙重性 48, 86, 96, 122, 123, 125, 126, 130, 169, 209, 247, 312, 342 n. 1; voir mère, sein. 見 母親、乳房
- Âme 心靈 13, 14, 16; voir corps. 見 身體 .
- Amitiés féminines 女性友誼 36.
- Amour 愛 12, 96, 116, 126-128, 139, 148, 154, 156, 179, 191, 208, 212-214, 249, 301, 304, 324, 360, 371, 373, 376, 383, 387, 389, 397. voir transfert. 見 移情 .
- Anal, analité, 肛門、肛門性 , 46, 82, 135, 142, 247.
- Analyse, analytique, 分析、分析的 132, 147, 229, 236, 238, 240, 381. voir enfant, parole, psychanalyse, vérité. 見 兒童、話語、精神分析、真理 .
- Analyste, 分析師 , 46, 149, 179, 244, 253, 261, 283, 394. voir contre-transfert, écoute, fantasme, imaginaire, mère. 見 反移情、傾聽、幻想、想像、母親 .
- Androgynie, 雌雄同體 , 252, 339 n. 2.
- Angoisse, 焦慮 , 22-24, 80, 87, 89, 93, 100, 101, 106, 108, 113, 114, 120, 124, 127, 135, 145, 147, 149, 152, 157, 164, 169, 174, 175, 184, 192, 206, 209, 211, 215, 222, 246, 252, 253, 265, 267-270, 292, 300, 302, 304 - 305, 312, 340, 342, 375, 380, 388, 389, 392, 395-396. voir abjet, castration, désir, destruction, identification, jeu, parole, phobie, symbolisation. 見 卑賤體、閹割、欲望、破壞、認同、遊戲、話語、恐懼症、象徵化 .
- Animalité, 動物性 15.

- Aphanisis, 喪失性慾 130.
- Appendage, 附肢 193; voir dépendance. 見 依賴 .
- Archaïque, 古老 21, 246, 287-300. voir maternité, mère, objet. 見 母性、母親、客體 .
- Art, 藝術 58, 119, 213, 220, 297, 298, 300-309, 395. voir réparation. 見 修復 .
- Association libre, 自由聯想 81, 89, 90, 238.
- Athée, 無神論者 219, 380.
- At-one-ment (W.R. Bion), 合一 22.
- Autisme, 自閉症 19, 24, 69, 258, 287, 292-296, 319, 324.
- Auto-érotisme, 自體情慾 94, 112, 116, 292; voir narcissisme. 見 自戀 .
- Autorité, 權威 63, 69, 249, 316, 380, 382, 383; voir loi. 見 律法 .
- Autre, autrui, 他者 , 他人 20, 102, 118, 122, 253, 376-378. voir moi, parole. 見 自我、話語 .

B

- Barrière de contact (Bion), 接觸屏障 288. voir éléments alpha. 見 α 元素 .
- Bébé, 嬰兒 voir nourrisson, nouveau-né. 見 乳兒、新生兒 .
- Bisexualité psychique, 精神的雙性性慾 18, 212. voir analyste. 見 分析師 .
- Borderlines, 邊緣型 325; voir cas-limites. 見 邊緣型 .

C

- Ça, 本它 96, 164, 166, 177.
- Cas, 個案 320.
- Cas-limites, 邊緣型 337; voir borderlines. 見 邊緣型 .
- Castration, 閹割 20, 118, 227, 286, 287 n. 1.
- Catholicisme, catholiques 天主教、天主教徒 36.
- Child War Nursery (Hampstead), 戰爭托兒所（漢普斯特） 355 et 355 n. 2.
- Christianisme, 基督信仰 242-243, 305, 387.
- Clivage, clivé, 分裂、分裂的 20, 64-67, 107, 110-113, 115, 126, 139, 144, 147-149, 156, 165, 172, 176, 177, 184, 185, 211, 213, 219, 221, 234, 270, 286, 288, 292, 306, 315. voir moi, sein, self. 見 自我、乳房、自體 .
- Cogito, 我思 17.
- Cognitivisme, 認知主義 99, 236.
- Coït, 交媾 89, 113, 130, 195, 202, 206.
- Compassion, 憐憫 252, 394; voir remords. 見 悔恨 .
- Complexe d'Œdipe, 伊底帕斯情結 46-48, 65, 89, 101, 106, 118-120, 130, 132, 144, 156, 166-169, 191, 211, 212, 216, 235, 236, 257, 268, 279, 321, 354, 377, 386, 391. voir fantasme, pénis, sein. 見 幻想、陰莖、乳房 .
- Comprendre, pour M. Klein, 理解（對克萊恩而言） 181.
- Concrétude, 具體性 90, 171, 177, 239, 240.
- Condensation, 凝縮 234; voir fantasme. 見 幻想 .
- Confusion mentale, 精神混淆 192.
- Connaissance, 了解 13, 199, 208. voir savoir. 見 知識 .
- Conscience, 意識 244.

- Contenant, 容器 102, 153; voir mère. 見母親 .
- Contenu, 內容物 100-101.
- Contre-transfert, 反移情 21, 89, 102 n. 2, 149, 158, 196, 235, 254, 264, 283-285, 324, 355 n. 2.
- Controverses de 1941-1945, 論戰 19, 51, 172, 225, 240, 272, 283, 325, 331, 336, 345-364, 381.
- Corps, 身體 13, 197.
- Couple, 對偶 132.
- Créativité, 創造性 12, 15, 129, 130, 156, 271, 300, 364, 373.
- Cruauté, 殘酷性 164, 181, 318; voir surmoi. 見 超我 .
- Culpabilité, 罪疚 48, 105, 113, 125, 126, 166, 175, 195, 205, 206, 219, 264, 312, 333, 385. voir homosexualité. 見 同性性慾 .
- Culture, 文化 14, 15, 70, 215, 251, 341, 366.
- Curiosité, 好奇 75.

D

- Décapitation, 斬首 voir matricide. 見 弒母 .
- Dedans/dehors, 裡面／外面 100-107, 110, 115, 233, 259; voir discrimination, intérieur/extérieur. 見 區辨、內部／外部 .
- Déesse-mère, 母神 221.
- Défense (s), 防禦 68, 93, 116, 126, 132, 145, 270, 363.
- Délire somatique, 軀體妄想 116.
- Dementia praecox, 早發性癡呆（思覺失調症之舊名） 95.
- Déni, 拒認 107, 110, 126, 148, 278; voir hallucination, infantile. 見 幻覺、幼兒期 .
- Dépendance, 依賴 193 et 193 n. 2, 194, 363.
- Déplacement, 移置 74.
- Dépression, déprimé, 憂鬱、憂鬱症、憂鬱者 24, 32, 86, 113, 124, 234, 251, 264, 303, 324, 333, 335, 342, 359, 370, 385, 394.
- Désintégration, 離析 128.
- Désintrication, （驅力的）分離 138; voir psychose. 見 精神病 .
- Désir, 欲望 16, 20, 64, 65, 124, 135, 139, 167, 182, 205, 219, 227, 230, 236, 253, 275, 298, 300, 302, 389, 392.
- Destruction, 破壞 13, 126, 165, 219-220, 233.
- Destructivité, 破壞性 102, 127, 148, 156, 157, 170, 265, 271, 281 n. 1, 324, 375, 387.
- Deuil, 哀悼 116, 120, 126, 129, 130, 132, 147, 285, 333.
- Différence des sexes, 性別差異 17, 132.
- Digestion, assimilation, 消化、同化 68, 123, 129, 289.
- Discrimination (processus) 區辨（過程）
- Douleur, 痛苦 13, 22, 70, 110, 158.

E

- Écoute, 傾聽 16, 215, 325, 395.
- Éducation, 教育 43, 62, 64, 386. voir analyse, interprétation. 見 分析、詮釋 .
- Éléments alpha (W.R. Bion), α 元素 232 n. 2, 288.

- Éléments bêta (W.R. Bion), β 元素 232 n. 2, 288.
- Enfance, 幼年 voir éducation. 見 教育 .
- Enfant, infantile, 兒童、幼兒期 19, 266.
- Enlightenment, 啟蒙 64, 75.
- Enveloppe prénarrative, 前敘事外殼 236-245. voir PDP. 見 平行分配過程 .
- Envie, 嫉羨 12, 20, 150-159, 190, 192, 197, 211, 232, 333, 337-338, 378, 383, 387. voir complexe d'Œdipe. 見 伊底帕斯情結 .
- Équation, équivalence, 等式、等價 228, 259, 260-263, 267, 270, 281 et 281 n. 2, 285-287; voir symbole. 見 象徵 .
- Éros, 愛神 151, 377, 387.
- Érotisme, 情慾 248, 252, 393. voir pulsion. 見 驅力 .
- Errance, 流浪 318, 320.
- Espace, 空間 316-317.
- État de guerre, 戰爭狀態 voir talion. 見 以牙還牙法則 .
- État inobjectal, 無對象狀態 94, 96, 97.
- États-limites, 邊緣狀態 69, 104.
- Étrangeté, étranger, 陌生／怪異性 , 陌生人 313, 315, 319, 341. voir inconscient, langue, mère. 見 無意識、語言、母親 .
- Être humain, 人類 315-316, 378.
- Excrément, excrémentiel, 糞便、排泄物的 101, 103, 114, 165, 203, 204, 263, 266. voir pénis. 見 陰莖 .
- Expérience, (apprentissage par l'–) (Bion), 經驗、從經驗中學習 288, 384; voir éléments alpha, bêta. 見 α 元素、β 元素 .
- Expulsion, 驅逐 126.

F

- Faim, appétit, 飢餓 232; voir sadique. 見 施虐者 .
- Famille, 家庭 18, 122, 363, 373, 376, 379.
- Fantasme, 幻想 47, 65-67, 77, 78, 82, 84, 85, 87, 90, 93, 100, 103, 111, 113-114, 117, 124, 130, 144, 147, 184, 197, 213, 225-254, 257, 270, 275, 279, 280, 286, 287, 292, 298, 308, 313, 319, 321, 324, 348, 352, 356, 359-361, 365, 367, 369, 372, 379, 381, 383, 384, 391, 394. voir analyse, enveloppe prénarrative, idée, identification, interprétation, mère, négativité, psychanalyse, pulsion. 見 分析、前敘事外殼、意念、詮釋、母親、負性、精神分析、驅力 .
- Faux-self, 假我 149, 299.
- Fèces, 糞便 47 n. l, 63, 103, 142, 209, 263, 264, 266, 295, 393.
- Féminisme, 女性主義 69, 221, 373, 390.
- Femme, féminin, féminité, 女人、女性、女性性質 254, 325, 341, 397. voir castration, désir, homme, identification, maternité. 見 閹割、欲望、男人、認同、母性 .
- Flair, 嗅覺 voir tact. 見 觸感 .
- Fœtus, 胎兒 68, 203, 263.
- Folie, 瘋狂 14, 15.
- Fonction scopique, 視覺功能 104.
- « Fort-Da », 線軸遊戲 274.
- Francfort, école de, 法蘭克福學派 376.
- Frigidité, 性冷感 194-195, 251.
- Frustration, 挫折 110, 121, 135-136, 144, 152, 155, 234, 269, 290, 301, 305, 362. voir angoisse, envie, fantasme. 見 焦慮、

嫉羨、幻想 .

G

- Générosité, 慷慨 153.
- Génitalité, 生殖性 158, 264; voir stade. 見 階段 .
- Goût, 味覺 278; voir jugement. 見 判斷 .
- Gratitude, 感恩 20, 147,153, 154,156, 179, 214, 215, 234, 360, 383, 387, 389, 397; voir envie, lien. 見 嫉羨、連結 .
- Groupe, 群體／團體 362-364, 373, 377.

H

- Haine, 恨 96, 108, 114, 125, 126, 130, 139, 156, 157, 191, 197, 249, 322, 378. voir amour. 見 愛 .
- Hallucination, 幻覺 109-110,135.
- Hétérogénéité, 異質性 104, 141 n. 2; voir négativité. 見 負性 .
- Hétérosexualité, 異性性慾、異性戀 18, 114, 132, 196, 197, 206, 207, 250, 390.
- Historicité, 歷史真實性 280.
- Holding, handling, 抱持、照料 voir mère. 見 母親
- Homme, humain, 男人、人類 18, 207. voir femme, kleinisme. 見 女人 , 克萊恩學說 .
- Homosexualité, homosexuel, 同性性慾、同性戀 48, 86, 94, 114, 115, 120, 143, 305, 307, 339 n. 2.
- Horde primitive, 原始部眾 164, 191, 211.
- Hypocondrie, 慮病症 114, 115, 124.
- Hystérie, hystérique, 歇斯底里、歇斯底里的 74. voir symptôme. 見 症狀 .

I

- Idéalisation, 理想化 107, 126, 176. voir identification projective. 見 投射性認同 .
- Idée (eidos), 意念 232.
- Identification, 認同 85, 89, 114, 164, 169, 196, 269, 285, 371. voir autisme, narcissisme, père, position schizo-paranoïde, projection. 見 自閉症、自戀、父親、偏執－類分裂心理位置、投射 .
- Identité, 身份／同一性 116, 228 n. 3, 316-317, 320, 393.
- Imaginaire, 想像 13, 59, 212, 218, 229, 234-235, 240-243, 260, 267, 270, 280, 282-283, 307, 324, 365, 369, 387, 393. voir connaissance. 見 了解 .
- Impuissance, 陽痿 197, 209.
- Incarnation, 肉身具現 242-244, 369. voir fantasme, surmoi. 見 幻想、超我 .
- Inceste, 亂倫 17.
- Inconscient, 無意識 12, 15, 17, 20, 22, 47 n. 1, 72, 73, 77, 84, 90, 110, 118, 137, 155, 183, 202, 204, 209, 215, 229, 242, 266, 322. voir jeu, langue, self. 見 遊戲、語言、自體 .
- «Indépendants» (groupe des), 「獨立」團體 277 n. 2, 296, 331, 339, 345, 349, 353, 355, 361, 364 et 364 n. 1.
- Indifférence, 淡漠 258, 262 ; voir latence. 見 潛伏期 .
- Inhibition, 抑制 17, 24, 64, 70, 87, 139, 173, 380. voir jeu, pensée. 見 遊戲、思想 .
- Instinct, 本能 16 ; voir inhibition. 見 抑

制 .
- Interdit, 禁令 68. voir inceste. 見 亂倫 .
- Inter-esse, 居間存在 94 n. 1.
- Intérieur/extérieur, 內部／外部 101, 110, 122, 126 ; voir dedans/dehors, discrimination.
- Interprétation, 詮釋 16, 71, 73, 77, 87-89, 117, 178-179, 181, 215, 235, 236, 239, 268, 321, 348, 375, 382, 386, 390, 395, 396. voir pensée, signifiant. 見 思想、能指 .
- Introjection, 內攝 101, 102, 104-107, 113, 114, 116, 121, 132, 147, 175, 182, 202, 213, 265, 275, 295.
- Intrusion, 侵入、入侵 41, 89.
- Intuition, 直覺 21, 285, 323.
- Isolement, 孤立 voir solitude. 見 孤獨 .

J

- Jalousie, 妒忌 150-151, 192-193. voir envie. 見 嫉羨 .
- Jeu, 遊戲 21, 49, 67, 82, 86, 87, 261, 266, 268-270, 384-386. voir espace, fantasme, interprétation. 見 空間、幻想、詮釋 .
- Jouet, 玩具 78, 79, 80.
- Jouissance, 享受 145, 154, 157, 389.
- Judéité, 猶太身份 315.
- Jugement, 判斷 273, 277, 352.
- Juif/juive, 猶太人 24, 32, 32, 37, 313.

K

- Kénose, 虛己 387 n. 1.
- Kleinisme, 克萊恩學說 372-389.

L

- Langage, 語言、語言體系 13, 16, 21, 70, 84, 87, 89, 117, 211, 228 n. 3, 234, 244, 247, 248, 250, 261, 274. voir fantasme, signifiant. 見 幻想、能指 .
- Langue, 語言 228, 251, 263, 317. voir inconscient. 見 無意識 .
- Latence (stade de), 潛伏期階段 88-89, 173 ; voir jeu. 見 遊戲 .
- Liberté, libre, 自由、自由的 14, 23, 217, 218, 325, 376, 393. voir symbolique. 見 象徵的 .
- Libido, 力比多 93, 98, 113, 144, 191, 234, 360, 363. voir refoulement. 見 潛抑 .
- Lien, 連結 20, 24, 70. voir kleinisme, relation d'objet. 見 克萊恩學說、客體關係 .
- Loi, 律法 316, 385.
- Lumières, 啟蒙運動 16, 24, 62, 383.

M

- Machisme freudien, 佛洛伊德的男性沙文主義 390.
- Maladie mentale, 精神疾病 14.
- Mal, 惡 24.
- Mal-être, 不適 15, 16, 24, 199, 324.
- Maniaco-dépressif, 躁狂－憂鬱 131, 132, 185.
- Manie, maniaque, 躁症、躁狂的 24, 126, 127, 179, 234.
- Masochisme, 受虐 198 ; féminin, 女性 202.
- Masturbation, 手淫 42, 89, 113, 143, 264.

- Maternage, 母職療法 146, 349.
- Maternité, 母性、母親 73, 246. voir enfant, mère, narcissisme. 見 兒童、母親、自戀 .
- Matriarcat, matriarche, 母系模式、女族長 30, 119, 339.
- Matricide, 弒母 20, 29, 212-213, 216-219, 221, 315, 340, 397.
- Médecin/non-médecin, 醫師／非醫師 19, 42, 48, 360.
- Mémoire, 記憶 121, 280, 288, 313, 381 ; voir langage. 見 語言體系 .
- Mère, maternel, 母親、母親的、母性的 20, 29, 47, 71, 74, 95, 98, 100, 102, 106, 113, 114, 122, 128, 132, 138, 147, 155, 169, 176, 178, 180, 182, 189, 194, 197, 211, 213, 216, 217, 220, 235, 236, 238, 247, 248, 265, 267, 269, 290, 297, 298, 303, 304, 306, 315, 360, 366, 370, 381-382, 397. voir bébé, corps, désir, femme, haine, identification, introjection, lien, loi, maternité, objet, parents, père, phallus, position schizo-paranoïde, surmoi, transfert. 見 嬰兒、身體、欲望、女人、恨、認同、內攝、連結、律法、母性、客體、雙親、父親、陽具、偏執－類分裂心理位置、超我、移情 .
- Métaphysique, (déconstruction de la–), 形上學（解構） 15, 24, 244.
- Middle group, 中間團體 351, 353; voir Controverses. 見 論戰 .
- Moi, 自我 20, 84, 94-96, 101-104, 109, 115, 119, 129, 132, 138, 145, 156, 164, 166, 177, 208-211, 225, 233, 234, 257, 333, 369, 396. voir clivage, fantasme, libido, narcissisme, projection, pulsion, self, symbole. 見 分裂、幻想、力比多、自戀、投射、驅力、自體、象徵 .
- Mort, 死亡 13, 97 n. 3, 130, 136, 138, 212, 324, 371, 376. voir pulsion, séparation. 見 驅力、分離 .
- Mythes, 神話 235, 236.

N

- Naissance/renaissance, 誕生、出生／重生 13, 24, 63, 139, 246, 298, 313.
- Narcissisme, narcissique, 自戀、自戀的 94-98, 183 n. 1, 294, 342 n. 1.
- Narration, 敘事 173, 245.
- Négativité, négatif, 負性、負向的 127, 138-139, 145, 213, 215, 271-272, 274-287, 295, 322-324, 352, 369, 374, 378, 383, 386, 397. voir désir, fantasme, kleinisme, réalité. 見 欲望、幻想、克萊恩學說、現實 .
- Névrose, névrotique, 神經症、神經症的 47, 68, 70, 258, 263, 316.
- Nihilisme, 虛無主義 219.
- Nom-du-Père, 父之名 119, 211, 268, 370, 387.
- Normal et pathologique, 正常與病理 15.
- Nourrisson, nouveau-né, 乳兒、新生兒 69, 99, 159, 189, 241, 257 ; voir bébé, douleur, projection. 見 嬰兒、痛苦、投射 .

O

- Objet, 客體 20, 24, 75, 100, 104, 114, 118, 127-128, 141 n. 2, 147, 165, 179, 216, 236, 274, 321, 384. voir amour,

clivage, identification projective, mère, moi, sein, position schizo-paranoïde. 見 愛、分裂、投射性認同、母親、自我、乳房、偏執－類分裂心理位置 .
- Omnipotence, 全能 42, 102, 110, 360.
- Oral, oralité, 口唇、口唇性 47, 48, 82, 247, 282.
- Originaire, 原初 89, 212, 325.

P

- Paranoïa, paranoïde, 妄想症、妄想 12, 95, 101, 111, 112, 124, 174, 335, 365, 369, 374, 393, 397.
- Parents, parental, 雙親、父母、父母的 62-64, 125, 165, 175, 209, 383. voir analyse, complexe d'Œdipe, mère, père. 見 分析、伊底帕斯情結、母親、父親 .
- Parole, 話語、言辭 178, 228, 247, 263, 266, 269, 282, 296, 325, 386, 396. voir analyste, interprétation, jeu, langage. 見 分析師、詮釋、遊戲、語言體系 .
- Pathologie, pathologique, 病理學、病態的 14, 116, 119. voir normal. 見 正常 .
- PDP (Parallel Distributing Processing), 平行分配過程 237.
- Peau, 皮膚 247.
- Pénis, 陰莖 12, 80, 83, 106, 114, 167, 174, 175, 191, 194, 195, 199, 201, 202, 207-208, 210, 211, 248-250, 265, 268, 301, 370. voir envie. 見 嫉羨 .
- Pensée, penser, 思想、思考 23, 70, 118, 218, 221, 234, 238, 244, 248, 250, 257, 277, 280, 286, 287, 290, 397. voir angoisse, hallucination, inconscient, langue, mère, psychanalyse. 見 焦慮、幻覺、無意識、語言、母親、精神分析 .
- Perception, 知覺 136, 277.
- Père, paternel, paternité, 父親、父親的、父性 12, 71, 74, 83, 105, 106, 114, 122, 132, 175, 180, 182, 189-191, 193, 194, 206, 235, 248-250, 266, 267, 332, 357, 360, 379-381, 388, 393, 396. voir horde primitive, identification, parents. 見 原始部眾、認同、雙親 .
- Perfection, parfait, 完美、完美的 128 ; voir objet. 見 對象 .
- Perlaboration, perlaborer, 修通、修通 65, 147, 148, 170, 182, 211, 234, 381, 392, 397.
- Peur pour la vie, 對生命感到憂慮 voir angoisse. 見 焦慮 .
- Peur sans nom (W. R. Bion), 無名恐懼 241, 260.
- Phallicisme, 陽具崇拜 248-249 ; voir identification. 見 認同 .
- Phallocentrisme lacanien, 拉岡的陽具中心主義 390.
- Phallus, phallique, 陽具、陽具的 104, 208, 214, 221, 247, 249, 339, 370, 387. voir père, stade.
- Phobie, phobique, 恐懼症、恐懼症患者 42, 68, 86, 396.
- Pictogramme, 象形符號 232 n. 2.
- Plaisir, 愉悅 22, 387, 389, 392.
- Polysémie, 多義 89.
- Position (s), 心理位置 73, 372.
- Position dépressive, 憂鬱心理位置 99, 108, 119-132, 147, 149, 170, 184, 191, 211-215, 219, 235, 248-249, 261, 285-287, 291, 292 n. 2, 301, 303, 321, 360, 361, 363, 369, 394. voir clivage, langage,

mère, objet, psychisme, surmoi. 見 分裂、語言體系、母親、對象、精神、超我 .
- Position paranoïde, 偏執心理位置 99, 107.
- Position schizo-paranoïde, 偏執－類分裂心理位置 99, 107-120, 126, 163, 166, 167, 212, 215, 287, 288, 321, 340, 363, 378. voir clivage. 見 分裂 .
- Préconscient, 前意識 86.
- Processus mental, 心靈過程 78 ; voir jeu. 見 遊戲 .
- Projection, projectif, 投射、投射的 101, 102, 104, 105, 107, 110, 112, 229. voir autisme, clivage, moi, idéalisation, mère, narcissisme, objet. 見 自閉症、分裂、自我、理想化、母親、自戀、客體 .
- identification projective, 投射性認同 107, 112, 114-117, 126, 129, 149, 154, 165, 167, 215, 261, 273, 284, 292, 304-307, 318, 322, 324, 333, 356 (n. 3 à 355), 381, 386
- Psychanalyse, 精神分析 13 sq., 243-244, 308, 319, 339, 350, 373, 395.
- Psychisme, psychique, 精神、精神的 110, 138, 152, 163, 183, 199, 277, 286, 296, 316, 393. voir espace, langage, position dépressive. 見 空間、語言體系、憂鬱心理位置 .
- Psycho-analyse, 精神分析 13 n. 1.
- Psychodrame, 心理劇 90, 220, 325, 339, 340.
- Psychonévrose, 精神神經症 141.
- Psychose, psychotique, 精神病、精神病患者 11, 19, 23, 24, 69, 94, 104, 112, 117, 137, 170-172, 210, 220, 225, 228 n. 3, 239-241, 243, 279, 287, 288, 291-292, 300, 306, 315, 316, 325, 342, 363. voir projection. 見 投射 .
- Psychosomatique, 心身的、心身症 225, 325, 385.
- Pulsion, pulsionnel, 驅力、驅力的 14, 20, 21, 66, 107, 113, 141 n. 2, 144, 170, 201, 230, 235, 236, 240, 251, 279, 328, 339, 348, 387, 388, 391. voir agressivité, complexe d'Œdipe, désir, fantasme, idée, psychose, sadisme. 見 攻擊性、伊底帕斯情結、欲望、幻想、意念、精神病、施虐 .

R

- Rationalité, 理性論 13.
- Réalité, 現實 84, 144, 240, 241, 261, 270, 379, 381, 384, 388.
- Refoulement, refoulé, 潛抑、被潛抑的 20, 64-65, 82, 110, 135, 139, 140 n. 1, 148, 191, 219, 242, 247, 271, 276, 281, 286, 339, 340, 377.
- Régression, 退行 21, 63.
- Relation d'objet, 客體關係 70, 74-75, 93, 97, 166, 170, 234, 306, 375, 390. voir lien, symptôme. 見 連結、症狀 .
- Relation thérapeutique négative (J. Riviere), 負向治療關係 337.
- Religion, 宗教 297, 298, 375 ; voir catholicisme, christianisme. 見 天主教、基督信仰 .
- Remords, mauvaise conscience, compassion, 悔恨、良心不安、憐憫 125, 166, 215, 219, 265 ; voir compassion. 見 憐憫 .
- Réparation, 修復 32, 119, 126-130, 148, 153, 203, 213-216, 303, 305, 324, 372,

375, 378, 387, 397. voir sadisme. 見 施虐 .
- Répétition, 重複 21, 63.
- Représentation, 表象 136, 140 n. 1, 144, 225, 226, 234, 248, 280, 321, 369. voir affect, fantasme. 見 情感、幻想 .
- Reptile (s), 爬蟲類 31 ; voir phobie, terreurs nocturnes. 見 恐懼症、夜晚驚嚇 .
- Résistance, 阻抗 80.
- Retards, 遲緩 24, 258.
- Rêve, 夢 21, 23, 77, 81, 180, 227, 271 n. 2, 288, 312, 316.
- Roman policier, 偵探小說 221.

S

- Sadisme, sadique, 施虐、施虐者、施虐的 68, 100, 109, 142, 147, 148, 158, 165, 182, 208, 221, 234, 235, 260, 264, 266, 268, 302, 307, 339, 387, 396. voir complexe d'Œdipe, pulsion. 見 伊底帕斯情結、驅力 .
- Sadomasochisme, 施虐－受虐 250, 306, 388. Satisfaction, 12, 121, 135, 144, 242. voir hallucination, souvenir. 見 幻覺、回憶 .
- Savoir, 知識 235.
- Schizoïde, 類分裂 12, 220, 330, 335.
- Schizo-paranoïde, schizo-paranoïa, 偏執－類分裂、類分裂－妄想症 132, 185, 234, 271, 363, 378-380, 382, 397 ; voir moi, position, régression. 見 自我、心理位置、退行 .
- Schizophrénie, schizophrène, 思覺失調症、思覺失調症患者 24, 101, 110, 258, 261 n. 2, 285, 374, 393.
- Scoptophilie, 窺視癖 203.
- Sédentarisation, 定居生活 316-317.
- Séduction, 誘惑 41, 89, 178, 198, 227, 246, 334, 335, 367.
- Sein, 乳房 12, 20, 100, 103, 114, 132, 163, 164, 167, 175, 190, 192, 195, 201, 211, 212, 232, 236, 363. voir envie, objet, pénis. 見 嫉羨、客體、陰莖 .
- Self, 自體 176, 180, 211, 213, 217, 293, 295, 375, 384. voir être humain, moi. 見 人類、自我 .
- Sémantique, 語義 voir langage. 見 語言體系 .
- Sémiotique, 符號學 89, 90.
- Sens, 意義 voir désir, réalité. 見 欲望、現實 .
- Séparation, 分離 211, 234, 295, 317, 356 (n. 3 à 355), 385. voir bébé. 見 嬰兒 .
- Sexualité, sexuel, 性 15-17, 65, 170, 243, 376, 385. voir curiosité. 見 好奇 .
- Sexuation, 性化 , voir couple. 見 對偶 .
- Shell-shocks, 砲彈休克 355.
- Signe, 符徵 248, 268 ; voir symbole. 見 象徵 .
- Signifiant, 能指 90, 228, 266, 268, 282.
- Similitude, 相似性 228, 259, 261 n. 2, 270, 277, 287 ; voir identité. 見 身份／同一性 .
- Sionisme, 猶太復國主義 32.
- Socialisme, 社會主義 214, 374-376.
- Sociologie, 社會學 376.
- Solipsisme, 唯我論 94 n. 1.
- Solitude, 孤獨 182-186, 374.
- Sollicitude, 關心 voir maternité. 見 母性 .
- Souffrance, 苦痛 66, 181, 326.
- Souvenir, 回憶 249, 282.

- S-P-D (W. R. Bion), 類分裂－偏執－憂鬱（心理位置）, 165.
- Stade, 階段 93. voir anal, femme, oral. 見肛門、女人、口唇 .
- Subjectivité, 主體性 273, 295.
- Sublimation, 昇華 15, 20, 70, 119, 128, 129, 132, 153, 157, 197, 204, 247, 251, 286, 298, 307, 317, 360, 387, 388.
- Supervision, 督導 52, 296, 313, 356.
- Surmoi, 超我 20, 48, 96, 101, 104, 106, 163-164, 167, 170-171, 177, 179, 181-183, 185, 205, 211, 257, 265, 348, 352, 380, 383, 385, 386. voir castration, complexe d' Œdipe, concrétude, fœtus, père. 見 閹割、伊底帕斯情結、具體性、胎兒、父親 .
- Symbole, 象徵 22, 124, 217-219, 262, 271 n. 2, 273, 286, 287, 292 (n. 2 à 291), 296, 324, 363, 384, 385. voir sémiotique. 見 符號學 .
- Symbolisme, symbolique, symbolisation, 象徵法、象徵的、象徵化 15, 22, 70, 71, 88, 117, 119, 139, 171, 172, 210, 212, 216, 220, 221, 228 n. 3, 229, 234, 239, 240, 242, 243, 257, 258, 263, 274, 276, 281, 286, 287, 291, 295, 307, 375, 386, 391-393. voir angoisse, identification, langage. 見 焦慮、認同、語言體系 .
- Symptôme, 症狀 15, 22, 117, 316, 395.

T

- Tact/flair/nez, 觸感／嗅覺／鼻子 90.
- Talion, 以牙還牙法則 123, 136. voir position schizo-paranoïde. 見 偏執－類分裂心理位置 .
- Talking cure, 談話治療 51, 84.
- Terreurs nocturnes, 夜晚驚嚇 77, 86, 87, 190.
- Thanatos, 死神 135, 147 ; voir Éros. 見愛神 .
- Thérapie familiale, 家族治療 355.
- Tics, 抽搐 74, 141 ; voir masturbation, relation d'objet. 見 手淫、客體關係 .
- Tolérance, 寬容 304 ; voir art. 見 藝術 .
- Topique (première, seconde), 拓撲學（第一、第二） 16, 96, 166.
- Totalitarisme, 極權主義 24, 376.
- Toute-puissance, 全能 381; voir omnipotence. 見 全能 .
- Tragédie, 悲劇 173, 216-219, 325, 341, 393.
- Transfert, 移情 16, 41, 46, 81 n. 1, 102 n. 2, 116, 179, 235, 254, 268, 324, 382, 384. voir contre-transfert. 見 反移情 .
- Triangulation, 三角 104.
- Tridimensionnalité, 三度空間的立體性 292, 295, 392 ; voir espace psychique. 見精神空間 .
- Trouble digestif/nutritif, 消化／營養疾患 124, 230, 264, 328.

U

- Ur-Verstimmung, contrariété originelle, 原初不快 122.

V

- Valeurs, 價值 316.
- Verbalisation, 言語化 153, 172, 228, 241, 244, 261, 267, 269, 270, 282 ; voir fantasme. 見 幻想 .
- Vérité, 真理 14, 242. voir pathologie. 見

病理學 .
- Vie, 生命 12, 22, 136, 185.
- Vision, 視見 227, 276, 366.

| 附錄三 |

法文概念索引

INDEX DES NOTIONS

Abjet, abjection, 118, 247, 249, 254.
— comme objet-cible de l'angoisse, 136.
— comme état narcissique de la relation objectale précoce, 118-119.
la fascination, face idéale de l'abjection, 118.
Affect, 78, 140-141 et 141 n. 2, 230, 232 n. 3, 233 (n. 3 à 232), 295, 369.
— inconscient, 140 et 140 n. 1 ; sa représentation et le refoulement, 140 n. 1.
distinction —/représentation, 291.
sémiologie diversifiée des —s de l'enfant, 87.
voir jeu.
Agonie primitive (D.W. Winnicott), 241, 260.
Agressivité, 80, 113, 124, 125, 130, 146, 149-150, 210, 218, 246, 262, 305.
— cannibalique, 149 ; cas de Dick, 266.
— enfantine apparaissant au stade sadique-oral (K. Abraham), 100.
— œdipienne, 142.
pulsion agressive primordiale, 150.
voir désir, jeu, père, parole.
Alcoolisme, 209.
Ambivalence, 48, 86, 96, 122, 123, 125, 126, 130, 169, 209, 247, 312, 342 n. 1 ; voir mère, sein.
Ame, 13, 14, 16 ; voir corps.
Amitiés féminines, 36.
et la quête d'un bon objet, 194.
Amour, 12, 96, 116, 126-128, 139, 148, 154, 156, 179, 191, 208, 212-214, 249, 301, 304, 324, 360, 371, 373, 376, 383, 387, 389, 397.
— de dévoration, 123.
— de la coexcitation mère-bébé, 320.
— d'objet, 112.
équilibre fondamental —/haine, 146.
variante de la *caritas*, 214.
voir transfert.
Anal, analité, 46, 82, 135, 142, 247.
expulsion —e (Lacan), 282.
investissement de l'—chez la femme, 202.
sadisme anal, voir sadisme.
stade anal, 47 et 47 n. 1, 122, 301.
Analyse, analytique, 132, 147, 229, 236, 238, 240, 381.
— « active » (S. Ferenczi), 41.
— didactique, 52, 350.
caractéristiques de la technique —, 340.
danger de la cure — de sous-estimer le sens métaphorique du phantasme, 239.
— et non-intervention, 149.
l'état de perpétuelle renaissance à la fin de l'— (Winnicott), 298-299.
le récit d'—173.

nécessité d'un bon environnement pour la cure —, 146.
séparation expérience —/ influence éducative et parentale, 44.
séparation lieu familial/lieu analytique, 72.
voir enfant, parole, psychanalyse, vérité.
Analyste, 46, 149, 179, 244, 253, 261, 283, 394.
altérité du « sujet supposé savoir » qu'est l'—, 268.
— femme, 199, 339 ; habitée par la bisexualité psychique, 253.
formation de l'—360, 362 ; voir médecin.
la parole de l'analyste, 229, 268-270.
la nécessité de sa position de tiers (ex. du cas Dick), 267.
voir contre-transfert, écoute, fantasme, imaginaire, mère.
Androgynie, 252, 339 n. 2.
« androgynie » et relation mère-petite fille, 390 n. 3.
Angoisse, 22-24, 80, 87, 89, 93, 100, 101, 106, 108, 113, 114, 120, 124, 127, 135, 145, 147, 149, 152, 157, 164, 169, 174, 175, 184, 192, 206, 209, 211, 215, 222, 246, 252, 253, 265, 267-270, 292, 300, 302, 304-305, 312, 340, 342, 375, 380, 388, 389, 392, 395-396.
— administrée par le moi, 107.
— agressive, 272 ; et douleur psychique, 148.
— chez Freud, 140-141.
— d'anéantissement de la vie, 138, 156 ; voir vie.
— dépressive, 122, 123, 126, 172, 183, 185.
— et construction de l'objet interne, 105.
— et symbolisation, 22.
— inconsciente, 141.
— originaire étayée par le sadisme du moi archaïque, 142.
— paranoïde, 122, 176, 185.
— phantasmatique, 234.
— primaire comme condition de la pensée, 238-239.
— primaire schizo-paranoïde, 142, 183.
— surmontée par la pensée, 23.
— s persécutoires liées au clivage, 165, 172.
comme intensité du désir frustré, 136.
coprésence désir et —, 142.
dédoublement du fantasme et création du dédoublement dans l'objet de l'angoisse, 145.
est automatique, 136.
le repérage de l'—sous les inhibitions, 141.
sa cause primaire en est la peur pour la vie, 138.
sa différenciation en — schizo-paranoïde et en — dépressive, 136.
son existence dès la naissance chez le bébé, 100 ; voir pulsion.
séparation avec l'utérus comme son prototype, 48.
voir *abjet*, castration, désir, destruction, identification, jeu, parole, phobie, symbolisation.
Animalité, 15.

Aphanisis, 130.
Appendage, 193 ; voir dépendance.
Archaïque, 21, 246, 287-300.
— maternel, 254 ; oublieux du maternel, 315.
— trans-verbal, 232.
états —s et régressifs, 41.
voir maternité, mère, objet.
Art, 58, 119, 213, 220, 297, 298, 300-309, 395.
œuvre d'art comme activité auto-analytique, 303-304 ; permet de recréer l'harmonie du monde intérieur, 304.
œuvre d'art comme soin, 302.
voir réparation.
Association libre, 81, 89, 90, 238.
Athée, 219, 380.
At-one-ment (W.R. Bion), 22.
Autisme, 19, 24, 69, 258, 287, 292-296, 319, 324.
bombardement des sensations (D. Meltzer), 292.
idée d'un — endogène, primaire ou normal (F. Tustin), 294-295 ; relation mère/bébé soumise au traumatisme de la séparation et pouvant être vécue de manière intolérable par le bébé, 295.
identification adhésive (E. Bick), 293.
impossibilité de l'identification projective, 292.
Auto-érotisme, 94, 112, 116, 292 ; voir narcissisme.
Autorité, 63, 69, 249, 316, 380, 382, 383 ; voir loi.
Autre, autrui, 20, 102, 118, 122, 253, 376-378.
enfant, comme le premier autre, 251-252.
soin et respect de l'—244.
voir moi, parole.

Barrière de contact (Bion), 288.
à la base de la distinction conscient/inconscient, 291.
voir éléments *alpha*.
Bébé, voir nourrisson, nouveau-né.
chagrin des —s (A. Freud), 361.
— établit dès sa naissance une relation d'objet, 94 ; voir relation d'objet.
négativité comme expression émotionnelle du bébé, 323.
relation mère/bébé, 391 ; soumise au traumatisme de la séparation et pouvant être vécue de manière intolérable par le bébé (F. Tustin), 295 ; voir autisme.
Bisexualité psychique, 18, 212.
contraire de l'androgynie, 252.
plus accentuée chez la fille, la raison selon Freud, 250-251.
voir analyste.
Borderlines, 325 ; voir cas-limites.

Ça, 96, 164, 166, 177.
Cas, 320.
Anna O., 17, 74, 84.
Arpad, 42.
Dick, 172, 177, 217, 228, 229, 238, 257-273, 285, 295, 362, 368.
Dora, 17.
Elisabeth von R., 17.
Emmy von N., 17.

Erna, 47, 84.
Félix [Hans Klein], 46, 62, 73-75, 84, 141, 142, 190.
Fritz [Erich Klein], 43, 44, 46, 62-73, 77, 84, 85, 141, 177, 190, 219, 262, 380.
Hans, le petit, 61, 83, 177, 359 n. 2, 392.
Homme aux cervelles, 282, 369, 371.
Homme aux loups, 94, 95, 282.
Katharina, 17.
Lisa [Melitta Schmideberg ?], 46, 73, 75-76, 327 n. 1.
Lucy R., 17.
Peter, 79-80, 82, 84, 143, 177.
Richard, 81, 172-182, 222, 356.
Rita, 77-78, 84, 86, 105-107, 142, 143, 177, 191.
Ruth, 143.
Schreber, le président, 94, 95, 228 n. 3 ; relecture de son cas par M. Klein, 111 *sq.*
Trude, 80, 84, 142-143, 177.
Cas-limites, 337 ; voir *borderlines.*
Castration, 20, 118, 227, 286, 287 n. 1.
angoisse de —, 142, 168 et 168 n. 1, 197, 395 ; inexistante chez la femme, 168, 200.
— féminine, 168-169, 200-201.
complexe de —, 65, 76, 151 ; voir complexe d'Œdipe.
peur de la —, 67.
Catholicisme, catholiques
analogie entre éléments de la théorie kleinienne et notions —s, 36.
Child War Nursery (Hampstead), 355 et 355 n. 2.
Christianisme, 242-243, 305, 387.
Clivage, clivé, 20, 64-67, 107, 110-113, 115, 126, 139, 144, 147-149, 156, 165, 172, 176, 177, 184, 185, 211, 213, 219, 221, 234, 270, 286, 288, 292, 306, 315.
bien que fantasmatique, ressenti comme réel, 109.
— aboutit à la séparation amour/haine, 101.
— des qualités dans l'objet, 108-109.
— /identification projective, 165.
dépassement des -s, 179.
réduction des —s lors de la position dépressive, 121.
voir moi, sein, *self.*
Cogito, 17.
Cognitivisme, 99, 236.
Coït, 89, 113, 130, 195, 202, 206.
comme acte oral désiré par l'enfant, 191.
conception sadique du — 76, 211.
représentation sadique-anale du —, 85.
Compassion, 252, 394 ; voir remords.
Complexe d'Œdipe, 46-48, 65, 89, 101, 106, 118-120, 130, 132, 144, 156, 166-169, 191, 211, 212, 216, 235, 236, 257, 268, 279, 321, 354, 377, 386, 391.
— précocissime, 20, 168, 235, 348.
— se précise avec la position dépressive, 165, 246.
— chez la fille, 130, 168 et 168 n. 1, 193, 196, 201-202, 205 ; et complexe de castration, 168, 201 ; prédominance du sadisme, 201,

235 ; et envie primaire, 206 ; l'Œdipe-prime, 246-247, 249, 250, 252, 253 ; l'Œdipe-bis, 247 *sq.*, 250, 253.
— chez le garçon, 130, 168 et 168 n. 1, 192-193, 207.
les différences chez la fille et le garçon, 130.
existence d'un Œdipe archaïque, un proto-Œdipe, 190-191 ; place du père, 212.
existence des deux parents, 130, 192 ; voir parents.
mélange de l'oral et du vaginal par les pulsions œdipiennes précoces, 191.
son analyse selon A. Freud et selon M. Klein, 348 ; voir Controverses, enfant.
triangle œdipien, 48, 118, 210.
voir fantasme, pénis, sein, triangle œdipien.
Comprendre, pour M. Klein, 181.
Concrétude, 90, 171, 177, 239, 240.
— s surmoïques, 178.
voir espace mental.
Condensation, 234 ; voir fantasme.
Confusion mentale, 192.
Connaissance, 13, 199, 208.
— « corporelle » ou « imaginaire », 321.
— de soi, 14, 271, 396.
processus de — et fantasme, 242.
voir savoir.
Conscience, 244.
Contenant, 102, 153 ; voir mère.
Contenu, 100-101.
—/contenant (W.R. Bion), 102 n. 2, 291, 292 (n. 2 à 291).
Contre-transfert, 21, 89, 102 n. 2, 149, 158, 196, 235, 254, 264, 283-285, 324, 355 n. 2.
— et son interprétation au patient indispensables à la cure (P. Heimann), 284.
—, synonyme de l'intuition et de l'empathie, 284.
Controverses de 1941-1945, 19, 51, 172, 225, 240, 272, 283, 325, 331, 336, 345-364, 381.
analyse de l'enfant : arguments de M. Klein/arguments d'A. Freud, 346-348 ; voir enfant.
contexte de la Seconde Guerre mondiale, 349-350.
débat scientifique sans précédent, 349 ; violence des conflits et grand travail de méditation, 351.
existence d'une lutte sociale pour dominer le champ de la psychanalyse, 350.
interprétation divergente des textes de Freud (A. Freud et M. Klein), 347 *sq.*
mise en place des groupes ou clans, annafreudiens, kleiniens et *middle group*, 351 ; le groupe OI, 357.
psychanalyse vécue, au moment de la Seconde Guerre mondiale, comme une religion, 350.
Corps, 13, 197.
— maternel, voir mère.
corps/âme, 16, 17 ; refonte du dualisme, 244.

réhabilitation du corps pulsionnel, 243.
Couple, 132.
comme « objet combiné », 20.
— et objets totaux, 130.
le modèle psychanalytique de la sexuation fondé sur le —, 211.
Créativité, 12, 15, 129, 130, 156, 271, 300, 364, 373.
— et dépression, 393.
— psychanalytique, 40.
Cruauté, 164, 181, 318 ; voir surmoi.
Culpabilité, 48, 105, 113, 125, 126, 166, 175, 195, 205, 206, 219, 264, 312, 333, 385.
apparition du sentiment de — dans la position dépressive, 123.
— amoureuse, 147.
— surmoïque précoce, 144.
la propre — de M. Klein et ses défenses contre elle, 76.
voir homosexualité.
Culture, 14, 15, 70, 215, 251, 341, 366.
crise moderne de la — 22.
Curiosité, 75.
— métaphysique, 62.
— sexuelle, 62, 64, 67, 68, 71.

Décapitation, voir matricide.
Dedans/dehors, 100-107, 110, 115, 233, 259 ; voir discrimination, intérieur/extérieur.
Déesse-mère, 221.
Défense(s), 68, 93, 116, 126, 132, 145, 270, 363.
barrières de —s, 132.
—s infantiles/celles de l'âge adulte, 149.
—s maniaques, 126, 127, 129, 130, 176, 321.
formes troublantes des — schizoïdes et paranoïdes, 112.
mécanismes de — du moi, 367, 380.
possibilité de leur sous-estimation chez l'enfant, 86.
Délire somatique, 116.
Dementia praecox, 95.
Déni, 107, 110, 126, 148, 278 ; voir hallucination infantile.
Dépendance, 193 et 193 n. 2, 194, 363.
Déplacement, 74.
Dépression, déprimé, 24, 32, 86, 113, 124, 234, 251, 264, 303, 324, 333, 335, 342, 359, 370, 385, 394.
— condition de la créativité, 393.
sentiment de —, 127 ; voir réparation.
Désintégration, 128.
son danger chez le bébé, 100.
Désintrication, 138 ; voir psychose.
Désir, 16, 20, 64, 65, 124, 135, 139, 167, 182, 205, 219, 227, 230, 236, 253, 275, 298, 300, 302, 389, 392.
— et sens, 70.
— de la mère sous-estimé par M. Klein, 388.
— incestueux, voir inceste.
— qui pense, 69.
—s agressifs, 71, 106.
—s pulsionnels, 109.
coprésence — et angoisse, 142.

fracture, tension désir/refoulement, 66, 67.
négativation sublimatoire du —, 71.
réalisation hallucinatoire du —, 144, 145.
sa logique inconsciente détrônant la maîtrise de la conscience, 243-244.
sa violence destructrice, 144, 145.
Destruction, 13, 126, 165, 219-220, 233.
angoisse de — 234.
Destructivité, 102, 127, 148, 156, 157, 170, 265, 271, 281 n. 1, 324, 375, 387.
Deuil, 116, 120, 126, 129, 130, 132, 147, 285, 333.
— et nostalgie éprouvée dans la position dépressive, 123.
sublimation du —, 145.
travail du — portant sur l'objet interne, 128.
Différence des sexes, 17, 132.
Digestion, assimilation, 68, 123, 129, 289.
Discrimination (processus)
aptitude à la distinctivité binaire, 105.
dedans/dehors, intérieur/extérieur, 104-105 ; voir dedans, intérieur.
Douleur, 13, 22, 70, 110, 158.
— d'être, 60.
— psychique, 147 ; et angoisse agressive, 148.
— psychique du nouveau-né, 20.
Écoute, 16, 215, 325, 395.
— analytique, 17, 181, 199 ; sa nécessité/le fantasme, 241.
— bienveillante de l'analyste, 253, 285.
— et lien maternel, 254.
Éducation, 43, 62, 64, 386.
— et sexualité infantile, 62.
modèles éducatifs, 58.
pression éducative, 64.
voir analyse, interprétation.
Éléments *alpha* (W.R. Bion), 232 n. 2, 288.
leur organisation en barrière de contact, 288, 291.
Éléments *bêta* (W.R. Bion), 232 n. 2, 288.
— et la proto-pensée, 289.
transformation des — en éléments *alpha* par la capacité de rêverie de la mère, 290.
Enfance
— et roman social, 58-59.
les deux modèles, 57 *sq.*
voir éducation.
Enfant, infantile, 19, 266
analyse de l'enfant : arguments de M. Klein/arguments d'A. Freud, 346-348 ; risqué de faire une analyse de l'—normal (A. Freud), 346 ; éducation de l'— doit inclure l'analyse (M. Klein), 347.
devient sujet lors de la séparation d'avec l'objet, 248.
— comme début de l'altérité dans la maternité, 251-252.
—, objet du désir, 59.
individuation subjective de l'— 18.
observation directe de l'enfant (A. Freud), 355 n. 2.
omnipotence infantile, 42.
voir individuation.
Enlightenment, 64, 75.
Enveloppe prénarrative, 236-245.

accompagnée de représentations analogiques, 237-238 ; le fantasme comme représentation analogique de l'enveloppe narrative, 238.
est une construction mentale, 237.
voir PDP.
Envie, 12, 20, 150-159, 190, 192, 197, 211, 232, 333, 337-338, 378, 383, 387.
distincte de l'avidité, 151.
— du pénis, 151, 193, 196, 200, 203.
— du sein, 150-152, 155, 194, 196, 335.
— et développement du psychisme, 151, 152.
— et l'excès de frustrations, 152.
est duelle, 150.
—/gratitude, 150, 157.
—/jalousie, 150-151.
sa violence, version explicite de la pulsion de mort, 155.
son caractère archaïque, 150.
voir complexe d'Œdipe.
Équation, équivalence, 228, 259, 260-263, 267, 270, 281 et 281 n. 2, 285-287 ; voir symbole.
Éros, 151, 377, 387.
a « peur pour la vie », 139 ; voir vie.
—/Thanatos, 135-149.
Érotisme, 248, 252, 393.
— anal, 263.
— oral, 122.
— urétral et scoptophilie/refoulement des désirs féminins, 203.
tension intersubjective dans le lien —, 390 n. 2.
voir pulsion.
Errance, 318, 320.
ouverture et enfermement, 318.
Espace, 316-317.
— du jeu comme scène onirique, 87.
— mental et concrétudes, 171.
— psychique, 23, 90, 119, 171, 172, 180, 181, 220 ; semble devenir transparent et perdre sa tridimensionnalité, 90 ; le prototype de l'—, 164 et 164 n. 1 ; expérimenté comme une incarnation, 171 ; et le féminin primaire, 198.
— transitionnel (Winnicott), 271 ; au fondement des possibilités créatrices, 296-297 ; entre mère et bébé, analyste et patient, 73 ; de la créativité, 300.
État de guerre, voir talion.
État inobjectal, 94, 96, 97.
États-limites, 69, 104.
Étrangeté, étranger, 313, 315, 319, 341.
étrangers à nous-mêmes, 323.
« inquiétante — », 23 ; de la mère, 320.
voir inconscient, langue, mère.
Être humain
est un voyage plus qu'une identité, 315.
— comme *self* social, 378 ; voir kleinisme.
l'*homo religiosus* (Freud), 315-316.
Excrément, excrémentiel, 101, 103, 114, 165, 203, 204, 263, 266.
nourriture/—, 68.
voir pénis.

Expérience
apprentissage par l'— (Bion), 288, 384 ; voir éléments *alpha*, *bêta*.

Expulsion, 126.

Faim, appétit, 232 ; voir sadique.

Famille, 18, 122, 363, 373, 376, 379.
— et repli moral, 60.
lieu familial, voir analyse.
thérapie familiale, 355.

Fantasme, 47, 65-67, 77, 78, 82, 84, 85, 87, 90, 93, 100, 103, 111, 113-114, 117, 124, 130, 144, 147, 184, 197, 213, 225-254, 257, 270, 275, 279, 280, 286, 287, 292, 298, 308, 313, 319, 321, 324, 348, 352, 356, 359-361, 365, 367, 369, 372, 379, 381, 383, 384, 391, 394.
caractère hétéroclite du —, 21, 104, 229 ; son caractère de conglomérat de différents registres de représentation, 225, 231-232.
comme fantasme de désir, 227.
comme métaphore, 21, 234 ; incarnée, 21, 236, 239, 254.
dans le jeu, 21.
dédoublement du — et angoisse, 145.
distinct de la rêverie diurne qu'est normalement le fantasme, 226.
— et phantasme, 21 ; signification de cette graphie, 226.
— et réalité, 66.
— pré-verbal, de caractère œdipien, 245, 263.
— primaire se confond avec la vie psychique, 230.
fonction défensive, 233.
implication du — de l'analyste dans la constitution de l'objet analytique, 283.
inscription du fantasme dans un contexte émotionnel, 238.
mobilisation de l'ensemble des registres sensoriels, 227.
par la représentation, transformation de la privation et frustration, 234.
présence du proto-fantasme chez le bébé, 236, 369 ; proto-présence du — et du moi, 233 ; et la pulsion, 233-234 ; proto-fantasme sadique, 260, 267.
raconter le fantasme, 83-84.
représentant de la pulsion, 245, 276 ; voir complexe d'Œdipe.
verbalisation, 271 ; son effet sur le — inconscient, 228.
voir analyse, enveloppe prénarrative, idée, identification, interprétation, mère, négativité, psychanalyse, pulsion, stade du miroir.

Faux-self, 149, 299.

Fèces, 47 n. 1, 63, 103, 142, 209, 263, 264, 266, 295, 393.

Féminisme, 69, 221, 373, 390.

Femme, féminin, féminité, 254, 325, 341, 397.
féminin horrifiant et cauchemars (Lacan), 371.
féminité comme désir de connaissance, 199.
— dédoublée en réceptivité et pouvoir terrifiant de la mère primordiale, 380.

— de l'homme, 389 ; — de la femme et féminité de l'homme, 207.
femme dans la mère, 199.
— et psychanalyse, 18, 242.
passion du —, 36.
raison des difficultés psychosexuelles rencontrées par la plupart des —s, 251.
stade — primaire pour l'homme et la femme, 195-199 ; comme lieu d'organisation d'espace psychique, 198.
son statut d'exilée, 249-250.
surmoi —, voir surmoi.
voir castration, désir, homme, identification, maternité.
Flair, voir tact.
Fœtus, 68, 203, 263.
comme expression possible du surmoi paternel, 203.
Folie, 14, 15.
Fonction scopique, 104.
« Fort-Da », 274.
Francfort, école de, 376.
Frigidité, 194-195, 251.
—/investissement défensif du vagin, plus que du clitoris, 202.
Frustration, 110, 121, 135-136, 144, 152, 155, 234, 269, 290, 301, 305, 362.
perception hallucinatoire de la —, 242.
voir angoisse, envie, fantasme.

Générosité, 153.
Génitalité, 158, 264 ; voir stade.
désirs génitaux précoces, 167.
Goût, 278 ; voir jugement.
Gratitude, 20, 147, 153, 154, 156, 179, 214, 215, 234, 360, 383, 387, 389, 397 ; voir envie, lien.
Groupe, 362-364, 373, 377.
analyse du fonctionnement des —s (Bion), 362 ; mise en parallèle avec la relation au sein pour le bébé, 362.
logique tyrannique des —s, 362.
techniques des groupes (M. Balint), 355.

Haine, 96, 108, 114, 125, 126, 130, 139, 156, 157, 191, 197, 249, 322, 378.
— de la mère sous-estimée par M. Klein, 388.
voir amour.
Hallucination, 109-110, 135.
continuité et différence entre — et pensée (P. Heimann), 277.
déni et —, 110.
— de la satisfaction, 136, 269.
image hallucinatoire, 288.
la satisfaction hallucinatoire du désir (Freud), 109.
Hétérogénéité, 104, 141 n 2, voir négativité.
pulsion et sens, 104 n. 1.
Hétérosexualité, 18, 114, 132, 196, 197, 206, 207, 250, 390.
Historicité, 280.
Holding, handling, voir mère.
Homme, humain
clivage —/femme, 18.
— aux cervelles, 281, 369, 371.
— aux loups, 94, 95, 281.
passivité —e chez l'homme, étayée sur l'oralité, 207.
voir femme, kleinisme.

Homosexualité, homosexuel, 46, 48, 86, 94, 114, 115, 120, 143, 305, 307, 339 n. 2.
hypothèse du lien social fondé sur l'homosexualité des frères, 209.
— de la fille et complexe d'Œdipe, 193, 194, 196.
— endogène de la femme, 205.
— féminine refoulée, 339.
— masculine, 195, 207-209.
— refoulée, 74, 95.
Horde primitive, 164, 191, 211.
Hypocondrie, 114, 115, 124.
Hystérie, hystérique, 74.
excitabilité —, 247.
— de conversion, 388.
— féminine, 17, 251.
— masculine, 18.
voir symptôme.

Idéalisation, 107, 126, 176.
voir identification projective.
Idée (*eidos*), 232.
son rôle dans l'apparition de la pulsion qui se joue dans le fantasme, 229.
Identification, 85, 89, 114, 164, 169, 196, 269, 285, 371.
au fondement du symbolisme, 259.
avec l'objet perdu, 96.
— féminine dans le « féminin primaire », 198.
— œdipienne réussie, 116.
— phallique chez la petite fille, 249, 254.
— primaire, 118, 287 n. 1, 391 ; au père, 286, 305.
son processus mis en marche par l'angoisse, 169-170, 259.
—s condensées internes au fantasme, 85 ; voir interprétation.
voir autisme, narcissisme, père, position schizo-paranoïde, projection.
Identité, 116, 228 n. 3, 316-317, 320, 393.
— sexuelle, 307.
—/similitude, 228, 229, 261 n. 2, 270, 287.
Imaginaire, 13, 59, 212, 218, 229, 234-235, 240-243, 260, 267, 270, 280, 282-283, 307, 324, 365, 369, 387, 393.
confusion possible entre les registres de l'— et de la réalité connaissable, 282-283.
emprise —, 394.
et réel pulsionnel, 229.
— du patient et de celui de l'analyste, 242.
— chez Lacan, 104.
voir connaissance.
Impuissance, 197, 209.
Incarnation, 242-244, 369.
logique de l'— dans le christianisme inverse de la démarche de M. Klein, 243.
voir fantasme, surmoi.
Inceste, 17.
désir incestueux, 71, 166.
« harmoniques incestueuses » dans la famille Reizes, 32, 34.
interdit de l'—, 64, 65.
Inconscient, 12, 15, 17, 20, 22, 47 n. 1, 72, 73, 77, 84, 90, 110, 118, 137, 155, 183, 202, 204, 209, 215, 229, 242, 266, 322.
communication entre conscient et — plus facile chez l'enfant, 86.
— comme étrangeté, 313, 323.

— et relation d'objet, 391.
— ignore la mort (Freud), 100.
— pré- ou trans-verbal, 81.
— primaire, 68, 89 ; où se situe la possibilité du refoulement originaire, 68-69.
ouverture de l'— de l'analyste/— de ses patients, 22 ; voir *at-one-ment*.
sa structuration et la langue maternelle, 319.
tendance de M. Klein à « materner » l'inconscient, 72.
voir jeu, langue, *self*.
« Indépendants » (groupe des), 277 n. 2, 296, 331, 339, 345, 349, 353, 355, 361, 364 et 364 n. 1.
Indifférence, 258, 262 ; voir latence.
Inhibition, 17, 24, 64, 70, 87, 139, 173, 380.
— des instincts, 165.
— du but de la pulsion, 387-388.
— du développement (cas de Dick), 258.
fixation anale précoce comme étiologie des —s, 46.
le repérage de l'angoisse sous les —s, 141.
voir jeu, pensée.
Instinct, 16 ; voir inhibition.
Interdit, 68.
— inconscient, sa puissance, 66.
voir inceste.
Inter-esse, 94 n. 1.
Intérieur/extérieur, 101, 110, 122, 126 ; voir dedans/dehors, discrimination.
Interprétation, 16, 71, 73, 77, 87-89, 117, 178-179, 181, 215, 235, 236, 239, 268, 321, 348, 375, 382, 386, 390, 395, 396.
importance des — termes de l'—, 81.
— divergente des textes de Freud (A. Freud et M. Klein), 347 *sq.*
— et éducation, 63-64.
— et technique de jeu, 84, 269.
— et fantasme, 66 ; portant sur les identifications condensées internes au fantasme, 85.
voir pensée, signifiant.
Introjection, 101, 102, 104-107, 113, 114, 116, 121, 132, 147, 175, 182, 202, 213, 265, 275, 295.
« —de la mère », 183 n. 1.
stade d'—, 42.
Intrusion, 41, 89.
Intuition, 21, 285, 323.
Isolement, voir solitude.

Jalousie, 150-151, 192-193.
est triangulaire, 150.
voir envie.
Jeu, 21, 49, 67, 82, 86, 87, 261, 266, 268-270, 384-386.
disparition lors du stade de latence, 89.
expression de l'agressivité dans le —, 79.
importance de l'environnement, 79.
inhibition au —, 105, 258.
invention de la technique de —, 77, 78, 84.
— et inconscient, 77 ; donne accès à l'inconscient, 81.

— et libération de la pensée, 80.
— et thèmes ludiques, 78.
son rôle dans le repérage du processus mental, 78.
voir espace, fantasme, interprétation.

Jouet
importance de l'aspect des —s, 78.
la destruction du —, sa signification par rapport au père, 80.
le — abîmé, 79.

Jouissance, 145, 154, 157, 389

Judéité, 315.

Jugement, 273, 277, 352.
dissymétrie entre jugement d'attribution et jugement d'existence (J. Hyppolite), 279-281.
— d'existence dans la symbolisation, 279.
et goût, 278 n. 3.

Juif, juive
assimilation, 32, 34.
attention que M. Klein porte à son origine —, 37.
destin migrant des familles juives d'Europe centrale, 313.
milieu — laïcisé, 24.

Kénose, 387 n. 1.

Kleinisme, 372-389.
conception relationnelle de la nature humaine (M. et M. Rustin), 375-376 ; réhabilitation de l'émotion et du sentir, 376 ; vers une démocratie sociale, 376.
la véritable « politique » du —, 394.
les extrapolations sociologiques de l'œuvre : accentuation de la théorie du négatif, 374 *sq.* ; fondation du lien social, 375.
récupération par une forme de, 376 *sq.* ; rôle de la raison réparatrice, 377-378 ; l'être humain comme *self* social, 378.
ses deux visages, 372-373.

Langage, 13, 16, 21, 70, 84, 87, 89, 117, 211, 228 n. 3, 234, 244, 247, 248, 250, 261, 274.
acquisition du — lors de la position dépressive, 23, 118, 119, 124.
capacité de compréhension des valeurs sémantique et symbolique du langage par l'enfant, 85.
compétence linguistique innée, 237.
— et verbalisation privilégiés par Lacan dans son interprétation du rôle du symbolique, 282.
— métaphorique pour désigner la réalité psychique (W.R. Bion), 240-241.
mémoire du pré-langage, 318.
respect du — spécifique de l'enfant, 82, 181.
stade préverbal, 153.
voir fantasme, signifiant.

Langue, 228, 251, 263, 317.
cosmopolitisme linguistique de M. Klein, 313.
la — étrangère, 315 n. 1, 319, 323 ; étrangeté linguistique et étrangeté de penser, 319 ; voir être humain, sédentarisation.

la — maternelle, 222, 311, 315 n. 1, 320 ; l'allemand et M. Klein, 313, 319 ; matricide et abandon de la —, 313 ; et inconscient, 319.
voir inconscient.
Latence (stade de), 88-89, 173 ; voir jeu.
Liberté, libre, 14, 23, 217, 218, 325, 376, 393.
conception de la — par Winnicott, 298-299 ; et la capacité d'être seul, 299 ; nouvelle signification de « libre », 299 ; voir analyse, psychique.
vision d'une liberté empirique de M. Klein, 384-385.
voir symbolique.
Libido, 93, 98, 113, 144, 191, 234, 360, 363.
sublimation de la — dans la tendresse, 387.
troubles de la — et moi, 112.
voir refoulement.
Lien, 20, 24, 70.
— jouissif avec la mère, fondement de la gratitude, 153.
— social, 58, 249, 373, 375, 377, 382 ; et homosexualité des frères, 209.
tension intersubjective dans le —érotique, 390 n. 2.
voir kleinisme, relation d'objet.
Loi, 316, 385.
— et pouvoir maternel, 380.
vision tyrannique et talionique de la loi et de l'autorité, 383.
Lumières, 16, 24, 62, 383.

Machisme freudien, 390.
Maladie mentale, 14.
Mal, 24.
Mal-être, 15, 16, 24, 199, 324.
Maniaco-dépressif, 131, 132, 185.
Manie, maniaque, 24, 126, 127, 179, 234 ; voir défenses.
Masochisme, 198 ; féminin, 202.
Masturbation, 42, 89, 113, 143, 264.
— et tics névrotiques, 45, 73-74.
Maternage, 146, 349.
Maternité, 73, 246.
désir de — et relation mère-enfant, comme expression d'une relation narcissique, 203.
— comme nouvelle expérience de l'objet, 251.
— et dégoût, 34.
permet l'avènement de la sollicitude, 252.
permet de retrouver le lien archaïque à sa propre mère et l'Œdipe-prime, 252.
voir enfant, mère, narcissisme.
Matriarcat, matriarche, 30, 119, 339.
Matricide, 20, 29, 212-213, 216-219, 221, 315, 340, 397.
décapitation, 143, 144, 213-214.
— et compassion, 215.
— et abandon de la langue maternelle, 313.
Médecin/non-médecin, 19, 42, 48, 360.
Mémoire, 121, 280, 288, 313, 381 ; voir langage.
Mère, maternel, 20, 29, 47, 71, 74, 95, 98, 100, 102, 106, 113, 114, 122, 128, 132, 138, 147,

155, 169, 176, 178, 180, 182, 189, 194, 197, 211, 213, 216, 217, 220, 235, 236, 238, 247, 248, 265, 267, 269, 290, 297, 298, 303, 304, 306, 315, 360, 366, 370, 381-382, 397.
amalgame mère/analyste, 21, 66, 67, 70-71, 76, 81, 85.
ambivalence par rapport à la —, 86, 247.
« a-toxique » ou « détoxicante », pare-excitation (W.R. Bion), 205 n. 1.
comme contenant, 153.
dépendance maternelle, 340.
emprise, 391 ; — mutuelle mère-enfant, 291 ; l'enfant que fut la mère (Lacan), 372.
étaie l'intégration du moi, 153.
existence réelle de la mère dont M. Klein ne tient pas assez compte (annafreudiens), 348, 359.
fantasme de la — perdue (ou morte), 166.
fonction maternelle, 20, 390, 397.
holding et *handling* de la —, 102.
identification projective de la —, 117.
impuissance maternelle, 392.
intérieur/corps de la mère, 31, 164 et 164 n. 1, 176, 190, 192, 197, 260, 263, 265, 266, 301, 365 ; menaçant, 204 ; objet des pulsions destructrices de la fille, 207 ; inspire une grande crainte, 264 ; lieu des plus anciennes situations d'angoisse, 395 ; intériorité psychique permet le dépassement de la peur de cet intérieur, 396 ; sublimation de la cavité et phantasme incarné de l'intérieur maternel, leur rôle, 396 ; voir pensée.
inversion du culte de la mère en matricide, 212 ; voir matricide.
l'inquiétante étrangeté de la mère, 320 ; voir langue.
« maternel primaire », 198 ; voir féminin primaire.
« mère empiétante » (Bion et Winnicott), 382.
mère-fille, 204-206, 328, 339, 342 ; l'attachement archaïque, 205, 246 ; conflit et osmose, 206 ; différente de la relation mère-fils, 342 n. 1 ; transmission du désir de maternité dans cette relation, 390 n. 1.
— pensable que recherche M. Klein, 384.
objet de désir, 72.
perçue comme objet total, 121, 191, 212 ; voir position dépressive.
perte de la — lors de la position dépressive, 127.
relation à la — 12 ; impact de la première relation préverbale avec la —, 183.
« rêverie de la mère » (Bion et Winnicott), 290, 291, 382.
sadomasochisme de la dyade —/enfant, 388.
« suffisamment bonne mère », 73, 152, 373.
voir bébé, corps, désir, femme, haine, identification, introjection, lien, loi,

maternité, objet, parents, père, phallus, position schizo-paranoïde, surmoi, transfert.
Métaphysique
déconstruction de la —, 15, 24, 244.
Middle group, 351, 353 ; voir Controverses.
Moi, 20, 84, 94-96, 101-104, 109, 115, 119, 129, 132, 138, 145, 156, 164, 166, 177, 208-211, 225, 233, 234, 257, 333, 369, 396.
administre l'angoisse, 107.
agent de la haine, de l'envie, etc., 156.
approfondissement du — par la perlaboration dépressive, 147.
clivage du —, 109, 111.
construction du moi/surmoi, 104.
culte du « moi solitaire », 126.
dévalorisation possible du moi comme conséquence de l'identification projective, 115-116.
fragmentation du —, 24, 110, 269 ; sentiment de —, 111.
idéal du moi, 166, 186.
intégration du —, 136, 147, 153, 176, 184, 291, 372.
— archaïque : son sadisme étaie l'angoisse, 142 ; désire le sein, 135 ; vers la frustration, 135 ; voir frustration, sein.
— chez Lacan, 365.
— et remords de conscience lors de la position dépressive, 125.
— précoce, 101 ; sa fragilité, 101, 105, 388.
— schizo-paranoïde, 23.
nature imaginaire du —, 66.
rapport du moi aux objets (W.R.D. Fairbairn), 108.
séparation moi/autre et position dépressive, 122.
voir clivage, défenses, fantasme, libido, narcissisme, projection, pulsion, *self*, symbole.
Mort, 13, 97 n. 3, 130, 136, 138, 212, 324, 371, 376.
instinct de — existant dès la naissance, 100 ; l'inconscient et le bébé ignorent la — (Freud), 100.
peur de la —, 67.
voir pulsion, séparation.
Mythes, 235, 236.

Naissance/renaissance, 13, 24, 63, 139, 246, 298, 313.
Narcissisme, narcissique, 94-98, 183 n. 1, 294, 342 n. 1.
désir de maternité et relation mère-enfant, comme expression d'une relation —, 203.
état/structure, 97 ; « états narcissiques », 116.
identification projective et structure narcissique, 115-116.
insuffisance de la notion freudienne, 97.
l'identification avec l'objet perdu et son intériorisation ambivalente, 96.
moi comme objet d'amour, 94.
— de vie/—de mort (A. Green), 97.
— féminin et maternité, 251.

— primaire (Freud), auto-érotisme, 94, 97 et 97 n. 3 ; comme état inobjectal, 96.
— secondaire, 95-96, 290 ; secondaire/primaire, 96.
Narration, 173, 245 ; voir enveloppe narrative.
National-socialisme, 23, 37, 350.
Négativité, négatif, 127, 138-139, 145, 213, 215, 271-272, 274-287, 295, 322-324, 352, 369, 374, 378, 383, 386, 397.
comme expression émotionnelle du bébé, 323.
la *Verneinung*, 261, 277 ; chez Lacan, 281 *sq*.
— chez Hyppolite, 279-281.
— et fantasme, 234, 281-283.
processus de — hétérogène, 275.
s'installe comme « trou noir », 324, 371.
travail du négatif, 139, 272.
voir désir, fantasme, kleinisme, réalité.
Névrose, névrotique, 47, 68, 70, 258, 263, 316.
— actuelle, 141.
— de transfert, 95, 348.
— obsessionnelle, 86, 113 ; et psychose maniaco-dépressive, 47 n. 1.
Nihilisme, 219.
Nom-du-Père, 119, 211, 268, 370, 387.
Normal et pathologique, 15.
Nourrisson, nouveau-né, 69, 99, 159, 189, 241, 257 ; voir bébé, douleur, projection.

Objet, 20, 24, 75, 100, 104, 114, 118, 127-128, 141 n. 2, 147, 165, 179, 216, 236, 274, 321, 384.
destruction des —s par l'enfant, 80.
idéalisation de l'—, 115.
— archaïque, 119, 339.
bon —, mauvais —, 123, 125, 145, 166, 180, 209, 396 ; — « idéal », différent du « bon » —, 169.
— comme étant nettement différencié du moi dans la position dépressive, 97 ; voir position dépressive.
— externe, 144, 178, 265 ; menaçant, 107 ; l'absence d'— externe, 129.
— interne, 47, 93, 97, 116, 124, 127, 128, 132, 144, 149, 184, 213, 321, 324, 359, 365, 373, 383, 393 ; construit par le fantasme d'omnipotence, 102, 103 ; relève de l'imaginaire, 103 ; en tant que conglomérat, 104 ; son hétérogénéité constitutive, 104 ; sa construction dans la dynamique de l'angoisse, 105 ; voir pulsion.
— intériorisé, 66, 98, 109, 164, 167, 265, 285.
— parfait, 128.
— partiel, 121, 122, 321, 362 ; passage à l'objet total, 165.
— persécuteur, 126.
— « petit a » (Lacan), 136.
— « présence », 99, 102.
— primaire, 46, 333 ; voir aussi sein.
— total, 119, 121, 122, 125, 179, 211, 301, 321 ; sa perte dans la position dépressive, 121, 247 ; voir couple.

perte de l'—, 47 n. 1, 129, 280, 285, 295, 307, 385 ; — perdu, 215, 280.
postulat de l'existence d'un objet précocissime, 99.
relation agressive à l'— et pulsion de mort, 348 ; relation d'—, voir lien, relation d'objet.
voir amour, clivage, identification projective, mère, moi, sein, position schizo-paranoïde.
Omnipotence, 42, 102, 110, 360.
croyance dans l'— de la pensée infantile, 63.
Oral, oralité, 47, 48, 82, 247, 282.
stade —, 48, 122, 123.
stade oral préambivalent, 100.
Originaire, 89, 212, 325.

Paranoïa, paranoïde, 12, 95, 101, 111, 112, 124, 174, 335, 365, 369, 374, 393, 397 ; voir défenses.
Parents, parental, 62-64, 125, 165, 175, 209, 383.
imago des « parents combinés », 130, 192, 210-216.
— intériorisés, 106.
voir analyse, complexe d'Œdipe, mère, père.
Parole, 178, 228, 247, 263, 266, 269, 282, 296, 325, 386, 396.
— de l'autre, 239.
—s répétitives, 84.
soulagement apporté par la — analytique chez l'enfant, 86.
soulagement de l'agressivité et de l'angoisse par la —, 270.
voir analyste, interprétation, jeu, langage.
Pathologie, pathologique, 14, 116, 119.
— et vérité, 15.
voir normal.
PDP (*Parallel Distributing Processing*), 237.
Peau, 247.
fonction psychique de la —, 293.
Pénis, 12, 80, 83, 106, 114, 167, 174, 175, 191, 194, 195, 199, 201, 202, 207-208, 210, 211, 248-250, 265, 268, 301, 370.
comme objet persécuteur, 164, 176, 209.
comme organe de la perception chez le garçon, 208.
fantasmé habitant le corps ou le sein de la mère dans le complexe d'Œdipe, 130, 190, 192, 195, 211, 266.
— excrémentiel, 203.
toujours fantasmatiquement associé au sein, 190 ; succède à ce dernier, 191.
voir envie.
Pensée, penser, 23, 70, 118, 218, 221, 234, 238, 244, 248, 250, 257, 277, 280, 286, 287, 290, 397.
capacité de penser soignée par la psychanalyse, 22, 69.
croyance dans l'omnipotence de la — infantile, 63, 124.
désinhibition de la —, 199 ; et jeu, 80.
inhibition de la —, 62.
libération de la — de l'enfant et interprétation, 64.
— préverbale (W.R. Bion), 287 ; comme processus de liaison, 288 ; la « pensée vide » ou pré-conception innée du sein relayée par la non-réalisation du sein, 289 ; la proto-pensée, 289.

permet la constitution de l'intériorité psychique nécessaire pour dépasser la peur de l'intérieur maternel, 396.
voir angoisse, hallucination, inconscient, langue, mère, psychanalyse.
Perception, 136, 277.
Père, paternel, paternité, 12, 71, 74, 83, 105, 106, 114, 122, 132, 175, 180, 182, 189-191, 193, 194, 206, 235, 248-250, 266, 267, 332, 357, 360, 379-381, 388, 393, 396.
autorité du — et pouvoir de la mère, 380 ; autorité phallique paternelle et mère au pénis, 380-381 ; voir phallus.
fonction du —, 20, 104, 119, 370, 386, 390 ; lors de l'Œdipe-bis chez la petite fille, 247-249.
fonction symbolique de la paternité, 210.
— de la préhistoire individuelle, 118, 168, 286.
rôle du —, 72, 316, 354 ; et l'identification primaire au père, 247, 286-287 ; assimilé à une bonne mère, 389.
rivalité avec le père dans le proto-Œdipe, 190, 191 ; voir complexe d'Œdipe.
fœtus comme expression possible du surmoi paternel, 203.
voir horde primitive, identification, parents.
Perfection, parfait, 128 ; voir objet.
Perlaboration, perlaborer, 65, 147, 148, 170, 182, 211, 234, 381, 392, 397.
Peur pour la vie, voir angoisse, pulsion de mort, vie.
Peur sans nom (W.R. Bion), 241, 260.
Phallicisme, 248-249 ; voir identification.
Phallocentrisme lacanien, 390.
Phallus, phallique, 104, 208, 214, 221, 247, 249, 339, 370, 387.
loi —, 250.
« mère — » freudienne, différente de la « mère au pénis » kleinienne, 380 ; autorité phallique paternelle et mère au pénis, 380-381.
— garant de l'identité (Freud et Lacan), 393.
voir père, stade.
Phobie, phobique, 42, 68, 86, 396.
angoisse —, 388.
— d'être, 138.
Pictogramme, 232 n. 2.
Plaisir, 22, 387, 389, 392.
— de l'intelligence, 139.
principe de —, 80.
principe de plaisir rendant possible l'identification (E. Jones), 259.
refoulement du —, 22.
Polysémie, 89.
Position(s), 73, 372.
définition, 108.
théorie des —s chez K. Abraham, 122.
Position dépressive, 99, 108, 119-132, 147, 149, 170, 184, 191, 211-215, 219, 235, 248-249, 261, 285-287, 291, 292 n. 2,

301, 303, 321, 360, 361, 363, 369, 394.
ambivalence par rapport à l'objet, 126, 130.
apparition de l'Œdipe-bis chez la petite fille, 247.
apparition du sentiment de culpabilité, 123.
caractérisée par l'objet au sens fort, comme différencié du moi, 97.
changement psychologique de l'enfant lié à la maturation neurobiologique, 121.
découverte par l'enfant de sa réalité psychique, 124.
donne lieu à la symbolisation et au langage, 119, 124.
émergence de la réparation dans la —, 127-130 ; voir réparation.
fluctuation et recouvrement réciproque avec la position schizo-paranoïde, 124, 165.
importance du gain psychique, 121, 148.
— et intégration du moi, 122, 126.
son aspect créateur, 129.
son invention, liée à la mort de Hans Klein, 120.
voir clivage, langage, mère, objet, psychisme, surmoi.
Position paranoïde, 99, 107.
Position schizo-paranoïde, 99, 107-120, 126, 163, 166, 167, 212, 215, 287, 288, 321, 340, 363, 378.
craintes du talion caractéristiques de cette —, 123.
— et identification projective, 99.
fluctuation et recouvrement réciproque avec la position dépressive, 124, 165.
instabilité des relations et identifications à ce stade, 117-118.
se trouve avant la position dépressive, 99.
l'objet précoce de la —, 103.
vise l'intérieur du corps de la mère contenant le pénis du père, 163-164.
voir clivage.
Préconscient
possibilité de sa sous-estimation chez l'enfant, 86.
Processus mental, 78 ; voir jeu.
Projection, projectif, 101, 102, 104, 105, 107, 110, 112, 229.
identification projective, 107, 112, 114-117, 126, 129, 149, 154, 165, 167, 215, 261, 273, 284, 292, 304-307, 318, 322, 324, 333, 356 (n. 3 à 355), 381, 386 ; pathologique, 115 ; son but, 115 ; permet de se relier au monde extérieur, 116 ; son existence chez le nourrisson, 117 ; et théorie de W.R. Bion, 117 ; comme première « pensée » (W.R. Bion, H. Segal), 287-288 ; son analyse dans le contre-transfert de l'analyste, 355 n. 2 ; voir éléments *alpha*, *bêta*.
— d'un moi fragile et psychose, 116.
stade de la —, 42.
voir autisme, clivage, moi, idéalisation, mère, narcissisme, objet.
Psychanalyse, 13 *sq.*, 243-244, 308, 319, 339, 350, 373, 395.

déchirements internes, 14.
diffusion internationale de la —, 51.
existence d'une lutte sociale pour dominer le champ de la —, 350.
femmes et —, 18, 242, 339, 341.
« hors monde » et « hors temps », 340.
ouverture à d'autres champs d'activité, 395.
—/biologie, 387, 395.
— des enfants, voir enfant.
— soigne la capacité de penser, 22.
résistances qu'elle suscite, 15, 341.
Psychisme, psychique, 110, 138, 152, 163, 183, 199, 277, 286, 296, 316, 393.
appareil —, 16, 95, 96, 177, 232, 243 ; comme lieu, 226 ; fait de trois sortes de souvenirs, 226 ; comparé à un appareil photographique, 226, 231 ; introduction de la différence dans l'—, 269.
barrières —s dressées par le moi, 141.
« intérieur psychique » et sa précondition (D.W. Winnicott), 298-299.
fonctionnement — primaire, 241.
liberté — du sujet, 214.
— et pulsion de mort, 148.
réalité psychique, 127, 272, 291.
travail psychique dans la position dépressive, 128.
voir espace, langage, position dépressive.
Psycho-analyse, 13 n. 1.
Psychodrame, 90, 220, 325, 339, 340.
Psychonévrose, 141.
Psychose, psychotique, 11, 19, 23, 24, 69, 94, 104, 112, 117, 137, 170-172, 210, 220, 225, 228 n. 3, 239-241, 243, 279, 287, 288, 291-292, 300, 306, 315, 316, 325, 342, 363.
équations symboliques de la —, 239.
hypothèse d'une segmentation précoce des capacités perceptuelles, 292.
— et désintrication entre pulsion de mort et pulsion de vie, 138.
— infantile, 69, 294 ; précoce infantile, 137.
— maniaco-dépressive, 47 n. 1, 116.
voir projection.
Psychosomatique, 225, 325, 385.
Pulsion, pulsionnel, 14, 20, 21, 66, 107, 113, 141 n. 2, 144, 170, 201, 230, 235, 236, 240, 251, 279, 328, 339, 348, 387, 388, 391.
hétérogénéité —/sens, 104 n. 1.
la — a un destin, 233.
— de mort, 22, 45, 46, 80, 96, 100, 101, 105, 115, 129, 136-139, 145, 151, 153, 156, 166, 215, 217, 235, 236, 238, 247, 268, 272, 276-277, 318, 348, 352, 370, 373, 374, 379, 383, 384 ; manifeste dans son rapport à l'objet, 46 ; son retournement en conservation pour la vie, 137 ; son travail interne, 137, 138 ; sa métamorphose en « psychisation », 148 ; son ambi-

guïté, 235 ; voir envie, fantasme, libido, répétition, vie.
— de vie, 96, 129, 138, 156.
— du moi, 96.
— épistémophilique du moi, 208.
—(s) destructrice(s), 146, 152, 153, 177, 185, 202, 238 ; présentes chez le bébé, 100 ; et verbalisation, 270 ; voir agressivité.
—s et objet interne, 110.
—s génitales et sadiques orales, urétrales ou anales (leur imbrication), 142 ; urétrales, 247.
—(s) orale(s), 47, 195, 276.
—s sexuelles, 96, 244, 377.
propriétés logiques de la —, 237.
rôle fondamental des —s sadiques-orales dans les fantasmes et angoisses sadiques, 143.
vécue comme phantasme inconscient, 226.
son expression double-face, 232-233.
voir agressivité, complexe d'Œdipe, désir, fantasme, idée, psychose, sadisme.

Rationalité, 13.
Réalité, 84, 144, 240, 241, 261, 270, 379, 381, 384, 388.
principe de —, 198.
— psychique traduite par la négativité, 273 ; voir psychisme.
sens de la —,63.
stade de la —,42.
Refoulement, refoulé, 20, 64-65, 82, 110, 135, 139, 140 n. 1, 148, 191, 219, 242, 247, 271, 276, 281, 286, 339, 340, 377.
fracture, tension désir/refoulement, 66, 67.
puissance du —, 64.
— de la libido, 141.
— du plaisir, voir plaisir.
— imposé par l'éducation, 62, 64.
— originaire, 65, 69, 73, 81, 220, 340 ; sa possibilité dans l'inconscient primaire, 68-69.
tendance innée au —, 64, 70.
Régression, 21, 63.
états archaïques et régressifs, 41.
— aux sentiments paranoïdes, 129.
— schizo-paranoïde, 132, 394.
Relation d'objet, 70, 74-75, 93, 97, 166, 170, 234, 306, 375, 390.
existence de la — dès la naissance, 94, 101 ; théorie de Piaget, 98 ; théorie de Wallon, 98 ; théorie de Carpenter, 99 ; voir bébé, narcissisme primaire.
— et inconscient, 391.
— et tic, 45.
— primaire (M. Balint), 99.
voir lien, symptôme.
Relation thérapeutique négative (J. Riviere), 337.
Religion, 297, 298, 375 ; voir catholicisme, christianisme.
Remords, mauvaise conscience, compassion, 125, 166, 215, 219, 265 ; voir compassion.
Réparation, 32, 119, 126-130, 148, 153, 203, 213-216, 303, 305, 324, 372, 375, 378, 387, 397.

fantasmes de —, 208.
mécanisme de — et processus créateur, 129, 306.
sentiment de dépression et désir de — dans la position dépressive, 127.
voir sadisme.
Répétition, 21, 63.
compulsion de — comme manifestation de la pulsion de mort, 277.
Représentation, 136, 140 n. 1, 144, 225, 226, 234, 248, 280, 321, 369.
la différenciation par l'enfant d'une excitation et de sa —, 290.
— d'événement, voir enveloppe prénarrative.
— inconsciente, 233 (n. 3 à 232).
— psychique, 231, 232 ; son modèle, l'appareil photo, 231.
Repräsentant et *Vorstellungsrepräsentant*, 245.
restauration de ses fondements métaphysiques par Lacan, 229.
voir affect, fantasme.
Reptile(s), 31 ; voir phobie, terreurs nocturnes.
Résistance, 80.
Retards, 24, 258.
Rêve, 21, 23, 77, 81, 180, 227, 271 n. 2, 288, 312, 316.
analyse de —, 154-155.
son caractère régrédient, 226.
Roman policier, 221.
« reines du polar », 221.

Sadisme, sadique, 68, 100, 109, 142, 147, 148, 158, 165, 182, 208, 221, 234, 235, 260, 264, 266, 268, 302, 307, 339, 387, 396.
appétit —, 139 ; voir envie.
dévoration sadique, 135, 144.
persécution —, 174.
pulsion sadique, 123.
— anal, 45, 48, 95, 201.
— et complexe de virilité féminine, 203.
— inconscient, 144.
— oral, 142, 166, 264 ; stade sadique-oral, 100, 122, 164 ; et surmoi tyrannique, 163 ; sadisme oral de la femme, 200 ; voir surmoi.
voir complexe d'Œdipe, pulsion.
Sadomasochisme, 250, 306, 388.
Satisfaction, 12, 121, 135, 144, 242.
auto-satisfaction, 94.
voir hallucination, souvenir.
Savoir, 235.
le — autre, propre au fantasme et résistant à la connaissance, 65.
— inconscient, 64, 65 ; et inhibition, voir inhibition.
Schizoïde, 12, 220, 330, 335 ; voir défenses.
Schizo-paranoïde, schizo-paranoïa, 132, 185, 234, 271, 363, 378-380, 382, 397 ; voir moi, position, régression.
Schizophrénie, schizophrène, 24, 101, 110, 258, 261 n. 2, 285, 374, 393.
Scoptophilie, voir érotisme urétral.
Sédentarisation, 316-317.
comme perte, 316.
habiter, habitat, 316, 317 n. 1.
—/déracinement originaire, 317.

Séduction, 41, 89, 178, 198, 227, 246, 334, 335, 367.
Sein, 12, 20, 100, 103, 114, 132, 163, 164, 167, 175, 190, 192, 195, 201, 211, 212, 232, 236, 363.
clivage en « bon » et « mauvais », 101, 107, 144, 145, 212 ; le « bon » sein, idéalisé, 108, 109, 152, 153, 169, 186, 216 ; crainte du « mauvais » sein persécuteur, 109, 233.
désiré par le moi archaïque, 135.
expérience-source qu'est la rencontre bébé-sein (Bion), 289 ; voir pensée.
lien primordial au sein et complexe d'Œdipe, 130.
relation ambivalente au —, 48, 360, 362.
— bi-dimensionnel, 292.
— frustrant de la mère, 154-155.
— idéal et — dévorant, 170.
— objet partiel, 121.
— primaire comme quasi-objet, 102 ; perçu comme objet partiel de l'allaitement, 102 ; comme construction au-dedans, 103.
voir envie, objet, pénis.
Self, 176, 180, 211, 213, 217, 293, 295, 375, 384.
antérieur au clivage, 177.
autonomie bisexuelle du —, 212.
définition, 177.
identité sexuelle du —, 170.
inconscient phantasmatique du —, 381.
voir être humain, moi.
Sémantique, voir langage.
Sémiotique, 89, 90.
semiosis et symbole, 105, 232 n. 2.
Sens, voir désir, réalité.
Séparation, 211, 234, 295, 317, 356 (n. 3 à 355), 385.
comme mort dans la vie fantasmatique, 212.
voir bébé.
Sexualité, sexuel, 15-17, 65, 170, 243, 376, 385.
déculpabilisation de la —, 16.
libération —le, 24, 69.
présentation en termes d'oralité, 47.
— féminine, 199-207, 246, 247.
— infantile, 62 ; voir éducation.
— masculine, 207-210.
voir curiosité.
Sexuation, voir couple.
Shell-shocks, 355.
Signe, 248, 268 ; voir symbole.
Signifiant, 90, 228, 266, 268, 282.
primat lacanien du —, 369.
— langagier, 88 ; son importance, 82-83.
signifiance, 286.
Similitude, 228, 259, 261 n. 2, 270, 277, 287 ; voir identité.
Sionisme, 32.
Socialisme, 214, 374-376.
Sociologie, 376.
Solipcisme, 94 n. 1.
Solitude, 182-186, 374.
fantasme d'avoir un jumeau, 184.
le monde intérieur radicalement solitaire, 182.
— comme chance, 185.
Sollicitude, voir maternité.

Souffrance, 66, 181, 326.
— dans la position dépressive, 126, 132.
— psychique, voir douleur psychique.
Souvenir, 249, 282.
les trois sortes de souvenirs constitutifs de l'appareil psychique, 226.
— de la satisfaction, 227.
—s de sentiments (*memories in feelings*), 153.
S-P-D (W.R. Bion), 165.
Stade, 93.
— du miroir, 104, 275, 369-370 ; et le phantasme, 227-228 ; œil comme symbole du sujet, 228.
— génital (= phallique), 130, 166-168 et 168 n. 1, 210, 265, 389 n. 2 ; chez la fille, 203, 247-249, 301.
—s prégénitaux (théorie des), 45.
voir anal, femme, oral.
Subjectivité, 273, 295.
Sublimation, 15, 20, 70, 119, 128, 129, 132, 153, 157, 197, 204, 247, 251, 286, 298, 307, 317, 360, 387, 388.
— culturelle, 300-309.
— du deuil, voir deuil.
Supervision, 52, 296, 313, 356.
Surmoi, 20, 48, 96, 101, 104, 106, 163-164, 167, 170-171, 177, 179, 181-183, 185, 205, 211, 257, 265, 348, 352, 380, 383, 385, 386.
changement du régime du — lors de la position dépressive, 125 ; devient un allié du moi, 125.
cruauté du —, 165.
différences avec la théorie freudienne du surmoi, 166, 168.
mouvements psychiques à la base du —, 164.
processus de constitution du —, 164-165.
— archaïque (Lacan), 365-366 ; est une instance signifiante, 366.
— féminin construit de manière réactionnelle, 204.
« — idéal », 170.
— incarné, 180.
— tribunal, 172, 175, 180, 182.
— tyrannique, 174, 180, 185-186, 221, 387 ; et sadisme oral, 163 ; voir sadisme.
voir castration, complexe d'Œdipe, concrétude, culpabilité, fœtus, père.
Symbole, 22, 124, 217-219, 262, 271 n. 2, 273, 286, 287, 292 (n. 2 à 291), 296, 324, 363, 384, 385.
comme propriété du psychique se référant à une réalité perdue, 286.
enfant créateur de —, 272.
exutoires des émotions, 217.
passage à l'acte, crimes comme ratage du symbole, 218.
voir sémiotique.
Symbolisme, symbolique, symbolisation, 15, 22, 70, 71, 88, 117, 119, 139, 171, 172, 210, 212, 216, 220, 221, 228 n. 3, 229, 234, 239, 240, 242, 243, 257, 258, 263, 274, 276, 281, 286, 287, 291, 295, 307, 375, 386, 391-393.

ancrage de la capacité symbolique dans l'expérience corporelle et fantasmatique précoce (S. Isaacs), 275.
« équations symboliques », 285-286 ; voir objet interne, psychose.
existence de deux étapes asymétriques de la symbolisation (disciples de M. Klein), 278-279.
existence d'un symbolisme primaire de type autistique commun à tous les sujets (F. Tustin), 295.
langage et verbalisation privilégiés par Lacan dans son interprétation du rôle du symbolique, 282.
logique du — (présence/absence), 248.
les deux étapes du processus de — : 260-262; la protosymbolisation, caractérisée par la violence, « loi du talion », 261, 270 ; le symbolisme du fantasme nommé avec une première mise à l'écart de l'angoisse, 261.
symbolisation, comme reconstruction de l'objet perdu, 129.
symbolisation des conflits, 180.
— première habitant le nourrisson dès le départ, 257.
— primaire, 261 n. 2 ; dite mythique par Lacan et Hyppolite, 279.
symbolisme et principe de plaisir (E. Jones), 259.
vivre libre par l'exil dans le symbolique, 325.
voir angoisse, identification, langage.
Symptôme, 15, 22, 117, 316, 395.
— hystérique, 74.

Tact/flair/nez, 90.
Talion, 123, 136.
« loi du — », « état de guerre », 260.
voir position schizo-paranoïde.
Talking cure, 51, 84.
Terreurs nocturnes, 77, 86, 87, 190.
Thanatos, 135, 147 ; voir Éros.
Thérapie familiale, 355.
Tics, 74, 141 ; voir masturbation, relation d'objet.
Tolérance, 304 ; voir art.
Topique
première —, 16.
seconde —, 16, 96, 166.
Totalitarisme, 24, 376 ; voir national-socialisme.
Toute-puissance, 381 ; voir omnipotence.
Tragédie, 173, 216-219, 325, 341, 393.
Transfert, 16, 41, 46, 81 n. 1, 102 n. 2, 116, 179, 235, 254, 268, 324, 382, 384.
amour de —, 20, 243.
clinique du — inséparable du contre-transfert, 283.
effets secondaires du —, 89.
la verbalisation partagée dans le —, 172.
— maternel, 20-21.
— négatif, 80, 87, 89, 90, 348, 365 ; son interprétation en vue d'atteindre le noyau inconscient sous-jacent, 87-88.

— objet de l'interprétation, 77.
— positif sur l'analyste, 90.
voir contre-transfert.
Triangulation, 104.
Tridimensionnalité, 292, 295, 392 ; voir espace psychique.
Trouble digestif/nutritif, 124, 230, 264, 328.

Ur-Verstimmung, contrariété originelle, 122.

Valeurs, 316
crise des — modernes, 391.
Verbalisation, 153, 172, 228, 241, 244, 261, 267, 269, 270, 282 ; voir fantasme.
Vérité, 14, 242.
pathologie et —, 15.
rapport de — avec le patient établi dès le départ comme caractérisitique de la cure kleinienne, 88.
voir aussi pathologie.
Vie, 12, 22, 136, 185.
peur pour la — et pulsion de mort, 137.
souci de la —, 139.
— de l'esprit, 15, 23, 392.
— émotionnelle, 93.
— psychique, 16, 20, 117, 120, 171, 234, 254 ; chez Freud/chez M. Klein, 135 ; et fantasmes, 230 ; impact de l'expérience organique de la —, 245 ; voir fantasme.
— psychique enfantine, 63.
— racontée, 173.
Vision
le développement du visuel vers une image, 276.
primat donné au visuel (Lacan), 366.
souvenir visuel, 227 ; et pensées inconscientes, 227.

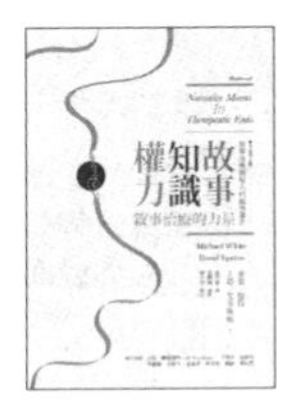

故事・知識・權力【敘事治療的力量】（全新修訂版）

作者：麥克・懷特、大衛・艾普斯頓　審閱：吳熙琄　譯者：廖世德
校訂：曾立芳　定價：360元

一九八〇年代，兩位年輕家族治療師懷特與艾普斯頓，嘗試以嶄新思維和手法，克服傳統心理治療的僵化侷限，整理出這名為「敘事治療」的新療法的理論基礎與實作經驗，寫出本書。

故事・解構・再建構

【麥克・懷特敘事治療精選集】

作者：麥克・懷特　譯者：徐曉珮
審閱：吳熙琄　定價：450元

敘事治療最重要的奠基者，麥克・懷特過世後，長年的工作夥伴雪莉・懷特邀請世界各地的敘事治療師推薦心目中懷特最具啟發性的文章，悉心挑選、編輯，集結成本書。

敘事治療三幕劇

【結合實務、訓練與研究】

作者：吉姆・度法、蘿拉・蓓蕊思
譯者：黃素菲　定價：450 元

本書起始為加拿大社會工作者度法與蓓蕊思的研究計畫，他們深受敘事治療大師麥克・懷特啟發，延續其敘事治療理念，並融合後現代思潮，提出許多大膽而創新的觀點。

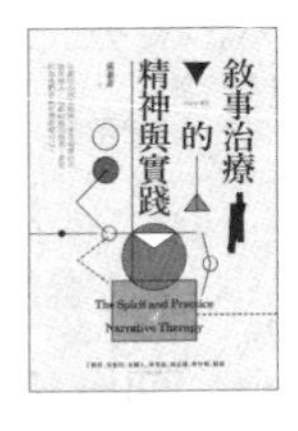

敘事治療的精神與實踐

作者：黃素菲　定價：560 元

本書作者黃素菲教授以15年來深耕敘事心理學研究、教學及實務的經驗，爬梳敘事治療大師們的核心思想，並輔以圖表對照、華人案例及東方佛道思想，說明敘事治療的核心世界觀，讓奠基於西方後現代哲學的敘事理論讀來舉重若輕。

醞釀中的變革

【社會建構的邀請與實踐】

作者：肯尼斯・格根
譯者：許婧　定價：450元

作者站在後現代文化的立場，逐一解構現代文化的核心信念，正反映當代社會的劇烈變革，以及社會科學研究方法論的重大轉向。這本書為我們引進心理學的後現代視野，邀請我們創造一個前景更為光明的世界。

翻轉與重建

【心理治療與社會建構】

作者：席拉・邁可納米、肯尼斯・格根
譯者：宋文里　定價：580 元

對「社會建構」的反思，使心理治療既有的概念疆域得以不斷消解、重建。本書收錄多篇挑戰傳統知識框架之作，一同看見語言體系如何引導和限制現實、思索文化中的故事如何影響人們對生活的解釋。

關係的存有

【超越自我・超越社群】

作者：肯尼斯・格根
譯者：宋文里　定價：800 元

主流觀念認為，主體是自我指向的行動智者，但本書對這個啟蒙時代以降的個人主義傳統提出異議，認為我們必須超越將「個體人」視為知識起點的理論傳統，重新認識「關係」的優先性：從本質上來說，關係才是知識建構的場所。

開放對話・期待對話

【尊重他者當下的他異性】

作者：亞科・賽科羅、湯姆・艾瑞克・昂吉爾
譯者：宋文里　定價：400 元

來自心理學與社會科學領域的兩位芬蘭學者，分別以他們人際工作中長期累積經驗，探討對話的各種可能性及貫徹對話作法的不同方式。這讓本書展開了一個對話精神的世界，邀請我們虔心等候、接待當下在場的他者。

心靈工坊 PsyGarden

對於人類心理現象的描述與詮釋
有著源遠流長的古典主張，有著素簡華麗的現代議題
構築一座探究心靈活動的殿堂
我們在文字與閱讀中，尋找那奠基的源頭

青年路德【一個精神分析與歷史的研究】

作者：艾瑞克·艾瑞克森　譯者：康綠島　審訂：丁興祥　定價：600 元

艾瑞克森因提出「認定危機」與「心理社會發展論」名響於世，這本《青年路德》是他的奠基之作，也可謂跨越史學與心理學的開創性鉅作。艾瑞克森用自己開創的理論重新解析十六世紀掀起宗教革命的馬丁・路德，刻畫了一個苦惱於自己「該是什麼樣的人」而瀕於崩潰的青年，如何一步步被心理危機推向世人眼中的偉大。

意義的呼喚【意義治療大師法蘭可自傳】（二十週年紀念版）

作者：維克多·法蘭可　譯者：鄭納無　定價：320 元

本書是意義治療大師法蘭可九十歲時出版的自傳。法蘭可繼佛洛伊德、阿德勒之後開創「第三維也納治療學派」，而他在集中營飽受摧殘，失去所有，卻在絕境中傾聽天命召喚而重生，進而開創「意義治療」，這一不凡的人生歷程帶給世人的啟發歷久彌新，讓人深深反思自身存在的意義。

逃，生【從創傷中自我救贖】

作者：鮑赫斯·西呂尼克　譯者：謝幸芬、林説俐　定價：380元

法國心理學家西呂尼克回顧二戰期間猶太屠殺帶來的集體創傷，及身為猶太後裔的成長歷程，並以心理學角度看待受創的兒童如何展現驚人的心理韌性，與外在世界重新連結。作者在本書中展現了勇氣的例證、慷慨的精神，任何因遭逢迫害而失語緘默、迴避痛苦、佯裝樂觀的個人或群體，都能從本書中得到啟示和鼓舞。

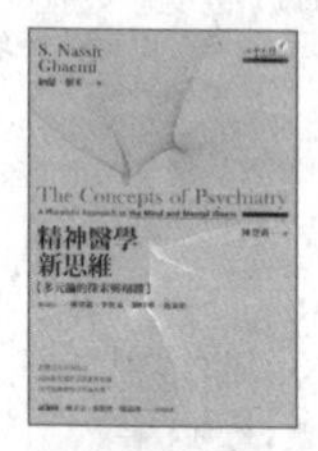

精神醫學新思維

【多元論的探索與辯證】

作者：納瑟·根米　譯者：陳登義　定價：600元

全書共24章三大部，從部一理論篇、部二實務篇，到部三總結篇，帶領讀者完整探究了精神醫學這門專業的各個面向，並建議大家如何從多元論的角度來更好地瞭解精神疾病的診斷和治療。

榮格心理治療

作者：瑪麗-路薏絲·馮·法蘭茲譯者：易之新　定價：380元

榮格心理學實務最重要的著作！作者馮·法蘭茲是榮格最重要的女弟子，就像榮格精神上的女兒，她的作品同樣博學深思，旁徵博引，卻無比輕柔，引人著迷，讓我們自然走進深度心理學的複雜世界。

沙灘上的療癒者【一個家族治療師的蛻變與轉化】

作者：吳就君　定價：320元

《沙灘上的療癒者》是吳就君回首一生助人歷程的真情記錄。全書分為三部分，第一部呈現一位助人工作者不斷反思和蛻變的心路歷程。第二部強調助人工作最重要的核心：與人接觸、一致性、自我實踐。第三部提出家族治療師的全相視野：重視過程、看見系統、同時具備橫向與縱向的發展史觀。

輕舟已過萬重山【四分之三世紀的生命及思想】

作者：李明亮　定價：450元

既是醫生、也是學者，更是推動國家重要醫療政策的官員，走過四分之三個世紀，李明亮卻說自己始終是自由主義的信徒。本書不僅描述了他的成長境遇、人生體悟、教育思想與生命觀念，更侃侃道來他從最初最愛的哲學出發，朝向醫學、生物學、化學，再進入物理、數學，終歸又回到哲學的歷程，淡泊明志中可見其謙沖真性情。

瘋狂與存在【反精神醫學的傳奇名醫R.D. Laing】

作者：安德烈．連恩　譯者：連芯　定價：420元

集反精神醫學的前衛名醫、叛逆的人道主義者、抽大麻的新時代心靈導師、愛搞怪的瑜伽修士、失職的父親、生活混亂的惡漢與酒鬼於一身，R.D. Laing被譽為繼佛洛伊德、榮格之後最有名的心理醫生，他的反叛意識和人道主義觀點，深深影響了一整個世代的年輕治療師。

品德深度心理學

作者：約翰．畢比　譯者：魯宓　定價：280元

完善的品德，經得住時間的考驗，也是一種持續而專注的快樂。當個人的品德在醫病關係中發展時，病患與治療師也能在過程中分享與互動。這也是所有深度心理治療的基礎。

大地上的受苦者

作者：弗朗茲．法農　譯者：楊碧川　定價：400元

弗朗茲・法農認為種族主義並非偶發事件，而是一種宰制的文化體系，這種體系也在殖民地運作。若是不看清統治文化所帶來的壓迫效應與奴役現象，那麼對於種族主義的抗爭便是徒然。

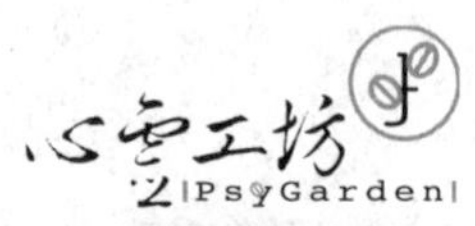

Master 088

弒母：梅蘭妮・克萊恩的痛苦、瘋狂與創造

LE GENIE FEMININ MELANIE KLEIN TOME II

茱莉亞・克莉斯蒂娃（Julia Kristeva）——著
許薰月——譯　葉偉忠——校閱

出版者—心靈工坊文化事業股份有限公司
發行人—王浩威　總編輯—徐嘉俊
責任編輯—饒美君
封面設計—兒日　內頁排版—龍虎電腦排版股份有限公司
通訊地址—10684 台北市大安區信義路四段 53 巷 8 號 2 樓
郵政劃撥—19546215　戶名—心靈工坊文化事業股份有限公司
電話—02）2702-9186　傳真—02）2702-9286
Email—service@psygarden.com.tw　網址—www.psygarden.com.tw

製版・印刷—中茂分色製版印刷事業股份有限公司
總經銷—大和書報圖書股份有限公司
電話—02）8990-2588　傳真—02）2290-1658
通訊地址—248 新北市五股工業區五工五路二號
初版一刷—2023 年 9 月　ISBN—978-986-357-324-1　定價—780 元

國家圖書館出版品預行編目資料

弒母：梅蘭妮・克萊恩的痛苦、瘋狂與創造 / 茱莉亞・克莉斯蒂娃 (Julia Kristeva) 著；
許薰月譯 . 葉偉忠校閱 -- 初版 . --
臺北市 : 心靈工坊文化事業股份有限公司 , 2023.09
面；　公分 . -- (Master ; 88)
譯自 : Le génie féminin. Tome 2 : Melanie Klein
ISBN 978-986-357-324-1（平裝）

1.CST: 克萊恩 (Klein, Melanie)　2.CST: 精神分析學　3.CST: 傳記

784.418　112014086

心靈工坊 PsyGarden 書香家族 讀友卡

感謝您購買心靈工坊的叢書，為了加強對您的服務，請您詳填本卡，
直接投入郵筒（免貼郵票）或傳真，我們會珍視您的意見，
並提供您最新的活動訊息，共同以書會友，追求身心靈的創意與成長。

書系編號—MA 088　書名—弒母：梅蘭妮・克萊恩的痛苦、瘋狂與創造

姓名　是否已加入書香家族？ □是 □現在加入

電話 (O)　(H)　手機

E-mail　生日　年　月　日

地址 □□□

服務機構　職稱

您的性別—□1.女 □2.男 □3.其他

婚姻狀況—□1.未婚 □2.已婚 □3.離婚 □4.不婚 □5.同志 □6.喪偶 □7.分居

請問您如何得知這本書？

□1.書店 □2.報章雜誌 □3.廣播電視 □4.親友推介 □5.心靈工坊書訊
□6.廣告DM □7.心靈工坊網站 □8.其他網路媒體 □9.其他

您購買本書的方式？

□1.書店 □2.劃撥郵購 □3.團體訂購 □4.網路訂購 □5.其他

您對本書的意見？

□ 封面設計　1.須再改進 2.尚可 3.滿意 4.非常滿意
□ 版面編排　1.須再改進 2.尚可 3.滿意 4.非常滿意
□ 內容　1.須再改進 2.尚可 3.滿意 4.非常滿意
□ 文筆／翻譯　1.須再改進 2.尚可 3.滿意 4.非常滿意
□ 價格　1.須再改進 2.尚可 3.滿意 4.非常滿意

您對我們有何建議？

□本人同意　（請簽名）提供（真實姓名/E-mail/地址/電話/年齡/等資料），以作為心靈工坊（聯絡/寄貨/加入會員/行銷/會員折扣/等之用，詳細內容請參閱http://shop.psygarden.com.tw/member_register.asp。

廣　告　回　信
台北郵政登記證
台北廣字第1143號
免　貼　郵　票

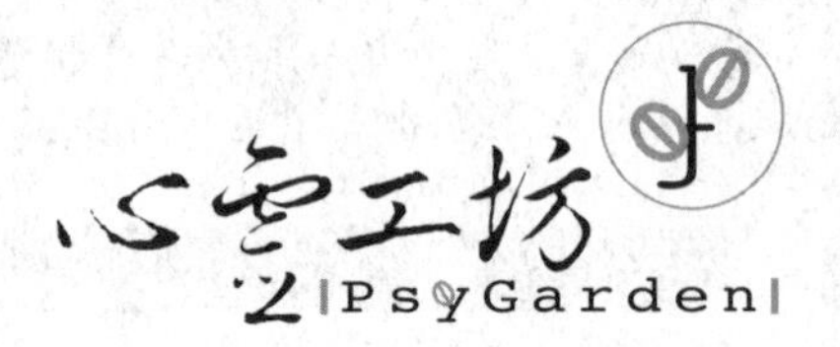

10684台北市信義路四段53巷8號2樓

讀者服務組　收

免　貼　郵　票

（對折線）

加入心靈工坊書香家族會員
共享知識的盛宴，成長的喜悅

請寄回這張回函卡（免貼郵票），
您就成爲心靈工坊的書香家族會員，您將可以——

⊙隨時收到新書出版和活動訊息

⊙獲得各項回饋和優惠方案